ENGLISH G

HEADLIGHT

Handreichungen für den Unterricht

mit Kopiervorlagen und
methodisch-didaktischem Glossar

3

Cornelsen

English G · Headlight · Band 3

Handreichungen für den Unterricht

Erarbeitet von:
Martin Bastkowski, Schellerten
Eugen Blumenstock, Loßburg
Annette Bondzio-Abbit, Bielefeld
Hartmut Bondzio, Bielefeld
Uwe Chormann, Einselthum
Martina Schroeder, Stedtlingen
Udo Wagner, Voerde

sowie
Wolfgang Biederstädt, Köln (Vorwort)

Redaktion:
Klaus Unger (Projektleitung);
Cornelia Frisse, Kathrin Spiegelberg
(verantwortliche Redakteurinnen);
Britta Bensmann (Bildredaktion);
sowie Olivia Gruver, Mara Leibowitz, Stefanie Tamke;
freie Mitarbeit: Doreen Arnold

Titelbild:
Shutterstock.com © Bernhard Richter (s. a. S. 15)

Bildquellen:
Shutterstock.com:
S. 106 (weather icons) © Marie Nimrichterova
(alle anderen Bildquellen befinden sich direkt auf den
Kopiervorlagen)

Umschlaggestaltung:
Cornelsen Verlag Design unter Verwendung der
Entwürfe von Klein & Halm Grafikdesign, Berlin,
und kleiner & bold, Berlin

Layoutkonzept (Inhalt):
Klein & Halm Grafikdesign, Berlin

Layoutkonzept (Concept maps):
Yvonne Thron (designcollective), Berlin

Layoutkonzept (Kopiervorlagen):
zweiband media, Agentur für Mediengestaltung
und -produktion GmbH, Berlin

Layout und technische Umsetzung:
Yvonne Thron, Petra Eberhard (designcollective), Berlin
zweiband media, Agentur für Mediengestaltung
und -produktion GmbH, Berlin:
Franziska Pasenau, Heidi Schulz, Fabian Tschorn
(Kopiervorlagen)

www.cornelsen.de

Die Links zu externen Webseiten Dritter, die in diesem
Lehrwerk angegeben sind, wurden vor Drucklegung sorgfältig
auf ihre Aktualität überprüft. Der Verlag übernimmt keine
Gewähr für die Aktualität und den Inhalt dieser Seiten oder
solcher, die mit ihnen verlinkt sind.

Dieses Werk berücksichtigt die Regeln der reformierten
Rechtschreibung und Zeichensetzung.

1. Auflage, 1. Druck 2014

Alle Drucke dieser Auflage sind inhaltlich unverändert und
können im Unterricht nebeneinander verwendet werden.

Druck: freiburger graphische betriebe

ISBN 978-3-06-032636-5

 Inhalt gedruckt auf säurefreiem Papier aus nachhaltiger
Forstwirtschaft.

Inhalt

Vorwort

Kommentar zum Schülerbuch

Didaktisch-methodisches Glossar 211

Kopiervorlagen 224

Vorwort

1 Einleitung

Angesichts einer sich stets verändernden Schullandschaft in Deutschland lösen sich die Grenzen zwischen den herkömmlichen Schulformen in zunehmendem Maße auf. Veränderte schulpolitische Zielvorstellungen, demographischer Wandel und sich veränderndes Schulwahlverhalten vieler Eltern stellen Schulen und vor allem die Lehrkräfte in Bezug auf die Weiterentwicklung des Unterrichts vor wachsende Herausforderungen. Traditionelle Schulformen werden aufgelöst, erweitert oder umbenannt, so dass es zusätzlich zu Haupt-, Real- und Gesamtschulen eine Fülle neuer mittlerer Schulformen gibt, die in den einzelnen Bundesländern unterschiedliche Namen tragen. Ob Gemeinschaftsschulen, Mittelschulen, Oberschulen, Realschulen Plus, Regelschulen, Regionale Schulen, Sekundarschulen oder Stadtteilschulen – allen ist gemein, dass sie eine größere Bandbreite an Schülerprofilen unter einem Dach versammeln und in hohem Maße die Heterogenität der Schülerschaft abbilden. Für diese Fülle von Schulformen wurde das Lehrwerk English G HEADLIGHT konzipiert.

2 Zielgruppe

Das Lehrwerk English G HEADLIGHT richtet sich an Schülerinnen und Schüler (im Folgenden: S), die in all den oben erwähnten Schulformen länger gemeinsam lernen sollen.

Die Zielgruppe umfasst im Wesentlichen
- S mit Realschulprofilen,
- S an kooperativen wie integrierten Gesamtschulen, die einen Erweiterungskurs oder Realschulzweig besuchen,
- S, die auch gymnasialen Ansprüchen gerecht werden können,
- S mit sonderpädagogischem Förderbedarf, die in zunehmendem Maße Regelschulen besuchen.

English G HEADLIGHT bietet die Möglichkeit, schwächeren Lernern genauso gerecht zu werden wie stärkeren. Im Zentrum steht die individuelle Förderung und die Wahrnehmung und Wertschätzung von Heterogenität. Individualisierung und Differenzierung, Arbeit in Projekten und an Lernaufgaben, Methodencurriculum, veränderte Leistungsbewertung sowie eine gezielte Diagnose- und Feedback-Kultur setzen ein verändertes Verständnis der Lehrerrolle voraus. Um auf diese hohen Ansprüche angemessen reagieren zu können, bietet das Lehrwerk English G HEADLIGHT mit seinen wesentlichen Bestandteilen ein vielfältiges, aufeinander abgestimmtes und nachhaltiges Unterstützungssystem.

Das Lehrwerk English G HEADLIGHT ist so konzipiert, dass es auch in heterogener werdenden Klassen bzw. Lerngruppen als zentrale einbändige Ausgabe verwendet werden kann. Die Schulen, die sich dem längeren gemeinsamen Lernen verpflichtet haben, können mit English G HEADLIGHT ab Band 3 für die Klasse 7 nicht nur schwächere und langsamer lernende S fordern und fördern, sondern auch die gymnasial-orientierten. Wie in den ersten beiden Bänden des Lehrwerks wird weiterhin grundsätzlich auf drei Kompetenzniveaus differenziert. Für die besonders lernstarken S gibt es unter der Bezeichnung *More challenge* zusätzlich eine vierte Anspruchsebene, so dass diese Zielgruppe langfristig wirksam auf den Übergang in die gymnasiale Oberstufe vorbereitet wird.
Diejenigen Schulen, die ab der Klasse 7 eine äußere Differenzierung vornehmen, können aus mehreren Optionen auswählen. Möchten diese Schulen weiterhin English G HEADLIGHT benutzen, ist es denkbar, mit den S des Grundkurses die Aufgaben, Texte und Übungen auf dem leichten und mittleren Kompetenzniveau zu bearbeiten, während in Lerngruppen des Erweiterungskurses die anspruchsvolleren Aufgaben bewältigt werden müssen.

Daneben kann die äußere Differenzierung auch mit zwei Ausgaben aus der English-G-LIGHT-Familie umgesetzt werden, zu der neben English G HEADLIGHT noch das (weniger fordernde) Lehrwerk English G HIGHLIGHT (z. B. für den Grundkurs) und das (in seinem Anspruch zwischen English G HIGHLIGHT und English G HEADLIGHT angesiedelte) Lehrwerk English G LIGHTHOUSE gehören.

Je nach der spezifischen Situation an der Schule können Lehrkräfte neben English G HEAD-LIGHT auch mit einer der beiden anderen Ausgaben arbeiten. Diese Kombinierbarkeit und Durchlässigkeit wird erreicht durch

- eine gleiche *storyline*, gleiche Themen und gleiche inhaltliche Schwerpunkte,
- einen nahezu gleichen Einstieg und Aufbau der Units,
- gleiche Aufgabenformate („Alle machen das Gleiche, aber nicht dasselbe."),
- die gleiche systemische Differenzierung, die die Schülerbücher und sämtliche Begleitmedien umfasst,
- die gleichen Kerngrammatikschwerpunkte,
- das gleiche Training der kommunikativen und methodischen Kompetenzen,
- ein vielfältiges Übungsangebot,
- dieselben Filme, jedoch mit unterschiedlichen Aufgaben,
- vergleichbare, aber unterschiedlich anspruchsvolle Hörtexte und insbesondere unterschiedlich anspruchsvolle Aufgaben
- durch die *More-challenge*-Angebote in den beiden Lehrwerksausgaben English G LIGHTHOUSE und English G HEADLIGHT.

Die vielfältigen Parallelen in Aufbau, Themen und Struktur ermöglichen es den S, auch bei der Arbeit mit unterschiedlichen Ausgaben jederzeit von einem Kurs in den anderen zu wechseln.

3 Methodisch-didaktische Leitlinien

3.1 Kompetenzorientierung

Der Englischunterricht verändert sich seit einigen Jahren in vielerlei Hinsicht, ausgelöst durch die Überlegungen der Europäischen Kommission zum lebenslangen Lernen, durch die Ergebnisse verschiedener Bildungsuntersuchungen und nicht zuletzt durch den Gemeinsamen Europäischen Referenzrahmen und die Bildungsstandards der Kultusministerkonferenz. Der Paradigmenwechsel hat zu einer klaren Output-Orientierung und zu kompetenzorientierten Curricula geführt. Im Mittelpunkt aller Überlegungen stehen Kompetenzen, also „die bei Individuen verfügbaren oder durch sie erlernbaren kognitiven Fähigkeiten und Fertigkeiten, um bestimmte Probleme zu lösen, sowie die damit verbundenen ... Bereitschaften und Fähigkeiten, um die Problemlösungen in variablen Situationen erfolgreich und verantwortungsvoll nutzen zu können." (Weinert, 2001)

Die fremdsprachliche Kompetenz bzw. Diskursfähigkeit der S drückt sich darin aus,

- wie gut kommunikative Situationen bewältigt werden (Schüler-, Handlungs- und Erfahrungsorientierung),
- wie gut Texte unterschiedlicher Art verstanden werden (Verstehenskompetenz),
- wie gut sie selbst adressatengerechte Texte verfassen können,
- wie sehr ihre Fähigkeit ausgeprägt ist, grammatische Strukturen korrekt aufzubauen, anzuwenden und bei Bedarf zu korrigieren (Fähigkeit und Wissen),
- wie sehr Bereitschaft und Motivation vorhanden sind, sich offen und akzeptierend mit anderen Kulturen auseinander zu setzen.

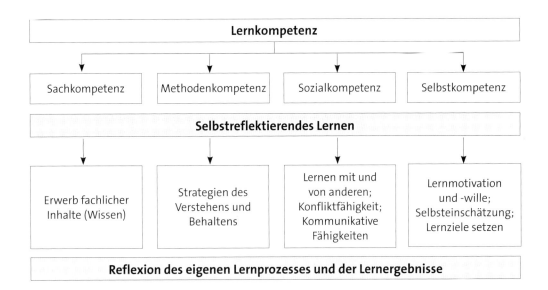

Grundlegendes Prinzip der Kompetenzschulung mit English G HEADLIGHT ist der kumulative und nachhaltige Aufbau aller Kompetenzen von Beginn an. Jede Unit schließt mit vier Seiten *Skills training*, auf denen alle kommunikativen Kompetenzen gezielt entwickelt werden. Die systematische Entwicklung des Hör-/Sehverstehens ist dadurch gewährleistet, dass jede Unit zwei Filmclips anbietet (Unit 5: ein Filmclip). Die im Stile einer *soap opera* angelegten Filmclips unter dem Titel *London SW 6* thematisieren die Erlebnisse von vier Londoner Jugendlichen (Tally, Ruby, Alfie und Sherlock), die gleichzeitig auch die Protagonisten der ersten Unit sind, in Spielhandlungen. Die zugehörigen Hör-/Sehverstehensaufgaben finden sich im *Skills training* am Ende jeder Unit auf einer ganzen Seite. Darüber hinaus gibt es in jeder Unit einen weiteren, flexibel im Unitverlauf verorteten und eher dokumentarischen Filmclip unter der Überschrift *People and places*, der primär landeskundliches und interkulturelles Wissen vermittelt.

Unter den kommunikativen Kompetenzen kommt der Entwicklung der Mündlichkeit im Lehrwerk English G HEADLIGHT besondere Bedeutung zu. Das dialogische und monologische Sprechen wird intensiv geschult. Dadurch wird die bereits seit der Grundschule angebahnte Sprechkompetenz in der weiterführenden Schule fortentwickelt. Die S erleben die Fremdsprache als Mittel, ihre sprachlichen Bedürfnisse auf Englisch auszudrücken, was zu einer deutlichen Motivationssteigerung und Lust am Lernen führt.

Soweit möglich, nutzt English G HEADLIGHT neurowissenschaftliche Erkenntnisse in Bezug auf das Lernen allgemein und auf das Erlernen der Fremdsprache vor dem Hintergrund der Erkenntnisse über den Erstsprachenerwerb. „Die Gehirnforschung lehrt …, dass das Allgemeine an Beispielen gelernt wird und gerade nicht durch das Auswendiglernen von Regeln." (Spitzer, 2011)

Lernen funktioniert optimal, wenn der zu lernende Stoff eine Bedeutung für die S hat (Anwendungsorientierung). English G HEADLIGHT bietet dazu viele Lerngelegenheiten. Die Lernenden setzen sich aktiv mit der Fremdsprache auseinander und sind emotional eingebunden. Aufgaben zum entdeckenden, selbstständigen und selbstbestimmten Lernen (z. B. YOUR TASK) vermitteln das Gefühl, etwas zu können, was vorher noch nicht gewusst oder gekonnt wurde.

Den Kerngedanken des methodisch-didaktischen Konzeptes des Lehrwerks English G HEADLIGHT bilden vielfältige Möglichkeiten und Angebote zur Differenzierung und Individualisierung. Nach der gemeinsamen Erarbeitung neuer Lerninhalte werden durch differenzierende Maßnahmen unterschiedliche Lernwege möglich. Dabei ist der Grundgedanke, „jedem Lerner das zukommen zu lassen, was ihn voranbringt.

Das sind
1. ein hohes Maß an Zuwendung und Aufmerksamkeit,
2. erfreuliche und beflügelnde soziale Beziehungen,
3. die Lernhilfen und -anregungen, die ihn bei seinem jeweils aktuellen Lernstand voranbringen und nicht blockieren." (Bönsch, 2011)

3.2 Vermittlung grammatischer Strukturen

Ob eine Sache gelingt, erfährt man nicht, wenn man darüber nachdenkt, sondern wenn man sie ausprobiert. Der Hirnforscher Manfred Spitzer sagt, „Gehirne sind Regelextraktionsmaschinen" (Spitzer, 2002). Sie sind nicht darauf ausgelegt, einzelne Wissenselemente wie Ereignisse oder Fakten zu speichern. Das menschliche Gehirn als Informationsverarbeitungssystem merkt sich nur bedeutsame Einzelheiten. Allgemeines, Regeln, Muster und Zusammenhänge, die immer wieder vorkommen, werden gelernt. Kinder lernen dadurch sprechen, dass sie viele Beispiele verarbeiten und aus diesen Beispielen die Grammatikregeln selbst produzieren. Dazu sind viele Lernerfahrungen notwendig, die langsam die Synapsenstärken verändern. Dabei können Regeln, die auf unterschiedliche Art und Weise vermittelt werden, den Lernprozess unterstützen und reflektierend verfestigen, jedoch nicht ersetzen.

Es gibt zahlreiche Theorien und Untersuchungen zum Fremdsprachenerwerb, jedoch keine eindeutigen Ergebnisse. Als Zwischenergebnis kann festgehalten werden, dass Grammatikunterricht den S in einem gewissen Umfang beim Spracherwerb helfen kann. Als ein wichtiges Prinzip des kommunikativen Spracherwerbs gilt *message before accuracy* (Keßler/Plesser, 2011). Werner Bleyhl weist darauf hin, dass alle Lerner zwangsläufig Phasen von Entwicklungsfehlern durchlaufen. „Gelernte grammatische Konstruktionen, wie intensiv sie auch geübt worden sind, werden nur dann produktiv, wenn sie der augenblicklich anstehenden Stufe entsprechen. Andernfalls wird das Gelernte relativ schnell wieder vergessen." (Bleyhl, 2009)
Diese Erkenntnisse der Hirnforschung sowie der Spracherwerbsforschung spielen im Lehrwerk English G HEADLIGHT eine große Rolle.

Jeremy Harmer (2007) hat ein Modell von drei Phasen für die Vermittlung von Sprache im Fremdsprachenunterricht entwickelt. Die erste Phase, *engage*, weckt das Interesse der Lernenden mithilfe von Bildern, Gesprächen, Geschichten, Spielen, Musik, *activities*, einfachen *tasks* etc. Die dafür notwendige Sprache wird situations- und textangemessen präsentiert und reproduktiv gebraucht, ohne dass neue grammatische Strukturen den Lernenden bewusst gemacht werden. Die Inhalte dominieren, die S sollen in die Sprache eintauchen. Diese Phase findet sich in den Units von English G HEADLIGHT auf den Auftaktseiten, dem *Lead-in*, sowie auf den Seiten *Theme 1* und *Theme 2*. Der integrative Grammatikansatz des Lehrwerkes auf diesen sechs Seiten einer Unit entspricht nicht nur neueren neurobiologischen Erkenntnissen, sondern kommt vor allem S mit geringerem Abstraktionsvermögen zugute.

In der zweiten Phase, *study*, geht es um das System der englischen Sprache, um das Erkennen von Gesetzmäßigkeiten und das Bewusstmachen von Regeln. Auf den Seiten *Focus on language* erkennen die S im Rahmen des entdeckenden Lernens einfache Regeln, formulieren sie nach Möglichkeit selbstständig und überprüfen sie mithilfe des *Language file*.
Im Lehrwerk English G HEADLIGHT stehen sogenannte Hauptstrukturen *(main structures)* aufgrund ihrer Bedeutung bei der Vermittlung grammatischer Strukturen im Mittelpunkt einer Unit. Daneben gibt es weniger zentrale Strukturen *(minor structures)* sowie Aspekte, die nur lexikalisch behandelt werden. Bei der Vermittlung wichtiger Strukturen wird darauf geachtet, dass es nicht zu einer Häufung von Schwierigkeiten kommt. Die Phase der gelenkten Übungen und selbstständigen Anwendung, die Harmer als *activate* bezeichnet, schließt sich an und wird auf den Seiten *Stop! Check! Go!* ausgeweitet.

3.3 Systemische Differenzierung und individuelle Förderung im Lehrwerk English G HEADLIGHT

Das gemeinsame Lernen von S mit unterschiedlichen Lernvoraussetzungen und Begabungsprofilen in heterogenen Klassen oder Lerngruppen stellt eine große Herausforderung dar. Differenzierende Lern- und Übungsangebote, die sich an unterschiedlichen Leistungsvermögen orientieren, sollen Erfolgserlebnisse und Lernfortschritte ermöglichen, die sich positiv auf Motivation, Persönlichkeit und Lernverhalten der Lernenden auswirken. Die S sollen miteinander, aber auch voneinander lernen und sich mit ihren unterschiedlichen Stärken gegenseitig anregen und helfen. Durch unterschiedliche Lehr- und Lernarrangements gelangen sie auf unterschiedlichen Wegen zu gleichen, aber in Bezug auf Komplexität und Kompetenzniveau auch zu unterschiedlichen Ergebnissen. Eine innere Differenzierung im Unterricht ist daher unumgänglich.

Wodurch unterscheiden sich Lerner?
- Alter und Reife,
- sozialer Hintergrund,
- (inter)kultureller Hintergrund,
- muttersprachliche Kompetenz,
- intellektuelles Leistungsvermögen,
- Lerntempo, Arbeitsstil und Festigungsbedarf,
- Interessen und Bedürfnisse,
- Vorerfahrungen und Vorkenntnisse,
- Arbeitshaltung und Selbstkonzept,
- Bereitschaft und Fähigkeit zur Reflexion und Selbstständigkeit,
- soziale Kompetenz.

Das Lehrwerk English G HEADLIGHT mit seinen zentralen Bestandteilen – dem Schülerbuch, dem *Workbook*, dem *e-Workbook,* den differenzierenden Vorschlägen zur Leistungsmessung sowie den Materialien zum Differenzieren | Fördern | Fordern und zum inklusiven Unterricht – bietet ein umfangreiches und aufeinander abgestimmtes Gesamtsystem, das einer großen Spanne an Leistungsprofilen auf Seiten der S gerecht wird. Neben unterschiedlich anspruchsvollen Aufgaben wird eine soziale, methodische, qualitative, quantitative und interessengeleitete Differenzierung ermöglicht. Zusätzlich zu diesen Vorschlägen finden sich immer wieder konkrete Tipps zu weiteren Differenzierungsmaßnahmen in den Handreichungen für den Unterricht. Es werden methodische, sprachliche und inhaltliche Hinweise für schwächere wie für stärkere S gegeben.

Die Differenzierung spielt in einem Schülerbuch für heterogene Lerngruppen eine zentrale Rolle. Das Ziel ist es, allen Lernniveaus mit diesem einen Schülerbuch gerecht zu werden, Aufgaben anzubieten, die die leistungsschwächeren S fördern und die leistungsstärkeren S fordern. Daher bieten Schülerbuch, *Workbook*, Förder- und Fordermaterialien sowie die differenzierenden Vorschläge zur Leistungsmessung Übungen und Aufgaben auf drei unterschiedlichen Niveaus an (leicht, mittel, schwer), wobei es eine gesonderte Kennzeichnung von leichteren und schwierigeren Übungen und Aufgaben gibt.
Leichtere Übungen sind im Schülerbuch und *Workbook* mit einem offenen Kreis gekennzeichnet, schwierige mit einem geschlossenen Kreis. Übungen und Aufgaben ohne besondere Kennzeichnung werden als normal eingestuft.

3.3.1 Zehn Tipps zur Differenzierung im Klassenzimmer

English G HEADLIGHT bietet eine gute Materiallage, um den Aufwand zum angemessenen und vielfältigen Differenzieren für Lehrkräfte möglichst gering zu halten.
Wichtig ist, dass die Lernenden möglichst selbstständig ihren Voraussetzungen und Bedürfnissen entsprechend arbeiten können. Soziales und fachliches Lernen ergänzen sich dabei sinnvoll. So wird erreicht, dass alle im Gespräch bleiben, es stets ein Ergebnis für

jeden gibt und sich keiner blamiert. Von zielgleichen und zieldifferenten Aufgaben, die zur Wahl stehen, profitieren alle S.

Im differenzierenden Unterricht sollten Lehrkräfte diese Hinweise beachten:
- Schwächere und stärkere S arbeiten für eine bestimmte Zeit zusammen.
- S werden gezielt in Helfersysteme eingebunden.
- Insbesondere schwächere S brauchen Routinen.
- Alle S werden angesprochen, alle sollen sich beteiligen können.
- Lehrkräfte sollen Geduld üben und Antworten in Ruhe abwarten.
- Übungssequenzen, die vom Einfachen zum Schwierigeren führen, werden bevorzugt.
- S brauchen Wahlmöglichkeiten.
- S bekommen unterschiedlich viel Zeit zur Bearbeitung von Aufgaben.
- Komplexere Lernaufgaben lassen alle S auf ihrem Niveau mitarbeiten.
- *Activity corners* bieten Möglichkeiten für schnellere Lerner *(fast finishers)*.

3.3.2 Differenzierung im Schülerbuch English G HEADLIGHT 3

Das Schülerbuch English G HEADLIGHT bietet eine Fülle unterschiedlicher Möglichkeiten zur Differenzierung und zum individuellen Fördern: Die große Vielfalt an Aufgaben und Sozialformen berücksichtigt unterschiedliche Lernniveaus, Begabungen, Interessen, Lerntypen und soziale Hintergründe. Darüber hinaus bietet English G HEADLIGHT ein umfassendes Differenzierungskonzept, das hier genauer dargestellt wird.

- **Parallelaufgaben**

Parallelaufgaben ermöglichen eine zeitgleiche Arbeit an unterschiedlich schwierigen, geschlossenen Übungen, die zur gleichen Lösung führen. Die leichtere Aufgabe befindet sich vorn in der Unit selbst und die schwierigere hinten in der *Diff bank* (SB-Seiten 111–139). Dieses Differenzierungsprinzip bietet im Unterricht ein großes Maß an Flexibilität. Die S entscheiden selbst, auf welchem Niveau sie eine Aufgabe lösen möchten. Benötigen sie konkrete Hilfen und eine stärkere Lenkung für ihren Lösungsweg, bieten sich die Aufgaben in der Unit an. Es ist denkbar, dass die leichteren oder anspruchsvolleren Aufgaben den Lernern zugewiesen werden. Es ist ebenso vorstellbar, dass zunächst alle S mit der schwierigeren Aufgabe hinten im Buch beginnen. Sollte sich eine Aufgabe als zu anspruchsvoll erweisen, stehen die Hilfen vorn im Buch zur Verfügung.
Insbesondere im Anfangsunterricht und in der Phase der Routinebildung bei diesem Übungstyp erscheint eine Zuweisung durch die Lehrkraft durchaus sinnvoll.

- **_More-help_-Aufgaben**

Für offene, kommunikative Aufgabenformen, die von den S eine komplexere Sprech- oder Schreibleistung verlangen, gibt es das Aufgabenformat *More help,* das sprachliche, aber auch inhaltliche Hilfen bei der Lösung dieser Aufgaben bietet. Alle S können zunächst versuchen, vorn in der Unit die schwierigere Aufgabe zu lösen. Wenn sich ihnen Probleme stellen, können die S in die *Diff bank* gehen, wo sie vielfältige Anregungen finden, die ein selbstständiges Weiterarbeiten ermöglichen.

- **_More-practice_-Aufgaben**

Zur Vertiefung und quantitativen Differenzierung gibt es unter der Überschrift *More practice* in der *Diff bank* ein weiteres Übungsangebot. Sollten die S weiteren Übungsbedarf haben, wird auf der Unit-Seite vorn auf das Angebot in der *Diff bank* verwiesen, wo ähnliche Übungen versammelt sind, die hinreichend Gelegenheit bieten, eine bestimmte Struktur oder ein bestimmtes sprachliches Phänomen vertiefend zu üben.

- **_More-challenge_-Angebot**

Ab Band 3 des Lehrwerks stehen insbesondere lernstärkeren S (mit ggf. gymnasialer Perspektive) unter der Rubrik *More challenge* zusätzliche Übungsmöglichkeiten zur Verfügung, die die Inhalte der Units optional erweitern. Diese Aufgaben stellen eine besondere Herausforderung dar: Sie sind grundsätzlich offener und anspruchsvoller angelegt als mit *hard* gekennzeichnete Aufgaben. Sie erfordern höhere Denk- und Verstehensleistungen und bereiten die Zielgruppe langfristig auf die Anforderungen der gymnasialen Oberstufe vor. Ziel ist es, die kommunikativen Kompetenzen allgemein zu stärken. Es geht um selbstständigeres freies, kreatives Schreiben, um das Lesen anspruchsvollerer Texte, um die Kenntnis zusätzlicher sprachlicher Mittel, um anspruchsvollere Aufgaben im Bereich der Sprachmittlung sowie um die Vermittlung spezieller grammatischer Strukturen.

Die *More-challenge*-Angebote sind an zwei verschiedenen Orten im Lehrwerk English G HEADLIGHT verankert:

- **More-challenge-Aufgaben in der *Diff bank*** (drei bis sechs pro Unit):
  Auf den Unit-Seiten vorn befinden sich Verweise auf weiterführende Angebote mit höherem Anspruchsniveau in der *Diff bank*. Sie sind dort farblich hervorgehoben und können punktuell zur Vertiefung genutzt werden.

- **More-challenge-Seiten** (neun Seiten in English G HEADLIGHT Band 3):
  Im Anschluss an jede Unit sind vor den *Stop! Check! Go!*-Seiten zusätzlich fünf optionale, alternierend ein- oder dreiseitige Module *More challenge* integriert. Sie können mit maximaler Flexibilität bearbeitet werden (etwa von der gesamten Lerngruppe oder nur von einigen Lernenden; in Auswahl oder in Gänze usw.). Es ist auch denkbar, dass sich die gymnasial-orientierten S mit den Angeboten der *More-challenge*-Seiten auseinandersetzen, während die anderen Lernenden Aufgaben aus dem Bereich *Stop! Check! Go!* oder aus dem Inklusionsmaterial lösen.

In welcher Weise die Arbeitsergebnisse präsentiert und gewürdigt werden, sollte von Fall zu Fall entschieden werden. Das können Kurzvorträge für die gesamte Lerngruppe sein, oder die Ergebnisse werden im Klassenraum ausgestellt. Grundsätzlich ist es im Sinne der Motivation der stärkeren S ratsam, die *More-challenge*-Aufgaben als alternative Lerngelegenheit zu nutzen und nicht so sehr als zusätzliche Anforderung nach Bewältigung der Basisaufgaben.

- **Aufgaben mit der Aufforderung *'as many as you can'***
Mit dem Appell *as many as you can* werden leistungsstärkere S motiviert, bei bestimmten Aufgaben soviel wie möglich zu sagen oder zu schreiben. Entscheidend ist, dass alle vor derselben Aufgabe stehen. Ein gewisser Wettbewerbscharakter kann bei diesen Aufgaben motivierende Wirkung zeigen.

- **Info-gap activities**
Bei *Info-gap activities* arbeiten die S in Partnerarbeit an zwei unterschiedlichen Stellen im Schülerbuch und verfügen über unterschiedliche Informationen, sodass eine reale Austauschsituation entsteht. Es kann dabei auch eine Leistungsdifferenzierung geben. In diesen Fällen sollte der Partner anfangen, der hinten im Buch auf die anspruchsvollere Variante trifft. Durch diese klare Zuordnung wissen beide Lerner Bescheid, wer zu beginnen hat. Unabhängig davon dient die sprachliche Äußerung des stärkeren Partners als Modell für den schwächeren.

- **Wordbanks**
Die *Wordbanks* (SB-Seiten 140–143) bieten zusätzlichen Wortschatz zu den Wortfeldern aus den Units, z. B. für freiere Aufgaben. Sie können besonders von den leistungsstärkeren S zur Erweiterung ihres Wortschatzes genutzt werden.

- **Differenzierung durch kooperatives Lernen**
Durch kooperatives Lernen können sich alle S Wissen, Kenntnisse und Fertigkeiten selbst erarbeiten und im wechselseitigen Austausch mit anderen vertiefen. Das Lehrbuch English G HEADLIGHT greift in Band 3 die aus den Bänden 1 und 2 bereits bekannten kooperativen Lernformen *Walk around, Appointments, Double circle, Think–Pair–Share* und *Reading circle* auf, sodass sich die notwendigen Routinen entwickeln können.

Weitere kooperative Verfahren in Band 3: *Partner check, Jigsaw* und *Reading club (reciprocal reading)*.

• Differenzierung durch Lernaufgaben *(tasks)*

Komplexere Lernaufgaben *(tasks)* stellen eine gute Möglichkeit zur Differenzierung dar. "A task is generally described as an activity in which people engage to attain an objective and which involves the meaningful use of language. The principal focus of tasks is not on displaying learners' ability to produce pre-specified language forms. It is on communicating their own meanings. On a general level this distinguishes tasks from exercises which focus on practising individual elements of the language, i.e. words or grammar." (Müller-Hartmann/Schocker-Ditfurth, 2011).

Lernaufgaben sind in aller Regel
- inhaltsorientiert und formorientiert,
- authentisch und anwendungsorientiert,
- hierarchisch nach Schwierigkeiten geordnet,
- lernerzentriert,
- lernprozessorientiert,
- produktorientiert.

Unter dem Label YOUR TASK werden in English G HEADLIGHT 3 komplexe Lernaufgaben angeboten, die sich ausgezeichnet zur vielschichtigen Differenzierung eignen (Unit 1, SB-Seite 13: *London plans*; Unit 2, SB-Seite 34: *Have you ever ...?*; Unit 3, SB-Seite 55: *Do you have a talent for business?*; Unit 4, SB-Seite 71: *Find out about Scotland*). Sie erlauben eine persönliche Schwerpunktsetzung je nach Interessenlage und Können, selbstständiges Arbeiten sowie kooperative Problembearbeitung. Insofern bieten Lernaufgaben fruchtbare Lerngelegenheiten, bei denen alle Lerner individuell nach ihren Kompetenzen arbeiten und am Ende ein Ergebnis präsentieren können, das der Aufgabenstellung entspricht, aber dennoch unterschiedlich ausgeprägt ist.

• Differenzierung auf den Seiten *Stop! Check! Go!*

Die Seiten *Stop! Check! Go!* dienen in erster Linie der Übung, Festigung und Wiederholung sowohl sprachlicher Mittel als auch einzelner Kompetenzbereiche.
Grundsätzlich müssen nicht alle S alle Aufgaben, die hier versammelt sind, erledigen. Sie können im Sinne individueller Förderung genutzt werden. Die geschlossenen Aufgaben des Abschnitts, die meist am Anfang stehen, können je nach Entwicklungsstand der Lerner auch selbstständig gelöst und anhand eines Lösungsblattes (Kopiervorlage in den HRU) auf Richtigkeit überprüft werden.

• Differenzieren mit Lektüren, Hörmaterialien, praktischem Lernen

Einen guten Weg zur Differenzierung bieten unterschiedliche Lesetexte und vor allem Lektüren. Es empfiehlt sich, für *fast finishers* Lesetexte aller Art bereitzuhalten. Das können Texte aus dem *Text file*, lehrbuchunabhängige Lesematerialien oder einfache Lektüren sein, die motivierend sind und vor allem ohne fremde Hilfe gelesen werden können.
Darüber hinaus können in einer *Activity corner* im Klassen- bzw. Fachraum einfache Hörmaterialien verfügbar gemacht werden, sofern Abspielgeräte und Kopfhörer vorhanden sind. Im Einzelfall ist es ebenfalls denkbar, dass sich in einem Klassenzimmer Medienecken befinden, in denen S Zugang zu einem Computer haben. In solchen Fällen bietet es sich an, dass sie auch Aufgaben aus dem *e-Workbook* lösen oder einfache Recherchen auf www.cornelsen.de/headlight durchführen.

Gerade für schwächere S eignen sich auch Materialien zum Basteln, zum Ausschneiden und Aufkleben, Lernspielsysteme, Spielkarten etc. Grundsätzlich sollte darauf geachtet werden, dass nicht nur schnellere Lerner die Gelegenheit erhalten, in einer *Activity corner* Aufgaben jenseits des Lehrbuches zu bearbeiten.

3.4 English G HEADLIGHT im inklusiven Unterricht

Inklusiver Englischunterricht – das gemeinsame Lernen von S mit und ohne sonderpädagogischen Förderbedarf – ist eine Herausforderung für die Lehrkraft und erfordert die Einbeziehung aller S. Die Stärkung der sozialen Kompetenz ist eine wichtige Voraussetzung für das gemeinsame Lernen von Menschen mit und ohne Behinderung. Gleichzeitig wirkt sich gelungener inklusiver Unterricht positiv auf die soziale Kompetenz der S aus und verstärkt diese.

Differenzierung innerhalb des inklusiven Unterrichts kann bedeuten, dass unterschiedliche Ziele angestrebt werden (zieldifferentes Unterrichten und Bewerten) oder dass Lernende mit sonderpädagogischem Förderbedarf bei zielgleichem Unterrichten und Bewerten einen Nachteilsausgleich erhalten (z. B. in Form von Arbeitszeitverlängerung oder von optischen oder akustischen Hilfen).

Differenzierung innerhalb des inklusiven Unterrichts kann auch bedeuten, dass die Lerngruppe gemeinsam unterrichtet wird, wobei die Lernenden unterschiedliche, ihren Begabungen entsprechende Hilfen oder Anregungen erhalten (innere Differenzierung oder Binnendifferenzierung).

Die Lerngruppe kann auch vorübergehend in kleinere Gruppen geteilt werden, um eine individuelle Förderung zu ermöglichen (äußere Differenzierung). Alle in Absatz 3.3.1 unter der Überschrift „Zehn Tipps zur Differenzierung im Klassenzimmer" genannten Punkte gelten in besonderem Maße für den inklusiven Unterricht.

In den Klassen 5 und 6 haben die S grundlegende Wortfelder und grammatische Basisstrukturen gelernt. Ab Klasse 7 gilt es für S mit dem Förderschwerpunkt Lernen, dieses Basiswissen zu festigen und behutsam zu erweitern. Ihre Lernziele unterscheiden sich zum Teil stark von den Lernzielen der Regel-S. Trotz dieser tendenziell größer werdenden Heterogenität bleibt es ein wichtiges Ziel des inklusiven Englischunterrichts, allen S die Teilhabe am gemeinsamen Unterricht zu ermöglichen. Dies ist nicht nur psychologisch von großer Bedeutung für das Lernen in der Inklusion, sondern ermöglicht auch S, die zieldifferent gefördert werden, den Wechsel zu einer zielgleichen Förderung (und damit die Erreichung des Hauptschulabschlusses).

Um diesen Rahmenbedingungen Rechnung zu tragen, wurden die **Materialien für Lernende mit erhöhtem Förderbedarf im inklusiven Unterricht** ab Band 3 neu konzipiert. Das neue Lern- und Arbeitsheft kombiniert Inhalte aus dem Schülerbuch mit *Workbook*-Elementen: Es hat dieselbe Unit-Struktur und vermittelt ähnliche Themen, Kompetenzen und Strukturen wie das Schülerbuch; gleichzeitig bietet es ähnliche Aufgabenformate (abhaken, farbig markieren, Lückentexte ergänzen u. a.) wie das *Workbook*, mit dem Vorteil, dass die S direkt in das Heft hineinschreiben können.

Mit folgenden Prinzipien geht das Lern- und Arbeitsheft auf die besonderen Lernbedürfnisse von S mit dem Förderschwerpunkt Lernen ein:
- klares Layout und größere Schrift,
- reduzierter Wortschatz und reduzierte Grammatik,
- vereinfachte Lesetexte,
- vereinfachte Hörtexte bzw. vereinfachte *Listening*-Aufgaben,
- ritualisierte Aufgabenformate mit kurzen Arbeitsanweisungen (unterstützt durch Symbole),
- integriertes Methoden- und Sprachtraining mit deutschsprachigen Hinweis-Kästen direkt in den Units,
- viele Übungen zum Festigen und Vertiefen von bereits Gelerntem,
- eine Portfolio-Seite am Ende jeder Unit.

Abhängig von der Zusammensetzung der Lerngruppe und den individuellen Lernbedürfnissen der Förder-S wird die Lehrkraft entscheiden, wann gemeinsame Lernphasen und wann individuelle bzw. äußerlich differenzierte Phasen pädagogisch und organisatorisch sinnvoll sind. Das Lern- und Arbeitsheft macht Angebote zur Differenzierung für beide

Unterrichtsszenarien. So bietet sich beispielsweise bei den bildgestützten *Lead-in*s ein gemeinsamer Einstieg an. Die Übungsangebote in den Unit-Teilen *Focus on language* und *Stop! Check! Go!* eignen sich hingegen besonders für individuelle Lernphasen.

Wie bereits bei Band 1 und 2 macht der Lehrerkompass vielfältige Vorschläge für einen abwechslungsreichen inklusiven Englischunterricht. Das **Lehrermaterial auf CD-ROM** enthält folgende Materialien:

- einen Lehrerkompass: Unterrichtskommentar mit Vorschlägen, wie das Lern- und Arbeitsheft im inklusiven Unterricht mit dem Schülerbuch kombiniert werden kann,
- die Lehrerfassung des Lern- und Arbeitsheftes mit Lösungen (als PDF),
- editierbare Kopiervorlagen zur Lernstandsermittlung und zum unitübergreifenden Methodentraining,
- editierbare Wortschatzlisten *(Vocabulary* und *Dictionary)*,
- Bild- und Wortkarten (PDF) zur weiteren Differenzierung,
- alle Tonaufnahmen im MP3-Format mit Audioskripten.

Auf diese Weise setzen die Inklusionsmaterialien das grundlegende Prinzip von Differenzierung optimal um, nach dem alle das Gleiche machen, aber nicht jeder dasselbe.

3.5 English G HEADLIGHT im bilingualen Unterricht

In jüngster Zeit hat bilingualer Unterricht enorm an Bedeutung gewonnen. *Content Integrated Language Learning* (CLIL) geht in erster Linie von den inhaltlichen, methodischen und sozialen Kompetenzerwartungen des deutschen Sachfachunterrichts aus. Die Fremdsprache soll dabei als Arbeitssprache zur Bewältigung fachspezifischer Lern- und Arbeitsprozesse dienen.

Dieser Herausforderung stellt sich English G HEADLIGHT bereits seit dem ersten Band und bietet in Form zweier bilingualer Module im *Text file* auch in Band 3 geeignete Materialien für die systematische Ausweitung des Englischunterrichts. Die beiden Module bilden Unterrichtsbeispiele aus dem Geschichts- und Musikunterricht ab.

Den größeren sprachlichen Herausforderungen (Fremdsprache = Arbeitssprache) im bilingualen Unterricht wird durch folgende didaktische und methodische Prinzipien Rechnung getragen:

- Anschaulichkeit der Inhalte durch verstärkte Visualisierung und Kleinschrittigkeit,
- Vorrang nonverbaler Semantisierungstechniken (siehe Glossar in den HRU),
- terminologische Zweisprachigkeit: Die Lerner kennen die wichtigsten Fachbegriffe auf Deutsch und Englisch (in English G HEADLIGHT unter der Überschrift *Key terms*).
- Unterstützung bei der fremdsprachlichen Produktion durch *prompting and bridging* sowie Bereitstellen fachspezifischer Redemittel (in English G HEADLIGHT unter der Überschrift *Activate your English*),
- höhere Fehlertoleranz *(message before accuracy)*.

4 Übersicht über das Lehrwerk English G HEADLIGHT und Begleitmedien

Schülerbuch (SB)
• ausführliche Hinweise s. S. 16–17

Workbook (WB) + Audio-CD
• Übungen zu allen SB-Units in drei Schwierigkeitsstufen
• *Revision* nach jeder Unit
• *Stop and Check* als Verbindung zwischen *Stop! Check! Go!* in SB und DFF
• Ampelsystem zur Selbsteinschätzung
• *Language file* kompakt
• Audio-CD (Kurzfassung, s. Audio-CDs)
• 2 x 2 Seiten *Test preparation*

Workbook + Audio-CD + e-Workbook
• Workbookausstattung s. o.; zusätzlich:
• e-Workbook auf CD-ROM mit elektronischen Übungen zu jeder Unit in drei wählbaren Schwierigkeitsstufen
• eng verzahnt mit gedrucktem WB über Quick Code
• mit Üben- und Prüfen-Modus

Wordmaster
• Heft mit Übungen zum neuen Wortschatz aller SB-Units
• Üben der Vokabeln im Kontext (Lückentext) und spielerische Umwälzung
• herausnehmbares Lösungsheft zur (Selbst-)Kontrolle

Klassenarbeitstrainer
• Heft zur selbstständigen Vorbereitung auf schriftliche u. mündliche Prüfungen
• typische Aufgabenformate zu diversen Kompetenzen, Wortschatz, Strukturen
• mit Lösungsheft und Bewertungsschlüssel
• beigelegte CD mit Hörtexten

Lektüre: *Time Flyer* von Christina de la Mare
• passendes Online-Angebot (Arbeitsblätter und Hilfen)
• Romanauszug im SB (Unit 4, *More challenge*)

Interaktive Tafelbilder für Beamer und Whiteboard
• multimedial unterstütztes Lernen als alternativer Zugang zum SB
• anschauliche, interaktive Übungen mit vielfältigen Aufgabentypen (u. a. Sortieren, *Multiple Choice*, Zuordnen und Lückentexte)

Website www.cornelsen.de/headlight
• Online-Angebot für S: Internetprojekte und Informationen zu zentralen SB-Inhalten und Landeskunde
• Online-Materialien für Lehrkräfte

Schülerbuch – Lehrerfassung
• inhaltlich identisch mit dem SB; dazu:
• Markierungen für neuen Wortschatz und neue Strukturen
• Hinweise zu Kompetenzen, Aussprache, Namen, ...
• Verweise auf Begleitmedien und Audio-CD-Tracks
• CD-ROM zur Digitalen Diagnose

Workbook – Lehrerfassung
• Workbook-Ausstattung s. WB mit e-Workbook; zusätzlich:
• eingetragene Musterlösungen

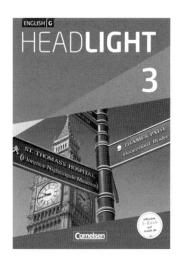

Audio-CDs
• Lehrerfassung der Audio-CD: Dialoge und Haupttexte aus diversen Unit-Bereichen, reine *Listening*-Texte und Songs
• Kurzfassung für S auf Audio-CD im Workbook: ausgewählte Unit-Texte sowie weitere *Listening*- und Ausspracheübungen

Video-DVD
• DVD zur Förderung des Hör-/Sehverstehens mit Filmclips unterschiedlicher Genres zu zentralen Themen jeder SB-Unit:
• *London SW 6*: eine Art *soap opera* um vier Londoner Jugendliche mit vier unabhängig voneinander einsetzbaren Folgen (zu Units 1–4)
• *People and places*: verschiedene, eher dokumentarische Filmclips zu den Schauplätzen der Units 1–5

Handpuppe „Cyril"

Unterrichtsmanager (UMA)
• digitale Variante des SB zur Unterrichtsvorbereitung und -durchführung
• UMA Vollversion mit HRU und zahlreichen Begleitmaterialien, online erhältliche Zusatzmodule

Handreichungen für den Unterricht
• didaktisch-methodische Vorschläge zur Arbeit mit dem SB mit Lösungen
• Überblick über Kompetenzschwerpunkte der Units *(Concept maps)*
• Verweise auf Begleitmedien und auf Audio-CD-Tracks
• Kopiervorlagen (KV)
• didaktisch-methodisches Glossar

Differenzieren | Fördern | Fordern (DFF)
• Ordner mit Kopiervorlagen zur Binnendifferenzierung
• Übungen zu Kompetenzschwerpunkten der SB-Units auf drei Niveaustufen mit Lösungen
• Lernlandkarten zur Einschätzung und Dokumentation des Lernfortschritts
• Audio-CD zum Hörverstehenstraining
• DVD-ROM zur Digitalen Diagnose

Differenzieren | Fördern | Fordern digital mit Digitaler Diagnose
• DVD-ROM zur Ermittlung individueller Lernstände
• Eingangstest und zwei Halbjahrestests mit automatischer Auswertung
• alle Kopiervorlagen aus Differenzieren | Fördern | Fordern in digitaler Form

Materialien für Lernende mit erhöhtem Förderbedarf im inklusiven Unterricht
• Lern- und Arbeitsheft mit Materialien für Förder-S mit Audio-CD mit inhaltlich und sprachlich angepassten Hörtexten
• eng verzahnt mit dem SB
• Lehrer-CD-ROM mit editierbaren KV, Unterrichtskommentar, alle Hörtexte im MP3-Format

Vorschläge zur Leistungsmessung
• CD-Extra mit editierbaren Word-Dokumenten zum Erstellen individueller Klassenarbeiten mit Aufgaben zu allen kommunikativen Kompetenzen sowie zu Wortschatz und Strukturen
• Differenzierungs-, Bewertungs- und Lösungsvorschläge
• anklickbare Hörtexte mit Transkripten

Folien
• CD-Extra mit Folien für Beamer/Whiteboard und als Ausdruck am OHP
• motivierendes Bildmaterial zu SB-Themen und Strukturen
• editierbare Handreichungen und KV

5 Das Schülerbuch

Die S lernen die Bestandteile des Schülerbuchs English G HEADLIGHT am besten durch eine *book rally* kennen.

- **Fünf Units**

Zur detaillierteren Beschreibung des Aufbaus und der Funktionen der einzelnen Teile einer Unit vgl. Absatz 5.2.

- ***Stop! Check! Go!***

Diese Seiten am Ende jeder Unit dienen dem selbstständigen Überprüfen der Kenntnisse sowie dem Wiederholen und Festigen.

- ***Diff bank***

Auf diesen Seiten befindet sich ein umfangreiches Angebot an differenzierenden Übungen und Aufgaben.

- ***Text file***

Das *Text file* im Anhang ist ein optionales Angebot unterschiedlicher Texte und Textsorten (Erzähltexte, Sachtexte, Gedichte ...), die an den Interessen der Zielgruppe ausgerichtet sind. Thematisch den einzelnen Units zugeordnet, eignen sich die *Text files* sowohl für die gezielte Erweiterung der Lesekompetenz der gesamten Lerngruppe als auch für *fast finishers* als Fundgrube zum Lesen. Das *Text file* enthält auch zwei bilinguale Module aus dem Geschichts- und Musikunterricht, was der gestiegenen Bedeutung bilingualen Unterrichtens Rechnung trägt.

- ***Skills file***

Zur Förderung der Methodenkompetenz eignen sich die Seiten des *Skills file*, die den jeweiligen methodischen Schwerpunkten in den Units zugeordnet sind.

- ***Language file***

Der grammatische Anhang dient als Nachschlagewerk und bietet den S die Gelegenheit, selbstständig bestimmte sprachliche Phänomene und Regelhaftigkeiten zu erkennen.

- ***Wordbanks***

Um produktive Aufgaben zum Sprechen und Schreiben bewältigen zu können und ihren Wortschatz zu erweitern, nutzen die S die Sach- bzw. Wortfelder in den *Wordbanks*.

- ***Vocabulary***

Das Vokabular bildet nicht nur den Lernwortschatz chronologisch ab, sondern gibt eine Vielzahl von Lernhilfen zur Aussprache, zu grammatischen Fragen und zu sprachlichen Besonderheiten.

- ***Dictionaries***

Die beiden alphabetischen Wörterlisten (englisch-deutsch, deutsch-englisch) enthalten den gesamten Wortschatz der ersten drei Bände. Die S habitualisieren ihre in den ersten beiden Bänden erworbenen Fähigkeiten im Umgang mit Wörterlisten.

- ***List of names***

Diese Listen dienen in erster Linie zum Nachschlagen der Schreibweise und Aussprache von Eigennamen und Ortsnamen.

- ***Classroom English***

Um im Klassenunterricht sowie auch in Phasen von Partner- und Gruppenarbeit auf Englisch kommunizieren zu können, sollten die Redemittel dieser beiden Seiten planvoll und systematisch erarbeitet und nach Möglichkeit im Klassenzimmer jederzeit sichtbar gemacht werden.

5.1 Handlungsort

Der landeskundliche Schwerpunkt von English G HEADLIGHT, Band 3, liegt auf Großbritannien bzw. den Britischen Inseln. Ziel ist es, den S möglichst vielfältige Eindrücke von Land, Leuten, Lebensalltag sowie landschaftlichen und kulturellen Besonderheiten zu vermitteln. Dementsprechend wechseln die Handlungsorte und (jugendlichen) Protagonisten von Unit zu Unit. In Unit 1 geht es um London und die Erfahrungen von Jugendlichen in der Großstadt; Unit 2 liefert Einblicke in das Landleben in den Cotswolds; Unit 3 führt die S nach Liverpool; in Unit 4 geht es nach Schottland und Unit 5 schließlich beschreibt die Erfahrungen einer deutschen Austauschschülerin in Dublin, Irland.

5.2 Aufbau einer Unit

Um den besonderen Anforderungen der S, für die das Lehrwerk English G HEADLIGHT konzipiert worden ist, gerecht zu werden, folgen die einzelnen Units einem linearen Aufbau.

- *Lead-in*
Jede Unit führt mit einer Doppelseite in das Thema der Unit ein. Die Seiten sollen die Lernenden neugierig machen und sie mit wichtigen Facetten des Unit-Themas vertraut machen. Die Seiten beinhalten jeweils viele Abbildungen, Hörtexte und schülerorientierte Aufgaben.

- *Theme 1* und *Theme 2*
Auf diesen jeweils zwei Seiten (Unit 5: eine Doppelseite) werden die Subthemen einer Unit entwickelt, die *storyline* aufgebaut sowie Übungen und Aufgaben vielfältigster Art angeboten.

- *Focus on language*
Den Prinzipien entdeckenden Lernens folgend wird hier ein erstes Bewusstsein für die jeweils zentrale grammatische Struktur geschaffen, so dass sie in einer immer komplexer werdenden Kette von Aufgaben geübt und angewendet wird.

- *Story*
Die Protagonisten der jeweiligen Unit stehen jeweils im Mittelpunkt einer drei- bis vierseitigen Geschichte, die durch vielfältige, motivierende Aufgaben ausgewertet wird.

- *Skills training*
Auf vier Seiten (Unit 5: drei Seiten) werden sowohl kommunikative Kompetenzen als auch Lern- und Arbeitstechniken kumulativ entwickelt. Es werden nicht in jeder Unit alle Kompetenzen gleichermaßen angesprochen, sondern sie werden auf das gesamte Schülerbuch verteilt – mit einer Ausnahme: Am Ende jeder Unit steht die Kompetenz *Viewing* im Mittelpunkt.

- *Stop! Check! Go!*
Nach den Units werden auf je vier Seiten Übungen und Aufgaben präsentiert, die dem Üben und Wiederholen, aber auch dem selbstständigen Lernen dienen. Auf diesen Seiten finden sich Aufgaben zu sprachlichen Mitteln und kommunikativen Kompetenzen, *revision exercises* und komplexere Lernaufgaben bzw. *tasks*. Einen Lösungsschlüssel zu den geschlossenen Aufgaben gibt es als Kopiervorlage im Anhang der HRU (Ausnahme: Unit 5 mit überwiegend offenen Aufgaben).

6 Kompetenzraster

Kompetenzraster können im Rahmen eines kompetenzorientierten Englischunterrichts vielfältige Aufgaben erfüllen. Sie sind eine geeignete Möglichkeit der Unterrichtssteuerung in einem mehr oder weniger weitgehend von den S selbstständig gesteuerten Englischunterricht. Diese Raster enthalten Aussagen über die Kompetenzbereiche und die entsprechenden Lernfortschritte, die die S erreichen sollen bzw. erreicht haben, so dass auf diese Weise sowohl für die Lernenden als auch für die Lehrenden individuelle Lernprozesse sichtbar werden. Dadurch wird auf anschauliche Weise deutlich, in welchen Bereichen die S gefördert und gefordert werden können. Kompetenzen umfassen unterschiedliche Fähig- und Fertigkeiten sowie Strategien, die die Lernenden an ausgewählten Lerninhalten erwerben und weiterentwickeln sollen.

Dieses komplexe Wirkungsgefüge lässt sich in so genannten Lernwegelisten darstellen. „Lernwegelisten führen aus, welche Fähigkeiten und Fertigkeiten zu einer (Teil-)Kompetenz gehören, sie erlauben die Zuordnung von Lernmaterialien zu speziellen Fähigkeiten und Fertigkeiten, und sie enthalten die qualitativen Differenzierungen nach Anforderungsbereichen/Durchdringungstiefen A, B, C." (Landesinstitut für Schulentwicklung 2013, S. 25)

Sind die Lernwegelisten formuliert, lassen sich entsprechende Texte, Aufgaben, Übungen, Strategien etc. zuordnen, die sowohl aus der jeweiligen Unit als auch aus den Seiten *Stop! Check! Go!* im Lehrwerk English G HEADLIGHT gespeist werden. Darüber hinaus lassen sich mithilfe der Diagnoseergebnisse der in den Kompetenzrastern erkennbaren Lernfortschritte die unterschiedlich anspruchsvollen Arbeitsblätter aus dem Ordner Differenzieren | Fördern | Fordern zuordnen. Die dazugehörigen Lernlandkarten bieten eine Hilfe zur leichten Orientierung und Differenzierung. Geht es beispielsweise bei einem Lernjob darum, dass die S im Rahmen des in Band 3 angesiedelten *Writing course (1)* lernen sollen, einen Erlebnisbericht zu verfassen, erfahren sie nicht nur, wofür sie solche Texte verfassen sollen und wie sie sie sinnvoll strukturieren können, sondern sie können auch über ihren individuellen Lernweg entscheiden: So können die S unterschiedlich anspruchsvolle Teilaufgaben (SB-Seiten 20 oder 114) bearbeiten, Wortschatzhilfen nutzen (*Wordbank*, SB-Seite 140) oder sich Unterstützung in Form von sprachlichen Mitteln (SB-Seite 25) holen, um ihren Fähigkeiten und Fertigkeiten entsprechende Lernleistungen zu erzielen.

Schließlich können Kompetenzraster und Lernwegelisten den Lernenden vor einer geplanten Leistungsüberprüfung helfen, sich gezielt auf eine Arbeit vorzubereiten, da konkret ausgewiesen wird, anhand welcher Materialien die jeweiligen Kompetenzbereiche erworben werden können.

7 Zeit- und Verlaufsplanung

Aufgrund der recht unterschiedlichen Rahmenbedingungen in den Schulen kann die Zeit- und Verlaufsplanung für die Arbeit mit dem Lehrwerk English G HEADLIGHT nur Vorschlagscharakter haben. Sie wird u. a. dadurch beeinflusst, nach welchem Zeitraster, beispielsweise 45 oder 60 Minuten, der Stundenplan organisiert ist. Die folgende Planung ist daher lediglich als Grobraster zu verstehen.

Ein Schuljahr umfasst ca. 39 Schulwochen. Daraus ergeben sich bei

	3 Wochenstunden	4 Wochenstunden
	117 Stunden	156 Stunden
Abzüglich 10 % mutmaßliche Ausfälle	12 Stunden	16 Stunden
verbleiben	**105 Stunden**	**140 Stunden**

7.1 Beispiel für eine Grobplanung des Schülerbuchstoffs

	3 Wochenstunden	**4 Wochenstunden**
Unit 1 – Unit 5	65 Stunden	80 Stunden
Stop! Check! Go!	15 Stunden	20 Stunden
Text files (optional)	12 Stunden	18 Stunden
ergeben	80 – 92 Stunden	100 – 118 Stunden
6 Klassenarbeiten	12 Stunden	12 Stunden
ergeben	92 – 104 Stunden	112 – 130 Stunden

7.2 Beispiel für eine Grobplanung einer Unit mit dem dazugehörigen Stop! Check! Go!

Unit 3	**4 Wochenstunden**
Lead-in	2 Stunden
Theme 1	2 Stunden
Theme 2	2 Stunden
Focus on language	3 Stunden
Story	2 Stunden
Skills training: *Note-taking*	1 Stunde
Skills training: *Writing course (3)*	2 Stunden
Skills training: *Mediation*	1 Stunde
Skills training: *Viewing*	1 Stunde
ergeben	**16 Stunden**
Stop! Check! Go!	4 Stunden

Literaturhinweise

Bach, G. / Timm, J.-P. (Hrsg.): *Englischunterricht*, UTB, Francke Verlag, Tübingen und Basel 2003

Biederstädt, W. (Hrsg.): *Bilingual unterrichten*, Cornelsen Scriptor, Berlin 2013

Blaz, D.: *Differentiated Instruction. A Guide for Foreign Language Teachers. Eye on Education*, Larchmont, New York 2006

Bleyhl, W.: „'Sündhafte' Verstöße. Über den Umgang mit Fehlern", in: *Praxis Englisch*, Heft 3/2009, S. 44f.

Ders.: „Die Defizite des traditionellen Fremdsprachenunterrichts oder Weshalb – endlich – ein Paradigmenwechsel, eine Umkehr, im Fremdsprachenunterricht erfolgen muss", in: http://creativedialogues.lernnetz.de/docs/1.4Expertenstimmen.pdf (30.06.2014)

Bönsch, M.: „Was ist guter Unterricht? – Oder besser: Wie kann man Lernen erfolgreich initiieren?", in: *Realschule in Deutschland*, Heft 3/2010, S. 14ff.

Ders.: „Individualisierende Lernwege", in: *Schulmagazin 5–10*, Heft 5/2011, S. 7ff.

Börner, O. / Edelhoff, Ch. / Lohmann, Ch. (Hrsg.): *Individualisierung und Differenzierung im kommunikativen Englischunterricht*, Diesterweg, Braunschweig 2010

Brüning, L. / Saum, T.: „Individualisierung und Differenzierung – aber wie? Kooperatives Lernen erschließt neue Zugänge", in: *Pädagogik*, Heft 11/2010, S. 12ff.

De Florio Hansen, I. / Klewitz, B.: „Angst vor Kompetenzorientierung? Zur Planung von kompetenzförderndem Fremdsprachenunterricht", in: *Praxis Fremdsprachenunterricht*, Heft 6/2012, S. 11ff.

Eckstein, R.: „Kompetenzorientiertes Lernen", in: *Schulmanagement*, Heft 3/2011, S. 15ff.

Eisenmann, M.: *Differenzierung im Englischunterricht*, Eichstaett Academic Press, Eichstätt 2011

Engel, A. / Wiedenhorn, Th.: *Stärken fördern – Lernwege individualisieren*, Beltz, Weinheim und Basel 2010

Hallet, W.: *Lernen fördern. Englisch*, Klett, Kallmeyer, Seelze 2011

Harmer, J.: *The Practice of English Language Teaching*, Pearson Education, Harlow 2007

Harting, A.: „Eigenverantwortliches Lernen", in: *Schulmanagement*, Heft 3/2011, S. 8ff.

Hattie, J.: *Lernen sichtbar machen*, Schneider Verlag Hohengehren, Baltmannsweiler 2013

Heacox, D.: *Differentiating Instruction in the Regular Classroom*, Free Spirit Publishing, Minneapolis 2002

Heymann, H. W.: „Binnendifferenzierung – eine Utopie?", in: *Pädagogik*, Heft 11/2010, S. 6ff.

Hinz, R.: „Heterogenität – eine pädagogische Herausforderung", in: *Schulverwaltung*, Heft 5/2011, S. 137f.

Hoffmann, C.: *Kooperatives Lernen / Kooperativer Unterricht. Pocket-Ratgeber Schule*, Verlag an der Ruhr, Mülheim an der Ruhr 2010

Keßler, J.: „Englisch ab Klasse 1. Zu früh? Zu wenig erforscht? Wirkungslos? – Zu wichtig!", in: *Schule NRW*, Heft 04/2009, S. 158ff.

Keßler, J. / Plesser, A.: *Teaching Grammar*, UTB, Schöningh Verlag, Paderborn 2011

Kuty, M.: „Binnendifferenzierung in Aktion", in: *Praxis Fremdsprachenunterricht*, Heft 3/2009, S. 16ff.

Lau, R. / Boller, S.: „Innere Differenzierung konsequent anwenden", in: *Pädagogik*, Heft 11/2010, S. 28ff.

Metzger, K. / Weigl, E. (Hrsg.): *Inklusion – eine Schule für alle,* Cornelsen Scriptor, Berlin, 2010

Mittendrin e.V. (Hrsg.): *Eine Schule für alle. Inklusion umsetzen in der Sekundarstufe*, Verlag an der Ruhr, Mülheim an der Ruhr, 2012

Müller-Hartmann, A. / Schocker, M. / Pant, H. A.: *Lernaufgaben Englisch aus der Praxis*, Diesterweg Verlag, Frankfurt am Main 2013

Müller-Hartmann, A. / Schocker-von Ditfurth, M.: *Teaching English: Task-supported Language Learning*, UTB, Schöningh Verlag, Paderborn 2011

Dies.: „Mit Lernaufgaben Kompetenzen entwickeln", in: *Der fremdsprachliche Unterricht. Englisch.* Heft 109/2011, S. 2ff.

Paradies, L. / Linser, H. J.: *Differenzieren im Unterricht*, Cornelsen Scriptor, Berlin 2010

Paradies, L. / Wester, F. / Greving, J.: *Individualisieren im Unterricht,* Cornelsen Scriptor, Berlin 2010

Pienemann, M. / Keßler, J. / Roos, E. (Hrsg.): *Englischerwerb in der Grundschule.* UTB, Schöningh Verlag, Paderborn 2006

Prodromou, L. / Clanfield, L.: *Dealing with Difficulties*, Delta Publishing, Peaslake 2007

Raya, M. J. / Lamb, T.: *Differentiation in the Modern Languages Classroom*, Peter Lang, Frankfurt 2003

Spitzer, M.: *Lernen. Gehirnforschung und die Schule des Lebens*, Spektrum Akademischer Verlag, Heidelberg, Berlin 2002

Ders.: „Medizin für die Schule. Neurowissenschaftliche Erkenntnisse nutzen", in: *Schule NRW*, Heft 04/2011, S. 158ff.

Staatsinstitut für Schulqualität und Bildungsforschung (Hrsg.): *Aufmerksamkeitsgestörte, hyperaktive Kinder und Jugendliche im Unterricht*, Auer Verlag, München 2011

Ders.: *Sprachen leben. Kompetenzorientierte Aufgaben in den modernen Fremdsprachen. Band 2,* Cornelsen, München 2011

Thaler, E.: *Englisch unterrichten*, Cornelsen Schulverlage, Berlin 2012

Tomlinson, C. A.: *How to Differentiate Instruction in Mixed-Ability Classrooms,* Pearson / Merrill Prentice Hall, Upper Saddle River, New Jersey 2006

Tomlinson, C. A. / Cunningham Eidson, C.: *Differentiation in Practice. Association for Supervision and Curriculum Development*, Alexandria, Virginia 2003

Tschekan, K.: *Kompetenzorientiert unterrichten*, Cornelsen Scriptor, Berlin 2011

Weinert, F. E.: *Leistungsmessungen in Schulen*, Beltz, Weinheim und Basel 2001

Winterhoff, M.: *Lasst Kinder wieder Kinder sein!*, Gütersloher Verlagshaus, Gütersloh 2011

Wolff, M.: „Individualisierung und Differenzierung. Ihre Bedeutung für schwächere Lerner", in: *Praxis Fremdsprachenunterricht*, Heft 3/2009, S. 4ff.

LEGENDE

Symbole für Kompetenzen

Kommunikative Kompetenzen:

⯮᛫	*Listening*
◉	*Viewing*
▤▤	*Reading*
▤▨	*Writing*
⊙⋯	*Speaking*
⮩	*Mediation*

Methodische Kompetenzen:

🔧	Lern- und Arbeitstechniken *(Skills)*
👥 / 👪	Kooperative Lernformen
🌐	Interkulturelle Kompetenzen

Symbole für Übungen

👥	Partnerarbeit
👪	Gruppenarbeit
🎧	Hörtext nur auf CD
🎧	Hörtext auf CD und im Schülerbuch
🎥	Filme auf der DVD
○	Leichtere Übung
●	Schwierigere Übung
○ //●	Parallelaufgaben: die leichtere in der Unit – die schwierigere in der *Diff bank*
//● p. 116	Schwierigere Parallelübung mit Seitenzahl
More help p. 111	Hilfen zu einer Aufgabe in der *Diff bank* mit Seitenzahl
More practice 1 p. 111	Weitere Übungen in der *Diff bank* mit Seitenzahl
More challenge 1 p. 112	Weitere Übungen mit höherem Schwierigkeitsgrad

Verweise

▶ KV 1	Verweis auf Kopiervorlagen in den HRU
▶ Partner check	Verweis auf Glossareinträge in den HRU
▶ DFF 1.1	Verweis auf Ordner zum Differenzieren | Fördern | Fordern
▶ Folie 1	Verweis auf Folien
▶ INKL p. 2	Verweis auf Materialien für Lernende mit erhöhtem Förderbedarf im inklusiven Unterricht
▶ WB 1, p. 2	Verweis auf Workbook-Übungen mit Seitenzahl

Abkürzungen

L	Lehrer / Lehrerin	EA	Einzelarbeit	HRU	Handreichungen für den Unterricht
S	Schüler / Schülerin	PA	Partnerarbeit	SB	Schülerbuch
KV	Kopiervorlage	GA	Gruppenarbeit	GSE	Grundschulenglisch

I love London

Kommunikative Kompetenzen

Listening

School rules (p. 16, 5a/b)*

Part 5 Caught! (p. 19, 4)

Reading

What's special about London? (p. 10, 1)

London adverts (p. 12, 1)

YOUR TASK London plans (p. 13, Step 1)

London by bike (p. 14, 1a/b)

STORY: A big deal (p. 17–19)

What happened when ... (p. 19, 2)

Using the London Underground (p. 22, 1)

Speaking

PEOPLE AND PLACES A London tour (p. 9, 2d)

NOW YOU (p. 11, 2b)

YOUR TASK London plans (p. 13, Step 2, 5)

What happens next? (p. 19, 3)

NOW YOU (p. 22, 2)

In town (p. 23, 1)

Writing

NOW YOU (p. 11, 2c)

YOUR TASK London plans (p. 13, Step 3, 4)

Ruby's story (p. 19, 5)

Writing an article about a great day (p. 20, 1)

NOW YOU (p. 20, 2)

Ruby and her mum (p. 23, 3)

Viewing

PEOPLE AND PLACES A London tour (p. 9, 2a–c)

London SW 6: The funny ringtone (p. 23, 2)

I love London

Die S lernen die britische Hauptstadt aus der Sicht von vier Londoner Jugendlichen kennen. Sie erfahren etwas über deren Einstellungen zu ihrer Stadt, ihr Lebensgefühl, ihr Schul- und Freizeitverhalten und erhalten Tipps zum Verhalten auf einer Radtour. Anhand von Werbeanzeigen erstellen sie in PA einen Plan für einen Besichtigungstag in London.

Sprachliche Mittel

Wortfelder

Stadtleben / City words (p. 16, 7)

Sehenswürdigkeiten / Travel (p. 13–14, p. 16, 7)

Grammatische Strukturen

Modal verbs and their substitutes (p. 14–16, 1–6; LF 15, p. 191)

Word building (p. 21, 1/2)

Interkulturelle Kompetenzen

London kennenlernen

Einblicke in Einstellungen, Schul- und Freizeitverhalten von Jugendlichen in GB / London gewinnen

Methodische Kompetenzen

Lern- und Arbeitstechniken

Ideen in Mindmaps, Listen oder Tabellen sammeln (p. 11, 2a; p. 16, 7; p. 20, 1)

Präsentation von Arbeits- und Diskussionsergebnissen (Poster, Fact files) (p. 13, 2; MC, p. 24, 1)

Note-making (p. 13, 2)

Note-taking (p. 16, 5)

Die vier Schritte beim Schreiben kennenlernen: Brainstorming / Collecting ideas – Strukturieren – Schreiben (Entwurf) – Überprüfen / Korrigieren (p. 20, 1/2; SF 9, p. 172/173)

Wortbildungsmuster erkennen und zur Erschließung unbekannten Wortschatzes anwenden (p. 21, 1/2)

Wegbeschreibungen geben und verstehen (p. 22, 1/2)

Selbsteinschätzung (Stop! Check! Go!)

REVISION My class trip (p. 25, 1)

WORDS Travel in London (p. 25, 2)

LANGUAGE Talking about the bike tour (p. 26, 3)

LANGUAGE Safety in London (p. 26, 4)

MEDIATION What does it say? (p. 26, 5)

LISTENING Trains, buses and planes (p. 27, 6)

WRITING A crazy day in London (p. 27, 7)

Kooperative Lernformen

Partner check (p. 8, 1; p. 16, 6; p. 20, 1; p. 26, 4)

Think – Pair – Share (p. 19, 3; p. 23, 1)

Weitere Formen von PA und GA (p. 9, 2; p. 11, 2b; p. 13, 2; p. 15, 4b; p. 20, 2b/d; p. 21, 1b; p. 22, 2; p. 23, 3)

* p. 16, 5a/b = SB-Seite, Übungsnummer

1 I love London

LEAD-IN

Im Rahmen eines *London Quiz* wird das Vorwissen der S erfasst. In einer Filmsequenz lernen sie die Hauptattraktionen Londons kennen und äußern ihre eigene Meinung zum Film.

S. 8/9

1 What do you know about London?

Wortschatz **palace · queen · prime minister · stadium · bell · tower · Europe · carnival · detective · the Tube · underground · °travel** *(v)* **· ride** *(n)* **· take, took, taken · speech · be called · parliament**

Einstieg **SB geschlossen.** L sammelt im Plenum Vorwissen zu London: *What do you know about London and its sights? Let's make a network.* In dem Zusammenhang bei Gelegenheit bereits ▶ Wortschatzsemantisierung eines Teils der neuen Wörter, z. B. *palace, king, queen, tower, underground, Tube, travel, ...*

Überleitung L: *Now let's see who the London experts in our class are. Let's do a quiz about London.*

Erarbeitung ▣▣ **SB geöffnet.** Die S notieren die Ziffern der Fragen und die Buchstaben der Antwort. Bei Bedarf nutzen sie das SB-*Dictionary*.

Auswertung Zunächst ▶ Partner check gemäß SB, dann Selbstkontrolle anhand der Lösungen im SB (SB-Seite 146). Zum Abschluss erfasst L durch Handzeichen die Anzahl der richtigen Lösungen der S: *Who has eight/seven/... correct answers? Please raise your hand. − So most of you already know quite a lot about London. / Some of you don't know a lot about London. Let's find out more in this unit.*

Lösung *1 B · 2 C · 3 C · 4 C · 5 A · 6 B · 7 B · 8 B*

Zusatz Semantisierung bzw. Sicherung des neuen Wortschatzes. L definiert die neuen Wörter und die S finden das entsprechende Wort im Quiz. Auch als Wettbewerb möglich.

- *It's a very tall building, often part of a church and sometimes with a clock. (tower)*
- *Some clocks have it. You can hear it ring every hour or in the morning. (bell)*
- *It's a train that goes under the ground. (underground)*
- *It's a special name for the underground train system in London. (the Tube)*
- *It's a very large building where kings and queens live. (palace)*
- *Someone who tries to find out information about a crime. (detective)*
- *Angela Merkel is the German* Bundeskanzlerin. *David Cameron is the British ... (prime minister)*
- *A festival where people wear costumes or masks. (carnival)*
- *A big place where people go to watch a football match or a concert. (stadium)*
- *It's a talk that somebody gives to a group of people. (speech)* ▶ Folie 1

2 PEOPLE AND PLACES A London tour

Wortschatz **sight**

Einstieg **SB geöffnet.** L: *Look at the map. Which places (sights) from the quiz can you find?* (Buckingham Palace, Big Ben, the London Eye, Hyde Park)

Hinweis: Bei dem auf der Karte abgebildeten Stadion handelt es sich nicht um das im Quiz erwähnte *Wembley stadium,* sondern um das Stadion *Stamford Bridge* in Fulham des *Chelsea Football Club.*

Überleitung *Let's watch a tour of London and learn more about the sights.*

Erarbeitung ▸ 🎥	**a)** 👁 **SB geschlossen.** Beim **1. Sehen** des Films im Zusammenhang *(for fun)* sammeln die S individuelle Eindrücke und notieren die Sehenswürdigkeiten.
⊙ Differenzierung	In lernschwächeren Klassen erhalten die S ▸ KV 1: PEOPLE AND PLACES A London tour mit einer Kopie der Karte. Die S markieren die im Film gezeigten Sehenswürdigkeiten. Die KV enthält außerdem eine Beschreibung der Tour mit Lücken zum Ergänzen.
Lösung	*1 Tower Bridge • 2 Tower • 3 St. Paul's Cathedral • 4 Trafalgar Square • 5 St. James's Park • 6 Buckingham Palace • 7 London Eye • 8 Houses of Parliament • 9 Big Ben • 10 Westminster Abbey • 11 Fulham (stadium) / Chelsea FC*
Erarbeitung	**b)** 👥 🔧 **SB geöffnet.** ▸ Partner check mithilfe der Karte gemäß SB. Bei Bedarf **2. Sehen** zur Überprüfung.
Lösung	*Liverpool Street Station, River Thames, Tower Bridge, Tower, St. Paul's Cathedral, Trafalgar Square, Horse Guards, St. James's Park, Buckingham Palace, The London Eye, The Houses of Parliament, Big Ben, Westminster Abbey, Fulham (stadium) / Chelsea FC*
Erarbeitung	**c)** 👁 🔧 **2. Sehen** (Detailverstehen) gemäß SB: Die S notieren Informationen zu den gezeigten Sehenswürdigkeiten in einer Tabelle.
Auswertung	Zunächst vergleichen und ergänzen die S ihre Notizen im ▸ Partner check, anschließend Auswertung im Plenum.
⊙ Differenzierung	Lernschwächere S fertigen Notizen zu sechs Sehenswürdigkeiten ihrer Wahl an.

Lösungsbeispiel

sight	information
Tower Bridge	it can open for big boats
Tower	very old, interesting, scary
St. Paul's Cathedral	–
Trafalgar Square	people like to meet here; not allowed to feed the pigeons (costs £500)
Horse Guards	–
St. James's Park	great place for a break; can feed birds, squirrels
Buckingham Palace	big castle for the royal family; with 775 rooms
The London Eye	135 m high; finished in 2000; moves slowly
The Houses of Parliament	remember, remember, the 5th of November, Guy Fawkes
Big Ben	new name: the Elizabeth Tower
Westminster Abbey	more than 900 years old; people in the royal family can get married there
Fulham stadium	home of Chelsea, a famous London football club

Erarbeitung	**d)** 👥 💬 Anhand der Redemittel im SB tauschen sich die S über ihre Eindrücke zur Tour, zu London und zum Film aus, benennen ihre liebsten Londoner Sehenswürdigkeiten und begründen ihre Auswahl.
Zusatz	L erfasst die in der Klasse beliebtesten *sights* durch Handzeichen.

▸ WB 1–3, p. 2   ▸ DFF 1.6   ▸ INKL p. 8/9

THEME 1 Young Londoners

Inhalt Die S lesen vier Zeitschriftenartikel aus einem Lokalmagazin, in dem vier junge Londoner ihre Heimatstadt London beschreiben und sagen, was ihnen dort besonders gut gefällt, aber auch, was nicht so toll ist. Nach dieser Vorlage fertigen sie Listen mit Vor- und Nachteilen des eigenen Wohnorts an, tauschen sich mit einem Partner mündlich darüber aus und verfassen einen Artikel über ihren Heimatort.

S. 10/11

1 What's special about London?

Wortschatz **local** · written **by ...** · **reporter** · °**think of** · **not ... anywhere** · **things to do** · **downside** · **upside** · **be able to do** sth. · **dirty** · **fashion** · **(shopping) mall** · **shop** (v) · **be allowed to do** sth. · **culture** · **Greek** · **Irish** · **Scottish** · **huge** · **Box 'big-huge-tall'** (SB-Seite 200) · **crowded** · **traffic**

Einstieg **SB geöffnet.** Aufbau einer Erwartungshaltung. L: *Look at the photos of the four young Londoners. Who would you like to meet? Why?* S: *I like Alfie best because in the photo he's holding a football scarf, so I guess he's a football fan just like me. / I'd like to meet Ruby because ... / etc.*

Erarbeitung **a)** ⊞ Beim **1. Lesen**/Hören (Globalverstehen) der vier Artikel (ggf. im ▶ Mitleseverfahren)
▶ 🎧 1.02 sammeln die S erste Eindrücke der Londoner Jugendlichen gemäß Leseauftrag im SB.

Lösung Individuelle Lösungen.

Erarbeitung **b)** ⊞ Die S erfassen die Hauptaussagen der Jugendlichen und ordnen die Überschriften den einzelnen Beiträgen zu. Je nach Lernstärke der Lerngruppe ist vorbereitend ein **2. Lesen** möglich. Anschließend Sicherung des neuen Wortschatzes.

Lösung *Sam: **D** · Ruby: **A** · Tally: **F** · Alfie: **C***

Erarbeitung **c)** 2./3. Lesen/Hören gemäß SB. Die S vervollständigen die Tabelle.

Auswertung 👥 ▶ Partner check gemäß SB.

Lösung

	upsides	downsides
Sam	lots to do never bored	tourists say: dirty and expensive
Ruby	centre of the fashion world big shopping malls cheap markets with cool stuff	expensive
Tally	many different cultures amazing food great place for music and concerts	parents worry about safety in the city (=> not allowed to go to concerts with friends)
Alfie	Londoners friendly best thing: football (with 6 London teams in the Premier League)	huge noisy and crowded lots of traffic

▶ INKL p. 10

`More practice 1` `p. 111`   **True or false?**

Erarbeitung   **a)** 📧 **SB geöffnet.** Überprüfung des Detailverstehens gemäß SB.

Auswertung   Auswertung im Plenum anhand von ► Right/wrong cards. Die S korrigieren die falschen Sätze.

Lösungsbeispiel   **1** *False. Sam has lived in London all his life. / Sam hasn't lived in lots of different places.* • **2** *False. Sam can't think of any downsides. / Sam thinks London has no downsides. / Sam thinks London is great.* • **3** *True.* • **4** *False. Ruby thinks that malls are expensive. Markets are cheaper and you can find cool stuff there.* • **5** *True.* • **6** *True.* • **7** *False. Alfie says that Londoners are very friendly. / Alfie likes Londoners.* • **8** *False. Alfie doesn't like Fulham football club. He's a Chelsea fan. / Only Tally likes Fulham football club.*

Erarbeitung   **b)** ⏺ 📝 👥 Die S formulieren eigene *true/false statements* und überprüfen sich damit gegenseitig gemäß SB.

Lösung   Individuelle Lösungen.

Zusatz   Transfer: *Would you like to live in London? Why (not)?*

S. 11

2   NOW YOU

Erarbeitung   **a)** 🔧 **SB geöffnet.** Die S notieren die Vor- und Nachteile ihres Wohnortes in zwei Listen bzw. führen die Tabelle aus **1c)** fort.

Erarbeitung   **b)** 👥 💬 ► Partner talk anhand der Redemittel im SB. Die S können ihre Tabelle mit Notizen zum Partner fortführen.

Alternative   Die S befragen mehrere Mit-S mithilfe der kooperativen Lernform ► Appointments und berichten anschließend im Plenum über ihre Ergebnisse.

Erarbeitung   **c)** 📝 Gemäß SB schreiben die S unter Nutzung von Redemitteln aus dem Artikel aus **1** einen Artikel über ihren Wohnort.

`More help` `p. 111`   Lernschwächere S nutzen die Ideen und Redemittel zu Menschen und Orten im Anhang.

► WB 4–5, p. 3   ► DFF 1.1   ► INKL p. 11

THEME 2 Amazing London – for teens

Inhalt Die S lernen anhand von sieben Werbeanzeigen weitere Attraktionen in London kennen. In einer größeren Lernaufgabe planen die S mit einem Partner einen Tag in London, den sie mithilfe eines Posters präsentieren. Sie geben sich in einer Vierergruppe gegenseitig Feedback zu den Postern.

S. 12

1 London adverts

Wortschatz **book** *(v)* · **Travelcard** · **just** · **stall** · **Olympic** · **high street** · **over** 300 · °**dressing room** · °**legendary** · °**hotspot** · °**crowd**

Erarbeitung 📖 **SB geöffnet. 1. Lesen** (Globalverstehen): Gemäß SB formulieren die S eine Aussage zum Thema bzw. Inhalt der Anzeige.

Lösungsbeispiel *A is an advert for a musical. · B is about a football stadium tour. · C is an advert for a Tube ticket. · D is an advert for a market. · E is about a pop concert. · F is an advert for the Olympic Park. · G is an advert for shopping in Oxford Street / shopping.*

Differenzierung Lernschwächere S erhalten die Begriffe aus dem Lösungsbeispiel vermischt vorgegeben und ordnen ihnen die Anzeigen zu. ▶ INKL p. 12

More practice 2 p. 111 **Which advert is best?**

Erarbeitung **SB geöffnet. 2. Lesen** (*Skimming*, siehe ▶ Lesetechniken): Die S lesen die Szenarien 1 bis 7 und ordnen ihnen die passenden Anzeigen zu.

Lösung *1 E · 2 F · 3 D · 4 C · 5 A · 6 G · 7 B*

S. 13

2 👥 YOUR TASK London plans

Wortschatz **discuss** · **write** sth. **down** · **caption** · **present** sth. (to sb.) · **heading**

Erarbeitung **Step 1:** 📖 **SB geöffnet.** Die S wählen zunächst in EA aus der Auswahl im SB zwei oder mehr Orte in London aus, die sie besuchen möchten.

Hinweis: Nähere Informationen zu den Sehenswürdigkeiten aus dem Quiz (SB-Seiten 8/9) finden die S im *Text file 1: London facts* (SB-Seiten 144–146).

Step 2: 💬 Dann einigen sich die S mit einem Partner auf drei Attraktionen.

More help p. 112 S, die Hilfe benötigen, nutzen die Redemittel und Begründungen im Anhang.

Step 3: 🔧 Auf der angegebenen Website zum SB (deren Texte sich auch auf ▶ KV 2A/B: Amazing London – Websites finden) recherchieren die S Informationen zu den gewählten *sights* und machen sich anhand der Fragen im SB Notizen. Anschließend erstellen die S anhand der gesammelten Informationen ihren Plan für den Tag (vormittags, nachmittags, abends).

Differenzierung   In lernstärkeren Lerngruppen kann L weitere reale Broschüren oder Links zu realen Webseiten anbieten (z. B. zu zusätzlichen *sights*), auf denen die S anhand der Fragen im SB gezielt nach den notwendigen Informationen suchen können.

Alternative   Zur besseren Strukturierung ihrer Notizen erhalten die S auf ▶ KV 3: London sights – Find out more eine Tabellenvorlage mit vorgegebenen Fragen.

Lösungsbeispiel

Our sights:	1. Billy Elliot	2. Chelsea stadium tours	3. Camden Market
When can you go there? (When does it open/start?)	7.30 pm (Mon–Fri); 2.30 pm (Thu / Sat)	Mon–Sun every half hour from 10:00–15:00	Open every day from 10 am until 6 pm
How much are the tickets?	£20.50 – £86.00	£20 (£13 for children)	free
Where is it?	Victoria Palace Theatre (West End)	Fulham, Stamford Bridge	near Camden Town and Chalk Farm Tube stations
How can you get there?	take the Tube to Victoria Station	nearest Tube station: Fulham Broadway	take the Tube + a short walk
What can you see or do there?	watch an exciting show / musical	see the dressing rooms, walk through the players' tunnel	buy something special (clothes, music, jewellery, ...) for little money
What's special about it?	won lots of awards, great story, great music	museum: find out about the history of Chelsea FC	biggest street market in the UK (not one market but lots of markets)

Erarbeitung   **Step 4:** 📝 Gemäß SB fertigen die S das Poster in PA an. Sie wählen geeignetes Bildmaterial aus und schreiben mithilfe ihrer Informationen Bildunterschriften.

Differenzierung   Lernschwächere S orientieren sich an den Tipps und an dem (inhaltlich reduzierten) Beispiel im *Skills file* (SF 4: Making a poster, SB-Seite 166).

Auswertung   **Step 5:** 💬 👥 Gemäß SB präsentieren sich die S-Paare gegenseitig ihre Poster und geben sich Feedback.

Zusatz   Mögliche Bewertungskriterien für Poster finden die S in der Checkliste auf ▶ KV 4: London plans – A checklist for posters. Die KV enthält auch Redemittel für die Präsentation der Poster.

▶ WB 6, p. 4   ▶ Folie 2   ▶ INKL p. 13

FOCUS ON LANGUAGE

Inhalt	Ausgehend von einem Online-Werbetext über geführte Radtouren durch London lernen die S verschiedene Modalverben und ihre Ersatzformen sowie ihre Funktion kennen und vertiefen diese Struktur anhand von Regeln an der Schule und zuhause. Mithilfe einer Mindmap wird das Wortfeld *city words* wiederholt und erweitert.

S.14

1 London by bike

Struktur	Modalverben und ihre Ersatzformen: Präsentation
Wortschatz	**contact** *(n)* · **off** · **path** · **click (on)** · **booking** · **comment** *(n)* · **frequently** · **(tour) guide** · **route** · **No way!** · **rest** *(v)*
Erarbeitung	**a)** ▦▦ **SB geöffnet. 1. Lesen** (Globalverstehen) des Werbetextes und der Fragen und Antworten (FAQ) gemäß SB. Anschließend Semantisierung des bedeutungstragenden neuen Wortschatzes (▸ Semantisierungstechniken).
Lösungsbeispiel	*Who is the tour for? – teens (who can ride a bike)* *Where does the tour go? – London (off the tourist path)*
Zusatz	*Which places will you visit on this bike tour? (places where young Londoners go: trendy markets, cool parks, other fun places, an outdoor cafe for a sandwich lunch)*
Erarbeitung	**b)** ▦▦ **2. Lesen** (Detailverstehen): Die S übertragen die Sätze in ihr Heft und vervollständigen sie mit den Modalverben aus dem Text.
Auswertung	▸ Meldekette im Plenum.
Lösung	*1* you'll **be able to** · *2* you don't **have to** · *3* you **can** · *4* you're not **allowed to** · *5* you don't **have to** · *6* you **mustn't** ▸ DFF 1.3 ▸ INKL p.14

S.15

2 Modal verbs

Struktur	Modalverben und ihre Ersatzformen: Bewusstmachung
Erarbeitung	**a)** 🔧 **SB geöffnet.** Die S ordnen den deutschen Sprachfunktionen die richtigen englischen Sprechblasen (Modalverben) zu.
Lösung	*1 c)* · *2 a)* · *3 d)* · *4 b)*
Erarbeitung	**b)** Die S übertragen die Tabelle in ihr Heft und ergänzen Textbeispiele für die Modalverben und ihre Ersatzformen. Anhand der Beispiele arbeitet L mit den S heraus, dass die Modalverben meist nur im *simple present* verwendet werden und die Ersatzformen die anderen Zeitformen abdecken. Vertiefung anhand des *Language file* (*LF 15*, SB-Seite 191/192) möglich.
Auswertung	Ein (lernstärkerer) S arbeitet auf einer vorbereiteten Folie, die zur gemeinsamen Auswertung im Plenum herangezogen wird.

Lösung

modals	in German	substitutes	examples
can	können, dürfen	be able to	Can you ride a bike? You'll be able to visit trendy markets, … … you'll be able to relax and chat with the group. … you can join without booking. I was able to see places that other people usually don't see. Will we be able to take breaks? Yes, you'll be able to rest a lot.
may	dürfen	be allowed to	… you're allowed to walk around too. … you're not allowed to choose your own route. In England you're allowed to ride without a helmet. May I bring my mum with me?
must	müssen	have to	You have to get off the tourist path … … you don't have to ride your bike all the time. For our other tours you have to book before, … You must do this tour – it's really great! Do we have to follow our tour guides? Do I have to wear a bike helmet? – No, you don't have to. You mustn't bring your parents or other adults.

Zusatz Die S geben den Inhalt der vervollständigten Sätze aus **1b)** auf Deutsch wieder.

Lösungsbeispiel **1** Du wirst angesagte Märkte und coole Parks besuchen können. • **2** Du musst nicht die ganze Zeit Fahrrad fahren. / Du brauchst nicht die ganze Zeit auf dem Fahrrad zu fahren. • **3** Du kannst ohne Reservierung bei der Tour mitmachen. • **4** Du darfst keine eigene Route wählen. / Du darfst deine Route nicht selbst wählen. • **5** Du musst keinen Helm tragen, aber du kannst. / Du brauchst keinen Helm zu tragen, aber du kannst. • **6** Du darfst keine Eltern oder andere Erwachsene mitbringen. / Du darfst deine Eltern oder andere Erwachsene nicht mitbringen.

Zusatz Auf ▶ KV 6: London signs erhalten die S Gelegenheit, die Modalverben in einem realen Kontext anzuwenden, indem sie Lückensätze zu Ge- und Verboten auf Londoner Straßenschildern vervollständigen.

3 ⊙ On the London Teen Tour

Struktur Modalverben und ihre Ersatzformen *(be able to)*: Übung zum Gebrauch im *will-future*

Erarbeitung **SB geöffnet.** Gemäß SB. Als schriftliche Hausaufgabe geeignet.

Hinweis: Bei den Sätzen **2** und **4** ist auf Grundlage des Textes in **1** auch *be allowed to* denkbar.

Auswertung Zunächst ▶ Partner check, dann im Plenum.

Lösung ***On the London teen tour … 1** you'll will be able to see the sights and get some exercise. – you won't be able to see the sights and get some exercise. • **2** you'll be able to bring your mum or dad. – you won't be able to bring your mum or dad. • **3** you'll be able to go places where* *teens like to go. – you won't be able to go places where teens like to go. • 4 you'll be able to choose your own route. – you won't be able to choose your own route. • 5 you'll be able to get off your bike and walk around. – you won't be able to get off your bike and walk around. • 6 you'll be able to have a relaxing lunch. – you won't be able to have a relaxing lunch. • 7 you'll be able to stay in one place for too long. – you won't be able to stay in one place for too long. • 8 you'll be able to visit a trendy street market. – you won't be able to visit a trendy street market.*

4 How strict are your parents?

Struktur Modalverben und ihre Ersatzformen *(be allowed to)*: Übung zum Gebrauch im *simple present*

Wortschatz **youth · loud**

Erarbeitung **a) SB geöffnet.** Die S sammeln in EA in zwei Listen Dinge, die sie tun bzw. nicht tun dürfen.

More help p.112 Lernschwächere S nutzen die Ideen und Redemittel im Anhang.

Alternative Die S verwenden die Tabelle auf ▶ KV 5: Rules (Part 1). Die KV enthält auch ein vorbereitetes Raster für **b)**.

Erarbeitung **b)** 👥 💬 ▶ Klären der Arbeitsanweisung: Die S übertragen das Raster *(Johari window)* ins Heft und füllen es mithilfe der Redemittel im ▶ Partner talk folgendermaßen aus:

- Feld 1: Dinge, die beide Partner dürfen (++)
- Feld 2: Dinge, die ich darf, aber mein Partner nicht (+ –)
- Feld 3: Dinge, die mein Partner darf, aber ich nicht (– +)
- Feld 4: Dinge, die beide Partner nicht dürfen (– –)

Auswertung **c)** 💬 Anhand der Satzanfänge im SB berichten die S im Plenum über sich und ihren Partner.

☐ Differenzierung In lernschwächeren Klassen sollten die vergleichenden Sätze zunächst schriftlich vorformuliert werden.

Lösung Individuelle Lösungen. ▶ DFF 1.2 ▶ Folie 3 ▶ INKL p.15

More practice 3 p.112 **I wasn't allowed to …**

Erarbeitung **a) SB geöffnet.** Gemäß SB.

Erarbeitung **b)** 📝 Gemäß SB.

Lösung Individuelle Lösungen. ▶ WB 7–9, p.5–7

S.16

5 School rules

Struktur Die Modalverben und ihre Ersatzformen *(have to, be allowed to)*: Übung zum Gebrauch im *simple present* und *simple past*

▶ 🔊 1.03 **a)** 🔊 **SB geöffnet. 1. Hören** und Sicherung des Globalverstehens gemäß SB.

Lösung *Alfie's old school is stricter.*

Erarbeitung **b)** 🔊 Die S übertragen die Tabelle aus dem SB ins Heft und fertigen darin beim **2. Hören** Notizen zur Sicherung des Detailverstehens an.

Alternative Die S verwenden den Tabellenvordruck auf ▶ KV 5: Rules (Part 2).

Lösung

	old school	new school
wear a tie	✓	x
wear a blazer	✓	x
wear trainers	x	✓
leave school at lunchtime	x	✓
wear caps or hats	x	x
have piercings or tattoos	x	x

Erarbeitung **c)** Mithilfe der Angaben in der Tabelle vervollständigen die S die Lückensätze aus dem SB im Heft. Auch als schriftliche Hausaufgabe geeignet.

Lösungsbeispiel **1** At Alfie's old school the students had to wear a tie and a blazer, but at his new school they don't have to wear them.
2 The students weren't allowed to wear trainers (but at his new school they're allowed to wear them).
3 At his new school he's allowed to leave school at lunchtime, but he isn't allowed to wear caps or hats or have piercings or tattoos. ▶ DFF 1.4

Zusatz Die S ergänzen in der letzten Spalte der Tabellenvorlage auf ▶ KV 5: Rules (Part 2) Notizen zu ihrer eigenen Schule und formulieren auf dieser Basis die Schulregeln für Gastschüler auf Englisch aus.

More challenge 1 | p. 112 | **You won't believe it**

Erarbeitung 📝 **SB geöffnet.** Mithilfe der Angaben in der Tabelle aus **5** entwickeln die S Alfies Chat mit seinem Freund Liam über die Regeln an seiner neuen Schule. Auch als PA oder als schriftliche Hausaufgabe geeignet.

Lösungsbeispiel Alfie: Hey Liam, how are things?
Liam: Hi Alfie, everything is great here. How's the new school?
Alfie: Oh, you won't believe it. We don't have to wear a tie or a blazer. I'm so glad – I hated the tie and blazer at the old school.
Liam: Wow, that's great! So now you can wear what you want?
Alfie: No, I can't. We're not allowed to wear caps or hats, just like in London. But we're allowed to wear trainers.
Liam: Oh, I'd love that! Maybe I should move to the Cotswolds too ☺. What about piercings or tattoos?
Alfie: No, we aren't allowed to have piercings or tattoos here either. But we can leave school at lunchtime.
Liam: So what do you do at lunchtime?
Alfie: Well, there isn't very much to do here. That's the downside ...
Liam: Nothing's perfect ... I think I'll stay in London then ☺. I have to go now. Bye!
Alfie: Bye!

6 Looking back, looking forward

Struktur | Modalverben und ihre Ersatzformen: *be able to* und *be allowed to* im *simple past* und *will-future*

Wortschatz | **pay (for** sth.), **paid, paid**

Erarbeitung | **a) SB geöffnet.** Die S formulieren anhand der Informationen in den Tabellen Sätze über die vier Jugendlichen aus London mit den Modalverben *be able to* und *be allowed to* in der Vergangenheit und Zukunft.

Lösung | *Two years ago Sam was able to ride the bus for free. In two years he won't be able to ride the bus for free.*
Two years ago Sam wasn't allowed to take the Tube at night. In two years he'll be allowed to take the Tube at night.
Two years ago Ruby wasn't able to pay for her own clothes. In two years she'll be able to pay for her own clothes.
Two years ago Ruby wasn't allowed to stay out late. In two years she'll be allowed to stay out late.
Two years ago Tally was able to speak Greek. In two years she'll (still) be able to speak Greek.
Two years ago Tally wasn't allowed to go to concerts. In two years she'll be allowed to go to concerts.
Two years ago Alfie wasn't able to play football. In two years he'll be able to play football.
Two years ago Alfie wasn't allowed to go to football matches. In two years he'll be allowed to go to football matches.

Erarbeitung | **b)** 📝 Anhand der Ideen aus der Tabelle verfassen die S Sätze über sich selbst.
👥 Vergleich durch ▶ Partner check.

Lösung | Individuelle Lösungen.

More practice 4 p. 113 ⬤ **How was the tour?**

Erarbeitung | **SB geöffnet.** Die S vervollständigen die Sätze mit den Ersatzformen im *simple past*. Als schriftliche Hausaufgabe geeignet.

Lösung | *2 was allowed to – didn't have to* • *3 weren't able to* • *4 wasn't allowed to* • *5 was able to* • *6 didn't have to – were able to*

---

7 City words

Wortschatz | **escalator · airport · arrival · departure · gate · flight · plane · check-in** *(n)* · **check in** *(v)*

Erarbeitung | **a) SB geöffnet.** *Revision*: Die S übernehmen die Mindmap aus dem SB in ihr Heft und ergänzen sie zunächst in EA.

More help p. 113 S, die Hilfe benötigen, nutzen die Wörter aus dem grünen Kasten im Anhang.

Auswertung | 👥 Vergleich und Ergänzung durch ▶ Partner check.

Lösungsbeispiel

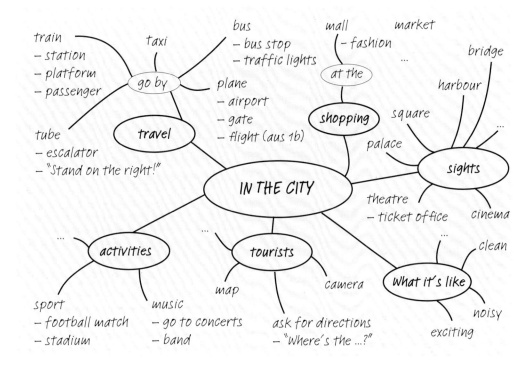

Erarbeitung **b)** ✏ Die S erschließen die neuen Wörter auf dem Schild mithilfe der Piktogramme oder aus dem Kontext und ergänzen sie in der Mindmap unter *travel* (siehe Lösungsbeispiel zu **a**)). ▶ WB 10–11, p.7 ▶ Folie 4 ▶ DFF 1.1 ▶ INKL p.16

More practice 5 p.113 **On the go**

Erarbeitung **SB geöffnet.** Gemäß SB suchen die S zu jedem Verb möglichst viele passende Nomen.

Lösungsbeispiel
- *arrive at ... **the station** / **the bus stop** / **the airport** / ...*
- *ask for ... **a ticket** / **a timetable** / **directions** / ...*
- *get off ... **the train** / **the bus** / **the plane** / ...*
- *get on ... **the train** / **the bus** / **the plane** / ...*
- *go by ... **bus** / **train** / **bike** / **taxi** / ...*
- *miss ... **the train** / **the bus** / **the plane** / ...*
- *visit ... **a city** / **London** / **a museum** / **friends** / ...*
- *wait at ... **the station** / **the bus stop** / **the airport** / ...*

STORY A big deal

Inhalt Die vier Londoner Teenager Sam, Ruby, Alfie und Tally verbringen einen gemeinsamen Tag in London. Aufgrund ihrer unterschiedlichen individuellen Interessen ist dieses Vorhaben nicht ganz einfach in die Tat umzusetzen. Die vier Freunde entscheiden sich, zunächst Rubys Bedürfnis nachzukommen, und fahren mit der U-Bahn zum *Portobello Market*. Im Zug wird Sam „Sherlock" Holmes auf einen mysteriösen Mann aufmerksam. Sie folgen ihm durch den Park *Kensington Gardens* – wo sie beobachten, wie er von einem Fremden Geld erhält – bis zum *Natural History Museum*, Sams ursprünglichem Wunschziel. Dort belauschen sie ein Gespräch des Mannes mit einem anderen Mann, doch sie werden ertappt. Schließlich stellt sich heraus, dass es sich bei dem „Verdächtigen" um einen Museumswärter handelt, der lediglich ein Fußballticket verkauft hat. Sherlocks Fantasie hat ihm einen Streich gespielt!

Die S verstehen eine illustrierte Geschichte, spekulieren über ihren Fortgang und gleichen ihre Hypothesen mit einem Hörtext ab. Abschließend geben sie einen Teil der Geschichte aus der Perspektive Rubys wieder.

S. 17–19

Einstieg **SB geschlossen.** L: *Think of your plans for a day in London. Name three things that you would like to do or see.* Die berichten (z. B. in Form einer ▸ Meldekette) im Plenum stichwortartig, wie sie einen Tag in London verbringen würden.

⦿ **Differenzierung** Lernstärkere S begründen ihre Auswahl: *I would like to take a ride on the London Eye because you have a great view.*

Überleitung L: *Can you guess what London teenagers like Sam and his friends would do on a Saturday? Let's collect some ideas.* L notiert die Vorschläge zum späteren Abgleich an der Tafel.

1 Before you read

Erarbeitung 👥 **SB geöffnet.** L: *Now look at the pictures. Were your ideas right?* L gleicht die auf den Bildern und der kleinen Karte erkennbaren Stationen der Geschichte mit den Vermutungen an der Tafel ab (ergänzen, abhaken, durchstreichen).

Lösungsbeispiel *I think they travel by underground to different places. First they go to the Round Pond in Kensington Gardens. After that they go to the Natural History Museum.*

A big deal

Wortschatz **S. 17: a big deal** · **solve** · **natural history** · **dinosaur** · **roll** *(v)* · it happens **like this** · **plan** *(v)* · **Take it easy.** *(infml)* · **change** (trains) · **get on** a plane/bus/train · **eastbound** · **line**

S. 18: sell, sold, sold · **typical (of)** · **around ...** · **Box 'around'** (SB-Seite 202) · **million** · **calm** *(adj)*

S. 19: touch *(v)* · **private** *(adj)* · **dead** · **guard** *(n)*

Erarbeitung ▤ **1. Lesen**/Hören der Geschichte im Zusammenhang, ggf. im ▸ Mitleseverfahren.
▸ 🎧 1.04

▸ INKL p. 17–19

S. 19

2 What happened when ...

Erarbeitung ▤ **SB geöffnet. 2. Lesen**/Hören und Beantwortung der Fragen zur Sicherung des Detailverstehens.

⦿ **Differenzierung** Lernstärkere S nennen Belegstellen aus dem Text für ihre Vermutungen (siehe blaue Klammern im Lösungsbeispiel)

Lösungsbeispiel *1 Sam saw a strange man. (ll. 34–40) • 2 The four friends got off too and followed the man. They changed trains and got on the eastbound Central Line. (ll. 43–51) • 3 The man turned and looked at Tally with a mean face. Tally was scared. (ll. 66–67) • 4 The man talked to another man and gave something to him. He got some money for it. (ll. 75–82) • 5 The museum was full and they didn't see the man at first. (ll. 96–100) • 6 They heard the voices of two men and suddenly Tally screamed. When the lights went on they could see the two men. They were guards. (ll. 117– end)*

More practice 6 p. 113 ⦿ **Headings**

Erarbeitung **SB geöffnet.** Nach dem **2. Lesen**/Hören notieren die S geeignete Überschriften für die einzelnen Teile der Geschichte.

Auswertung Die S vergleichen ihre Ideen mit einem Partner und stellen sie anschließend im Plenum vor.

Lösungsbeispiel *Part 2: A strange man on the Tube / Playing detective / A job for Sherlock Holmes / ...*
Part 3: At Kensington Gardens / Following "mean-face" / A big deal / ...
Part 4: Inside the museum / Voices behind the door / Today is the day / ...
Part 5: Just a normal guy / Chelsea fans at the museum / Just a little joke / ...

---

3   What happens next?

Erarbeitung **a) SB geöffnet.** Mithilfe der Methode ▸ Think – Pair – Share spekulieren die S über den Fortgang der Geschichte. **Think:** Zunächst machen sich die S in EA Notizen.

Erarbeitung **b)** 🧑‍🤝‍🧑 💬 **Pair:** Die S einigen sich im Gespräch auf eine Variante.

Auswertung **c)** 👥 💬 **Share:** Die S geben ihre Variante im Plenum wieder. L notiert die Vorschläge stichwortartig zur späteren Überprüfung.

Lösungsbeispiel *The friends will run away. / The men won't let them go. / The friends will call the police. / The men are museum guards and they'll call the police because they think that the four kids wanted to take something. / ...*

4   Part 5 Caught!

Wortschatz **catch, caught, caught**

Erarbeitung
▸ 🎧 1.05 🗣 **SB geschlossen. 1. Hören** (Globalverstehen): Die S überprüfen ihre Vermutungen aus **3** und ergänzen ggf. die richtige Lösung: *The man works as a guard at the Natural History Museum and sold a football ticket to a friend.*

Zusatz **2. Hören** und Sicherung des Detailverstehens anhand von *wh*-Fragen, z. B.:

* *What does the man do at the Natural History Museum? (He's a guard and he works there.)*
* *What did he do in Kensington Gardens? (He sold a football ticket to his brother.)*
* *Why didn't he go to the match? (Because he had to work.)*
* *Why was the man so nervous? (He bet money on the football match.)*
* *What do Alfie and the guard have in common? (They are Chelsea fans.)*
* *Who is always late for work? (the man / Reggie)*

5 ⬤ Ruby's story

Wortschatz	**point of view**
Erarbeitung	⬛ **SB geöffnet.** Die S schreiben mithilfe der *wh*-Fragen aus dem gelben Kasten den dritten Teil der Geschichte aus der Sicht Rubys.
Auswertung	👥👥 Kontrolle im ▸ Correcting circle und anschließende Präsentation der besten Geschichte aus der jeweiligen Gruppe im Plenum.

Lösungsbeispiel

Sherlock, Alfie, Tally and I got off the train at Queensway. I didn't really want to follow the man because I wanted to go to Portobello Market.

We followed the man through Kensington Gardens. Alfie and Tally began to play football and when Tally shouted "Yoohoo! Go Fulham!" the man turned round and looked at her with a mean face. Tally was scared and Sherlock thought that maybe the police were looking for the man. I didn't believe that and I didn't like it at all, but the others wanted to follow the man.

So we finally got to the Natural History Museum. It was full of kids and we couldn't see the man anymore. I was looking at the big dinosaur – it's really amazing! – when Sherlock saw the man again. We followed him into a dark room full of dead animals. We heard the voices of two men – they were talking about a "big deal".

Suddenly I heard steps, so we tried to hide in another dark room. That was so scary! Suddenly Tally touched a dead owl in the dark and started to scream.

The two men opened the door and turned the light on – they were museum guards, and one of them was "our" man! I was so embarrassed. He works at the museum and sold a Chelsea ticket to his brother in Kensington Gardens. Sherlock was wrong and we went shopping – at last!

▸ WB 12–13, p. 8 ▸ INKL p. 19

More practice 7 p. 113 ⬤ **More stories from Ruby**

Erarbeitung	⬛ **SB geöffnet.** Gemäß SB in EA.
Auswertung	Auswertung im ▸ Correcting circle (in Kleingruppen von S, die den gleichen Textabschnitt bearbeitet haben). Dabei können die S in ihrer Gruppe auch einzelne besonders interessante Texte auswählen, die sie im Plenum vortragen. Alternativ können alle Texte auch als ▸ Gallery walk ausgehängt und gewürdigt werden.
Lösung	Individuelle Lösungen.

More challenge 2 p. 113 **Your story**

Erarbeitung	⬛ **SB geöffnet.** Lernstärkere S verfassen eine Geschichte über einen für sie lustig-katastrophalen Tag und illustrieren sie. Besonders gelungene Texte werden in der ▸ English corner oder zum ▸ Gallery walk ausgehängt.
Lösung	Individuelle Lösungen.

SKILLS TRAINING Writing course (1)

Inhalt Tally schreibt einen kurzen Artikel für die Zeitschrift *buzz* zum Thema *A great day*, den sie in einem Freizeitpark verbracht hat.

In Anlehnung an Tallys Mindmap und Mustertext verfassen die S einen eigenen Artikel über einen großartigen Tag. Sie sammeln Ideen in einer Tabelle oder Mindmap, nutzen sie, um mündlich und schriftlich über ihren Tag zu berichten, und überprüfen den Artikel eines Partners auf inhaltliche Vollständigkeit.

S.20

Collect ideas before you write

1 ☐ Writing an article about a great day

Wortschatz **course · article · kilometres per hour (kph) · per** hour/person

Einstieg **SB geschlossen.** L schreibt *A great day* an (Tafel/Folie). L: *If somebody tells you 'I had a really great day yesterday!' – what questions would you like to ask him or her? (What did you do? / Where did you go? / ...)* L notiert S-Vorschläge an der Tafel. L: *Let's have a closer look at 'where'. Where can you go if you want to spend a great day around here? (theme park, zoo, football stadium, concert, ...)*

Überleitung L: *Now let's find out where Tally went on a great day.*

Erarbeitung **a)** 🔧 **SB geöffnet.** Die S betrachten die Mindmap und suchen die Information, die die Frage *Where?* beantwortet (Ast „E": *Thorpe Park near London*). Davon ausgehend legt L eine Mindmap nach Tallys Vorbild an (Tafel/Folie) und ersetzt den Buchstaben „E" durch die Frage *Where?*. Anschließend ordnen die S in EA die verbliebenen Äste von Tallys Mindmap den entsprechenden Fragen aus dem gelben Kasten zu.

Auswertung 👥 Auswertung durch ▸ Partner check oder/und im Plenum anhand der Mindmap an der Tafel bzw. auf der Folie. Abschließend fragt L: *Which of the questions we collected earlier did Tally answer?* L gleicht Tallys Informationen aus der Mindmap mit den zuvor gesammelten Fragen der S ab (ergänzen, abhaken, durchstreichen).

Lösung *A Why? · B Who? · C How? · D What? · E Where?*

Erarbeitung **b)** 📝 **SB geöffnet.** Die S vervollständigen den Artikel mithilfe der Informationen in der Mindmap und schreiben ihn als Mustertext in ihr Heft.

☐ **Differenzierung** Lernschwächere S notieren zunächst nur die Lückennummern und die zugehörigen Lösungswörter im Heft, dann Vergleich durch ▸ Partner check oder im Plenum, bevor die S den komplettierten Artikel abschreiben.

Auswertung Selbstkontrolle mithilfe eines Lösungsblatts auf dem L-Tisch.

Alternative Kontrolle nach der Methode ▸ Bus stop. Nach dem Abgleich der Lösung berichten sich die Partner gegenseitig über ihren Lieblings-Freizeitpark.

Lösung *1 day trip · 2 Thorpe Park · 3 12 August · 4 dad · 5 brother Nick · 6 birthday present · 7 train · 8 35 minutes · 9 great rides · 10 fish and chips*

2 NOW YOU

Wortschatz | °table

Erarbeitung | **a)** 🔧 **SB geöffnet.** Die S sammeln ihre Ideen in einer Mindmap nach Tallys Muster oder in einer Tabelle wie der im SB. L verweist auf die *Wordbank* (SB-Seite 140), die die S für Ideen und als sprachliche Hilfe nutzen können.

Erarbeitung | **b)** 👥 💬 Mithilfe ihrer Notizen aus **a)** und der Redemittel in der Sprechblase berichten die S einander über ihren *great day*. Der zuhörende S schreibt sich die Fragewörter ins Heft und hakt sie inhaltlich ab. Anschließend gibt er seinem Partner ein Feedback, welche Punkte dieser ggf. noch berücksichtigen könnte – z. B. beim Verfassen des Artikels in **c)**.

Erarbeitung | **c)** 📝 Gemäß SB.

Lösung | Individuelle Lösungen.

Erarbeitung | **d)** 👥 Gemäß SB. Abhaken der Fragen wie in **b)** vorgeschlagen zur Überprüfung der Vollständigkeit.

⦿ Differenzierung | Lernstärkere S lesen den Text zusätzlich sprachlich Korrektur und achten dabei besonders auf die korrekte Verwendung des *simple past* und die *word order*.

▶ WB 14, p. 9 ▶ DFF 1.5 ▶ INKL p. 20

More challenge 3 | p. 114 | **A day in London**

Erarbeitung | 📝 **SB geöffnet.** Analog zu der im *Writing course (1)* beschriebenen Vorgehensweise verfassen lernstärkere S ausgehend von einem der Bildimpulse im SB und ggf. mithilfe der Informationen auf der angegebenen Webseite einen Artikel über einen fiktiven Tag in London.

Lösung | Individuelle Lösungen.

SKILLS TRAINING New words

Inhalt Die S lernen verschiedene Wortbildungstechniken kennen (z. B. Verb + *-er* = Nomen; Nomen + *-y* = Adjektiv; Nomen + *-ful* = Adjektiv; *un-* + Adjektiv = Gegenteil) und nutzen sie zum Erschließen unbekannter Wörter. Zudem erschließen sie die Bedeutung zusammengesetzter Begriffe (z. B. *fun run, ambulance driver*) mithilfe der ihnen bekannten Einzelwörter.

S. 21

1   Word building

Wortschatz **hotel · office**
(player · swimmer · winner · walker · runner · driver · reader · listener · worker · skier · writer · dancer · talker · sleepy · uncomfortable · helpful · postman/-woman · bus driver)

Hinweis: Da es sich um ein *Skills training* zu Worterschließungstechniken handelt, sollten die eingeklammerten neuen Wörter nicht vorab semantisiert werden (und erscheinen auch nicht als Lernwortschatz im *Vocabulary*). Ziel ist es vielmehr, dass die S lernen, neuen Wortschatz auch in authentischen Texten mithilfe ihrer Kenntnisse über Wortbildungstechniken und zusammengesetzte Wörter zu erschließen.

Einstieg **SB geschlossen.** L: *What's my job? What do I do?* S: *You're a teacher. You teach English.* L schreibt beide Wörter an die Tafel und markiert die Endung *(teach – teacher)*. L: *Let's look at some more new words with -er.*

Erarbeitung **a)** ☉ ⚒ **SB geöffnet.** Die S lesen zunächst den Tipp im SB. L: *Can you find more examples in the headlines? (swim – swimmer, win – winner, walk – walker, run – runner)*

Anschließend gemeinsames Lesen des *SF 2: Understanding new words* (SB-Seite 164).
L: *Which tips help you to answer* **a)**? *(tips 1 and 4)* Dann Übersetzung der Begriffe in EA.

Lösung ***player*** = Spieler(in) · ***swimmer*** = Schwimmer(in) · ***winner*** = Gewinner(in)/Sieger(in) · ***walker*** = Spaziergänger(in)/Geher(in) · ***runner*** = Läufer(in)

Erarbeitung **b)** 👥 ⚒ Die S erklären einander mithilfe der Vorgaben in den Sprechblasen im SB abwechselnd die Herkunft der Wörter und notieren abschließend auch die deutsche Bedeutung im Heft. Folgende Vorgehensweisen sind möglich:

- Als Austausch, indem ein Partner den bekannten Wortbestandteil nennt (siehe rote Sprechblase) und der andere die neue Bedeutung umschreibt (siehe grüne Sprechblase).
- Indem die Partner abwechselnd jeweils einen Begriff komplett mithilfe der Redemittel aus beiden Sprechblasen erklären.

Lösungsbeispiel *1 driver = someone who drives a car/...* (Fahrer/in) · *2 reader = someone who reads books or newspapers* (Leser/in) · *3 listener = someone who listens to the radio / a discussion / ...* ((Zu-)Hörer/in) · *4 worker = someone who works* (Arbeiter/in) · *5 skier = someone who goes skiing* (Skifahrer/in) · *6 writer = someone who writes books* (Autor/in) · *7 dancer = someone who dances* (Tänzer/in) · *8 talker = someone who talks in a discussion / on TV / ...* (Redner/in)

Zusatz Lernstärkere S bilden jeweils einen Satz mit den Nomen: *My mother is a careful driver. / Alina likes books. She's a fast reader. /...*

Erarbeitung **c)** ⚒ Gemäß SB. Hilfestellung durch Verweis auf *SF 2* (SB-Seite 164). L: *Which tips help you to understand these words? (tip 4a)* Entsprechend nennen die S zunächst die ihnen bekannten Wörter, von denen sich die Adjektive herleiten: *sleep, comfortable, help.*

Lösung ***sleepy*** = schläfrig · ***uncomfortable*** = unbequem · ***helpful*** = hilfsbereit

---

Erarbeitung	**d) SB geschlossen.** L schreibt die Begriffe *bus stop* und *postcard* an die Tafel. L: *These words are new to you. But there are two words that you know in each of them. Can you name and underline them?* Die S unterstreichen die Wörter an der Tafel und nennen ihre Bedeutung. L: *You know the underlined words. What does the whole word mean?*
	🔧 **SB geöffnet.** Anschließend erschließen die S auf die gleiche Weise die Bedeutungen der weiteren Beispiele im SB.
Lösung	*postman/postwoman* = Briefträger/in; Postbote/Postbotin • *bus driver* = Busfahrer/in
Zusatz	L: *Find as many examples of words with two parts as you can in the dictionary of your English book. Underline the parts that you know and guess what they mean.* Auch als Hausaufgabe geeignet. Mögliche Beispiele: *afternoon, anywhere, babysitter, background, basketball, …*

2 From the local newspaper

Wortschatz	(muddy • fun run • ambulance driver • loser • diver • training day • unwell • car trip • hopeful • footballers • unable • unfair • wonderful • teamwork)
	Hinweis: Da es sich um ein *Skills training* zu Worterschließungstechniken handelt, sollten die eingeklammerten neuen Wörter nicht vorab semantisiert werden (und erscheinen auch nicht als Lernwortschatz im *Vocabulary*). Ziel ist es vielmehr, dass die S lernen, neuen Wortschatz auch in authentischen Texten mithilfe ihrer Kenntnisse über Wortbildungstechniken und zusammengesetzte Wörter zu erschließen.
Erarbeitung	🔧 **SB geöffnet.** Die S wenden die in **1** gelernten sowie die bereits vorher bekannten Worterschließungstechniken an. Dazu übertragen sie die roten Wörter ins Heft, unterstreichen die ihnen bekannten Wortbestandteile (siehe Unterstreichungen im Lösungsbeispiel) und notieren dahinter die vermuteten deutschen Bedeutungen.
Auswertung	👥 Auswertung durch ▶ Partner check. L schreibt ggf. die Lösungen zur Kontrolle auf die Rückseite der Tafel.
Lösung	*muddy* = schlammig/matschig • *fun run* = Spaßrennen/Volkslauf • *ambulance driver* = Krankenwagenfahrerin • *losers* = Verlierer(innen) • *diver* = Taucher • *training day* = Trainingstag • *unwell* = unwohl • *car trip* = Autoreise • *hopeful* = hoffnungsvoll, optimistisch • *footballers* = Fußballspieler(innen) • *unable* = unfähig • *unfair* = unfair, ungerecht • *wonderful* = wunderbar • *teamwork* = Teamwork, Zusammenarbeit in der Mannschaft

▶ DFF 1.8   ▶ INKL p. 21

	More practice 8 p. 114 **An article about a football match**
Erarbeitung	🔧 **SB geöffnet.** Die S übertragen die Beispiele ins Heft, unterstreichen ihnen bekannte Wortbestandteile und erklären sie auf Englisch. Als schriftliche Hausaufgabe geeignet.
Lösungsbeispiel	• *well-known: someone who (or: something that) many people know well (= another word for 'famous')* • *little-known: someone who (or: something that) only a few people know (= the opposite of well-known)* • *eventful: full of events; many things (events) happen* • *half-full: half the seats are not taken* • *centre forward: a football player who plays forward from the middle and attacks the other team/goal; a football player who plays in the middle of the front line of players* • *sleepwalker: someone who walks in his/her sleep* • *attacker: someone who attacks; a football player who attacks the other team/goal* • *wake-up call: something (like a phone call) that wakes you up (for example in a hotel)*

SKILLS TRAINING Speaking

Inhalt Anhand eines Dialoges und eines Kartenauszugs der Londoner U-Bahn lernen die S, sich in der *London Underground* zurechtzufinden. Schließlich üben sie in einem Partnergespräch, Wegbeschreibungen zu Londoner Sehenswürdigkeiten zu geben, zu erfragen und zu verstehen.

S. 22

1 Using the London Underground

Wortschatz **public transport · public · once · central · zone · tonight · circus · embankment**

Einstieg **SB geöffnet.** Die S betrachten den Kartenauszug der Londoner U-Bahn (oder L verteilt U-Bahn-Pläne) und stellt Quiz-Fragen dazu:

- *How many different underground lines are there ? (eleven plus Overground and DLR)*
- *What colour is the Central Line? (red)*
- *Which line doesn't have an end? (the Circle Line)*
- *Which two lines stop at Tower Hill? (the Circle and District Line)*
- *If you want to go from St. Paul's to Tottenham Court Road, do you have to travel eastbound or westbound? (westbound)*
- *Which two lines stop at Piccadilly Circus? (the Bakerloo and Piccadilly Line)*
- *How many different lines stop at South Kensington? (three)*
- *What are their names? (Circle, District and Piccadilly Line)*
- *Which line was opened when Elizabeth II was queen for 25 years? (the Jubilee Line)*
- *If you want to go from Hyde Park Corner to Oxford Circus, where do you have to change trains? (at Green Park)*

INFO-BOX London Underground

Die erste Linie der Londoner U-Bahn, die *Metropolitan Railway*, wurde 1863 eröffnet und noch von Dampflokomotiven befahren. Im Zuge des Ausbaus des Streckennetzes wurde die Linie in *Metropolitan Line* umbenannt. Sie ist eine von elf Linien, die heutzutage werktags von 05:00 bis 01:00 und freitags/samstags durchgehend Passagiere durch die neun Zonen des Londoner Nahverkehrssystems transportieren.

Die Röhrenform der Tunnel hat der *London Underground* den Spitznamen *Tube* eingebracht und mit 270 Haltestellen und einer Streckenlänge von 402 Kilometern handelt es sich nicht nur um das älteste, sondern (nach Shanghai und Peking) auch um das drittlängste U-Bahn-System der Welt.

Auf dem Liniennetzplan im SB sind zusätzlich zu den elf U-Bahn-Linien auch die Streckenverläufe zweier weiterer Schienenverkehrsmittel, die aber nicht im engeren Sinne zur *London Underground* gehören, angedeutet. Es handelt sich um:

- die DLR bzw. *Docklands Light Railway*, eine seit 1987 in den Docklands im Osten von London verkehrende fahrerlose Hoch- und Untergrundbahn (türkis/weiß), sowie
- einen Abschnitt der seit 2007 in Betrieb befindlichen, S-Bahn-ähnlichen und überwiegend oberirdisch verkehrenden *London Overground* (orange/weiß).

Erarbeitung
▶ 🎧 1.06
Lösungsbeispiel

a) ▤ **1. Lesen**/Hören (Globalverstehen) gemäß SB.

Alfie's grandfather wants to go shopping, meet some old friends and find a bookshop.

Zusatz **2. Lesen**/Hören: Die S bearbeiten Multiple-choice-Aufgaben zur Sicherung des Detailverstehens:

1. The best ticket for Alfie's grandpa is
  a) a Central London ticket. • b) a Travelcard. (✓) • c) a zone 1 ticket.

2. He needs a ticket for
  a) three zones. • b) zone 1. • c) two zones. (✓)

3. The first train he has to take is a
  a) Jubilee Line train. • b) District Line train. (✓) • c) Central Line train.

4. *The first train goes*
a) northbound. (✓) • *b) westbound.* • *c) eastbound.*

5. *He has to change trains at*
a) Tottenham Court Road. • *b) Fulham Broadway.* • *c) Notting Hill Gate. (✓)*

Erarbeitung   **b)** 👥 ▦ Die S suchen zunächst die genannten U-Bahn-Stationen (1–6) auf dem Plan, notieren sich ggf. die dazugehörigen Linien und zeigen sich abwechselnd die gefundenen Bahnhöfe (▶ Partner check). Falls sie einen offiziellen Londoner U-Bahn-Plan haben, können sie die Bahnhöfe zunächst über das alphabetische Verzeichnis finden und über die angegebenen Koordinaten suchen (Angaben in der Lösung in Klammern).

Lösung   *1 District Line (E3)* • *2 Central, Victoria, Bakerloo Line (C4)* • *3 Bakerloo, District, Circle, Hammersmith & City Line (C3)* • *4 Northern, Jubilee Line (D6)* • *5 Piccadilly Line (C5)* • *6 Jubilee, Northern, Bakerloo Line (E5)*

Zusatz   L: *Two of the six stations are also stations for the National Rail Service* (Symbol vorgeben). *Can you name them? (Paddington and Waterloo)*

Erarbeitung   **c)** ▦ Gemäß SB. Die S notieren die Stationen, die Alfie und sein Großvater passieren, im Heft und markieren die Start-, Umsteige- und Endbahnhöfe durch Unterstreichen.

Auswertung   👥 ▶ Partner check.

Lösung   *Fulham Broadway – West Brompton – Earl's Court – High Street Kensington – Notting Hill Gate – Queensway – Lancaster Gate – Marble Arch – Bond Street – Oxford Circus – Tottenham Court Road*

Erarbeitung   **d)** 👥 ▦ Die S notieren sich die Route in PA gemäß SB.

Lösung   *1 You take the Jubilee Line to Bond Street (northbound). Then you change to the Central Line (westbound). You leave the train at Notting Hill Gate.*
2 You take the Bakerloo Line to Piccadilly Circus. There you change to the Piccadilly Line and take the northbound train. The next stop is Leicester Square.
3 You take the Circle Line (southbound, in the direction of Tower Hill). You don't have to change trains.

2   👥 NOW YOU

Wortschatz   **cathedral**

Erarbeitung   💬 **SB geöffnet.** Zunächst ▶ Klären der Arbeitsanweisung im Plenum. Die S entnehmen dem grünen Kasten die Sehenswürdigkeiten und die U-Bahnhöfe, in deren Nähe sie liegen:

- Partner A möchte von *King's Cross* zum *Trocadero (Tube station: Piccadilly Circus)*, von dort zu den *Houses of Parliament (Tube station: Westminster)* und von dort wiederum zum *Portobello Market (Tube station: Notting Hill Gate)*. Partner B beschreibt den Weg.

- Partner B möchte von *Waterloo* zum *Hyde Park (Tube station: Marble Arch)*, von dort zur *St. Paul's Cathedral (Tube station: St. Paul's)* und von dort wiederum zur *Brick Lane (Tube station: Aldgate East)*. Partner A beschreibt den Weg.

Anschließend Rollenwechsel.

⊙ Differenzierung   Lernschwächere S notieren sich zunächst in EA die einzelnen Routen im Heft. Eine Differenzierung ist auch über die Quantität möglich:

1. Lernschwächere S können weniger Stationen bearbeiten. Die erste oder letzte Station kann entfallen.

2. Bei heterogenen Paaren kann ein S vier Ziele, der andere zwei Ziele beschreiben.

3. *Fast finishers* suchen sich noch ein weiteres Ziel und beschreiben es, ohne das Ziel zu nennen. Der Partner versucht, das Ziel herauszufinden, und beschreibt nun seinerseits ein Ziel.

Lösungsbeispiel

Partner A:
- *from King's Cross to the Trocadero / Piccadilly Circus: Take the Piccadilly Line westbound. You don't have to change trains.*
- *from Piccadilly Circus to the Houses of Parliament / Westminster: Take the Piccadilly Line westbound to Green Park. Then change to the Jubilee Line and take it eastbound/southbound. It's only one stop.*
- *from Westminster to Portobello Market / Notting Hill Gate: Take the District or Circle Line (westbound, direction Edgware Road). You don't have to change trains.*

Partner B:
- *from Waterloo to Hyde Park / Marble Arch: Take the Jubilee Line northbound to Bond Street. Then change to the Central Line westbound. Marble Arch is the first stop.*
- *from Marble Arch to St. Paul's (Cathedral): Take the Central Line eastbound. St. Paul's is the sixth stop.*
- *from St. Paul's to Brick Lane / Aldgate East: Take the Central Line to Liverpool Street (eastbound). Then change to the Hammersmith & City Line. Take it eastbound. Aldgate East is the next stop.*

▶ WB 15–17, p. 10–12 ▶ DFF 1.9 ▶ INKL p. 22

SKILLS TRAINING Viewing

Inhalt   In der ersten Episode von *London SW 6* treffen sich die vier jungen Londoner in der Stadt und gehen zunächst in Tallys Lieblingscafé, das Café ihres Onkels. Bei Smoothies, Tee bzw. Pfannkuchen beschließen sie, gemeinsam mit der U-Bahn zum *Camden Market* zu fahren. Dort schlendern sie durch Geschäfte und vorbei an Marktständen, bis Ruby plötzlich feststellen muss, dass ihre Tasche mit dem Handy ihrer Mutter und ihrer Geldbörse verschwunden ist. Sherlock hat eine gute Idee und ruft die Nummer des vermissten Handys an. Gemeinsam folgen sie dem Klingelton quer durch die Markthallen, bis sie schließlich die Tasche mit Inhalt unversehrt in einem Geschäft auf dem Boden finden.

Die S erfassen die Handlung der Filmepisode global und detailliert, erzählen sie anhand von Bildern schriftlich nach und entwickeln auf dieser Basis in PA ein Gespräch zwischen Ruby und ihrer Mutter über die Erlebnisse des Tages, das sie mündlich vortragen.

S. 23

1   In town

Einstieg   **SB geschlossen.** L: *Today we're going to meet the four Londoners in their part of London and find out what they like to do together in their free time. What about you? Do you sometimes go to town in your free time?*

Erarbeitung   **a) SB geöffnet. Think:** Zur Einstimmung in die Thematik und zur Vorbereitung auf den ▶ Partner talk in **b)** machen sich die S in EA Gedanken zu den Fragen 1 bis 3.

Zusatz   Die S können ihre Gedanken in einer Tabelle festhalten. Hier können sie in **b)** auch die Gedanken ihres Partners eintragen. Dies erleichtert auch den Bericht in **c)**.

Question	Me	My partner
1. When do you go to town? What do you do there?		
2. Do you meet friends? Where?		
3. Do you have a favourite place in town?		

Lösung   Individuelle Lösungen.

Erarbeitung   **b) 👥 💬 Pair:** ▶ Partner talk gemäß SB mithilfe der Redemittel in den Sprechblasen.

Auswertung   **c) 👥 💬 Share:** Abschließend berichten die S im Plenum zusammenhängend über das Freizeitverhalten ihres Partners.

Lösung   Individuelle Lösungen.

2   The funny ringtone

Wortschatz   **ringtone**

Erarbeitung   **a) 👁 SB geöffnet.** Beim **1. Sehen** erfassen die S die Hauptgedanken der Filmepisode (selektives Verstehen) und fertigen ggf. Notizen zu den *wh*-Fragen im SB an (▶ Note taking).

Lösung   *1 Sherlock, Tally, Ruby, Alfie • 2 two (banana and strawberry) smoothies, one tea, pancakes (Tally: a banana and strawberry smoothie; Sherlock: a banana and strawberry smoothie; Ruby: a cup of tea; Alfie: pancakes) • 3 Camden Market • 4 Ruby*

Erarbeitung **b)** 🔘 👁 Nach dem **1. Sehen** ordnen die S die Szenenfotos chronologisch nach dem Filmablauf. Vergleich der Reihenfolge im Plenum und **2. Sehen** zur Überprüfung und Vorbereitung der Schreibaufgabe in **c)**.

Lösung *E • C • A • D • F • B*

Erarbeitung **c)** 🔘 Zur Sicherung des Detailverstehens schreiben die S mithilfe der Fotos eine Nacherzählung.

More help p. 115 Lernschwächere S vervollständigen die Satzanfänge im Anhang.

Lösungsbeispiel **The funny ringtone**
*Alfie met his friends in **Fulham** Road. They all went to **Tally's favourite (Tally's uncle's) cafe**. The friends drank **two banana and strawberry smoothies and one tea**. Alfie ate **pancakes**. (After that) the four friends went to the **underground/Tube** station. Then they went to Camden **Market** by Tube. At Camden Market they **walked around the shops (and stalls) and looked at clothes. After some time at the market they had a break and sat down for some drinks.** Then someone took Ruby's **bag**. Sherlock had a good idea. He asked Ruby for her mum's **mobile number, and they followed the ringtone**. He found the **bag** on the ground. **Ruby** was very happy.*

3 👥 🔘 Ruby and her mum

Erarbeitung **a)** 📝 **SB geöffnet.** In den Rollen von Ruby und ihrer Mutter verfassen die S in PA einen Dialog, in dem sie die Ereignisse rekapitulieren.

🔘 **Differenzierung** Lernschwächere S erhalten den Musterdialog aus dem Lösungsbeispiel als Lückentext (Fragen der Mutter gegeben, ohne Rubys Antworten) auf ▶ KV 7: London SW6: Ruby and her mum) oder auf Satzstreifen zum Ordnen *(jumbled dialogue)*.

Lösungsbeispiel ...
Ruby:	*Then we took the Tube to Camden Market.*
Mum:	*What did you do there? Did you buy anything?*
Ruby:	*No, I didn't. We just tried on different clothes. It was a lot of fun.*
Mum:	*Sounds great. And then? What happened?*
Ruby:	*We sat down for something to drink and when I looked for my bag it wasn't there.*
Mum:	*That's why I told you to watch your bags in the market, remember? – So what did you do next?*
Ruby:	*Well, Sherlock was really clever. He phoned my mobile number – erm, I mean your mobile number – and then we could hear your ringtone.*
Mum:	*My 'terrible' ringtone! ... And you always make fun of it ...*
Ruby:	*Yes, I'm sorry, it was a really great ringtone today ... So we followed the ringtone together and we found my bag in a shop, on the ground. The money and the phone were still in it!*
Mum:	*That's great! You're lucky to have your things back! And you have really nice friends.*
Ruby:	*Yes, they're very good friends.*

Auswertung **b)** Die S üben ihre Dialoge ein und präsentieren sie im Plenum frei oder mithilfe der
▶ Read-and-look-up technique. ▶ INKL p. 23

MORE CHALLENGE

Inhalt Die S erstellen ein *fact file* zu einer Sehenswürdigkeit Londons. Ausgehend von einem Mustertext über *Camden Market* durchlaufen die S fünf Schritte von der Themenauswahl über die Recherche bis zur Präsentation.

S. 24

Great places in London

1 Making and presenting a fact file

Einstieg **SB geschlossen.** Unterrichtsgespräch über die Sehenswürdigkeiten Londons. Die S nennen ihnen bekannte touristische Ziele. L: *You already know a lot about London, but you don't know many details about the sights. You can collect details in a fact file. What information is important in a fact file about Camden Market?* L hält die Vorschläge der S in Form von *wh*-Fragen an der Tafel fest.

Überleitung L: *Now let's have a look at a fact file about Camden Market and find out if we can find some of your questions.*

Erarbeitung **SB geöffnet.** Die S lesen das *fact file* zu *Camden Market* und vergleichen es mit ihren Fragen aus dem Einstieg. Anschließend beantworten sie zur Sicherung des Detailverstehens die Fragen aus dem SB.

Lösungsbeispiel *1 It's a popular market with 100,000 visitors each weekend.* • *2 You can eat food from all over the world, listen to music or just watch the people.* • *3 All stalls are open at the weekend, some stalls and shops are also open from Monday to Friday.*

Erarbeitung **Step 1:** Gemäß SB. L notiert sich, welche Themen gewählt wurden.

Step 2: 🔧 Gemäß SB. Als Hausaufgabe geeignet. Die S bringen ihre Materialien zur nächsten Stunde mit.

Step 3: 💬 📑 🔧 Zu Beginn der Stunde richtet L eine Informationsbörse ein, sodass S mit derselben Sehenswürdigkeit ihre recherchierten Informationen abgleichen und ggf. ergänzen können. Anschließend fassen sie diese in einem *fact file* zusammen.

Step 4: 👥 💬 Zunächst üben die S die Präsentation in PA, wobei sie sich mit Präsentation und Feedback abwechseln.

a) Die Präsentation sollte eine Einleitung (siehe Redemittel im SB), einen Mittelteil (die Inhalte des *fact file*) und einen Schluss (siehe Redemittel im SB) aufweisen.

b) Auch die Vortragsweise ist wichtig (deutlich und frei in ganzen Sätzen sprechen). Der zuhörende S sollte für sein Feedback die Kriterien aus **Step 5** nutzen (ggf. in Form einer Tabelle, siehe Zusatz).

Step 5: 💬 Nach einer Phase der Überarbeitung präsentieren die S ihre *fact files* vor der Klasse oder in themengebundenen Kleingruppen (unterschiedliche Sehenswürdigkeiten).

Differenzierung Das Feedback kann auch arbeitsteilig (z. B. getrennt nach Form/Vortragsweise und Inhalt) erfolgen, sodass sich die S besser auf einzelne Kriterien konzentrieren können.

Zusatz Die Kriterien aus **a)** bis **d)** können zur besseren Übersichtlichkeit in die Form einer Tabelle gebracht werden (Vorlage siehe nächste Seite).

Great places in London – Feedback

Name of presenter:	Sight:		
	☺	☻	☹
Did the presentation give the most important information?			
Was the presentation interesting?			
Why (not)? ▤✎			
Did the presentation have a clear structure with …?			
… a beginning …			
… a middle part …			
… an end …			
Did the presenter speak …?			
… loudly …			
… clearly …			
… in complete sentences …			

Lösung Individuelle Lösungen.

Zusatz Die *fact files* mehrerer Sehenswürdigkeiten können von besonders interessierten S mit Fotos zu einem Routenplaner für einen Kurzaufenthalt in London zusammengestellt und der Klasse vorgestellt werden. ▶ WB Fast Finishers, p. 14 ▶ DFF 1.10

STOP! CHECK! GO!

Hinweis Übungsaufgaben zu wichtigen Themen und Kompetenzbereichen aus Unit 1. Bei geschlossenen Aufgabenformaten können die S ihre Ergebnisse mithilfe des Lösungsschlüssels auf ▶ KV 8: Answers to STOP! CHECK! GO! (Unit 1) überprüfen (auch als Partnerkontrolle).
Die KV bietet eine Auswertung nach Punkten, die in drei verschiedene Smileys (☺/☺/☹) übersetzt werden. Diese Smileys können auch für die Selbsteinschätzung im *Workbook* (STOP AND CHECK, p.13) und in *Differenzieren | Fördern | Fordern* herangezogen werden. Weitere grundsätzliche Hinweise zur Konzeption und Durchführung von Stop! Check! Go! finden sich im Vorwort.
Die Hörtexte zu Stop! Check! Go! sind für die S auch auf der Audio-CD im *Workbook* zugänglich.

S. 25

1 REVISION My class trip

Wortschatz °host family

Erarbeitung **SB geöffnet.** Die S vervollständigen die E-Mail, indem sie die passenden regelmäßigen und unregelmäßigen Verben aus dem Kasten im *simple past* einsetzen *(positive and negative statements)*. L verweist dazu ggf. auf die Liste der unregelmäßigen Verben (SB-Seiten 268/269).

Lösung ▶ KV 8: Answers to STOP! CHECK! GO! (Unit 1)

2 WORDS Travel in London

Wortschatz °by land/air/water

Erarbeitung **a)** ⓞ **SB geöffnet.** Die übertragen die Tabelle aus dem SB ins Heft und ordnen die Wörter aus dem grünen Kasten zu. L weist vorab darauf hin, dass manche Wörter mehrfach eingesetzt werden können, und gibt ggf. ein Beispiel *(passenger)*.

Alternative Die S können die Wörter auch in einem Network sammeln (siehe Tafelbild).

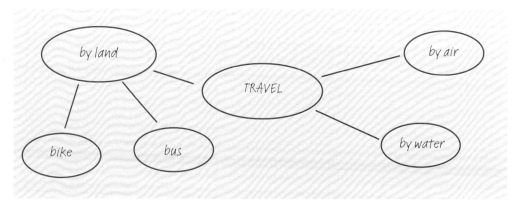

Erarbeitung **b)** Gemäß SB.

Lösung ▶ KV 8: Answers to STOP! CHECK! GO! (Unit 1)

Erarbeitung **c)** Gemäß SB. L kann eine Mindestanzahl der Sätze für die Bewertungen *very good* (☺) – *OK* (☺) – *must practise* (☹) je nach Leistungsstärke der Lerngruppe vorgeben. Kontrolle im ▶ Partner check.

Lösungsbeispiel *I often travel by train to town.*
When it's raining, I take the bus to the train station.

For our summer holidays we travelled to Italy (by plane).
I get on the train at 7.30 am.
Sometimes I go to town by bike.
Yesterday I took the ferry.
On Saturday we'll travel to my grandparents by car.
I like to ride my bike but only with my helmet on.
You should be careful when you travel at night.

▶ DFF 1.1   ▶ INKL p. 24

S. 26

3   LANGUAGE   Talking about the bike tour

Erarbeitung | **SB geöffnet.** Die S vervollständigen den Dialog, indem sie die korrekte Form von *have to* bzw. *be able to* im *simple past* einsetzen *(positive statements, questions).*

⊙ Differenzierung | Für lernschwächere S legt L ggf. Kontrollzettel aus, wann *have to* (2, 3, 6, 7) und wann *to be able to* (1, 4, 5, 8) einzusetzen sind.

Lösung | ▶ KV 8: Answers to STOP! CHECK! GO! (Unit 1)   ▶ DFF 1.2

4   LANGUAGE   Safety in London

Erarbeitung | **a) SB geöffnet.** Die S vervollständigen den Zeitschriftenartikel, indem sie die richtige Form von *have to* bzw. *be allowed to* einsetzen *(positive and negative statements).*

Auswertung | 👥 Vergleich durch ▶ Partner check.

⊙ Differenzierung | Für lernschwächere S legt L ggf. Kontrollzettel aus, wann *have to* (2, 4, 6, 8, 9) oder *be allowed to* (1, 3, 5, 7) einzusetzen sind.

Lösung | ▶ KV 8: Answers to STOP! CHECK! GO! (Unit 1)

Erarbeitung | **b)** Gemäß SB.

Auswertung | 👥 Vergleich durch ▶ Partner check.

Lösung | Individuelle Lösungen.   ▶ DFF 1.2

5   MEDIATION   What does it say?

Erarbeitung | 💬 **SB geöffnet.** Die S beantworten die Fragen zum Zeitungsartikel auf Deutsch. Da bei der ▶ Mediation keine Wort-für-Wort-Übersetzung gefordert ist, gibt es verschiedene Lösungsmöglichkeiten.

Lösungsbeispiel |
1 Es geht um die Sicherheit von Kindern in London. / Es geht darum, wie sicher und frei sich Jugendliche in London bewegen können. / ...

2 Sie dürfen nicht alleine / ohne ihre Eltern ausgehen, weil London gefährlich sein kann. / Viele Kinder/Jugendliche dürfen nicht alleine / ohne ihre Eltern ausgehen, noch nicht einmal zum Einkaufen oder zur Schule, weil London ein gefährlicher Ort sein kann. / ...

3 Er arbeitet in einem Jugendzentrum in London. / Ein Angestellter eines Jugendzentrums. / ...

4 Sie hasst es, dass ihre Eltern sie immer begleiten, obwohl sie das nicht will. / Tiffany hasst es, dass sie nicht ohne ihre Eltern ausgehen darf, obwohl sie ihnen immer sagt, dass sie sich keine Sorgen machen sollen. / ...

5 Er muss immer sein Handy mit zur Schule nehmen. / Ronnie muss sein Handy mitnehmen, wenn er sich allein auf den Schulweg macht. / ...

6 Tyra wohnt in einem ruhigen, sicheren Stadtteil. / Tyra darf allein ausgehen, weil sie in einer ruhigen/friedlichen Gegend wohnt. / ...

▶ DFF 1.3   ▶ INKL p. 25

S. 27

6 LISTENING Trains, buses and planes

Einstieg **SB geöffnet.** In Vorbereitung auf die Höraufgabe betrachten die S die drei Fotos und machen sich mithilfe der Fragen aus dem gelben Kasten Gedanken (ggf. auch Notizen) zu den abgebildeten Orten.

Alternative 👥 Die S beschreiben einander die Bilder aus dem SB (anhand der Fragen aus dem gelben Kasten): Partner A beschreibt Bild 1, Partner B stellt Vermutungen darüber an, was man hören kann, danach beginnt Partner B mit Foto 2, usw.

Erarbeitung **a)** ⏵))) **1. Hören** und Sicherung des Globalverstehens gemäß SB.
▶ 🔊 1.07

🔘 **Differenzierung** In lernschwächeren Gruppen gibt L vorab den Hinweis, dass jeweils zwei Szenen am Flughafen und am Bahnhof und eine an einer Bushaltestelle spielen.

Erarbeitung **b)** ⏵))) Die S lesen die Fragen 1 bis 5 und schreiben beim anschließenden **2. Hören** die gesuchten Informationen stichwortartig auf (selektives Verstehen).

Lösung ▶ KV 8: Answers to STOP! CHECK! GO! (Unit 1) ▶ DFF 1.4

7 🔘 WRITING A crazy day in London

Einstieg **SB geöffnet.** Die S betrachten das Bild für eine Minute. Danach schließen sie ihr Buch und beantworten Fragen von L, z. B.:

- *How many people are there in the foreground of the picture?*
- *What does the boy on the left have in his hand? Does he look happy? Why (not)?*
- *What are they wearing?*
- *What is the boy in the middle pointing at? What can you see in the background?*
- *Where are they?*

Erarbeitung **a)** 👥 🔧 Die S wählen sich eine Person aus und fertigen zu ihr eine Mindmap an, wobei die *wh*-Fragen für je einen Hauptast stehen und den S eine erste Orientierung geben.

Hinweis: Um die Verteilung der Personen zu steuern, nummeriert L die Personen auf dem Bild von links nach rechts durch und verteilt Ziffern von 1 bis 3 in der Klasse. S mit gleichen Nummern treffen sich, um sich über ihre Mindmap auszutauschen und ggf. weitere Ideen zu erhalten. Die Gruppen werden ggf. noch einmal geteilt.

Erarbeitung **b)** 📝 Gemäß SB.

🔘 **Differenzierung** Lernschwächere S können sich bei der Ideensammlung (Mindmap) und Ausformulierung ihrer Texte zusätzlich an den Vorlagen im *Writing course (1)*, SB-Seite 20, orientieren.

Lösung Individuelle Lösungen.

Auswertung **c)** 👥 🔧 Überprüfung und Korrektur der Entwürfe in PA anhand der Kriterien aus dem SB (*wh*-Fragen, Struktur, Grammatik, Rechtschreibung).

Alternative 👥👥 Die S bilden arbeitsgleiche Gruppen (zu jeweils einer der abgebildeten Personen) à fünf S und überarbeiten ihre Texte arbeitsteilig im ▶ Correcting circle, wobei je ein S sich auf eines der vier Kriterien (s. o.) konzentriert. Zum Abschluss schreibt jeder S einen Kurzkommentar (siehe SB) zu dem Text.

Erarbeitung **d)** 📝 Die S überarbeiten ihre Texte inhaltlich und sprachlich und hängen sie danach zum ▶ Gallery walk aus. Falls eine Gruppe nur ein oder zwei Produkte ausstellen will, können die Gruppenmitglieder diese mithilfe der Methode ▶ Voting finger festlegen.

▶ WB Stop and check, p. 13 and Revision, p. 15–16 ▶ DFF 1.5 ▶ INKL p. 26–27

Country life

Kommunikative Kompetenzen

▶꜍ Listening

Young lives (p. 29, 2)*

This isn't a park (p. 31, 1b/c)

Can I take a message? (p. 33, 3b/c)

I need help (p. 37, 1)

A class trip (MC, p. 44, 1)

▤▤ Reading

In the middle of nowhere
(p. 30, 1b/c)

Local hero (p. 32, 1)

STORY: A night on the farm
(p. 37–39)

That's what happened (p. 39, 2)

What do you think? (p. 39, 3)

Alfie's blog (p. 41, 1a/b)

Rob's blog (p. 41, 2a/b)

Notices in a shop window (p. 42, 1)

ᴑᴥᴑ Speaking

The Cotswolds (p. 29, 1)

In the middle of nowhere (p. 30, 1a)

This isn't a park (p. 31, 2a)

Can I take a message? (p. 33, 3b)

Talking on the phone (p. 33, 4b/c)

Have you ever ...? (p. 34, 1)

Prepare a talk about a picture
(p. 40, 1)

Give your talk to a group (p. 40, 2)

Chill in the country (p. 43, 1a/c)

Discussing a class trip (MC, p. 45, 2)

▤✍ Writing

In the middle of nowhere
(p. 30, 1c/d)

This isn't a park (p. 31, 1c)

An advert for a trip to your area
(MC, p. 45, 4)

NOW YOU (p. 32, 2)

An exciting night (p. 39, 4)

Rob's blog (p. 41, 2c)

NOW YOU (p. 41, 3)

What do you think? (p. 43, 2)

⮂ Mediation

On holidays in the Cotswolds (p. 42, 2)

An advert (MC, p. 45, 3)

👁 Viewing

PEOPLE AND PLACES Cotswolds Cycle
Tours (p. 36, 8)

London SW 6: Chill in the country
(p. 43, 1)

Country life

Rob ist mit seiner Familie von
London in die Cotswolds gezogen. In
Chats mit seinem Freund Alfie klagt er
über sein neues Leben. Doch dann lernt er
auf einem Spaziergang Molly kennen, mit
der er sich nach anfänglichen Schwierigkeiten anfreundet. Mithilfe von Überwachungskameras versuchen sie,
Umweltsündern auf die Spur zu
kommen.

Sprachliche Mittel

Wortfelder

Stadt und Land (p. 31, 2; 36, 7/8;
37–39; 41, 1/2)

Umweltverschmutzung und Verhaltensregeln auf dem Land (p. 31, 2;
32, 1; 37–39)

Telefongespräche (p. 33, 3/4; 48, 4)

Grammatische Strukturen

Present perfect mit Häufigkeitsangaben (p. 34/35)

Present perfect mit *since* und *for*
(p. 35)

Present perfect progressive (MC,
p. 46, 3/4)

⚲ Interkulturelle Kompetenzen

Landleben in Großbritannien
(p. 28–32; 36, 8; 37–39; 43, 1; 47, 1;
49, 6)

Telefongespräche führen
(p. 33, 3/4; 48, 4)

Englische Anzeigentexte verstehen
(p. 42, 1/2)

Methodische Kompetenzen

🔧 Lern- und Arbeitstechniken

Skimming (p. 32, 1a; p. 42, 1/2)

Scanning (p. 42, 2)

Sprachmuster für die eigene
Sprachproduktion nutzen (p. 33, 4)

Karten lesen (p. 29, 1; p. 36, 8)

Sprachliche Regelmäßigkeiten
entdecken (p. 34, 2; 35, 4)

Wortschatz in einem Diagramm
strukturieren (p. 36, 7)

Bilder beschreiben (p. 40, 1a)

Kurzvorträge halten (p. 40, 1/2)

Texte strukturieren (p. 41, 1–3;
43, 2)

Time phrases und *linking words*
erkennen und verwenden
(p. 41, 1–3; 43/2)

Selbsteinschätzung
(Stop! Check! Go!)

REVISION At the farm park
(p. 47, 1)

LANGUAGE The Blakes meet
Adam (p. 47, 2)

LISTENING Is it better to live in
the country or the city? (p. 48, 3)

Telephone language (p. 48, 4)

SPEAKING Have you ever ...?
(p. 49, 5)

A picture story (p. 49, 6)

👥/👥👥 Kooperative Lernformen

Milling-around activity (p. 34, 1)

Info-gap activity (p. 33, 4b)

Partner check (p. 36, 7c; 41, 2b)

Appointments (p. 49, 5)

Weitere Formen von PA und GA
(p. 30, 1a; 33, 3b; 35, 6b; 40, 1/2; 43,
1a/c; 45, 2/3; 48, 3b/4b; 49, 6)

* p. 29, 2 = SB-Seite, Übungsnummer

2 Country life

LEAD-IN

Inhalt Eine gezeichnete Karte mit Fotos vermittelt den S einen ersten Eindruck von den Cotswolds. Sie beschäftigen sich mit der Frage, ob sie dort leben möchten. Außerdem begegnet ihnen mit Molly Taylor eine neue Lehrwerksfigur. Sie spricht über ihr Leben auf dem Land.

Die S entnehmen dem Hörtext Detailinformationen zu Molly und ihrer Einstellung zum Landleben.

S. 28/29

1 The Cotswolds

Wortschatz **farmhouse · tractor · traditional**

Einstieg **a)** 💬 **SB geöffnet.** Die S betrachten die Doppelseite und beschreiben mithilfe der Wörter im grünen Kasten, was sie sehen können (PA oder Plenum). Dabei reaktivieren sie den Wortschatz zum Thema *country*. Die neuen Lexeme können von den S aufgrund der Ähnlichkeit zum Deutschen erschlossen werden.

Erarbeitung **b)** 💬 Verortung der Cotswolds auf der Großbritannien-Karte im SB (Plenum) und Bearbeitung der SB-Fragen im Unterrichtsgespräch oder nach der Methode ▶ Think – Pair – Share:

Think: Would you like to live in the Cotswolds? Why (not)? Make notes.
Pair: Compare with a partner.
Share: Tell the class.

INFO-BOX **Die Cotswolds**

Die Region der **Cotswolds** umfasst sechs Grafschaften im Südwesten Englands und wird auch als „Herz Englands" bezeichnet. Im Norden wird die Region durch den Fluss Avon, im Osten durch Oxford, im Westen durch Cheltenham und im Süden durch das Themse-Tal eingegrenzt. Bekannt sind die Cotswold Hills für den dort vorkommenden Kalkstein, der in den Gebäudefassaden zahlreicher Dörfer und Kleinstädte erkennbar ist.

Das Dorf **Mickleton** liegt im Westen der Cotswolds direkt am *Heart of England Way*, einem beliebten Langstrecken-Wanderweg, und ist mit zwei Pubs und mehreren *Bed and Breakfasts* auch für Touristen attraktiv.

Stratford liegt 13 km südwestlich von Mickleton am Fluss Avon in der Grafschaft Warwickshire. Mit ca. 25.000 Einwohnern und fünf Millionen Besuchern jährlich, ist der Geburtsort Shakespeares ein beliebtes Ziel für Touristen aus aller Welt.

Die kleine Marktstadt **Chipping Campden** liegt fünf Kilometer südlich von Mickleton. Für weitere Informationen siehe Kommentar zu SB-Seite 36, *Cotswolds Cycle Tours*.

▶ Folie 5

2 Young lives

Einstieg **a)** 📝 **SB geöffnet.** *Pre-listening*-Aufgabe und Hypothesenbildung gemäß SB. Die S notieren die Fragen im Heft.

Lösungsbeispiel *Where do you live? · Do you like living in the country? · Where do you go to school? · How do you get there? · Where do you go with your friends? · Are there any shops?*

Überleitung L: *Look at the girl in the photo. Her name is Molly and she's talking on the radio about her life in the Cotswolds.*

Erarbeitung **b)** 🔊 Die S lesen die Höraufträge aus dem SB. Anschließend **1. Hören**, Abgleich mit den
▶ 🔲 1.08 Vermutungen aus **a)** (notierte Fragen abhaken) und Beantwortung der Fragen zur Sicherung des Globalverstehens.

Lösungsbeispiel	**1** *Molly talks about Mickleton / Chipping Campden / Stratford / cafes / shops / animals / sheep / ...*

1 *Molly talks about Mickleton / Chipping Campden / Stratford / cafes / shops / animals / sheep / ...*

2 *What Molly likes about the country: nice to live on a farm / lots of animals / has her own dog / likes work with the sheep / nice shops in Stratford / nice places to sit near the river / best of both worlds / ...*
What Molly doesn't like about the country: dead in the evenings / nothing to do / no cinema / no good shops in Chipping Campden / boring in the winter / ...

Erarbeitung **c)** ⏵◗ Die S übertragen die Notizen aus dem SB ins Heft. Dann **2. Hören** (Detailverstehen) und Ergänzen der Notizen gemäß SB.

More help p. 115 Lernschwächere S erhalten die Antworten vermischt vorgegeben und ordnen sie entsprechend zu.

Lösung *lives in:* **(C)** *the Cotswolds • lives on:* **(A)** *a farm • lives near:* **(G)** *Mickleton • goes to school in:* **(E)** *Chipping Campden • goes to school by:* **(D)** *bus • goes shopping in:* **(H)** *Stratford • dog's name:* **(F)** *Missy • best friend's name:* **(B)** *Alex*

▶ WB 1–2, p. 17   ▶ DFF 2.3   ▶ INKL p. 29

More practice 1 p. 115 ◖ **An interview**

Einstieg **SB geschlossen.** L führt in die Situation ein: *Now you are a reporter for Young lives. What does a reporter do? (talks to people, asks questions, ...)*

Erarbeitung **a)** ⊟✍ **SB geöffnet.** Vorbereitung eines Interviews gemäß SB mithilfe der Ideen im grünen Kasten und des Tipps im gelben Kasten.

Lösungsbeispiel
– Where do you live?
– Do you like living there?
– What's life like in ...?
– Is it OK for teenagers to live in ...?
– What can teenagers do in ...?

– How do you get to school?
– Where do you go shopping?
– How can you get there?
– Would you like to live in another place?

Erarbeitung **b)** 👥 💬 Die S führen ihr Interview gemäß SB durch und machen sich Notizen.

◉ **Differenzierung** Lernstärkere S führen mehrere Interviews durch.

Zusatz Bei entsprechender technischer Ausstattung können die Interviews auch aufgezeichnet werden.

Auswertung Präsentation einzelner Interviews im Plenum.

Lösung Individuelle Lösungen.

Erarbeitung **c)** ⊟✍ Die S schreiben über ihren Gesprächspartner einen kurzen Artikel im Stile eines Jugendmagazins.

▣ **Differenzierung** In lernschwächeren Klassen wiederholt L mit den S die aus Band 2 bekannten Kriterien für einen guten Text:

- *time words* und *linking words*
- Struktur mit Einleitung, Mittelteil und Schluss
- Absätze
- Entwurf, Korrektur (durch L oder in PA) und Überarbeitung

THEME 1 A new life

Inhalt Rob Blake ist der zweite neue Protagonist dieser Unit. Er ist gerade mit seiner Familie von London nach Mickleton gezogen, wo seine Eltern neue Jobs gefunden haben: Der Vater installiert Überwachungskameras, die Mutter arbeitet auf dem Postamt. Rob ist zunächst nicht sehr glücklich über sein neues Leben auf dem Land. Doch dann lernt er auf einem Spaziergang Molly Taylor kennen, die dem Stadtmenschen Rob erste Verhaltensregeln für das Leben in den Cotswolds gibt.

Die S entnehmen unterschiedlichen Textsorten Informationen zur Storyline und formulieren passende Sätze zu einer Bildgeschichte.

S. 30

1 In the middle of nowhere

Wortschatz **nowhere · in the middle of nowhere · try to do** sth. · **business · start** a business · **van · install · CCTV camera · It sucks!** *(infml)* · **... or something · sound** *(v)* · **keep, kept, kept · Keep me posted! · pain · What a pain!**

Erarbeitung **a)** 👥 💬 **SB geöffnet.** ▶ Partner talk *(pre-reading)* gemäß SB.

Auswertung Die S berichten über ihre Ergebnisse.

Lösungsbeispiel *Rob misses his old friends / his old school / his old neighbourhood / the shops / ...*

INFO-BOX CCTV ────────────────────────

Die englische Abkürzung *CCTV* steht für *Closed Circuit Television* und impliziert im Gegensatz zur Übertragung über eine gewöhnliche Videokamera (z. B. im Fernsehen), dass die entstehenden Aufnahmen nur einer begrenzten Gruppe an Betrachtern zugänglich sind. Derartige Videoüberwachungsanlagen werden z. T. von privaten Haushalten, i.d.R. jedoch von Firmen oder öffentlichen Institutionen verwendet, um Eigentum zu überwachen und im Fall von Diebstahl oder Sabotage die Straftäter identifizieren und haftbar machen zu können. In Großbritannien werden CCTV-Kameras größtenteils in Stadtzentren, auf Bahnhöfen, Parkplätzen und Privatanwesen angewandt. Einer exemplarischen Studie der *CCTV User Group* von 2011 zufolge beläuft sich die Gesamtzahl an Überwachungsanlagen in Großbritannien auf 1,85 Millionen. Obwohl die Dichte an Überwachungssystemen landesweit variiert, entspricht dies im Durchschnitt einer CCTV-Kamera je 32 Einwohner.

Erarbeitung **b)** 📑 L klärt vorab die zentralen neuen Begriffe *CCTV (closed circuit television)* und *business:* CCTV *is the use of video cameras for security. Where can you find CCTV cameras? (banks, underground stations, some schools, etc.) A* business *is a place where people work together to make, buy or sell things.* Der restliche Wortschatz kann von den S erschlossen werden (Kontext, Bilder, Anglizismen) bzw. wird bei Bedarf im SB-*Dictionary* nachgeschlagen.

Anschließend **1. Lesen** und Bearbeitung des Leseauftrags gemäß SB.

Lösungsbeispiel • *Rob: new dog, new school (ok), new chores (pain!), nothing to do, bored*
• *dad: new business, happy*
• *mum: new job in the post office, happy*
• *sisters: lots of animals, happy*

Auswertung Im Plenum. Die S bilden mit ihren Lösungen Sätze: *Rob has (got) a new dog. / Rob's new school is ok. / Rob's dad has (started) a new business.* L korrigiert nach dem Prinzip des ▶ Mothering, falls die Verwendung des *present perfect* notwendig wäre.

Zusatz L thematisiert die umgangssprachlichen Ausdrücke *It sucks!* und *What a pain!* (Bedeutung, Register).

Erarbeitung	**c)** ⬚⬚ ⬚⬚ **2. Lesen** (Detailverstehen) und Formulieren von Informationen gemäß SB.
Auswertung	Sammlung der Informationen im Plenum.
Lösungsbeispiel	**1** *Rob has moved to Mickleton. / Rob doesn't like his new life in the country. / Rob has a new dog, Wally. / Rob thinks that his new school is ok. / ....*
	2 *Alfie lives in London. / Alfie likes the country. / Alfie is Rob's friend. / Alfie loves football. / ...*
	3 *Wally is Rob's new dog. / The Blakes bought him two months ago. / Rob thinks Wally is great. / ...*
	4 *Jodie and Evie are Rob's sisters. / Jodie and Evie are happy in Mickleton. / Jodie and Evie look after the animals. / Jodie and Evie love it in Mickleton. / ...*
Erarbeitung	**d)** ⬚⬚ Gemäß SB.
Lösungsbeispiel	**A** *In this photo you can see Wally. Wally is Rob's dog. The family bought the dog two months ago. He's great.*
	B *This photo shows Mr Blake's new van. He uses it for his new business in Mickleton: Rob's dad installs CCTV cameras. He is happy about his new job.*
	C *Rob and his family have moved to Mickleton, a small village in the Cotswolds. There's only one shop, a post office, a church and two pubs in Mickleton. Rob doesn't like his new life there because there's nothing for him to do. But his parents are happy there because they have found new jobs. Rob's sisters Jodie and Evie love Mickleton because they have lots of animals.* ▸ WB 3, p. 18 ▸ INKL p. 30

More practice 2 p. 116   **Teen talk: Positive and negative language**

Erarbeitung	**a) SB geöffnet.** L: *When Rob and Alfie were chatting online about Rob's new life, Rob said: 'It sucks!' This means that he doesn't like his new life. So this phrase has a negative meaning.* L heftet Smileys nebeneinander an die Tafel (☺ / ☹) und ordnet *It sucks!* (Wortkarte) entsprechend ein. Weitere Erarbeitung in EA oder PA.
Auswertung	Auswertung an der Tafel anhand von vorbereiteten Wortkarten oder am OH-Projektor anhand von Folienschnipseln.
Lösung	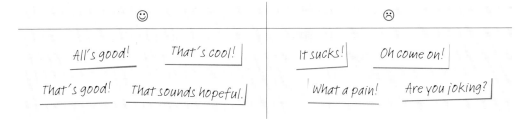

Erarbeitung	**b)** Die S reagieren auf die Sätze mit passenden umgangssprachlichen Wendungen aus dem grünen Kasten.
Auswertung	Im Plenum in Form einer ▸ Meldekette oder mithilfe eines Redeballs.
Lösung	**1** *That's good! / That's cool! / That sounds hopeful.*
	2 *That's good! / That's cool!*
	3 *All's good! / It sucks!*
	4 *What a pain!*
	5 *It sucks! / All's good.*
	6 *Are you joking? / Oh come on!*
	7 *Oh come on! / Are you joking?*

S. 31

2 This isn't a park

Wortschatz	°heart • **lead** *(n)*
Einstieg	**SB geöffnet.** L führt in die Situation ein und entlastet *lead* vor, das für die Versprachlichung der Bilder notwendig ist. L: *Who can you see in picture A? (Rob and Wally) What are they doing? (going for a walk) Look at Wally: He's running around and he's not on a lead* (Gestik oder Skizze).
Erarbeitung	**a)** 💬 Im Plenum gemäß SB.
⊙ **Differenzierung**	In lernschwächeren Gruppen lässt L die S zunächst passende Wörter zu den Bildern sammeln, die den S dann helfen, die Bilder zu versprachlichen.

Lösungsbeispiel

A First we see Rob and Wally. It's a nice day. They're walking in the fields.

B Next Wally is running through a gate. Rob is following him. He's smiling.

C Wally is running after a rabbit. Rob is running after them and telling Wally to come back. He looks worried.

D Then Rob sees a car. A girl is driving. She's talking to Rob through the open window.

E/F The girl is pointing to a sign. It says: 'Keep your dog on a lead at all times.' It also tells people to close the gate.

G Rob looks sorry. He's putting his arm around Wally and he's saying that Wally is a good dog.

H The girl is pointing to the sheep and telling Rob that they are not in a park. She looks angry.

Erarbeitung ▶ 🎧 1.09/1.10	**b)** ⊙ 📻 **1. Hören** von Teil 1 und 2 der Geschichte und Sicherung des Hörverstehens anhand der *right/wrong statements* im SB.
	`// ● p.116` Es handelt sich um eine Parallelaufgabe auf zwei Niveaus. Lernstärkere S korrigieren die falschen Aussagen.
Auswertung	Auswertung im Plenum anhand von ▶ Right/wrong cards.
Lösung	**1** Wrong. (Rob and Wally went for a walk in the fields.) • **2** Right. • **3** Wrong. (The girl in the car was the girl from the next farm / from the school bus.) • **4** Wrong. (First the girl was angry, then she was friendly.) • **5** Right. • **6** Wrong. (The girl was too young to drive on the road. / The girl wasn't allowed to drive on the road. / The girl was allowed to drive on the farm.) • **7** Right. • **8** Wrong. (Rob closed the gates carefully.)
Erarbeitung	**c)** 📻 🖊 **2. Hören** von Teil 2 der Geschichte. Die S beantworten die ersten beiden SB-Fragen stichwortartig und verfassen anschließend mindestens zwei Sätze pro Bild. Dabei können sie wörtliche Rede benutzen (Sprechblasen) und/oder das Geschehen auf den Bildern erläutern.
Lösungsbeispiel	*What do Rob and Molly talk about? – They talk about Molly's car / driving / the school bus / Mickleton.* *How does the story end? – Rob and Molly are friends. / Rob likes Mickleton. / …* *Two sentences for each picture:* Individuelle Lösungen.
⦿ **Differenzierung**	Lernstärkere S schreiben zu jedem Bild einen Mini-Dialog (PA) und präsentieren ihn vor der Klasse. ▶ WB 4–5, p. 18 ▶ INKL p. 31

More challenge 1 | p. 116 | **Molly's diary**

Erarbeitung	📝 **SB geöffnet.** Die S erzählen die Ereignisse bildgesteuert aus Mollys Sicht nach.
Auswertung	Eine Würdigung der selbstverfassten Texte sollte z. B. durch Veröffentlichung in der ▶ English corner erfolgen.
Lösungsbeispiel	*When I drove through the fields this morning all the gates were open. A guy was walking his dog, and the dog wasn't on a lead. So I got out of the car and showed him the signs. I was really angry. These city people don't know anything about life in the country! But then we started to talk and he was really nice. I've already seen him on the school bus. His name is Rob and he's from London. He just moved to Mickleton, but doesn't like it very much. He says there's nothing to do, but that's not true! He was surprised that I can drive and said that he can drive too. But I'm not sure if that's true. He seemed a bit nervous and I think he's cute. Maybe we can become friends.*

THEME 2 Molly is a hero!

Inhalt   Die Lokalzeitung berichtet, dass Molly drei Schafe vor dem Ertrinken gerettet hat. Nach Auffassung der Polizei waren sie aus Angst vor frei laufenden Hunden in den Fluss gerannt. Rob ruft bei den Taylors an, um sich nach Molly zu erkundigen, die nicht in der Schule war.

Die S entnehmen einem Zeitungsartikel Informationen. Sie hören aus einem Telefonat nützliche Redemittel heraus und wenden sie in einem eigenen Telefongespräch an.

S. 32

1   Local hero

Wortschatz   **hero**, *pl* **heroes · brave · deep · drown · heavy · save · react · do a great/good/bad job · chase · recently · recent · PC (= police constable) · respect** *(v)* · **respect** *(n)* · **countryside · anything · Box 'anything'** (SB-Seite 205)

Erarbeitung   **a)** ▤▤ **SB geöffnet.** L: *Look at the text. What kind of text is it? (a newspaper article)*

Anschließend ▶ Skimming gemäß SB.

Lösung   *The article is about Molly. · It is a happy story. · Molly saved three sheep.*

◉ Differenzierung   Lernstärkere S reflektieren im Sinne der ▶ Metakognition ihre Lesestrategie und sagen, welche Bestandteile des Artikels beim Beantworten der jeweiligen Fragen hilfreich waren.

Lösungsbeispiel
- *Who is the article about?: headline, photo, caption*
- *Is it a happy or a sad story?: photo (Molly smiling), headline (well done)*
- *What's the main point?: caption (Molly saved three sheep)*

Erarbeitung   **b)** ◯ ▤▤ L: *What's a hero?* L greift Vorkenntnisse der S auf (Jugendsprache, Songs) und definiert: *A hero is a person who has done something good in a difficult situation.* Weiterer zentraler Wortschatz wird anhand geeigneter ▶ Semantisierungstechniken eingeführt. Anschließend **1. Lesen:** Zur Sicherung des Globalverstehens ordnen die S den Menschen und Tieren im braunen Kasten die passenden Handlungen im blauen Kasten zu.

◉ Differenzierung   Lernstärkere S ergänzen weitere Informationen (Lösungsbeispiel blau in Klammern).

Lösung
- *Molly Taylor: did well (she was brave / she saved the sheep / she worked hard / ...); reacted fast (she couldn't wait for help because the sheep were in trouble); worked hard (the sheep were wet and heavy)*
- *John Taylor: spoke proudly (of his daughter)*
- *PC Butler: explained clearly (that he wants people to respect the countryside)*
- *dogs: ran freely (in the fields without a lead and chased the sheep into the river)*

Zusatz   L greift Definition von *hero* wieder auf und fragt: *Why is Molly a hero?*

▶ Folie 6   ▶ DFF 2.6

More practice 3 p. 117   **More about Molly**

Erarbeitung   **SB geöffnet. 2. Lesen** (Detailverstehen) und Bearbeitung der Multiple-choice-Aufgaben.

Lösung   *1 B · 2 D · 3 B · 4 B · 5 D*

---

2   NOW YOU

Erarbeitung   ▤▤ **SB geöffnet.** Bearbeitung gemäß SB.

Auswertung   Auswertung durch ▶ Meldekette, Redeball oder Präsentation in der ▶ English corner.

Lösung   Individuelle Lösungen.

▶ WB 5–6, p. 19   ▶ INKL p. 32

---

3 Can I take a message?

Wortschatz	**take a message** · **leave a message** · **This is** Rob Blake. · **speak to** sb. · **I'm afraid** · **right now** · °**rude** · **the other day**
Erarbeitung	**a) SB geöffnet.** Hypothesenbildung schriftlich (zum Abhaken in **b)**) gemäß SB.
Lösungsbeispiel	*I think he wanted to say 'Well done Molly!' / 'The article about you was great!' / 'I'm sorry that I didn't keep Wally on a lead last Saturday.' / 'Are you ok?' / …*
Erarbeitung ▶ 🔊 1.11	**b)** 👥 💬 🔊 ▶ Partner talk gemäß SB. Anschließend **1. Hören** zur Überprüfung der Vermutungen aus **a)** (abhaken, durchstreichen, ergänzen) und zur Sicherung des Globalverstehens.
Lösung	*Rob wanted to ask if she's OK. And he wanted to say 'Well done!'.*
Erarbeitung	**c)** 🔊 **2. Hören** (Detailverstehen) und Vervollständigen der Sätze gemäß SB.
Lösung	*1 Who's **speaking**? · 2 I **go to school** with Molly. · 3 **Can I** speak to her, please? · 4 I'm afraid Molly can't **come to the phone** right now. · 5 I **wanted to ask** if she's OK. And I **wanted to say** 'Well done'. · 6 I also wanted **to say sorry**. · 7 I'll **give her your** message.*

4 Talking on the phone

Wortschatz	**son**
Erarbeitung	**a)** 🔧 **SB geöffnet.** Die S stellen aus dem Muster in **3** Redemittel zum Telefonieren zusammen.
Auswertung	Ein (lernstärkerer) S arbeitet auf OH-Folie. Das Ergebnis wird im Plenum überprüft.
☑ Differenzierung	Lernschwächere S erhalten ▶ KV 9: Talking on the phone. Sie enthält die deutschen Formulierungen und ihre englischen Entsprechungen aus dem Gespräch in **3** (sowie weitere nützliche Redewendungen) zum Ausschneiden und Zuordnen. Auf diese Weise erhalten die S auch Sprechkarten für das Rollenspiel in **b)** oder weitere Rollenspiele.

Lösung	**1** Who's speaking? / Is that …? **2** This is … **3** Can I speak to Max, please? (I'm his friend.) **4** I'm afraid Pia can't come to the phone right now. **5** Can I take a message? **6** I'll give him/her your message.
Erarbeitung	**b)** 👥 💬 🔧 ▶ Role play gemäß SB. Beide Partner sollten den Notizzettel vorbereiten.
☑ Differenzierung	Lernschwächere S verwenden die Gesprächskarten von ▶ KV 9: Talking on the phone. Sie ordnen sie zunächst und passen sie dann für die Situation an.
Lösungsbeispiel	**B:** Hello. **A:** Oh hello. Is that the Smiths' house? **B:** Yes, it is. Who's speaking? **A:** This is … Can I speak to your parents, please? **B:** I'm afraid they aren't home. Can I take a message? **A:** Oh yes, please. I won't be home at 4. I'm going on a trip and I'll be back at 8 o'clock. **B:** Ok, I'll give them your message. **A:** Thanks. Bye. **B:** Bye.

Who rang?	*(name of partner A)*
Wanted to speak to:	*mum or dad*
Message:	*is on a trip; will be back at 8 o'clock*

Erarbeitung **c)** 👥 💬 🔧 ▸ <u>Role play</u> gemäß SB.

🔘 **Differenzierung** Siehe Differenzierung zu **b)**.

Auswertung Einzelne S-Paare spielen ihre Dialoge im Plenum vor.

Lösungsbeispiel
A: *Hello.*
B: *Oh hello. Is that the Smiths' house?*
A: *Yes, it is. Who's speaking?*
B: *This is ... Can I speak to your parents, please?*
A: *I'm afraid they aren't home. Can I take a message?*
B: *Oh yes, please. I'll be outside school at 6 o'clock. Can Mr or Mrs Smith pick me up, please? I'll be at the big gate.*
A: *OK, I'll give them your message.*
B: *Thanks. Bye.*
A: *Bye.*

Who rang?	*(name of partner B)*
Wanted to speak to:	*mum or dad*
Message:	*will be outside school at the big gate at 6 o'clock; please pick him/her up*

▸ WB 7, p. 20   ▸ DFF 2.2   ▸ INKL p. 33

More challenge 2 p. 117   ## Molly's phone call

Erarbeitung 📝 **SB geöffnet.** Die S verfassen mithilfe der in **3** und **4** erarbeiteten Redemittel zum Telefonieren einen Telefondialog zwischen Rob und Molly.

Auswertung Die S präsentieren ihre Dialoge im Plenum.

Lösungsbeispiel
Rob: *Hello.*
Molly: *Hi, Rob, it's Molly.*
Rob: *Oh hi, Molly! Did you get my message?*
Molly: *Yeah, dad told me about your call. Thanks, that was really nice!*
Rob: *So are you OK now? I mean would you like to meet? We could have a cup of tea together.*
Molly: *I would love to, but I think I should stay in bed today. The water was very cold and I don't want to get sick.*
Rob: *That was really brave of you, Molly. I'm really sorry I was so rude the other day.*
Molly: *No problem, Rob. Let's forget about it!*
Rob: *So I'll see you at school tomorrow?*
Molly: *Yes, I think so. If all goes well.*
Rob: *Great. So thanks for calling me back!*
Molly: *You're welcome. See you tomorrow! Bye!*
Rob: *Bye, Molly.*

FOCUS ON LANGUAGE

Inhalt   Die S führen in der Klasse eine Umfrage zu den Themen der Unit (Stadt- und Landleben, Umziehen) durch. Sie fragen und erzählen einander, was sie schon einmal (und wie oft) bzw. was sie noch nie gemacht haben und vertiefen so den Gebrauch des *present perfect* (Häufigkeitsangaben mit *ever, never, once, twice* etc.). Anhand von Sätzen über die Familien von Rob und Molly lernen sie, im *present perfect* über Zeiträume *(for)* und Anfangszeitpunkte *(since)* zu sprechen.

Abschließend wird der Wortschatz zum Thema Stadt und Land in einem Venn-Diagramm strukturiert und in einem Dokumentarfilm über eine Radtour durch die Cotswolds gefestigt.

S. 34

1   YOUR TASK   Have you ever ...?

Struktur   Das *present perfect* mit *ever/never/once/twice/...*: Präsentation

Wortschatz   Have you **ever** been ...? • Have you ever been **to** ...? • **move house** • °questionnaire • **twice** • **result**

Einstieg   **SB geschlossen.** L führt in die Aufgabe ein und semantisiert die neuen Häufigkeitsadverbien: *Have you ever been to England? I've been to England twice* (Gestik: zwei Finger hochhalten). *What about you?* L reagiert auf S-Antworten und wiederholt dabei auch *once* und *never.*

Überleitung   L: *Let's find out more about people in your class.*

Erarbeitung   💬 **SB geöffnet. Step 1–3:** Die S übertragen die Tabelle mit den ersten vier Fragen in ihr Heft und ergänzen weitere Fragen im *present perfect.* L weist die S darauf hin, die im SB vorgegebenen Antworten in der Spalte *me* nicht mit abzuschreiben. Anschließend beantworten die S die Fragen zunächst selbst, ehe sie die ▶Milling-around activity gemäß SB durchführen und die Ergebnisse ihrer Umfrage verschriftlichen.

🄾 Differenzierung   Lernschwächere S (oder alle S zur Zeitersparnis) verwenden die vorbereitete Tabelle auf ▶ KV 10: Have you ever ...?. Die KV bietet außerdem Redemittel für die Partnerbefragung sowie eine systematisierte Satzbautafel für die schriftliche Auswertung in **Step 3,** die auch die Bewusstmachung in Aufgabe **2** unterstützt.

Auswertung   Die S tragen ihre Ergebnisse vor, L hält einige korrekte Beispielsätze mit einer Bandbreite an Formen *(have/has* sowie Kurzformen *'ve/'s*, regelmäßige und unregelmäßige Verben) an der Tafel fest.

Lösung   Individuelle Lösungen.

2   REVISION   The present perfect

Struktur   Das *present perfect*: Wiederholung von Bildung und Gebrauch

Erarbeitung   🔧 **SB geöffnet.** Die S leiten aus den Sätzen an der Tafel oder den Mustersätzen im SB die Regeln ab. Die Bildung des *present perfect* (Regel **1**) ist bereits bekannt. Neu hinzu kommt die Verwendung mit den Adverbien der Häufigkeit (Regeln **2** und **3**).

🄾 Differenzierung   In lernschwächeren Klassen markiert L in den Sätzen an der Tafel die Bestandteile des *present perfect* mit verschiedenen Farben.

Lösung   *1* Das *present perfect* besteht aus zwei Teilen: aus *have* oder **has** und aus der 3. Form des **Verbs** *(past participle)*.

2 Mit dem *present perfect* drückst du aus, dass etwas irgendwann einmal oder mehrmals passiert ist. Es ist nicht wichtig, **wann** es passiert ist.

3 Du kannst auch sagen, dass etwas noch **nicht** passiert ist.

Ⓞ Differenzierung   In lernschwächeren Klassen weist L die S (auch in Vorbereitung auf **3)**) auf die Liste *irregular verbs* (SB-Seite 268/269) hin und rekapituliert die Bildung der regelmäßigen *past participles* einschließlich der Schreibbesonderheiten (*LF 4*, SB–Seite 183).

3   REVISION What have / haven't you done?

Struktur   Das *present perfect*: semi-produktive Übung mit Adverbien der Häufigkeit

Erarbeitung   ▤📝 💬 **SB geöffnet.** Bearbeitung entweder schriftlich in EA (siehe auch Auswertung) oder mündlich in Form einer ▸ Meldekette.

More help p. 117   S, die Hilfe benötigen, erhalten eine Satzbautafel. L bildet mit den S Beispielsätze, damit die S die unterschiedlichen Möglichkeiten der Satzbildung verstehen:

- Sätze mit *never* (grüner Kasten der Satzbautafel): *I've never played football.*
- Sätze mit Angabe der Häufigkeit (blauer Kasten der Satzbautafel): *I've been to London lots of times.*

Lösungsbeispiel   *I've never eaten Chinese food.*
I've been to London lots of times.

Auswertung   Wurde die Aufgabe schriftlich erarbeitet, so kann eine spielerische Auswertung erfolgen: Die S schreiben einige ihrer Sätze auf einen Zettel und notieren darauf ihren Namen. Anschließend werden die Zettel eingesammelt. L lässt Sätze vorlesen, die Mit-S erraten den Verfasser.   ▸ DFF 2.4   ▸ INKL p. 34

S. 35

4   The Blakes and the Taylors: the *present perfect* with *for* and *since*

Struktur   Das *present perfect* mit *since* und *for*: Präsentation, Bewusstmachung und Übung

Wortschatz   **for** two months • **since** August • **Box 'German „seit"'** (SB-Seite 205) • **engineer** • **farmer**

Erarbeitung   **a)** Ⓞ **SB geöffnet.** Gemäß SB.

Lösung   *1* have lived • *2* has been • *3* has had • *4* have had • *5* I've known

Erarbeitung   **b)** 🔧 Die S leiten aus den Sätzen aus **a)** die Regel für die Verwendung von *since* und *for* ab und übertragen sie in ihr Heft.

Lösung   Mit dem *present perfect* drückst du auch aus, dass ein Zustand in der **Vergangenheit** begonnen hat und jetzt noch andauert.

… **since** brauchst du, wenn du den Anfangszeitpunkt nennst.
… **for** brauchst du, um über einen Zeitraum zu sprechen.

⬤ Differenzierung   Lernstärkere S nennen weitere Beispiele für Zeitpunkte und Zeiträume, z. B. aus **a)**.

Lösungsbeispiel   • *since: since August, since 2010, since breakfast, since the party, since we came here, …*
• *for: for ten years, for two months, for a long time, …*

Erarbeitung   **c)** Die S ergänzen die Sätze mit der entsprechenden Form des *present perfect* und *since* oder *for*.

Lösung	**1** *have been, for* • **2** *have lived, since* • **3** *has had, since* • **4** *'s been, for* • **5** *has known, since*
Auswertung	Kontrolle im Plenum. ▶ Folie 7

More practice 4 p.118 **What are they saying?**

Struktur	Das *present perfect* mit *since* und *for*: semi-manipulative Übung
Erarbeitung	**SB geöffnet.** Die S formulieren mithilfe der Bilder und Vorgaben Sätze im *present perfect* mit *since* oder *for*.
☐ Differenzierung	In lernschwächeren Klassen sollte im Plenum ein Beispiel gemeinsam erarbeitet werden. Hier können lernstärkere S eingebunden werden.
Lösung	**1** *I've been here for two hours.* • **2** *I'm hungry. I haven't eaten since 9 o'clock.* • **3** *Mrs Jones has lived in this house for 50 years.* • **4** *Rob has known Alfie for two years.* • **5** *We've had this van since last August.* • **6** *The Blakes haven't been to London for two months.*

---

5 How long?

Struktur	Das *present perfect* mit *since* und *for*: semi-manipulative Übung
Wortschatz	**after**
Erarbeitung	**SB geöffnet.** Gemäß SB. L weist die S darauf hin, dass für jede Frage grundsätzlich zwei Lösungen (eine mit dem Anfangszeitpunkt, eine mit dem Zeitraum) verlangt sind.
Auswertung	Im Plenum.
Lösung	**2** *He's gone to his new school since the 1st of September. / He's gone to his new school for two months.* **3** *He's known Alfie since he was eleven. / He's known Alfie for two years.* **4** *They've wanted a horse since last year. / They've wanted a horse for a year.* **5** *She's been a hero since last Thursday. / She's been a hero for six days.* **6** *She's had the car since her 12th birthday. / She's had the car for a year.* **7** *She's worked at the post office since October. / She's worked at the post office for about five weeks.* ▶ Folie 7

---

6 NOW YOU

Struktur	Das *present perfect* mit *since* und *for*: produktive Übung
Erarbeitung	**a)** ☐ **SB geöffnet.** Gemäß SB.
Lösung	Individuelle Lösungen.
Erarbeitung	**b)** Die S schreiben zunächst in EA Sätze über sich selbst. L weist die S darauf hin, in den Sätzen *since* und *for* zu verwenden. Dabei können sie sich an den Sätzen in **a)** orientieren.
Auswertung	👥 Spielerische Auswertung mit einem Partner gemäß SB.
Lösungsbeispiel	*I've been at this school for three years.* *I haven't eaten anything since breakfast.* *I've lived in Berlin for ten years.* ▶ WB 8–13, pp. 21–23 ▶ DFF 2.1 ▶ INKL p. 35

	More challenge 3 p. 118	**What have they done? When did they do it?**

Struktur	Kontrastierung von *simple past* und *present perfect*

Hinweis: In einigen Bundesländern wird diese Kontrastierung in den Abschlussprüfungen für den Mittleren Schulabschluss vorausgesetzt und sollte dort daher mit allen S thematisiert werden.

Erarbeitung	**SB geöffnet.** Die S lesen die Beispielsätze und vervollständigen die Regel, zunächst in EA, dann im Plenum. Bei Bedarf vertieft L die Kontrastierung anhand von *LF 7: Present perfect or simple past?* (SB-Seite 186). Anschließend üben die S die Verwendung in einer Einsetzübung.
Auswertung	Kontrolle im Plenum.
Lösung	Die Verben in Blau stehen im ***present perfect***. Hier ist der genaue Zeitpunkt nicht wichtig oder nicht bekannt.
	Die Verben in Rot stehen im ***simple past***. Hier findest du oft genaue Zeitangaben wie *yesterday, last week ...*

1 has found – started • 2 went – hasn't found • 3 has lived – moved • 4 went – 've never visited • 5 've often been – went • 6 has eaten – tried

---

S. 36

7 REVISION Town and country words

Wortschatz	**pub · track · wood · diagram**
Erarbeitung	**a) SB geöffnet.** L semantisiert neuen Wortschatz (▶ Wortschatzsemantisierung) und weist auf die zwei Bedeutungen von *wood* hin (hier in der Bedeutung „Wald" ein *countable noun*; bisher bekannt als *uncountable noun* in der Bedeutung „Holz"). Die S tragen die Wörter aus dem Wortfeld *town and country* in das Venn-Diagramm ein. Es sind verschiedene Zuordnungen denkbar.

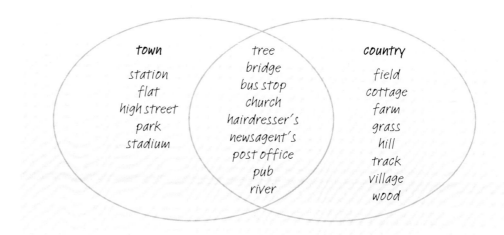

Erarbeitung	**b)** Die S ergänzen ihre Diagramme gemäß ihren individuellen Vorkenntnissen, z.B. aus Band 2, Unit 2. Bei Bedarf stellt L Wörterbücher zur Verfügung.
Lösungsbeispiel	*town: airport, bank, cafe, cinema, mobile phone shop, museum, pet shop, police station, swimming pool, zoo, ...*
	country: barn, camping, countryside, fox, national park, pet corner, pond, ranger, sheep, tractor, ...
	town and country: barbecue, cat, dog, letter box, fire station, market, school, ...

Erarbeitung	**c)** 👥 / 👥👥 Gemäß SB.
🔘 Differenzierung	In lernschwächeren Klassen gibt L auch Redemittel für den Vergleich der individuell ergänzten Wörter vor.

- *I put 'barbecue'/'...' on the right/left side. I think it's a country/town word.*
- *Do you have 'barbecue'/'...' in your diagram? Where do you have it?*
- *I have 'barbecue' too, but I put it in the middle. I think it's a town and country word.*

Auswertung	Spielerische Auswertung nach Art des Bingo-Spiels: L oder ein S nennt ein Wort und die dazu passende Kategorie, z. B. *Tractor is a country word*. S, die dieses Wort in ihrem Diagramm haben, haken es ab. Wer zuerst eine vorher festgelegte Anzahl an Wörtern hat, ruft „Bingo!". L/S muss auch Wörter verwenden, die nicht im SB vorgegeben sind.
Zusatz	Die S bilden mit ihren Wörtern Sätze. Dabei sollte auf einen Wettbewerbscharakter geachtet werden: Wer schafft es, die meisten Wörter in einem Satz zu verwenden? ▶ Folie 8

8 PEOPLE AND PLACES Cotswolds Cycle Tours

Wortschatz	**cycle** *(v)* · **tour** · **crossroads**, *pl* **crossroads**
Einstieg	**SB geöffnet.** Unterrichtsgespräch über Besichtigungstouren. L: *Which places in our town do you think are most interesting for tourists? (...) What's the best way for tourists to see our town? (go on a bus ride, walk, go by bike, ...)*. L geht auf S-Antworten ein, hält genannte Sehenswürdigkeiten an der Tafel fest und führt *cycle* ein.
Überleitung	L: *The Cotswolds are great for cycle tours. Let's follow Becky on a cycle tour in and around Chipping Campden.*

INFO-BOX Chipping Campden und die Cotswold Olimpick Games

Das altenglische Wort *chipping* (Markt) deutet bereits auf den malerischen Charakter der 2000 Einwohner zählenden Markstadt **Chipping Campden** hin, die inmitten der Cotswold Hills in der englischen Grafschaft Gloucestershire liegt. Als eine der für die Wollproduktion bedeutsamsten Städte Englands erreichte Chipping Campden bereits im Mittelalter Wohlstand und Bekanntheit in ganz Europa. Die 36 m hohe St. James' Church am Nordende der Kleinstadt gilt als eine der beeindruckendsten spätgotischen so genannten *wool churches* der Gegend.

Die **Cotswold Olimpick Games** finden – mit einigen Unterbrechungen – seit dem 17. Jahrhundert auf dem nahe gelegenen Dovers Hill statt, der nach dem Gründer der Spiele, Robert Dover, benannt ist. Heute gehören Tauziehen, *shin-kicking* (Schienbeintreten nach bestimmten Regeln), Pferderennen, Tanzspiele etc. zu den beliebtesten Disziplinen des jährlichen Spektakels. Zum Abschluss der Spiele zieht nach einem Lagerfeuer und Feuerwerk ein Fackelzug zu einem Volkstanz ins Stadtzentrum.

Erarbeitung ▶ 🎥	**a)** 🔘 👁 💬 **SB geöffnet.** Die S betrachten die Bilder und lesen die Bildunterschriften. L liest die Wörter vor; die S sprechen nach (Chor, Teilchor). L semantisiert *crossroads* (Hinweis auf ungewöhnlichen Singular: *a crossroads*; Singular und Plural identisch). Anschließend ▶ Klären der Aufgabenstellung und **1. Sehen**: Zur Sicherung des Globalverstehens nennen die S die Orte, die im Film zu sehen sind.

Alternative	Der Film kann zunächst ohne Ton gezeigt werden *(silent viewing)*, sodass sich die S auf die visuellen Eindrücke konzentrieren können. In dem Fall sollte zur Kontrolle ein 2. Sehen mit Ton erfolgen, da die S sonst Aufgabe **b)** nicht lösen können.
🔘 Differenzierung	In lernschwächeren Klassen oder zur Zeitersparnis erhalten die S ▶ KV 11: Cotswolds Cycle Tours und haken die im Film genannten Orte ab. Die KV enthält auch eine Karte für die Bearbeitung von **c)**.

◉ Differenzierung	Lernstärkere S bringen die Bilder zusätzlich in ihre chronologische Reihenfolge (durch Nummerierung).
	Hinweis: *High Street* wird mehrfach erwähnt und gezeigt, daher sind verschiedene Nummerierungen denkbar.
Lösung	*a crossroads (5) • a church (8) • an old market (2) • a high street (1) • a wood (4) • Dovers Hill (6) • a pub (3) • a farm (7)*
Erarbeitung	**b)** 🔧 👁 Gemäß SB. **2. Sehen** zur Kontrolle.
Alternative	Die S können Beckys Route auch in der Karte auf ▶ KV 11: Cotswolds Cycle Tours eintragen. L gibt den S den Tipp, besonders auf Straßennamen und Schlüsselwörter wie *left, right* etc. zu achten.
Lösung	*Becky took the blue route.*
Erarbeitung	**c)** ◉ 👁 Die S zeichnen oder pausen die Karte ab. Anschließend ▶ Klären der Aufgabenstellung und ggf. **3. Sehen**: Die S tragen die im Film genannten und/oder gezeigten Orte in der Karte ein.
	Hinweis: Es ist nur eine ungefähre Verortung möglich.
◎ Differenzierung	Lernschwächere S (oder zur Zeitersparnis alle S) verwenden den Kartenvordruck von ▶ KV 11: Cotswolds Cycle Tours. Hier sind in der Karte bereits die Positionen der Orte eingetragen – die S ergänzen dann die Ortsbezeichnungen eigenständig. Als weitere Hilfe erhalten lernschwächere S die Ortsbezeichnungen zum Ausschneiden, Zuordnen und Einkleben. Lernstärkere S knicken die Ortsbezeichnungen ab.
Zusatz	Die S notieren Zusatzinformationen zu den einzelnen Orten auf der Karte.
Lösung	

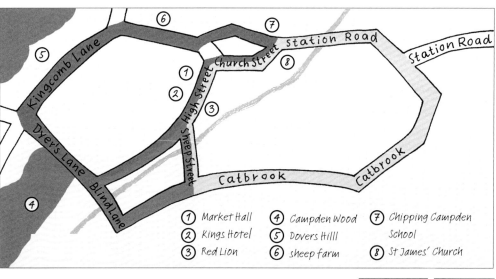

▶ WB 14, p. 23   ▶ INKL p. 36

More challenge 4 | p. 119   **Your cycle tour film**

Hinweis: Es handelt sich hier um eine größere Lernaufgabe, die entsprechende Unterrichtszeit benötigt. Dies ist bei der Planung zu berücksichtigen. Die Ergebnispräsentation muss genügend Raum bekommen, um die Ergebnisse würdigen zu können.

Erarbeitung   **Step 1:** 👥 / 👥👥 Die S planen ihre Tour in PA oder gemäß der kooperativen Lernform ▶ Think – Pair – Share in Gruppen à vier S. L stellt bei Bedarf Redemittel zur Verfügung (Tafel, Folie) und gibt ggf. weitere Leitfragen:

- Which places could be interesting for a (young) tourist?
- Which places and streets are good for a cycling tour?

Die S einigen sich auf drei bis vier Stationen sowie die Route und notieren ihre Ergebnisse.

Alternative Für die Planungsphase eignet sich auch die kooperative Lernform ▶ Placemat.

Erarbeitung Die weiteren Schritte erfolgen arbeitsteilig je nach Neigung:

Step 2: Gemäß SB. L weist die S ggf. auf Stadtpläne im Internet hin, die die S ausdrucken und abpausen können.

Step 3: Die S recherchieren einige wichtige Informationen zu den ausgewählten Orten und bereiten ihr Filmskript gemäß SB vor.

Alternative Die S bearbeiten ▶ KV 12: A script for a cycle tour film. Sie bringen Teile von Beckys Filmskript in eine plausible Reihenfolge und erhalten so ein Muster für ihr eigenes Skript, das sie nur noch mit ihren eigenen Informationen füllen müssen. Die Buchstaben auf den Kärtchen ergeben das Lösungswort COTSWOLDS.

Auswertung Die Paare bzw. Gruppen präsentieren ihre Tour anhand ihrer Karte im Plenum. Anschließend können Skripte und Karten in der ▶ English corner ausgestellt werden.

Zusatz Medienversierte S drehen einen Film und präsentieren ihn in der Klasse.

STORY A night on the farm

Inhalt Rob hilft Molly, die Schafe auf eine andere Weide zu treiben. Dabei entdeckt Robs Hund Wally eine illegale Mülldeponie im Gebüsch. Rob erzählt zu Hause von dem Fund und schlägt seinem Vater vor, auf dem Farmgelände Überwachungskameras zu installieren. Die Taylors nehmen das Angebot dankbar an.

Rob verbringt Samstagabend mit Molly auf der Farm. Als sie auf dem Bildschirm einen Fuchs mit einem Huhn im Maul entdecken, rennen sie nach draußen und sehen ein Auto. Sie beschließen, selbst tätig zu werden: Während Rob das Nummernschild notiert, versperrt Molly mit ihrem Auto den Fluchtweg. In der letzten Szene stellt sich heraus, dass Molly und Rob die Falschen „gefangen" haben: Später am Abend erscheinen zwei Polizisten an der Haustür der Taylors – auch sie hatten nach den Umweltsündern Ausschau gehalten. Doch nun können sie das Farmgelände nicht verlassen, da ihnen Mollys Auto den Weg versperrt.

Die S verstehen Handlungsverlauf und Pointe einer längeren Geschichte und schildern die Ereignisse in einem Tagebucheintrag aus der Sicht einer der beiden Hauptfiguren.

S. 37–39

1 I need help

Einstieg **SB geöffnet.** Unterrichtsgespräch zur Einführung in die Situation und zum Aufbau einer Erwartungshaltung. L: *Look at the picture on the right. Who can you see? (Rob) What is he doing? (talking on the phone, laughing) Who do you think he's talking to? (his friend Alfie, Molly, ...) What do you think they're talking about? (about Molly, about the article, ...)*

Erarbeitung **a)** ▷◗ Die S lesen vorab die Fragen. Anschließend **1. Hören** und Beantwortung der
▶ 🎧 1.12 Fragen gemäß SB.

Auswertung **b)** ▷◗ **2. Hören** zur Kontrolle und Abgleich im Plenum.

Lösungsbeipiel **1** *Molly needs help. She has to move the sheep and her dad is sick and her mum is in town.*
2 *They plan to meet in the field near Rob's house.*

A night on the farm

Wortschatz **S. 37: city slicker** *(infml)* · **country bumpkin** *(infml)* · **over** · **fence** · °**Rip!** · **hole** · **beside** · **laugh at ...** · **princess** · **prince** · **drive, drove, driven** · °**back seat** · **be good with** sth. · **blush** · **train** *(v)* · °**That would be ...** · **sheepdog** · **bush** · **dump** *(v)* · **dump** *(n)*

S. 38: °**that evening** · **illegal** · **dumper** · **suggest** sth. **(to** sb.**)** · **offer** *(v)* · **farmyard** · **yard** · **jump** *(v)* · **bat** · **impatient** · **patient** *(adj)*

S. 39: knock (on sth.**)** · **police officer** · **disturb** · °**registration number** · **watch for** · **park (a car)** · **resident**

Einstieg **SB geöffnet.** L: *Look at the pictures and read the headline. Who or what do you think the story is about? (Rob and Molly, CCTV cameras, animals, rubbish, ...)*

Erarbeitung ▦▦ **1. Lesen**/Hören still in EA (inklusive Zeitungsausschnitt und Chat), ggf. im ▶ Mit-
▶ 🎧 1.13 leseverfahren. Der bedeutungstragende Wortschatz kann von den S erschlossen werden (Bilder, Kontext, Ähnlichkeit zum Deutschen), sollte aber anschließend gesichert werden.

▶ INKL p. 37–39

⦿ Differenzierung In lernschwächeren Klassen sollte der bedeutungstragende Wortschatz vorab semantisiert (▶ Semantisierungstechniken) und der Text abschnittsweise erschlossen werden. Es bietet sich an, die S vor dem Lesen der Abschnitte anhand der Bilder über den Fortgang der Geschichte spekulieren zu lassen und die Vermutungen zur späteren Überprüfung festzuhalten.

Alternative 　⇒⁹ **SB geschlossen.** Erarbeitung als Hörtext. Vorab erhalten die S die Bilder ungeordnet (zerschnitte Folienkopie aus dem SB oder Arbeitsblatt) und bringen sie während des **1. Hörens** in die richtige Reihenfolge. Anschließend Vergleich bei geöffnetem SB.

S.39

2 ⃝ That's what happened

Erarbeitung 　⊞ **SB geöffnet.** Zur Sicherung des Globalverstehens sortieren die S die Hauptgedanken des Textes und erstellen somit eine Nacherzählung der Geschichte.

//● p.119 Es handelt sich um eine Parallelübung auf zwei Niveaus. Lernstärkere S vervollständigen Satzanfänge und bringen sie in die richtigen Reihenfolge.

Auswertung 　Auswertung im Plenum in Form einer ▸ Meldekette.

Lösung 　**C** *Rob went to East End Farm to help Molly.*
D *Molly picked up Rob and Wally in her car.*
A *Rob helped Molly with the sheep.*
J *Rob's dog, Wally, found some rubbish.*
I *Rob's dad installed CCTV cameras on the farm.*
B *Rob and Molly watched the TV monitor.*
H *Rob and Molly saw a car in the lane.*
G *Two police officers came to the house.*
E *The police said the CCTV was a good idea.*
F *Alfie asked Rob about Molly.*

▸ Folie 9

More practice 5 p.119 **Say it in a different way**

Einstieg 　**SB geöffnet.** ▸ Klären der Aufgabenstellung. L: *Sometimes you can say things in different ways. You can say: 'Well done, Molly!' or you can say 'You did a great job, Molly!' Let's find more phrases that mean the same.*

Erarbeitung 　⊞ **2. Lesen** (Detailverstehen) der Geschichte gemäß SB. Die S notieren den entsprechenden Satz aus dem SB und die Zeile.

Lösung 　**1** *I'm in trouble with mum now! (l. 4)* • **2** *I can help you to train Wally if you like. (l. 20)* •
3 *The police can't catch the dumpers. (l. 37)* • **4** *Molly's dad still didn't feel very well. (l. 46)* •
5 *Rob hid behind the bushes. (l. 73)* • **6** *We're sorry to disturb you. (l. 77)*

Auswertung 　Ein S liest die Sätze der Aufgabe vor; ein anderer S liest den Satz vor, der die Formulierung aus der *Story* verwendet.

---

3 What do you think?

Einstieg 　**SB geschlossen.** L zeichnet zwei waagerechte Linien an (Tafel/Folie) und fragt: *How do Molly and Rob feel about each other? Where would you put their feelings on the lines?* Einzelne S kommen nach vorne und positionieren die Gefühle der beiden Protagonisten auf dem Strahl.
L: *Let's find examples in the text.*

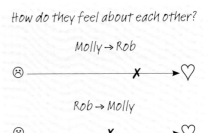

Erarbeitung	📑 **SB geöffnet.** Schriftlich in EA gemäß SB.
Auswertung	Die S tragen ihre Beispiele im Plenum vor und finden für ihre Beispiele eine Position auf den Gefühlslinien aus dem Einstieg. Anhand dieser Markierungen wird abschließend ein Ergebnis formuliert.
Lösungsbeispiel	*I think Molly likes Rob a lot / is in love with Rob because …*

I think Molly likes Rob a lot / is in love with Rob because …
- *in part 1 she blushes / she wants to help Rob train Wally / …*
- *in part 2 she invites Rob to watch DVDs together / she takes Rob's hand / …*

I think Molly doesn't like Rob very much / isn't in love with Rob because …
- *in part 1 she laughs at him and calls him a city slicker / …*
- *in part 3 she is angry and impatient because Rob can't drive / …*

I think Rob likes Molly a lot / is in love with Molly because …
- *in part 1 he runs along the track to meet Molly quickly / he says that Molly is good with dogs and sheep / he looks at Molly and smiles / …*
- *in part 2 he asks his dad to help the Taylors / …*
- *in part 3 he is embarrassed to tell Molly that he can't drive / …*
- *in the online chat with Alfie he says "Well …" when Alfie asks him if they are only good friends*

I think Rob doesn't like Molly very much / isn't in love with Molly because …
- *in part 2 he wants his dad to help the Taylors because it's good for his dad's business*
- *in the online chat with Alfie he says he and Molly are good friends*

4 ⏺ An exciting night

Erarbeitung	📝 **SB geöffnet.** Kreative Schreibaufgabe gemäß SB.

Hinweise:
- Die Textabschnitte 1 bis 3 der *Story* schildern die unmittelbaren Erlebnisse Robs und Mollys, in Abschnitt 4 dagegen sind Rob und Molly nicht präsent. Daher reicht es aus, wenn die S in ihren Tagebucheinträgen die Ereignisse aus den Textabschnitten 2 und 3 verarbeiten.
- Die Perspektiven der beiden Protagonisten unterscheiden sich nicht so sehr durch die Ereignisse selbst, sondern vor allem durch ihren persönlichen Blick darauf. Bei Bedarf arbeitet L mit den S vorab heraus, welche Situationen Rob und Molly ganz unterschiedlich erlebt haben können.

⏺ Differenzierung	Lernstärkere S beziehen auch die Ereignisse aus Abschnitt 4, und somit die Pointe der Geschichte, in ihren Tagebucheintrag ein. Es bleibt dabei ihrer Phantasie überlassen, wie der Abend für Rob und Molly nach der Rückkehr zur Farm in Abschnitt 3 weitergegangen sein könnte und wie Rob und Molly von dem Gespräch der Polizisten mit Mrs Taylor erfahren haben. Die Pointe der Geschichte kann von den S nur inferiert werden.
	More help p. 120 Lernschwächere S nutzen die *mind map* und die Leitfragen zur Vorbereitung. Darüber hinaus bieten die Leitfragen auch weniger emotionalen S die Möglichkeit, die Geschehnisse eher im Stile eines Berichtes wiederzugeben.
Lösungsbeispiel	**Rob**

Saturday night was exciting. I was at Molly's farm. First we watched a DVD. Later we went to the farm office to check the CCTV monitor. It was dark and we saw lots of animals on the monitor. Then a bat flew into the office. I jumped and Molly took my hand. That was nice! When we saw a fox with a chicken in its mouth we ran outside to the chicken house. But then we saw car lights in the fields. We didn't wake Molly's parents because they were sleeping. So we went into the fields in Molly's car. Molly asked me to park her car at the end of the lane so the dumpers couldn't get away, and she would write down the car number. I told her that I couldn't drive. I was so embarrassed! But Molly wasn't angry. She gave me the pen and drove away to park the car. Then we walked back to the farm.

Later that night two police officers came to the farm and asked about a purple car that was parked at the end of the lane. They couldn't get away! Then we understood that Molly's clever trick wasn't so clever really: We didn't catch the illegal dumpers, we caught the police! Mrs Taylor was really angry.

Molly

Saturday night was exciting. Rob came to the farm. First we watched a DVD. Later we went to the office to check the CCTV monitor. We saw a badger and an owl on the monitor. When a bat flew into the office Rob was scared. I took his hand and I think he liked that.

When we saw a fox with a chicken in its mouth we ran outside to the chicken house. But then we saw car lights in the fields. We didn't wake mum and dad because they were sleeping. So we went into the fields in the car to have a look. I had an idea: Rob could park the car at the end of the lane so the dumpers couldn't get away, and I would write down the car number. Rob looked really embarrassed and told me that he couldn't drive. So I gave him the pen and parked the car. Then we walked back to the farm.

Later that night two police officers knocked on our door and asked about a purple car that was parked at the end of the lane. They couldn't get away! Then I understood that my clever trick wasn't so clever really: We didn't catch the illegal dumpers, we caught the police. I was so embarrassed! And mum was really angry.

▶ WB 15–17, p. 24 ▶ INKL p. 39

SKILLS TRAINING Speaking

Inhalt Die S bereiten eine Bildbeschreibung vor, präsentieren sie vor ihren Mit-S und geben sich gegenseitig eine Rückmeldung.

S. 40

1 Prepare a talk about a picture

Wortschatz **foreground · background · detail · °table**

Einstieg **SB geöffnet.** L rekapituliert mit den S Redemittel und Regeln einer Bildbeschreibung, z. B. anhand von *SF 13: Describing photos and pictures* (SB-Seite 176), und führt dabei *foreground* und *background* ein.

Describing pictures

In the middle ... On the left/right ... At the top/bottom ... In the foreground/background ...	I can see ... there is/are ...

Use the present progressive to say what people are doing in the picture.

Erarbeitung **a)** 🔧 Gemäß SB. L verweist auf die *Wordbank 2* (SB-Seite 141) mit Wortschatz zum Thema Stadt und Land.

Lösungsbeispiel *Picture A:*
In the picture I can see a street in a town.
On the right there's a red bus on the road.
In the foreground there are some people waiting at a bus stop:
On the left there's a man reading a newspaper and a boy listening to music. In the middle I can see a girl with a red jacket. She's talking on her mobile. On the right there's a woman and her daughter.
In the background there's the high street with shops, for example a clothes shop, and some shoppers.
I like this picture because I love shopping.

Picture B:
In the picture I can see a road in the country.
In the background there are fields and animals – sheep, horses and a cow.
In the foreground I can see a village and three people: On the right there are two men. They are talking to each other. On the left there's a woman. She has some shopping bags and is crossing the road.
On the left I can see two little houses. A cat is sleeping in a window.
I like this picture because I like animals and the country.

Differenzierung Lernstärkere S machen sich stichpunktartige Notizen mit dem Ziel, einen freien Vortrag zu halten.

Erarbeitung **b)** 🔧 L rekapituliert mit den S die Kriterien für einen gelungenen Kurzvortrag, z.B. anhand der Bewertungstabelle in **c)** oder (ausführlicher) anhand von *SF 14: Giving a short talk* (SB-Seite 177). Anschließend bereiten die S ihren Vortrag vor und üben ihn mithilfe der ▶ Read-and-look-up technique ein.

Erarbeitung **c)** 👥 💬 🔧 Gemäß SB.

Erarbeitung **d)** Gemäß SB mithilfe der Redemittel und Kriterien im grünen (positiv) und roten (negativ) Kasten. Je nach Feedback überarbeiten die S anschließend ihre Vorträge bzw. verbessern ihre Vortragsweise für die Präsentation in der Gruppe in **2**.

2 Give your talk to a group

Wortschatz °table

Erarbeitung **a)** 👥 🔧 💬 **SB geöffnet.** Gemäß SB. Siehe auch ▶ Gruppenbildung.

Erarbeitung **b)** 🔧 Gemäß SB.

Zusatz Jede Gruppe kürt den besten Vortrag, der auf freiwilliger Basis anschließend noch einmal im Plenum präsentiert werden kann. ▶ WB 18–19, pp. 25–26 ▶ DFF 2.7 ▶ INKL p. 40

More challenge 5 p. 120 Where would you like to live?

Einstieg **SB geschlossen.** Kurzes Blitzlicht. L: *Where would you like to live? In the town or in the country? Why?* Die S tragen Argumente für und gegen das Leben in Stadt oder Land in eine vorbereitete Tabelle ein (Tafel/Folie).

	town	country
☺	exciting many shops cinemas …	quiet animals fresh air …
☹	noisy traffic bad air …	boring long way to school need a car …

Erarbeitung 💬 **SB geöffnet.** ▶ Partner talk gemäß SB.

Lösung Individuelle Lösungen.

SKILLS TRAINING Writing course (2)

Inhalt
Im zweiten Teil des *Writing course* lernen die S anhand von zwei Blogs, Texte zu strukturieren und sie durch die Verwendung von Zeitadverbialien, Konjunktionen und Adjektiven interessant und adressatengerecht zu gestalten.

S. 41

Structuring a text

1 Alfie's blog

Wortschatz
structure *(v)* · **brilliant** · **reason** • **for lots of reasons** · **Firstly, ...** · **Secondly, ...** · **Thirdly, ...** · **independent (of/from)** · **ideal** · °beginning · **paragraph** · **general** · **statement** · °linking word

Einstieg
SB geschlossen. L: *Who's Alfie? What do you remember about him? (Rob's friend from London, likes the country, is a football fan, ...)* Alfie has an online blog. He has written about his ideal (anschreiben) *place to live. Let's find out what he thinks.*

Erarbeitung
a) ◎ ▦ **SB geöffnet. 1. Lesen** und Beantwortung der Frage zum Globalverstehen gemäß SB.

Lösungsbeispiel
London is the ideal place to live for Alfie. / Alfie likes London very much. / Alfie thinks London is a brilliant place. / ...

◉ Differenzierung
In lernstärkeren Klassen arbeiten die S aus dem Text heraus, was Alfie an London gefällt (Detailverstehen). Hierfür gibt L die Struktur aus dem Blog *(firstly, secondly, ...)* an der Tafel vor.

Lösungsbeispiel
Why Alfie loves London:
1. (firstly): good public transport => independent!
2. (secondly): everything is near => meet friends easily
3. (thirdly): great for sport => go to football games
4. (finally): nice people

Zusatz
L: *Alfie likes football. Look at the photo. Which London football club is his favourite?* (Chelsea)

Erarbeitung
b) 🔧 ▦ L: *What makes a text a good text?* Die S bringen ggf. ihr Vorwissen aus Band 2 ein *(time words, linking words)* oder nennen eigene Ideen *(make a mind map, use good phrases, correct mistakes, ...)* There's more you can do to write good texts. Let's find out.

Die S lesen den Tipp im gelben Kasten und analysieren die Struktur von Alfies Blog gemäß SB. Für eine bessere Übersichtlichkeit kann L eine Tabelle als Struktur vorgeben.

Lösung

beginning	*I've lived in London for two years now. At first I didn't really like it. But now I think it's a brilliant place for lots of reasons.*
middle	*Firstly, ...* *Secondly, ...* *Thirdly, ...* *Finally, ...*
end	*So London is my ideal place to live.*

| ⊡ Differenzierung | Lernschwächere S erhalten ▶ KV 13 A: Structuring a text – Alfie's blog. Hier werden in Form eines Lückentextes zunächst die Tipps für das Strukturieren von Texten rekapituliert. Anschließend können die S auf einer Kopie von Alfies Text mit drei verschiedenen Farben die Einleitung, den Mittelteil und den Schluss markieren. Die KV enthält ebenfalls einen Tabellenvordruck für **c)**. |

| Erarbeitung | **c)** 🔧 L: *Alfie's blog is nice to read because he uses time phrases, linking words and adjectives. Let's find them in his text.* Erarbeitung je eines Beispiels im Plenum, anschließend EA gemäß SB. |

| Auswertung | Die Auswertung kann an der Tafel mittels vorbereiteter Wortkarten oder anhand einer Folienkopie der KV erfolgen. |

| ⬤ Differenzierung | Ein lernstärkerer S arbeitet auf OH-Folie und übernimmt die Auswertung. |

Lösung

time phrases	linking words	adjectives
for two years	But (now)	brilliant
At first	Firstly	cool
When	because	independent
(But) now	Secondly	amazing
every evening	but	nice
at the weekend	So	important
	Thirdly	ideal
	and	
	Finally	

2 Rob's blog

| Einstieg | **SB geschlossen.** L: *Rob has also written a blog. What do you think it is about? (about his new life in Mickleton / about the story with the dumpers / about Molly / …) Let's see if you are right.* |

| Erarbeitung | **a)** ▤▤ **SB geöffnet. 1. Lesen:** Abgleich mit den Vermutungen aus dem Einstieg und Beantwortung der Frage zum Globalverstehen gemäß SB. |

| Lösungsbeispiel | *Rob is happy about his life in the Cotswolds. / Rob thinks Mickleton is the ideal place to live.* |

| ⬤ Differenzierung | In lernstärkeren Klassen arbeiten die S – wie bereits bei Alfies Blog – aus dem Text heraus, was Rob an Mickleton gefällt (Detailverstehen). Unter Umständen fällt ihnen hierbei bereits auf, dass Robs Text im Vergleich zu Alfies Blog relativ unstrukturiert ist und er stets dasselbe, wenig aussagekräftige Adjektiv *OK* benutzt. |

| Lösungsbeispiel | **Why Rob likes the Cotswolds:**
– The people are OK. The neighbours help you.
– The towns are OK. There's a bus to Stratford every hour.
– The countryside is OK. Wally likes the countryside. |

| Erarbeitung | **b)** 👥 ▤▤ 🔧 Gemäß SB. Für eine bessere Übersichtlichkeit kann L analog zu Alfies Blog eine Tabelle als Struktur vorgeben. |

Lösung	**beginning**	*I moved to Mickleton in the Cotswolds in August. I didn't like it here. Now I think it's OK.*
	middle	*The people are OK. The neighbours help you if you have a problem.*
		The towns in the Cotswolds are OK. Stratford is big. There are shops there. There's a bus every hour. I go to Stratford with my friends.
		The countryside is OK. There are trees, fields and hills. My dog Wally likes the countryside. He loves the rabbits.
	end	*Mickleton is my ideal place to live.*

☉ Differenzierung	Lernschwächere S erhalten ▶ KV 13 B: Structuring a text – Rob's blog. Hier können sie auf einer Kopie von Robs Text mit drei verschiedenen Farben die Einleitung, den Mittelteil und den Schluss markieren und Absätze eintragen. Anschließend bietet die KV den S in Form einer Tabelle Hilfestellung, um die Struktur des Mittelteils zu analysieren – als Grundlage für die Verbesserung des Textes in **c)**. Zusätzlich erhalten die S eine Checkliste.
Auswertung	Auswertung im Plenum anhand einer Tabelle an der Tafel (s. o.) oder anhand einer Folienkopie der KV.
● Differenzierung	Ein lernstärkerer S arbeitet auf OH-Folie und übernimmt die Auswertung.
Erarbeitung	**c)** 📝 🔧 L: *Which text do you like better: Rob's or Alfie's? Why?* Anschließend überarbeiten die S Robs Text gemäß SB.
	More help p. 121 Lernschwächere S arbeiten mit einer vorstrukturierten, farbkodierten Textvariante und erhalten *time phrases, linking words* und Adjektive zum Einsetzen.
Auswertung	Im Plenum anhand einer Lösungsfolie, die L oder lernstärkerer S vorbereitet. Unterschiedliche Lösungen sind denkbar, sollten aber in sich stimmig sein (die verwendeten *linking words* sollten zur Einteilung in Absätze passen) und gemeinsam besprochen werden.
Lösungsbeispiel	*I moved to Mickleton in the Cotswolds <u>in August</u> **(1)**. <u>At first</u> **(2)** I didn't like it here. <u>But</u> **(3)** now I think it's <u>great</u> **(4)**.* *<u>Firstly,</u> **(5)** the people are <u>nice</u> **(6)**. <u>For example</u> **(7)** the neighbours help you if you have a problem.* *<u>Secondly,</u> **(8)** the towns in the Cotswolds are <u>beautiful/nice</u> **(9)**. Stratford is <u>really</u> **(10)** big. There are <u>fantastic/cool/great</u> **(11)** shops there. There's a bus every hour, <u>so</u> **(12)** I go to Stratford with my friends <u>every Saturday</u> **(13)**.* *<u>Thirdly/Finally,</u> **(14)** the countryside is <u>beautiful/nice</u> **(15)** <u>because</u> **(16)** there are <u>green</u> **(17)** trees, fields and hills. My dog Wally likes the countryside <u>because</u> **(18)** he loves rabbits.* *<u>So</u> **(19)** Mickleton is my ideal place to live.*

3 NOW YOU

Erarbeitung	📝 **SB geöffnet.** Gemäß SB. Die S können sich am Beispieltext im blauen Kasten sowie an Alfies Blog und der korrigierten Version von Robs Blog orientieren.
Auswertung	L-Korrektur.
Lösung	Individuelle Lösungen. ▶ WB 20, p. 27 ▶ DFF 2.5 ▶ INKL p. 41

SKILLS TRAINING Reading and Mediation

Inhalt Anhand von authentischen Werbeaushängen trainieren die S zunächst die ▸ Lesetechnik *Skimming*: Welcher Aushang bietet für bestimmte vorgegebene Situationen die jeweils relevante Information? Anschließend suchen sie aus einem Aushang – gelenkt durch Leitfragen – gezielt die zentralen Informationen heraus, wobei sie die ▸ Lesetechnik *Scanning* anwenden, und übertragen sie sinngemäß ins Deutsche (▸ Mediation). Abschließend suchen sie aus einem weiteren Aushang selbständig und ungelenkt die zentralen Informationen heraus und übertragen sie ins Deutsche.

S. 42

1 READING Notices in a shop window

Wortschatz **notice** • °ginger • °wormed • °litter trained • °delicious • °selection (of) • °home-made • °crumpet • °serve • °toasted • °variety (of) • °soft drink • °including • °during • °slice • °delightful • °accommodation • °mobile • °bicycle • °repair • °carry out • °site • °collection • °delivery • °available • °tune into • °rehearsal

Hinweis: Da es sich um authentische Texte handelt, enthalten die Werbeaushänge unbekannten Wortschatz (siehe Wörter mit Kringel). Für die hier geübten ▸ Lesetechniken *Skimming* und *Scanning* und für die ▸ Sprachmittlung ist ein Wort-für-Wort-Verständnis jedoch nicht zentral. Ziel ist es vielmehr, dass die S lernen, auch aus authentischen Texten mit unbekanntem Sprachmaterial die für sie relevanten Informationen abzuschöpfen. Daher sollten diese Wörter nicht semantisiert werden.

Erarbeitung 🖽 🔧 **SB geöffnet.** Die S lesen zunächst die Szenarien 1 bis 5. Anschließend überfliegen sie die Aushänge A–F, um herauszufinden, welcher Aushang für welches Szenario relevant ist *(Skimming)*. Aushang F ist ein Distraktor.

Lösung *1 D • 2 C • 3 E • 4 B • 5 A*

Auswertung Zunächst ▸ Partner check, dann Auswertung im Plenum.

INFO-BOX Window ads

Während kostenlose Gesuche oder Kleinanzeigen in Deutschland meist an Pinnwänden in Läden oder Kiosken aushängen, werden derartige Angebote in Großbritannien oft in Schaufenstern aufgehängt. Die Anzeigen oder Plakate werden von innen am Fenster befestigt, sodass Passanten und Kunden die Gesuche lesen können, ohne das zu Geschäft betreten.

◉ **Differenzierung** Lernstärkere S reflektieren ihre Lesestrategie und erklären, welche Signalwörter, Bilder oder Textelemente ihnen bei der Zuordnung geholfen haben.

Lösungsbeispiel
1 D: Radio, classic tracks, entertainment
2 C: repair, bike; picture
3 E: FC, Training, sports field, Players
4 B: Tea Rooms, cakes, toast, soup etc., rooms, bed
5 A: kittens; picture

2 MEDIATION On holidays in the Cotswolds

Erarbeitung **a)** 🖽 💬 **SB geöffnet.** L: *You're on holidays in the Cotswolds with a friend. You're hungry. Look at the notices again. Which one should you read more carefully? (notice B) Now answer your friend's questions.* Die S scannen den Aushang nach den gesuchten Informationen und übertragen sie sinngemäß ins Deutsche. L weist die S darauf hin, dass es bei einer ▸ Mediation nicht um eine Wort-für-Wort-Übersetzung geht.

Lösungsbeispiel

1 den ganzen Tag

2 Nein, man bekommt auch Kaffee, heiße Schokolade und Erfrischungsgetränke wie z. B. Apfelsaft aus der Region.

3 selbstgemachte Suppe, kalte oder warme Sandwiches

4 Ja, wir können im Garten sitzen.

5 Nein, sie bieten auch Zimmer/Unterkunft an (Übernachtung mit Frühstück).

Erarbeitung

b) 🗨 Ungelenkte ▸ Mediation gemäß SB.

Lösungsbeispiel

Es handelt sich um einen mobilen Fahrradreparaturservice. Sie kommen zu dir und können die meisten Reparaturen vor Ort ausführen. Das kostet mindestens 15 Pfund. Sie holen und bringen die Fahrräder auch. Du kannst David unter der angegebenen Telefonnummer anrufen.

▸ DFF 2.8   ▸ INKL p. 42

SKILLS TRAINING Viewing

Inhalt Alfies Großvater lebt auf einem Bauernhof bei London. Alfie schwärmt seinen Freunden vor, wie schön es bei seinem Großvater ist, wie gut er sich dort erholen kann und fernsehen, so viel er will. Aber der Aufenthalt der Kinder auf dem Bauernhof verläuft anders als erwartet: Sie lernen das Landleben eher von seiner arbeitsintensiven Seite kennen.

Die S vervollständigen Bildunterschriften zu einzelnen Filmszenen, diskutieren Aussagen zum Inhalt und schreiben einen Blog-Eintrag zum Film.

S. 43

1 Chill in the country

Wortschatz **grandad**

Einstieg **SB geschlossen.** Vorentlastendes Unterrichtsgespräch zum Thema Urlaub auf dem Bauernhof. L: *Have you ever spent a weekend on a farm? What was it like? What did you do?*

Erarbeitung **a)** 👥 💬 **SB geöffnet.** ▶ Partner talk gemäß SB.

⊙ **Differenzierung** In lernschwächeren Gruppen machen sich die S vorab in EA Notizen zu den Fragen. Anschließend Vergleich im ▶ Partner talk.

Erarbeitung **b)** 👁 🖥 **1. Sehen** und Ergänzen der Bildunterschriften gemäß SB.
▶ 🎥
Lösungsbeispiel *Scene 1: The four friends plan a trip to Alfie's grandad. He lives on a farm near London and loves visitors. They want to have a relaxing weekend.*

Scene 2: The friends arrive at the farm. It's called New Barns Farm. Alfie's grandad picked them up in his car.

Scene 3: The kids have tea in the house. They like their rooms and think that Alfie's grandad is really sweet. He wants to show them what farm life is like.

Scene 4: But they have to do some jobs on the farm. First, they have to work in the barn, and they are having fun. Their next job is to wash the car, and they are still enjoying it. But then they have to bring water for the sheep and clean the barn. They look tired and unhappy.

Scene 5: In the evening they play a game (Monopoly) in front of the TV. Tally is smiling. When Alfie's grandad comes into the living room at 9:40, they are already sleeping.

Scene 6: The next morning they have breakfast (bacon and eggs). Alfie's grandad thanks them for their help and invites them to come again.

Erarbeitung **c)** 👥 👁 💬 **2. Sehen** und ▶ Partner talk gemäß SB.

Lösungsbeispiel

	☺ *I agree because …*	☹ *I don't agree because …*
1	*they enjoyed working in the barn / playing games in the evening / …*	*they didn't have time to chill / they were too tired to watch TV / …*
2	*Sherlock says that they had a great time / …*	*Tally looks really unhappy / …*
3	*grandad doesn't let them chill / he gives them lots of jobs / …*	*grandad thanks them for their help / he invites them back to the farm / he makes a nice breakfast for them / …*
4	*they played a fun game / they enjoyed watching the fire / …*	*they don't laugh / they are too tired / …*
5	*they liked being together / they think Alfie's grandad is sweet / they like the farm house / …*	*they don't want to do farm work again / they didn't look happy / they couldn't chill / …*

Auswertung

Auswertung im Plenum. L lässt S einen Satzstreifen ziehen, auf dem eine der Aussagen abgedruckt ist. Die S reagieren entsprechend. Mehrere S sollten zu Wort kommen.

2 ● What do you think?

Wortschatz

character · episode

Erarbeitung

📝 **SB geöffnet.** Kreative Schreibaufgabe gemäß SB. L erinnert an die Tipps aus dem *Writing course.*

More help p. 121 Lernschwächere S erhalten nach Einleitung, Mittelteil und Schluss strukturierte Satzanfänge, die sie inhaltlich ergänzen.

Lösungsbeispiel

This film is about a weekend in the country. We see four young people. They're Alfie, Tally, Ruby and Sherlock. And we meet an old man. It's Alfie's grandad.

Scene 1 is in a cafe. The four friends plan their weekend together. They want to stay at Alfie's grandad's farm near London. Alfie tells his friends how he always has a great time at his grandad's farm.

In the second scene the friends arrive at New Barns Farm in Alfie's grandad's car.

Scene 3 is at the farm. The friends are having tea and looking forward to a nice and relaxing weekend. Alfie's grandad says that he'll wait for them in the barn.

In scene four the kids are doing different jobs around the farm and they're playing some funny tricks on each other.

In the fifth scene the kids are sitting in front of the TV and playing a board game. When Alfie's grandad comes into the room, they are all asleep.

In the last scene, they are having breakfast and talking with Alfie's grandad. He invites them to come back again the next weekend.

I liked the film because it was funny when they played tricks on each other. So I'm really looking forward to the next episode of London SW6 to find out what their next adventure will be.

▶ INKL p. 43

MORE CHALLENGE

Inhalt Im ersten Teil (SB-Seiten 44/45) diskutieren die S ausgehend von Fotos, Informationen aus Werbeplakaten und einem Hörtext über die Vor- und Nachteile verschiedener Klassenfahrtziele und erstellen dann eine Werbeanzeige über den eigenen Wohnort als Klassenfahrtziel (mit Informationen zu Unterkunft, Verpflegung, möglichen Unternehmungen etc.).

Im zweiten Teil (SB-Seite 46) lernen die S anhand eines Streitgesprächs zwischen Molly und Rob Bildung und Gebrauch des *present perfect progressive* kennen, leiten die Regeln ab und schreiben nach einer Einsetzübung eigene Sätze über länger andauernde Tätigkeiten in der Woche.

S. 44

Great places for a class trip

1 LISTENING A class trip

Einstieg **SB geschlossen.** Die S bringen ein Bild ihres Traumziels für eine Klassenfahrt mit (vorbereitende Hausaufgabe!) und stellen es in einer ▸ Blitzlichtrunde im Stuhlkreis vor. Dabei kann L sprachliche Mittel zur Bildbeschreibung wiederholen (SB-Seite 40) und die Bilder als Bilderbogen um den Türrahmen aufhängen lassen.

Überleitung L: *Molly and Rob brought some pictures of their favourite places for a class trip, too. Let's take a look.*

Erarbeitung **a)** 💬 👥 **SB geöffnet.** Die S betrachten die Bilder von Molly und Rob und diskutieren anhand ihres Vorwissens über die beiden Charaktere mit einem Partner, welches Klassenfahrtziel beide ihrer Meinung nach auswählen würden (mit Begründung).

⊙ Differenzierung Je nach Leistungsstärke der Lerngruppe sammelt L vorab im Plenum sprachliche Mittel zur Meinungsbildung (Tafel/Folie), z.B.: *I think / In my view / In my opinion Molly/Rob will pick ... because ...*

Erarbeitung **b)** ≽🔊 Beim **1. Hören** des Dialogs zwischen Molly und Rob ordnen die S zur Sicherung des
▸ 🎧 1.14 Globalverstehens die Klassenfahrtziele der richtigen Person zu.

Auswertung Die Ergebnisse werden gemeinsam im Plenum besprochen.

Lösung *Molly: Sneaton Castle, Yorkshire • Rob: Loch Eil, Scotland • they pick Sneaton Castle*

Erarbeitung **c)** ≽🔊 Die S übertragen die Tabelle ins Heft oder nutzen den Tabellenvordruck auf ▸ KV 14: Great places for a class trip (s.u.) und ergänzen fehlende Informationen während des **2. Hörens** (Detailverstehen).

Auswertung Vor- und Nachteile der Klassenfahrtziele werden gemeinsam mithilfe der Tabelle bzw. am Bilderbogen im Plenum versprachlicht.

Lösung

place	activities	advantages	disadvantages
Sneaton Castle	learning about English history, nature walks	near the sea, old and romantic, staying in a (scary) castle	old and uncomfortable
Loch Eil	mountain climbing, canoeing on the lake, hill walking	exciting activities	dangerous activities, 430 miles away

Zusatz	Die S nutzen die Extra-Tabellenzeile zu Aufgabe **1** auf ▶ KV 14: Great places for a class trip, um Vor- und Nachteile des eigenen Klassenfahrtziels (siehe Einstieg) abzuwägen.
Erarbeitung	**d)** Gemäß SB.
Alternative	Die S nutzen den Tabellenvordruck auf ▶ KV 14: Great places for a class trip, um die im Buch genannten sprachlichen Mittel zur Meinungsbildung durch Ausschneiden und Aufkleben in die vier Kategorien einzuordnen.
Auswertung	Die S gestalten ein Lernposter oder Tafelbild zur Visualisierung der sprachlichen Mittel im Klassenraum.
● Differenzierung	Die S ergänzen weitere sprachliche Mittel zur Meinungsbildung auf dem Lernposter oder Tafelbild.

Lösungsbeispiel

ask for an opinion	agree	disagree	not sure
What do you think? (1) What about ...? (6)	I guess you're right. (3) I suppose that's true. (5) That's an interesting idea. (7) That sounds OK. (10) You have a point. (12)	You must be joking! (4) You say ... – I say ...! (8) No way! (9) Are you serious? (11)	I'm not so sure. (2) Maybe you're right. (13)

Erarbeitung ▶ 🎧 1.15	**e)** 👂 Die S verbalisieren beim **1. Hören** in den Hörpausen ihre Zustimmung oder Ablehnung zu verschiedenen Aussagen des Hörtextes durch Anwendung der sprachlichen Mittel aus **d)**.
Auswertung	Die Aussagen des Hörtextes werden im Plenum wiederholt. Die S signalisieren durch Aufstehen bzw. Sitzenbleiben ihre Zustimmung bzw. Ablehnung. Kurze Versprachlichung der Meinungen.
Lösung	Individuelle Lösungen.

S. 45

2 👥 SPEAKING Discussing a class trip

Einstieg	▤ **SB geöffnet.** Die S sichten die Poster und notieren die Vorteile des London-Trips und Nachteile von Crannock Wood (Partner A) bzw. die Vorteile von Crannock Wood und Nachteile des London-Trips (Partner B).
Alternative	Die S erstellen mithilfe der Tabellenvorlage auf ▶ KV 14: Great places for a class trip (Aufgabe **2**) eine Pro- und Kontraliste für beide Angebote.
Erarbeitung	💬 Die S versprachlichen in PA die Vor- und Nachteile beider Klassenfahrtangebote und einigen sich im Gespräch miteinander auf eines der beiden Ziele.
Auswertung	Die S sammeln Vor- und Nachteile beider Klassenfahrtangebote an der Tafel. Es erfolgt ein Meinungsbild der Klasse.
Lösungsbeispiel	**Partner A:** I would like to go to London because there are lots of things to see. **Partner B:** That's an interesting idea, but I think the activity centre would be more fun. You can go abseiling or raft building. **Partner A:** I'm not sure. Abseiling sounds scary and the activity centre is expensive. **Partner B:** Are you serious? The trip to London is more expensive.

Partner A: *Yes, but that's for a trip to London, not to an activity centre somewhere in the country. London would be so exciting.*

Partner B: *I guess you're right. Let's go to London!*

3 👥 MEDIATION An advert

Einstieg **SB geschlossen.** Die S überlegen anhand eines ▸ Five-finger-brainstorming, welche Klassenfahrtaktivitäten sie gerne mit Austauschschülern aus Großbritannien unternehmen würden. Vorstellung der Ideen im Plenum.

Erarbeitung 👥 💬 **SB geöffnet.** Die S vermitteln unter Beachtung des gelben Tipp-Kastens zur ▸ Sprachmittlung einem britischen Austauschschüler das Programm einer Klassenfahrt nach Dresden.

Lösungsbeispiel *We arrive at the hostel in the afternoon. In the evening, we're going to go for a walk along the River Elbe.*

On day two there's a sightseeing tour in the morning. We're going to visit a museum in the afternoon and we're going to play games in the evening. That will be great fun!

On the third day we're going to visit the famous Frauenkirche and an interesting old castle.

But the best thing is a boat tour on the River Elbe on day four.

On the fifth day we're going to travel home again right after breakfast.

4 WRITING An advert for a trip to your area

Erarbeitung **a)** 🔧 📝 **SB geöffnet.** Die S sammeln ihre Ideen für eine Klassenfahrt in der eigenen Wohngegend in einer Mindmap oder einer Tabelle (siehe Lösungsbeispiel) und entwerfen ein entsprechendes Werbeplakat.

Lösungsbeispiel

Class trip to ...

Where will you stay?	*hostel/tent/family/...*
What will you do?	*go swimming / walking / cycling /...* *go on a sightseeing tour /...*
Where can you eat?	*in the city centre / in a cafe/restaurant/... called ...* *at the (super)market in ...*
What activities can you try?	*bowling/climbing/surfing/camping/diving/...*
What places can you visit?	*a famous/old/... city/church/castle/tower/theatre/...*

Auswertung **b)** 📑 Die fertigen Werbeplakate werden in Form eines ▸ Reading circle im Klassenraum präsentiert, ggf. mit abschließender klasseninterner Abstimmung über das beste Produkt.

Lösungsbeispiel ***Class trip to Berlin:***
Welcome to beautiful Berlin. It's a great place for school trips because there's lots to do and see.
Day 1: *Arrive at your hotel, go on a night walk in the city, go for a pizza*
Day 2: *Sightseeing bus tour, visit the aquarium, watch a film at a 3D-cinema*
Day 3: *Visit Brandenburg Gate, eat ice cream at Potsdamer Platz, go up the TV Tower*
Day 4: *Free time to explore Berlin in small groups, go home*

S. 46

Another day on the farm

1 What have you been doing?

Einstig

SB geöffnet. L: *Look at the picture. Who can you see? (Rob and Molly with their dogs) What are they doing? (going for a walk / talking / fighting / they look angry ...) Let's find out what the problem is.*

Erarbeitung
▶ 🎧 1.16
Lösungsbeispiel

a) 📑 **1. Lesen**/Hören und Sicherung des Globalverstehens gemäß SB.

Molly is angry because Rob is late. He had to help Evie with her homework and Molly's mobile phone was off.

Erarbeitung

b) 📑 **2. Lesen** und (vorbewusstes) Einsetzen der inhaltlich passenden *ing*-Form in die Lückensätze im *present perfect progressive*. Die S schreiben die vollständigen Sätze als Grundlage für die Bewusstmachung in **2** in ihr Heft.

Auswertung

Im Plenum. Die vervollständigten Sätze werden an der Tafel oder auf Folie festgehalten.

Lösung

*1 Molly has been **waiting** for Rob for nearly half an hour.*
*2 She and Missy have been **standing** in the field for a long time.*
*3 Rob has been **helping** Evie with her homework.*
*4 Rob has been **trying** to call Molly on her mobile.*
*5 He hasn't been **calling** the wrong number.*

2 The present perfect progressive

Erarbeitung

🔧 **SB geöffnet.** Gemeinsames Lesen des Focus-Kastens im Plenum. Anschließend vervollständigen die S auf der Grundlage von Aufgabe **1** die Regel. Bei Bedarf lässt L in den Sätzen aus **1** die entsprechenden Bestandteile des *present perfect progressive* unterstreichen.

Auswertung

Auswertung und ggf. Vertiefung anhand von *Language file 8* (SB-Seite 187) im Plenum.

Lösung

Das *present perfect progressive* besteht aus *have/has* + **been** + *-**ing**-*Form.

3 What have you been doing?

Erarbeitung

a) SB geöffnet. Die S lesen den gelben Tipp-Kasten und bilden mit den vorgegebenen Verben die korrekten Formen im *present perfect progressive*.

Auswertung

Abgleich im Plenum.

Lösung

1 I've been helping • *2 I've been going* • *3 I've been doing* • *4 I've been thinking* • *5 Molly has been teaching*

Erarbeitung

b) 👥 📝 💬 Die S formulieren frei individuelle Sätze im *present perfect progressive*.

Lösung

Individuelle Lösungen.

▶ DFF 2.9

STOP! CHECK! GO!

Hinweis Übungsaufgaben zu wichtigen Themen und Kompetenzbereichen aus Unit 2. Bei geschlossenen Aufgabenformaten können die S ihre Ergebnisse mithilfe des Lösungsschlüssels auf ▶ KV 18: Answers to STOP! CHECK! GO! (Unit 2) überprüfen (auch als Partnerkontrolle). Die KV bietet eine Auswertung nach Punkten, die in drei verschiedene Smileys (☺/☺/☹) übersetzt werden. Diese Smileys können auch für die Selbsteinschätzung im *Workbook* (STOP AND CHECK, p. 28) und in *Differenzieren | Fördern | Fordern* herangezogen werden. Weitere grundsätzliche Hinweise zur Konzeption und Durchführung von STOP! CHECK! GO! finden sich im Vorwort.

Die Hörtexte zu STOP! CHECK! GO! sind für die S auch auf der Audio-CD im *Workbook* zugänglich.

S. 47

1 REVISION At the farm park

Wortschatz °campsite

Einstieg **SB geöffnet.** Bevor die S die Einsetzaufgabe bearbeiten, sollte der Text inhaltlich erschlossen werden, z. B. anhand folgender Fragen zum Textverständnis:

Globalverstehen:
- *What kind of a text is it? (a brochure)*
- *Who is the brochure for? (tourists)*
- *What is the brochure about? (a farm park in the Cotswolds)*

Detailverstehen:
- *When is the park open? (10.30 am to 5.00 pm every day)*
- *Is the park open all year round? (No, it's open from 17 March to 4 November.)*
- *How much does a family of four (two parents and two children) have to pay? (£28,90)*
- *Can you take your dog into the farm park? (No, you can't.)*

Überleitung L: *Dogs aren't welcome in the farm park. They aren't allowed to* (Tafelanschreib) *go into the farm park.*

Erarbeitung Einsetzübung zu den Modalverben und ihren Ersatzformen gemäß SB.

Lösung ▶ KV 18: Answers to STOP! CHECK! GO! (Unit 2)

2 LANGUAGE The Blakes meet Adam

Erarbeitung **SB geöffnet.** Einsetzübung zum *present perfect* mit *since/for* gemäß SB.

Lösung ▶ KV 18: Answers to STOP! CHECK! GO! (Unit 2)   ▶ DFF 2.1

More challenge 6 p.122 More about the farm park

Erarbeitung **SB geöffnet.** Kontrastierung von *simple past* und *present perfect* gemäß SB (siehe auch Hinweis zu *More challenge 3*).

Lösung ▶ KV 18: Answers to STOP! CHECK! GO! (Unit 2)

S. 48

3 LISTENING Is it better to live in the country or the city?

Wortschatz	°caller • °phone-in programme
Einstieg	**SB geschlossen.** L schreibt Überschrift der Aufgabe als stummen Impuls an die Tafel. Die S äußern sich kurz in Form einer ▸ Meldekette oder mithilfe eines Redeballs. Dabei sollen sich die S nicht gegenseitig kommentieren. L: *Now let's find out what Anna, Thomas, Nina, Karan and Joe think about life in the country or the city.*
Erarbeitung ▸ 🎧 1.17	**a)** ✍ **SB geöffnet. 1. Hören** (Globalverstehen): Die S übertragen die Tabelle und bearbeiten dann die hellgrün eingefärbten Spalten gemäß SB.
Auswertung	Im Plenum anhand einer von L oder einem lernstärkeren S vorbereiteten OH-Folie (Folienkopie der KV 15, s. u.).
Differenzierung	Lernschwächere S (oder alle S zur Zeitersparnis) verwenden für **a)** und **b)** die vorbereitete Tabelle von ▸ KV 15: A radio interview. Die KV enthält außerdem sprachliche Unterstützung für die eigenen Radio-Interviews in **c)**: nützliche Redemittel des Moderators Brian mit Lücken zum Vervollständigen sowie Redemittel für den Anrufer.

Lösung	*name • phone-in programme • question • number • phone calls • caller • speaking • from • happy • calling • next • call • caller • statement*
Erarbeitung	**b)** ✍ **2. Hören** (Detailverstehen) gemäß SB.
Lösungsbeispiel	▸ KV 18: Answers to STOP! CHECK! GO! (Unit 2)
Erarbeitung	**c)** ⬤ 👥 💬 Die S bereiten sich mithilfe von Notizen auf ihren jeweiligen Redebeitrag vor und üben in Gruppen (à vier S). Um genügend Zeit für die Präsentationen zu haben, sollte die inhaltliche Vorbereitung und Einübung nicht länger als 30 Minuten dauern.
Differenzierung	Lernschwächere S verwenden die Redemittel von ▸ KV 15: A radio interview und formulieren ihren Redebeitrag in Textform. Sie üben ihn mittels ▸ Read-and-look-up technique in PA ein.
Lösung	Individuelle Lösungen. ▸ DFF 2.2

4 Telephone language

Einstieg	**SB geöffnet.** L: *You're on a bike tour. You have a problem with your bike. What can you do? Look at the notice.* S: *You can call David. He'll come and repair the bike.*
Erarbeitung	**a)** 📝 Die S verfassen in EA einen kompletten Dialog gemäß Flowchart im SB.
Differenzierung	In lernschwächeren Klassen bereiten sich die S nur auf eine Rolle vor.

Lösungsbeispiel

Tourist	*Mobile bicycle*
Hello. Can I speak to David please?	I'm afraid David can't come to the phone right now. Can I take a message?
Yes please. I saw his notice at the post office. I have a problem with my bike. I wanted to ask if he can help me.	That's no problem. I'll give him the message. What's your name and address?
My name is ... . I'm at the Bantam Tea Rooms in Chipping Campden at the moment.	Ok, David will be there in an hour.
Thank you very much. Goodbye.	You're welcome. Goodbye.

Erarbeitung	**b)** 👥 💬 Die S üben beide Rollen des Dialogs ein (z. B. mittels ▶ Read-and-look-up technique).
Auswertung	Präsentation der Dialoge in Kleingruppen oder im Plenum. ▶ DFF 2.3

S. 49

5 SPEAKING Have you ever …?

Einstieg	**SB geschlossen.** L: *Have you ever visited another country?* L geht auf S-Antworten ein und achtet dabei auf die Kurzantwort *(Yes, I have. / No, I haven't.).*
Überleitung	L: *Let's find out who has done interesting things in our class.*
Erarbeitung	**a) SB geöffnet.** Gemäß SB in EA.
🔘 Differenzierung	Lernschwächere S (oder alle S zur Zeitersparnis) arbeiten mit der vorbereiteten Tabelle auf ▶ KV 16: Have you ever visited another country? Die KV bietet neben dem Tabellenvordruck eine kleinschrittigere Anleitung und den expliziten Hinweis, dass die S für die Bildung der Frage das Verb in die korrekte Form setzen müssen, sowie Hilfen dafür.
Erarbeitung	**b)** 👥 💬 ▶ Partner talk nach der kooperativen Lernform ▶ Appointments.
Auswertung	**c)** 👥 💬 Die S berichten über ihre Partner gemäß SB.
Lösung	Individuelle Lösungen. ▶ DFF 2.4

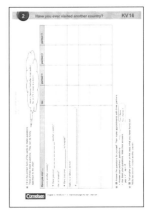

6 A picture story

Wortschatz	°one day
Erarbeitung	**a)** 👥👥 💬 **SB geöffnet.** Gemäß SB. **Hinweis:** Es sind verschiedene Lösungen denkbar.
🔘 Differenzierung	In lernschwächeren Klassen erhalten die S ▶ KV 17: A picture story. Sie enthält die Bilder aus dem SB, ergänzt um Satzbausteine für das Verfassen der Geschichte in **b)**. Die S schneiden zunächst die Bilder aus, ordnen sie in GA und kleben sie ins Heft.
Alternative	Die S ordnen die Bilder zunächst in EA und vergleichen ihr Ergebnis anschließend in PA (z. B. nach der Methode ▶ Bus stop) oder GA.
Lösungsbeispiel	F – A – C – B – G – D – I – H – E F – A – C – B – G – D – H – I – E A – F – C – B – G – D – I – H – E
Erarbeitung	**b)** 🔘 📝 Kreative Schreibaufgabe in EA gemäß SB.
🔘 Differenzierung	Die S nutzen die Satzbausteine von ▶ KV 17: A picture story.
Auswertung	▶ Gallery walk oder Veröffentlichung in der ▶ English corner.
Lösungsbeispiel	*One day in September a farmer, Mr Johnson, went to feed his sheep.* *Suddenly his dog Toby found a sheep on the ground. It was hurt. Then Toby found a lot of rubbish in the bushes. The sheep hurt itself on the rubbish. Mr Johnson was really angry.*

At six o'clock Mr Johnson was having tea in the kitchen with his family. He told them about the sheep and the rubbish. His son, Ben, had an idea: 'I picked up a brochure in the village shop. Look! Cotswold CCTV Services install CCTV cameras on farms,' he said excitedly. 'Maybe this can help us to find the dumpers!' 'That's a great idea, Ben!' said Mr Johnson.

In the morning Mr Johnson called the Cotswold CCTV Services and talked to Mr Blake. He offered them a good deal, so the next day Mr and Mrs Johnson installed some CCTV cameras in the fields. At night Mr and Mrs Johnson checked the monitor of the CCTV many times. At first nothing happened, but suddenly Mr Johnson saw car lights and a man. He jumped up and said, 'Call the police! I'll take the tractor and stop the dumpers!' He ran outside, drove to the field quickly and parked the tractor in the lane, so the people in the car couldn't get away.

Finally the police arrived and took the two dumpers to the police station.

So in the end Mr Johnson was really happy. ▶ WB, pp. 28, 30–31 ▶ DFF 2.5 ▶ INKL p. 44–47

Liverpool ... the world in one city

Kommunikative Kompetenzen

🔊 Listening

Liverpool and Liverpudlians (p. 50, 1a/b)*

Trouble at school (p. 52, 1b/c)

What can we offer? (p. 56, 1)

The end of the story (p. 61, 3a/b)

👁 Viewing

PEOPLE AND PLACES The Beatles (p. 51, 2)

London SW6: The 'SW6 Olympics' (p. 65, 1)

📖 Reading

A letter from school (p. 53, 3)

What's the matter? (p. 54, 1)

A new challenge (p. 55, 3)

Good business ideas (p. 56, 1a/b)

STORY: A difficult mix (p. 59–61)

What happened? (p. 61, 2)

Natasha Jonas (p. 62, 1)

Readers' comments (p. 63, 1)

💬 Speaking

Liverpool and Liverpudlians (p. 50, 1c)

Trouble at school (p. 52, 1a)

A long day (p. 52, 2a)

NOW YOU (p. 53, 4b/c)

What are your talents? (p. 54, 2)

YOUR TASK Do you have a talent for business? (p. 55, 4)

Prepare notes for a talk (p. 62, 2c)

📝 Writing

A long day (p. 52, 2a)

Trouble at home (p. 53, 4b)

WORDS Healthy food and junk food (p. 58, 6c)

The end of the story (p. 61, 3c)

Your comment (p. 63, 2)

Three scenes from the film (p. 65, 2a)

A summary – with mistakes (p. 65, 3)

☁ Mediation

At the tourist office (p. 64, 1)

On the ferry (p. 64, 2)

Liverpool ... the world in one city

In Unit 3 lernen die S die Stadt Liverpool als lebendige Kultur- und Weltstadt kennen. Am Beispiel des Protagonisten Ben setzen sie sich mit Problemen in der Schule und zu Hause, gesunder Ernährung und Ideen für einen Schülerwettbewerb auseinander.

Sprachliche Mittel

Wortfelder

Sehenswürdigkeiten / Historische Ereignisse in Liverpool (p. 50/51)

Gesunde (und ungesunde) Ernährung (p. 53, 5; 125, MP 1)

Geschäftsideen und Geld (p. 55/56)

Vergleiche anstellen (p. 58)

Grammatische Strukturen

If-clauses (conditional sentences type 1) (p. 56/57, 2–6; p. 182, LF 13)

The *will*-future (spontane Entschlüsse) (p. 58, 7; p. 188, LF 10.2)

Steigerung von Adjektiven: The comparison with *as ... as* (p. 58, 8; p. 189, LF 11b)

Conditional sentences (type 1) with modal verbs (p. 66, MC 1–3)

🔍 Interkulturelle Kompetenzen

Interessantes aus Liverpools Gegenwart und Geschichte erfahren

Methodische Kompetenzen

🔧 Lern- und Arbeitstechniken

Notizen machen (p. 62, 1/2; p. 177, SF 14)

Texte verfassen und überarbeiten (p. 63, 1/2, pp. 172/173, SF 9; p. 174, SF11)

Mediation (p. 64, 1/2; p. 179, SF 16)

Selbsteinschätzung (Stop! Check! Go!)

REVISION An interview with a footballer (p. 67, 1)

WORDS Business words (p. 67, 2)

LANGUAGE What will you do if ...? (p. 68, 3)

SPEAKING Making plans in Liverpool (p. 68, 4)

LISTENING and MEDIATION City Explorer Bus Tour (p. 69, 5)

READING and WRITING Should there be more school sport? (p. 69, 6)

👥 / 👥 Kooperative Lernformen

Milling around (p. 53, 5b)

Think-Pair-Share (p. 57, 5)

Info-gap activity (p. 68, 4)

Weitere Formen der PA und GA (p. 53, 4b; 55, 4; 63, 2b/c; 65, 2a)

* p. 50, 1a/b = SB-Seite, Übungsnummer

3 Liverpool ... the world in one city

LEAD-IN

Inhalt Durch die Bilder der Doppelseite sowie sieben verschiedene Hörsequenzen aus dem städtischen Leben und einen kurzen Film über die Beatles gewinnen die S einen ersten Eindruck von Sehenswürdigkeiten der Stadt Liverpool, ihrer Geschichte und ihren Bewohnern *(Liverpudlians)*. Sie ordnen die Hörtexte den passenden Bildern zu und beantworten Fragen dazu. Zur Sicherung des Hör-/Sehverstehens machen sie sich ggf. während des Hörens Notizen zu den vorgegebenen Beatles-Fragen.

S. 50/51

1 Liverpool and Liverpudlians

Wortschatz °untold · °maritime · **entry** · °Liverpudlian · **disaster** · **Chinese** · **name** *(v)* · **migrant** · **port** · **slavery** · **international**

Einstieg **SB geschlossen.** L schreibt die Buchstaben der Stadt Liverpool in vermischter Reihenfolge an die Tafel. Je nach Leistungsfähigkeit der Lerngruppe kann L den ersten Buchstaben schon vorgeben oder das Lösen durch das Hinzufügen weiterer Buchstaben als Distraktoren erschweren. L: *This is the name of a British city. With a partner, find out which city it is.* Die S beraten im ▶ Partner talk über die Lösung. Anschließend Auflösung im Plenum.

> **INFO-BOX Liverpool**
>
> Liverpool ist eine 460.000 Einwohner große Stadt im Nordwesten Englands, deren Name sich von dem altenglischen Wort „Liuerpul" (schlammige Bucht) herleitet. Neben ihrem historischen Hafen, über den zu Beginn des 19. Jahrhunderts 40 Prozent des Welthandels abgewickelt wurden und der 2004 zum Weltkulturerbe erklärt wurde, ist die Stadt für ihre Fußballvereine *FC Liverpool* und *FC Everton* sowie als Gründungsstätte der Beatles (1960) bekannt. Die Einwohner Liverpools werden als „Liverpudlians" oder „Scousers" (in Anlehnung an den örtlichen Dialekt „Scouse") bezeichnet. Unter den großen Museen der Stadt zählen das *Tate Liverpool*, das *Merseyside Maritime Museum* und das Museum *The Beatles Story* zu den beliebtesten Sehenswürdigkeiten.

Überleitung L leitet über zu Liverpool und hält wichtige Informationen als Tafelanschrieb fest: *Today we're going to find out more about this city in the north-west of England on the River Mersey. (With about 460,000 people,) Liverpool is the third biggest city in England. The people who live in Liverpool are often called Liverpudlians.*

> Liverpool:
> – in the north-west of England, on the River Mersey
> – 3rd biggest city in England (460,000 people)
> – people in Liverpool = "Liverpudlians"

Erarbeitung **a)** ⟫◉ **SB geöffnet.** Reaktivierung von Vorwissen. L: *What else do you know about Liver-*
▶ 🔊 2.02 *pool and what can you say about it from the pictures?* Im ▶ Partner talk beschreiben die S die Bilder und tauschen sich über Liverpool aus. Danach **1. Hören** und Sicherung des Global-verstehens gemäß SB. Bild C ist ein Distraktor.

Die S schreiben die Buchstaben A bis H untereinander in ihr Heft und notieren beim **1. Hören** dahinter die Nummer des jeweils passenden Hörtextes.

Auswertung Erster Abgleich in PA, anschließend ▶ Meldekette im Plenum. Bei Abweichungen noch-maliges Hören, ggf. mit Pausen nach den einzelnen Texten.

L sichert dabei anhand der Abbildungen im SB die Aussprache und Bedeutung folgender Begriffe: °untold story, °maritime museum, entry, slavery museum. Aus den Hörtexten sichert L die Begriffe *migrant (= people who come to a country from other parts of the world)*, *port (= another word for 'harbour')* und *ship*.

⦿ Differenzierung · Lernstärkere S begründen ihre Zuordnung: *Picture F matches sound file 4 because it is about a boy from a Chinese family.*

Lösung · **A** *1* · **B** *7* · **C** *= no sound file* · **D** *6* · **E** *5* · **F** *4* · **G** *2* · **H** *3*

Erarbeitung · **b)** ⊳⧕ Die S lesen die Fragen, schreiben die Fragenummern untereinander ins Heft und notieren nach dem **2. Hören** (Detailverstehen) die Antworten dazu stichwortartig.

▢ Differenzierung · Sollte die Lerngruppe Schwierigkeiten mit der Bearbeitung der Fragen haben, präsentiert L die Tonaufnahme erneut und macht dabei nach den einzelnen *sound files* Hörpausen, in denen die S sich kurz austauschen und die Notizen ergänzen.

Lösungsbeispiel · **1** *a river* · **2** *in 1912* · **3** *because lots of ships from China stopped in Liverpool* · **4** *because there are also cinemas and hotels and you can play golf* · **5** *because the two teams are from Liverpool and they are rivals* · **6** *good: modern city / many migrants = a world in one city / great football; bad: slavery / Liverpool's role in the slave trade* · **7** *to America or Australia*

Erarbeitung · **c)** 👥 💬 Gemäß SB vergleichen die S ihre Antworten im ▶ Partner check und tauschen sich über die interessantesten Fakten über Liverpool aus. Dazu kann L folgende Redemittel an der Tafel bereitstellen:

- *The most interesting fact about ... was that ...*
- *I didn't know that ...*
- *It was interesting to learn about ...*

Auswertung · Als ▶ Meldekette im Plenum.

Lösung · Individuelle Lösungen.   ▶Folie 10 ▶INKL p. 48

2 PEOPLE AND PLACES The Beatles

Wortschatz · **fool**

Einstieg · **SB geschlossen.** L: *There was one picture that didn't match a sound file. (the Beatles poster) Who were the Beatles? (a famous pop band from Liverpool) They were also called 'The Fab Four'. Why do you think people called them that?* L klärt das Verständnis *(the fabulous four)* und die Bedeutung in Bezug auf die *Beatles*.

Überleitung · L: *Let's find out more about the Fabulous Four.*

Erarbeitung · **a)** 👁 **SB geöffnet.** Gemeinsames Lesen des Arbeitsauftrags. Die S beantworten die Frage ▶ 🎥 nach dem **1. Sehen**.

Hinweis: S, denen die Beatles bekannt sind, werden Vor- und Nachnamen nennen können (siehe blaue Klammern im Lösungsbeispiel). L sollte in der Auswertung die richtige Schreibweise der Namen an der Tafel sichern.

Lösung · *John (Lennon), Paul (McCartney), George (Harrison) and Ringo (Starr)*

Erarbeitung · **b)** Gemeinsames Lesen der Frage und der Antwortmöglichkeiten und Bearbeitung in EA gemäß SB.

Lösung · *in the 1960s*

⦿ Differenzierung · Lernstärkere S beantworten zusätzlich folgende Fragen zum Hör-/Sehverstehen:

- *Do the Beatles all still play music today? (No, John Lennon was killed in New York in 1980, George Harrison died in 2001.)*
- *Who wrote most of the songs? (John Lennon and Paul McCartney)*
- *Where in Germany did they often play? (in Hamburg)*

• *Which things do the presenters use to illustrate the film titles? (a red heart, their hands, diamond rings, a calendar, a penny, a bowl of strawberries, a toy octopus, a birthday card, a ladder, a car)*

Erarbeitung	**c)** Die S notieren die Lückentitel im Heft und ergänzen sie aus dem Gedächtnis oder beim bzw. nach dem **2. Sehen**. L sichert die Bedeutung von *fool*.

Hinweis: Die aufgelisteten Titel sind nur eine Auswahl aus den im Film genannten Songs.

◉ Differenzierung	Lernstärkere S notieren weitere im Film genannte Lieder (siehe Lösungen in blauen Klammern).

Lösung · *She loves* **you,** *yeah* **yeah yeah** · *Eight days a* **week** · *Penny* **Lane** · *Let it* **be** · *The fool on the* **hill** · *Baby, you can drive* **my car**

(All you need is love · I wanna hold your hand · Lucy in the sky with diamonds · Yesterday · Strawberry fields forever · Octopussy's garden · When I'm sixty-four)

Alternative 👥 / 👥👥 Die Aufgaben **a)** bis **c)** können gut in arbeitsteiliger PA oder GA bearbeitet werden, indem vor dem **1. Sehen** des Videos einzelne Aufgaben verteilt und die Ergebnisse abschließend zusammengetragen und miteinander verglichen werden.

Zusatz Wenn die S Interesse an den Beatles und ihrer Musik zeigen, kann L einen Beatles-Song mit der Klasse erarbeiten.
▶ WB 1–2, p. 34 ▶ INKL p. 49

More challenge 1 p. 123 **Song titles**

Wortschatz °title · °down · °universe

Hinweis: Die Aufgabe kann wahlweise von lernstärkeren S oder auch von der ganzen Klasse bearbeitet werden.

Einstieg **SB geöffnet.** Gemeinsames Lesen der Songtitel im Plenum und ggf. Klären der Bedeutungen. Anschließend mündliches Beispiel nach Art einer „Reizwortgeschichte": Ausgehend vom Mustertext im SB formuliert jeder S reihum oder als ▶ Meldekette spontan je einen weiteren Satz mit einem der angegebenen Songtitel darin.

Erarbeitung Gemäß SB verfassen die S eine eigene Geschichte. Sie tauschen ihren Entwurf mit einem Partner und geben sich gegenseitig Feedback zu Originalität, Stimmigkeit und sprachlicher Richtigkeit. Besonders in lernschwächeren Klassen sollte L die Texte sprachlich korrigieren und eine Reinschrift anfertigen lassen.

Auswertung Alle verfassten Texte werden abschließend in der Klasse präsentiert, durch mündlichen Vortrag oder durch Aushängen, z. B. als ▶ Gallery walk.

Lösung Individuelle Lösungen.

Zusatz Die S bereiten ihren selbst geschriebenen Text digital auf, wobei die Songs an den passenden Stellen eingespielt werden können. Das Ergebnis wird in der Klasse präsentiert.

THEME 1 Ben is in trouble

Inhalt Ben, ein Junge mit chinesischem Migrationshintergrund, wird in seiner Schule, der South Liverpool High School, erwischt, als er auf dem Hof *junk food* an Mitschüler verkauft, um sein Taschengeld aufzubessern. Er weiß natürlich, dass das nicht erlaubt ist, da die Schule auf gesunde Ernährung Wert legt. Der Elternbrief des Direktors an seinen Vater führt zu einer Diskussion über gesunde Ernährung und die unterschiedlichen Meinungen zu einer *healthy living policy* in der Schule.

Die S bringen Bilder zu einer Geschichte in eine logische Reihenfolge, überprüfen sie anhand des zugehörigen Hörtextes und ordnen Zitate aus dem Hörtext zu. Ausgehend vom Beschwerdebrief setzen sich die S mit Problemen in der Schule und zu Hause auseinander und entwickeln einen Dialog zwischen Ben und seinem Vater in einer Schreibkonferenz.

S. 52

1 Trouble at school

Wortschatz **dumb**

Einstieg **SB geöffnet.** L: *Look at the boy in the photo. This is Ben. He's in trouble at school. Why do you think he is in trouble?* Die S spekulieren über den Hintergrund und bauen dadurch eine Erwartungshaltung auf.

Erarbeitung **a)** 👥 💬 Die S beschreiben im ▶ Partner talk die Bilder und diskutieren über die richtige Reihenfolge. Dazu kann L im Plenum einige Redemittel zur Verfügung stellen:

- *In picture A/B/... there are some students ...*
- *They're standing together / talking / ...*
- *I think picture ... comes first because ...*
- *The next picture must be ... You can see ...*

Differenzierung Lernschwächere S-Paare erhalten die vier Bilder einzeln als Kopie und ordnen sie auf dem Tisch in der vermuteten Reihenfolge an. Dadurch können sie inhaltliche Zusammenhänge besser erarbeiten.

Erarbeitung **b)** 🔊 Gemäß SB vergleichen die S während des **1. Hörens** (Globalverstehen) ihre vermu-
▶ 🔊 2.03 tete Bildfolge und diskutieren das Ergebnis zunächst mit dem Partner, danach im Plenum.

Zusatz Vorab sammelt L im Plenum weitere Redemittel, die helfen, die eigene Meinung zu begründen, einem Partner zuzustimmen oder einem Partner zu widersprechen, z. B.:

- *I think / I don't think ...*
- *I agree / I don't agree ...*
- *In my opinion ...*
- *I see your point, but ...*
- *Don't you think / agree that ...*
- *Maybe you're right, but ...*

Lösung *C • A • D • B*

Erarbeitung **c)** 🔊 Die S ordnen die sechs Sätze den vier Bildern zu. Während des **2. Hörens** (Detailverstehen) überprüfen die S ihre Ergebnisse. Abschließend Ergebnissicherung im Plenum.

Lösung *1 B • 2 A • 3 D • 4 C • 5 B • 6 D*

2 ⬤ A long day

Erarbeitung **a)** 👥 💬 **SB geöffnet.** In PA spekulieren die S über die Motive für Bens Handeln und seine Gefühlslage und machen sich Notizen.

● Differenzierung	Lernstärkere S sollten ihre Vermutung kurz begründen: *Maybe he needed the money for a new mobile phone. / I think Ben feels nervous because he doesn't know what the principal is going to write to his father.*

◻ Differenzierung	In lernschwächeren Klassen kann L vorab einige bekannte Begriffe zum Wortfeld *feelings* in Form von Gegensatzpaaren an der Tafel sammeln. Dazu gibt L je ein Adjektiv vor und lässt die S das Gegenteil finden. Anschließend ergänzen die S weitere Adjektive für Stimmungslagen, ggf. auch ohne Gegenpart.

feelings	
☺	☹
happy	unhappy / sad
excited	bored
great	bad / fed up
surprised	nervous
...	sorry
	stupid
	angry / cross
	disappointed
	...

Auswertung Die S präsentieren ihre Ergebnisse im Plenum. L hält stichwortartig einige Ideen fest, die im Aufgabenteil **b)** als Hilfe dienen können.

Erarbeitung **b)** 📝 Gemäß Aufgabenstellung verfassen die S einen Chat zwischen Ben und seinem Cousin. Dieser Entwurf sollte entweder in einem ▸ Correcting circle, in PA oder aber von L sprachlich korrigiert werden. Auf der Grundlage des Feedbacks fertigen die S dann die Endfassung der Texte an, siehe auch ▸ Phasen des Schreibprozesses (Glossar).

More help p. 123 S, die Hilfe benötigen, nutzen die Ideen und Formulierungsvorschläge für Ben und Ollie in der *Diff bank*. ▸ INKL p. 50

S. 53

3 A letter from school

Wortschatz **policy · confectionery · more and more · suspend** (sb. from sth.) **· confiscate · Yours sincerely**

Einstig **SB geschlossen.** L schreibt die Überschrift *A letter from school* an, zeigt Briefumschlag (Realgegenstand oder Tafelzeichnung) und fragt: *What does a letter from school to your parents usually mean – good news or bad news? (...)*

Anschließend bearbeiten die S die folgende Frage mündlich im ▸ Partner talk: *What could a letter from school be about? (problems because you get bad marks / you're skiving / you left the school yard / you're often late in the morning / you often forget to do your homework / you don't respect the school rules / you have trouble with other students / ...)*

Überleitung **SB geöffnet.** L formuliert Auftrag zur Sicherung des Globalverstehens: *Have a quick look at the letter from Ben's school and find out: What's the problem?* S: *Ben didn't respect the school rules / healthy eating policy. / It's against the rules to sell junk food at school. / ...*

Erarbeitung **a)** 📖 **SB geöffnet. 1. Lesen** des Briefes und Beantwortung der SB-Frage in EA.

Lösung *1 Students are not allowed to sell things at school. • 2 Crisps, confectionery and sugary drinks are not allowed at this school (= healthy eating policy).*

Erarbeitung **b)** 📖 Bearbeitung schriftlich in EA gemäß SB.

Lösung *He asks Ben's dad to talk to Ben about it. • Ben's dad has to come to school to collect the junk food.*

Erarbeitung **c)** 🔧 Lesen der Aufgabenstellung und ▸ Lautschulung des neuen Wortschatzes im Plenum. Danach Zuordnung der Bedeutungen gemäß SB schriftlich in EA.

Auswertung Kontrolle durch ▸ Partner check. Danach Ergebnissicherung im Plenum.

Lösung *1 E • 2 C • 3 D • 4 A • 5 B*

Zusatz	Zur Festigung der Anwendung von *more and more* sowie *less and less* formulieren die S in PA passende Beispiele aus ihrer Erlebniswelt, z. B.:

- *more and more homework / tests / bad news on TV / Facebook friends / streets / …*
- *less and less free time / room for kids in the city / good music on the radio / …*

4 Trouble at home

Einstieg	**SB geschlossen.** L: *What do you think: How will Ben's father react?* Die S sammeln zunächst in EA stichwortartig Ideen und vergleichen diese in PA, danach im Plenum. L sammelt mögliche Konsequenzen an der Tafel:

- *I think Ben will have to stay home / eat healthy things at home / learn to cook healthy food / give the students their money back / …*
- *He won't be allowed to go out for a week / meet friends at the weekend / buy junk food in the supermarket / …*

Erarbeitung	**a) SB geöffnet.** Gemeinsames Lesen der Fragen zum Foto im Plenum; anschließend notieren die S in EA stichwortartig ihre Ideen.

More help p.124 S, die Hilfe benötigen, nutzen die Ideen und Formulierungsvorschläge für Bens Vater (gelb) und Ben (grau) in den Boxen in der *Diff bank.*

Lösungsbeispiel	*What does Ben's father have in his hand? – a letter (from school)* *How do you think Ben is feeling? – I think Ben is feeling bad/nervous/unhappy/frightened/…* *And his dad? – I think he's feeling angry/surprised/disappointed/…* *What do you think they're saying? –* Individuelle Lösungen.

Zusatz	Als Basis für das Schreiben eines Streitgesprächs in **b)** analysiert L gemeinsam mit den S im Plenum die Situation und sammelt Ideen zu den Gefühlen der Protagonisten, zu möglichen Gründen und Konsequenzen in einer Tabelle.

	dad	Ben
How are they feeling?	not happy, fed up, angry	nervous, bad, terrible
Why? Because …	– Ben sold junk food at school. – the principal says he'll suspend Ben from school if he does it again. – he has to go to school to collect the food. – …	– his dad has got a letter from school. – his dad is angry / fed up. – he doesn't know how to explain his idea to his dad. – he doesn't think it's wrong to sell junk food. – …
What will happen?	Ben … – has to come to school with his dad to collect the junk food. – has to say sorry to the principal. – doesn't get pocket money for … weeks. – …	

Erarbeitung	**b)** ◉ 👥 ▤✎ L erklärt die Aufgabenstellung und gibt zur Hilfe den Anfang des Dialoges als Tafelanschrieb vor.

Father: *Ben, this letter is from … What …*
Ben: *…*

Ein S beginnt in der PA mit dem ersten Satz auf einem Blatt und gibt dann das Blatt an seinen Partner weiter. Der Partner schreibt Bens erste Reaktion und gibt dann das Blatt wieder zurück usw.

Alternative	Die S nutzen die Strukturvorlage von ▶ KV 19: A dialogue between Ben and his dad als Basis für den systematischen Aufbau eines eigenen ▶ Schreibgesprächs. Auf der KV erhalten sie auch einen *jumbled dialogue*, den lernschwächere S vor der eigenen Textproduktion in die richtige Reihenfolge bringen und dann als Muster nutzen können.

Lösung D – L – B – H – E – K – A – J – C – I – F – G

Auswertung Partner, die ihren Dialog zu Ende geschrieben haben, suchen sich ein anderes Partnerpaar, das die Arbeit beendet hat (▶ Lerntempoduett), lesen sich gegenseitig ihren Dialog vor und geben einander Feedback *(Was it realistic? Is that a good solution for Ben?)*. Danach suchen sich beide Partnerpaare neue Partnerpaare, um ihre Dialoge vorzulesen.

Lösungen Individuelle Lösungen.

5 ⬤ NOW YOU

Erarbeitung **a) SB geöffnet.** Auf der Grundlage von Bens Fall notieren die S zunächst in EA Gründe für oder gegen eine Schulrichtlinie für gesunde Ernährung.

 **More help** p.124 S, die Hilfe benötigen, nutzen die Aussagen in der *Diff bank*, die sie entsprechend abändern können. Um die Argumente zu strukturieren, ordnen sie ausgewählte Aussagen zunächst in einer Tabelle *(for/against a healthy eating policy)* an.

Erarbeitung **b)** 👥 💬 Meinungsumfrage zum Thema *healthy eating policy at school* in Form einer ▶ Milling-around activity, bei der die S mindestens vier Mit-S zu ihrer Haltung interviewen sollen. Dabei fertigen sie Notizen zu den ausgetauschten Argumenten an. L gibt eine Zeitvorgabe (z. B. acht Minuten).

Differenzierung Vorbereitend auf die ▶ Milling-around activity erstellen die S eine Tabelle, in der sie die Antworten ihrer Mit-S notieren. L gibt die Tabellenstruktur vor oder verteilt Tabellenvordruck von ▶ KV 20: Healthy eating.

Auswertung **c)** 💬 Mithilfe der Redemittel in den Sprechblasen tragen einige S im Plenum die Ergebnisse ihrer Befragung vor. Zum Abschluss eines jeden Berichtes äußern die S jeweils ihre eigene Meinung, ggf. mit einer Begründung.

Lösung Individuelle Lösungen.

▶ WB 3, p.35 ▶ INKL p.51

Zusatz Abschließend Auswertung im Plenum als ▶ Stimmungsbarometer oder durch Abstimmung per Handzeichen:

- *Who is for a healthy eating policy at school? Please raise your hand.*
- *Who is against a healthy eating policy at school? ...*
- *Who is 'neutral' / not sure? ...*

More practice 1 p.125 **WORDS Healthy food and junk food**

Wortschatz °instead • °chocolate bar • °cheese • °tomato • °plate (of) • °pasta • °fried • °banana • °glass (of) • °yogurt

Einstieg **SB geschlossen.** Zur Wiederholung bekannter Begriffe schreibt L das Thema *food* als Überschrift auf ein Poster. In PA oder GA (ca. vier Minuten) schreiben die S passende Begriffe auf jeweils eine Karte und illustrieren diese ggf. mit einfachen Strichzeichnungen.

Anschließend ergänzt L die Unterüberschriften *junk food* und *healthy food*. Die S kommen nacheinander nach vorne (▶ Meldekette), heften ihre Begriffe unter die passende Überschrift und bilden mündlich einen Satz dazu. L ergänzt die Sammlung durch weitere Begriffe und führt dabei neuen Wortschatz ein (ggf. unterstützt durch Strichzeichnungen oder Fotos).

Hinweis: Das Poster kann in den folgenden Tagen und Wochen ergänzt und zum *Warming up* oder für Wiederholungsübungen genutzt werden.

Überleitung Anschließend befragen sich die S nacheinander (▶ Meldekette) ggf. mithilfe von Redemitteln (Tafel) zu ihren Essgewohnheiten:

- *Do you like fruit/crisps/...? (Yes, I do. / No, I don't. / I prefer fruit / ... to crisps / ...)*
- *Do you eat lots of healthy food / junk food? (Yes, I do. / No, I don't. / Sometimes. / Mostly. / I think so.)*

L: *Tommy is a student at South Liverpool High School. Let's find out what kind of food he likes.*

Erarbeitung **a)** 📖 **SB geöffnet.** Nach dem **1. Lesen** von *Tommy's food diary* und seinen Kommentaren (in EA) tauschen sich die S anhand der Fragestellung im SB mit einem Partner darüber aus, ob er ihrer Meinung nach gesund lebt/isst.

◉ Differenzierung Lernstärkere S begründen ihre Antwort anhand des Textes (siehe blaue Klammern im Lösungsbeispiel).

Lösungsbeispiel **Hinweis:** Die Fragestellung eröffnet individuelle Antwortmöglichkeiten, je nach Schwerpunktsetzung, z. B.:

Yes, he does / Sometimes / Mostly (... because he says he has milk for breakfast and as a bedtime snack / he wants to eat more healthily the next day / ...).

No, he doesn't / I don't think so (... because he has lots of junk food for lunch (at school) / he eats and drinks lots of sugary things / ...).

Erarbeitung **b)** Gemäß Aufgabenstellung übertragen die S die Tabelle ins Heft, befüllen sie und vergleichen sie anschließend mit einem oder mehreren Partnern.

Lösungsbeispiel

junk food	healthy food
– Honey Pops / sugary cereals	– muesli, milk
– chocolate bar	– sandwich with cheese, tomatoes and salad
– a packet of crisps	– fruit
– a bottle of cola	– a bottle of water
– chocolate biscuits	– brown pasta with tomatoes and chicken
	– fried bananas
	– yogurt, a glass of milk

Alternative	Die S erhalten ▸ KV 20: Healthy eating mit *food cards* zum Ausschneiden, Ergänzen und Einordnen in das Tabellengerüst.

Erarbeitung	**c)** 🔘 Nach dem Muster aus **a)** erstellen die S ein tabellarisches *food diary* über die Dinge, die sie am vergangenen Tag gegessen und getrunken haben (mit entsprechendem Kommentar). Sie nutzen dazu die *Wordbank 3* (SB-Seite 142) und das *Dictionary* (SB-Seiten 221–266). Als Hausaufgabe geeignet. Ein anschließender Austausch mit einem Partner ist sinnvoll, da die S das Bedürfnis haben werden, über ihre Ergebnisse zu berichten.
Zusatz	L regt an, dass die S ihr *food diary* mit passenden Essensabbildungen illustrieren und (freiwillig!) im Klassenraum (z. B. in der ▸ English corner) aushängen können. Wenn viele S davon Gebrauch machen, können die Produkte in einem ▸ Gallery walk von allen S gewürdigt werden.

`More challenge 2` `p. 125` **Healthy eating at your school**

Erarbeitung	📄📝 **SB geöffnet.** Die S schreiben einen Text gemäß Aufgabenstellung, z. B. für die eigene Schülerzeitung. Sie sammeln zunächst stichpunktartig Antworten zu den vorgegebenen Leitfragen und verwenden diese zusammen mit den in Aufgabe **5** erarbeiteten Redemitteln und Argumenten zur Erstellung ihres Textes.

Um individuelle Erfahrungen und Emotionen anzusprechen, sollte L die S auffordern, im Text deutlich ihre Meinung zum eigenen Essverhalten darzustellen, z. B. *I sometimes eat junk food and I like it, but … / I always eat what I like. I don't care about healthy food.*

Die eigene Meinung zur Einführung einer *healthy eating policy* in der Schule sollten die S ebenfalls pointiert und offen darstellen, z. B. *I think the school should do more to help students with their lessons or problems, but they shouldn't control the food they eat. / I think a healthy eating policy at school is very important because …*

THEME 2 Use your talent

Inhalt Aufgrund des Elternbriefes wegen seines Fehlverhaltens ist Ben ziemlich unglücklich. Seine Wirtschaftskundelehrerin verdeutlicht ihm aber, dass er sein Talent für das Verkaufen nutzbringend anwenden kann, und macht ihn auf einen Geschäftswettbewerb für Schüler (BIZ 4 KIDZ) aufmerksam.

Ausgehend von einer Anzeige im Newsletter der Schule einigen die S sich in Kleingruppen auf eine Geschäftsidee, entwickeln diese und präsentieren sie mithilfe eines selbst erstellten Posters im Plenum.

S. 54

1 What's the matter?

Wortschatz **talent · business studies** (pl) **· term · salesperson,** pl **salespeople · serious · competition · take part (in) · be good at** sth.

Einstieg **SB geöffnet.** L führt anhand der beiden Bilder im SB in den Dialog ein und entlastet den Text durch Einführung neuer Begriffe vor (▸ Semantisierungstechniken, ▸ Lautschulung):

L: *Look at Ben in the first picture. What can you say about him? (he's in the classroom, he's alone, he looks unhappy, ...)*
In the second picture we see Mrs Fox. She's Ben's business studies *teacher. Business studies is a school subject like English, maths, or history. You can learn something about the world of work and business. Mrs Fox is showing Ben a poster of a business* competition *for kids because she thinks that he's* good at *selling things (that he's a good* salesperson*) and that he should use his* talent*. Can you guess what they're talking about? (why Ben is unhappy / why he sold junk food at school / if Ben likes business studies / if Ben is interested in the competition / ...)*

Überleitung Gemeinsames Lesen der Ausgangsfrage im Plenum.

◉ Differenzierung In lernstärkeren Lerngruppen kann L den Leseauftrag erweitern: *Find out what Mrs Fox's idea is.*

Erarbeitung **a)** ▦ Beim **1. Lesen** erschließen die S eigenständig weitere unbekannte Begriffe. Abschließend Beantwortung der Ausgangsfrage im Plenum zur Sicherung des Globalverstehens.

Lösung *Ben isn't very happy because he thinks the lesson is boring. He thinks that he isn't good at school. (Mrs Fox wants Ben to take part in a (business) competition.)*

Zusatz L sichert das Detailverstehen sowie die korrekte Aussprache und Anwendung des neuen Wortschatzes mithilfe von Lückensätzen und Fragen, z. B.:

- *Mrs Fox thinks that Ben is good at selling things. So she tells him he's a good ... (salesperson)*
- *She thinks that Ben should use his ... for business. (talent)*
- *That's why she shows him some ... about the BIZ 4 KIDS competition. (information)*
- *It's a new ... for young people who are interested in business and want to find out who's the best salesperson. (competition)*
- *Mrs Fox wants to help Ben if he ... in the competition. (takes part)*

Erarbeitung **b)** Nach dem **2. Lesen** korrigieren die S die falschen Aussagen zunächst schriftlich in EA (Detailverstehen). Anschließend vergleichen sie ihre Ergebnisse im ▸ Partner check. Auswertung im Plenum.

Lösung *1 Mrs Fox is worried about Ben. · 2 Ben thinks that school is boring. · 3 Mrs Fox says everybody is interested in something. · 4 Ben doesn't want to sell things at school and get into trouble again. · 5 The competition is for young people who are interested in business. · 6 Ben can find information about the competition in the school newsletter.*

2 What are your talents?

Einstieg   **SB geöffnet.** L: *Mrs Fox thinks Ben is good at selling things. What about you? What are you good at? What are your talents? Let's find out.*

Vorab ▶ Klären der Arbeitsanweisung. Danach bearbeiten die S die Aufgabenteile nach dem Prinzip von ▶ Think – Pair – Share.

Erarbeitung   **a)** Gemäß SB überlegen die S zunächst in EA, wo ihre Stärken und Schwächen liegen, und legen eine Tabelle im Heft an.

◉ Differenzierung   Lernstärkere S stellen (z. B. als vorbereitende Hausaufgabe) ihre eigenen Stärken und Entwicklungsfelder grafisch dar (z. B. als Collage) und berichten im Plenum mündlich darüber (Förderung des zusammenhängenden Sprechens).

Erarbeitung   **b)** Danach zeichnen die S ein Johari-Fenster nach dem Muster im SB, tauschen sich mündlich mit einem Partner über dessen Stärken und Schwächen aus und tragen die Ergebnisse (Gemeinsamkeiten und Unterschiede) an der entsprechenden Stelle des Fensters ein.

Auswertung   **c)** Abschließend berichten sie der Klasse mündlich über ihre Ergebnisse. Eine Verschriftlichung ist als Hausaufgabe denkbar.

Lösung   Individuelle Lösungen.   ▶ WB 4, p. 35   ▶ INKL p. 52

S. 55

3 A new challenge

Wortschatz   **challenge** (n) · **business person,** *pl* **business people** · **product** · **get started** · **make money** · **profit** (n) · **film** (v) · **grand** · **final** (n)

Einstieg   **SB geschlossen.** L: *Mrs Fox wants Ben to take part in the BIZ 4 KIDS competition because she thinks that he's bored and needs a new challenge* (▶ Semantisierungstechniken, ▶ Lautschulung). *To get started, Ben reads the school newsletter for more information about the competition. Let's have a look at it too.*

Erarbeitung   **a)** ▤ **SB geöffnet.** Beim **1. Lesen** in EA erschließen die S unbekannten Wortschatz aus dem Kontext, durch Ähnlichkeit zum Deutschen oder mithilfe des *Vocabulary*. Anschließend beantworten sie im ▶ Partner talk die Fragen aus dem SB.

Auswertung   Auswertung im Plenum.

◎ Differenzierung   In lernschwächeren Lerngruppen liest L vorab die Überschriften des Newsletters im Plenum vor (insbesondere zur ▶ Lautschulung von *competition, charity, prize, motto*) und klärt die Bedeutungen mithilfe geeigneter ▶ Semantisierungstechniken.

Lösung   *Teams of students from different schools can take part in the competition. · They have to prepare a product and find ways to sell it.*

Erarbeitung   **b)** ◉ **WORDS** Die S schreiben die Erklärungen 1 bis 6 ins Heft und setzen die entsprechenden Begriffe und Wendungen aus dem Text jeweils dazu.

Auswertung   Kontrolle durch ▶ Partner check, abschließend im Plenum, z. B. als ▶ Meldekette.

Lösung   **1** *make a profit* · **2** *(a) prize* · **3** *business people* · **4** *charity* · **5** *grand final* · **6** *our motto*

Zusatz   L: *What about you? Would you like to take part in a competition like that?*

Die S diskutieren in PA, GA oder im Plenum, ob sie gerne an einem solchen Wettbewerb teilnehmen würden oder nicht, und begründen ihre Meinung anhand des Textes.

▶ Folie 11

[More practice 2] p.125 **More questions**

Erarbeitung | **SB geöffnet.** Zur Sicherung des Detailverstehens übertragen die S die fünf Fragen bzw. Fragenummern ins Heft und notieren dazu – ggf. nach dem **2. Lesen** – die Antworten stichwortartig im Heft. Danach Vergleich im ▶ Partner check.

Lösung | *1 at schools in Britain* • *2 £75* • *3 the team's favourite charity* • *4 BIZ 4 KIDS* • *5 to London*

4 　👥 YOUR TASK　Do you have a talent for business?

Wortschatz | **cost, cost, cost** • **presentation** • **euro (€),** *pl* **euros** • **Box 'Pounds and euros'** (SB-Seite 209) • **badge** • **balloon** • °**plant**

Einstieg | **SB geschlossen.** Auf stummen Impuls durch L (Tafel/Folie) nennen die S verschiedene Möglichkeiten bzw. Klassenaktivitäten um Geld zu verdienen. L hält Vorschläge schriftlich fest.

We need money for our next class trip. What can we do?

We can make …

We can do a play / …

We can sell …

Überleitung | **SB geöffnet.** L verweist auf die Abbildung und lässt S die bisher genannten Ideen ergänzen:

L: *Look at the things on the table. What else can you do to make money?*
S1: *We can make healthy sandwiches / badges / …*
S2: *We can sell old comics / animal balloons / small plants / …*

Anhand der Abbildung und der Box im *Vocabulary* (SB-Seite 209) wiederholt L auch die Aussprache und Schreibweise von Preisangaben.

Erarbeitung | Gemeinsames Lesen der Aufgaben- bzw. Fragestellungen für *Steps 1–3* im Plenum. Danach erfolgt die ▶ Gruppenbildung.

Hinweis: Zur weiteren Orientierung kann L für jeden der drei Schritte eine Zeitvorgabe geben, z. B. *Step 1: 10 minutes; Step 2: 15 minutes; Step 3: 20 minutes.*

Erarbeitung | **Step 1: Ideas**
Ideensammlung in EA und Diskussion in der Gruppe anhand der vier Fragen im SB. Die S halten ihre Ideen auf Karten oder auf einer ▶ Placemat fest. Die S einigen sich im Gruppengespräch auf einen Vorschlag und notieren ihn z. B. in der Mitte der Placemat oder eines Blanko-Plakats.
Nach diesem Vorgehen werden die vier Fragen der Reihe nach abgearbeitet.

Alternative | Die S verwenden die kleinschrittigere Anleitung und die Hilfen und Vorlagen von ▶ KV 21: Business ideas.

Erarbeitung

Step 2: Money

Die S diskutieren die vorgegebenen Fragen und notieren ihre Ergebnisse stichwortartig im Heft oder in der Tabellenvorlage auf ► KV 21: Business ideas.

More help p. 126 S, die Hilfe benötigen, nutzen die Tabellenvorlage und das Beispiel im Anhang.

Ⓞ Differenzierung

Lernschwächere oder weniger kreative S können diese Vorlage auch für Step 3 *(make a poster)* durch Bilder und Grafiken ergänzen und zur Illustration ihrer Präsentation verwenden.

Auswertung

Step 3: Presentation

Die S erstellen ein Poster, auf dem sie die wesentlichen Aspekte ihrer Geschäftsidee darstellen. Innerhalb der Gruppe wird festgelegt, wer – und in welcher Reihenfolge – welche Aspekte präsentiert. Abschließend Wahl des Favoriten durch Abstimmung im Plenum.

More help p. 126 S, die Redemittel für ihre Präsentation benötigen, orientieren sich an den Formulierungen in den Sprechblasen. ► WB 5–6, p. 36 ► DFF 3.1 ► Folie 11 ► INKL p. 53

Zusatz

Nachdem jede Gruppe ihren Vorschlag vorgestellt hat, werden alle Poster in der Klasse aufgehängt und in Form eines ► Gallery walk gewürdigt. Jeder S erhält drei Klebepunkte, mit denen er die drei besten Ideen (nicht die Poster!) bewertet (mit je einem Punkt, aber auch mehrere Klebepunkte für eine Idee sind möglich – die eigene Idee darf nicht bewertet werden!). Die Idee mit den meisten Klebepunkten gewinnt.

Zusatz

Die Lernaufgabe kann als Ausgangspunkt für ein (fächerverbindendes) Projekt mit dem Schwerpunkt „Schülerfirma" dienen, in dem S ihre Kompetenzen im wirtschaftlichen Handeln vertiefen können. Geeignet wäre z. B. das Programm „Junior-Kompakt" des Instituts der deutschen Wirtschaft Köln (► www.juniorprojekt.de). Dabei könnten die in Aufgabe **4** gefundenen Projektideen umgesetzt werden.

FOCUS ON LANGUAGE

Inhalt Ben und seine Freunde entwickeln mit Unterstützung der Wirtschaftskundelehrerin eine Idee, um am Wettbewerb *BIZ 4 KIDS* teilzunehmen. Nach einigen Überlegungen entscheiden sie sich, *mixed baked goodies* herzustellen, die die Multikulturalität Liverpools widerspiegeln (*Jamaican coconut drops, Polish piernik, Chinese almond cookies, Liverpool tarts*).

Die S entnehmen einer als Hörtext dargebotenen Klassendiskussion Projektideen, Argumente und Bedingungen (*Conditional sentences type 1*) und formulieren anhand von Bildvorgaben Bedingungssätze. Außerdem verwenden sie das *will-future* für spontane Entscheidungen.

Abschließend üben sie Vergleiche mit *as … as* ein und lernen idiomatische Wendungen kennen.

S. 56

1 What can we offer?

Struktur Bedingungssätze Typ 1: Präsentation

Wortschatz **lend** sb. sth., **lent, lent** · **Box 'German „leihen"'** (SB-Seite 209) · **coconut** · **taste** *(v)* · **tart**

Einstieg **SB geschlossen.** L schreibt *Good business ideas* als stummen Impuls an. Die S nennen in einer ▶ Meldekette im Plenum möglichst viele Ideen, beginnend mit *You can …*

Überleitung L: *Let's find out what the Liverpool kids want to offer.*

Erarbeitung **a)** ▶▸ **SB geöffnet. 1. Hören** (Globalverstehen) gemäß SB im ▶ Partner talk.
▶ 🎧 2.04
Lösung • *ideas: smoothies, T-shirts (with cool mottos), fruit ice cream, cupcakes, coconut drops, piernik, Chinese almond cookies, Liverpool tarts*
• *The four kids pick 'mixed baked goodies' (from around the world).*

Ⓞ Differenzierung Lernschwächere S erhalten eine Liste mit Ideen, die auch einige Distraktoren enthält, und markieren darin die genannten Ideen.

INFO-BOX Baked goodies from different cultures

Coconut drops sind eine typisch jamaikanische Süßigkeit oder Nachspeise, bestehend aus Kokosnussfleisch, Ingwer, braunem Zucker und Wasser.
Piernik ist die Bezeichnung für eine polnische Variante des Gewürzkuchens. Der Grundteig besteht aus Mehl, Zucker, Eiern, Honig und Lebkuchengewürz. Der fertig gebackene Kuchen kann mit einer Masse aus Marmelade und gehackten Nüssen, Mandeln und Trockenobst gefüllt und ggf. mit Kuchenglasur überzogen werden.
Chinese almond cookies sind kleine, knusprige Feingebäckstücke, die in China oft auf Basis von Mandelmehl hergestellt werden. Außerhalb Chinas werden sie gerne auch in Bäckereien in den Chinatowns oder Asialäden größerer Städte angeboten.
Die *Liverpool tart* geht vermutlich zurück auf ein englisches Familienrezept aus dem 19. Jahrhundert und enthält als wesentliche Zutaten Zucker, Butter, Ei und eine aromagebende, gekochte und fein zerteilte Zitrone. Der pastetenartige Teig wird auf der Oberseite häufig streifenförmig – oder mit einer ausgestochenen Vogelform als Symbol der Stadt Liverpool (*Liver bird*) – dekoriert.

Erarbeitung **b)** ▶▸ Die S fügen aus dem Gedächtnis die ihrer Meinung nach passenden Satzteile zusammen und schreiben sie – ggf. zunächst nur als Zahl-Buchstabenkombination – in ihr Heft. Unbekannte Begriffe werden mithilfe des *Dictionary* erschlossen (z. B. *lend*). Beim **2. Hören** kontrollieren die S ihre Lösungen.

Auswertung Abschließend werden die Sätze erst in PA (abwechselnd), dann im Plenum vorgelesen (▶ Meldekette).

Lösung *1 d · 2 f · 3 a · 4 e · 5 c · 6 b*

2 *If*-clauses (conditional sentences type 1)

Struktur   Bedingungssätze Typ 1: Bewusstmachung

Erarbeitung   **a) SB geöffnet.** Die S lesen die FOCUS-Box im Plenum und ergänzen die Regeln mündlich. L hält Beispielsatz und Regel in einer Tabelle an der Tafel fest.

Conditional sentences type I

If-clause: condition (Bedingung)	Main clause: consequence (Folge)
If we offer something for kids and adults, → simple present	we'll make more profit. → will future

Differenzierung   In lernschwächeren Klassen kann L zur Verdeutlichung von Bedingung und Folge Strichzeichnungen verwenden.

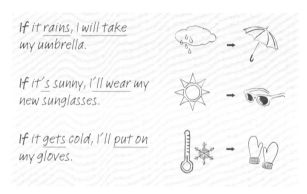

If it rains, I will take my umbrella.

If it's sunny, I'll wear my new sunglasses.

If it gets cold, I'll put on my gloves.

Die Verben im *if*-Satz und im Hauptsatz werden in unterschiedlichen Farben unterstrichen.

Erarbeitung   **b)** Gemäß SB kopieren die S weitere Sätze aus **1b)** ins Heft und zeichnen die Verben aus. Um deutlich zu machen, dass *if-clause* und *main-clause* die Positionen im Satz tauschen können, empfiehlt es sich, für *if-clause* und *main-clause* jeweils unterschiedliche Farben verwenden zu lassen.

Auswertung   Auswertung im Plenum. L weist explizit auf den Positionswechsel hin. Zur Festigung der Regel gemeinsames Lesen der Hinweise und Beispiele im *Language file 16* (SB-Seite 192).

▶ INKL p. 54

S. 57

3 ☐ Ben's Saturday plans

Struktur   Bedingungssätze Typ 1: Übung

Wortschatz   **bakery** · °Polish

Einstieg   **SB geschlossen.** L: *Ben is thinking about Saturday. What will he do if it rains? What will he do if the weather is good?* Anhand der Satzanfänge *If it rains on Saturday …* und *If it's sunny on Saturday …* (Tafel) ergänzen die S im Plenum die Sätze mit eigenen Ideen.

Alternative   Die S ergänzen die Satzanfänge mit Aussagen über sich selbst (*main clause* in der 1. Person Singular).

Überleitung   *Let's see what Ben thinks he'll do on Saturday.*

Erarbeitung   **SB geöffnet.** Gemäß SB schriftlich in EA. Der erste Satz kann mündlich im Plenum bearbeitet werden, wobei L auf die Bilder 1 bis 6 als inhaltliche Unterstützung verweist. Anschließend schreiben die S die Sätze ins Heft.

// ● p.127 Es handelt sich um eine Parallelübung auf zwei Niveaus. Lernstärkere S arbeiten auf SB-Seite 127 und ergänzen zusätzlich die Sätze inhaltlich (siehe Lösungsteile in Klammern).

Auswertung 👥 Kontrolle durch ▸ Partner check, indem die Partner abwechselnd die komplettierten Sätze vorlesen. Dabei ist es unerheblich, ob die leichtere Aufgabe auf SB-Seite 57 oder die Parallelaufgabe auf SB-Seite 127 bearbeitet wurde. Abschließend Kontrolle per ▸ Meldekette im Plenum.

Lösung *1 rains – will stay (at home) • 2 doesn't go out – will/'ll ring (his friends) • 3 are – will/'ll invite (them to his house) • 4 won't help – visit (him) • 5 will eat – remembers (to bring some) • 6 will go – isn't (too bad)*

4 NOW YOU

Struktur Bedingungssätze Typ 1: Übung

Erarbeitung **SB geöffnet.** Die S übertragen die vorgegebenen Satzanfänge 1 bis 8 ins Heft oder auf je eine Karteikarte und ergänzen sie individuell.

◉ Differenzierung Lernstärkere S schreiben zu jedem vorgegebenem Teilsatz mehrere Ergänzungen.

Auswertung Um eine intensive Übung zu erreichen, sollten die Sätze anschließend in vielfacher Form mündlich angewendet werden. Das kann z. B. in Form einer ▸ Market-place activity geschehen, indem die S sich im Klassenraum bewegen und jeweils auf ein Signal hin einen nahestehenden Partner fragen: *What are your plans for next weekend?*

Der Partner antwortet mit einem oder mehreren Sätzen (ggf. unter Zuhilfenahme seiner Karteikarten bzw. schriftlichen Aufzeichnungen) und fragt dann seinerseits: *And what are your plans for next weekend?*

◉ Differenzierung Lernstärkere S machen sich Notizen zu den Antworten ihrer Mit-S und berichten abschließend im Plenum darüber.

Lösung Individuelle Lösungen. ▸ Folie 12 ▸ DFF 3.3

5 ◉ What will happen if …?

Struktur Bedingungssätze Typ 1: Übung

Einstieg **SB geöffnet.** L sichert die Vorgehensweise bei der kooperativen Lernform ▸ Think – Pair – Share durch gemeinsames Lesen der Teilaufgaben **a)** bis **c)**.

Erarbeitung **a) Think:** Gemäß Aufgabenstellung schreiben die S in EA möglichst viele Sätze in einer vorgegebenen Zeit (z. B. *five minutes*).

Lösungsbeispiel *If the baby puts ice cream on the cat's head, it'll run away. If the cat runs away, the dog will see it. If the dog sees the cat, it will run away too. If the dog runs away, the table will fall and the apples will go on the road. If the boy on the bike looks at the girl, he won't see the apples. If he doesn't see the apples on the road, he'll fall. If the boy falls, maybe he'll see the money. If the boy sees the money, he'll give it to the man.*

Erarbeitung **b) 👥 💬 Pair:** Die S lesen einem Partner ihre Sätze vor. Zur Vorbereitung auf **c)** gibt L den Hinweis, sich mit dem Partner über die lustigsten Formulierungen auszutauschen.

Auswertung **c) 👥👥 Share:** Vorlesen (z. B. als ▸ Meldekette) und Würdigung der Sätze im Plenum gemäß SB. L notiert an der Tafel den Namen der jeweiligen S und ggf. ein Stichwort zum Satz. Abschließend wird durch eine akustische Abstimmung (klatschen, auf den Tisch klopfen) der Favorit ermittelt.

6 ⊙ Please help the English tourists

Struktur	Bedingungssätze Typ 1: Sprachmittlung ins Englische
Wortschatz	°rickshaw
Einstieg	**SB geöffnet.** L führt in die Situation ein und klärt dabei den Begriff *rickshaw*: *There are lots of different ways to see the sights of a city. In Berlin, you can take a rickshaw. That's a kind of bike with three wheels; one person rides it and one or two people can sit in the back. The rickshaw driver will take you to different sights and tell you something about them.*
Erarbeitung	✏ ▸ Mediation gemäß SB, entweder schriftlich in EA oder mündlich in PA, ggf. unter Anwendung der *if-clauses*.
Auswertung	👥 In PA liest ein S jeweils einen Satz vor, der Partner überträgt den Inhalt in die englische Sprache. Dann Rollentausch. Abschließend Vortragen im Plenum.
Lösungsbeispiel	*If you get on / come with me, I'll show you the beautiful city of Berlin.* *If it rains, you won't get wet (in my rickshaw).* *We'll stop in the city centre if you want to go shopping.* *If you have time, we'll visit the Tiergarten – that's a beautiful big park.* *If you don't get on, you'll miss a lot of fun.* ▸ WB 7–10, p. 37–38 ▸ DFF 3.2 ▸ INKL p. 55

S. 58

7 Making decisions

Struktur	Das *will-future* für spontane Entschlüsse
Wortschatz	**make a decision · ourselves · cookie · menu · rice**
Einstieg	**SB geschlossen.** Reaktivierung des Vorwissens zur *business competition*. L: *Ben and some classmates want to take part in the business competition BIZ 4 KIDZ. What was their idea? (to sell mixed goodies from different countries)*
Erarbeitung	**a) SB geöffnet.** ▸ Klären der Aufgabenstellung im Plenum. Die S ergänzen in EA die Sätze aus den Sprechblasen mit einem der vorgegebenen Verben im *will-future*. Anschließend Bewusstmachung der Funktion des *will-future* für spontane Entscheidungen, Hilfsangebote und Versprechen durch L. Hierfür kann auch *Language file 10* (SB-Seite 188) eingesetzt werden.
Erarbeitung	**b) NOW YOU** ▸ Klären der Aufgabenstellung. Die S bearbeiten die Aufgabe schriftlich in EA.
⊙ Differenzierung	Lernstärkere S ergänzen den Satz um eine kurze Begründung ihrer Entscheidung: *I'll do my homework after school because I want to watch TV in the evening.*
Auswertung	Zunächst im ▸ Partner talk, danach als ▸ Meldekette im Plenum. Dazu liest ein S den Ausgangssatz (z. B. *You have lots of homework today.*) und fragt dann den Partner: *What will you do?*
Lösung	**2** *I'll do it after school / in the evening.* **3** *I'll tidy the kitchen / clean the bathroom / take out the rubbish.* **4** *I'll buy red trendy / white sporty / black street trainers.* **5** *I'll order/have steak and potatoes / pasta and salad / chicken and rice.* **6** *I'll bring crisps / a DVD / a card game.*

8 WORDS As busy as a bee

Struktur Vergleiche mit *as ... as*

Wortschatz **bee · ice · mouse,** *pl* **mice · cucumber**

Einstieg **SB geschlossen.** Wiederholung der Steigerungsformen im Plenum, z.B. anhand der unit-übergreifenden Essensthematik und des *Language file 11b* (SB-Seite 189). Ausgehend von der Fragestellung *What's healthier, muesli or sugary cereals?* fordert L die S zunächst auf, Dinge, die unterschiedlich gesund sind, mithilfe der 1. Steigerungsform (Komparativ: *healthier than*) zu vergleichen. Das Antwortmuster und mögliche weitere Beispiele können als Tafelbild vorgegeben werden (siehe linke Tabellenspalte). Die S formulieren weitere Vergleiche, z. B. als ▶ Meldekette oder im ▶ Partner talk.

S1: *I think sandwiches are healthier than crisps. What about milk and cola?*
S2: *...*

Dann gibt L ein Beispiel für (etwa) gleichwertige Lebensmittel vor: *Now what about fruit and vegetables? Well, I think vegetables are as healthy as fruit.* L ergänzt das Antwortmuster in der rechten Tabellenspalte im Tafelbild und gibt ggf. weitere gleichwertige Lebensmittelpaare vor. Die S formulieren die Beispiele mit der (neuen) Vergleichsform *as ... as* aus und bilden nach dem Muster weitere Sätze, z. B. *I think bananas are as healthy as apples. / Salad is as healthy as fruit salad. / ...*

What's healthier?

+/– I think ... is/are healthier than ...	= I think ... is/are as healthy as ...
muesli + / – sugary cereals sandwiches + / – crisps chocolate + / – fruit chocolate biscuits + / – yogurt milk + / – cola ...	vegetables = fruit brown pasta = brown bread orange juice = apple juice salad = fruit salad ...

Überleitung Anschließend leitet L zu bildhaften Vergleichen über: *There are lots of interesting or even funny comparisons with as ... as. For example I could say: I'm as hungry as a bear. Let's look at some more phrases like this.*

Erarbeitung **a) SB geöffnet.** Zur inhaltlichen und sprachlichen Vorentlastung der Zuordnungsübung betrachten die S die Bilder und benennen die Tiere und Dinge, die sie kennen. L semantisiert dazu die unbekannten Wörter ebenfalls anhand der Bilder. Dann schreiben die S in EA in ihrem Heft hinter die Ziffern 1 bis 10 die passenden Lösungen.

Auswertung 👥 ▶ Partner check und Vorstellung im Plenum.

Lösung ***1*** *as busy as a bee · **2** as cold as ice · **3** as blind as a bat · **4** as quiet as a mouse · **5** as cool as a cucumber · **6** as warm as toast · **7** as hungry as a bear · **8** as free as a bird · **9** as white as snow · **10** as big as a house*

Zusatz L spielt den S das Lied *Everything at once* von Lenka vor (z. B. von einem Internet-Videoportal). Es bietet einen gut verständlichen, authentischen Hör- bzw. Songtext, in dem einige der in Aufgabe **8a)** in der grünen Box aufgelisteten bildhaften Vergleiche im Zusammenhang dargeboten und von den S identifiziert werden können. Lernstärkere S können versuchen, weitere Vergleiche herauszuhören. Unterstützend kann L eine Auswahl bekannter englischer Adjektive und Nomen aus dem Songtext vorgeben (Tafel/Folie), die die S dann nach dem **1./2. Hören** zuordnen und zu Vergleichen mit *as ... as* ausformulieren.

Mögliches Tafelbild:

adjective	noun
cold • cool • dark • hot • long • mean • old • pretty • scary • sweet • sweet • warm	fire • ice • night • picture • road • sea • song • sugar • sun • time • tree • wolf

L: *Match the adjectives and the nouns and make comparisons with 'as … as'.*

Lösungsbeispiel *as cold as ice, as cool as a tree, as dark as the night, as hot as fire, as long as a road, as mean as a wolf, as old as time, as pretty as a picture, as scary as the sea, as sweet as a song, as sweet as sugar, as warm as the sun*

Erarbeitung **b)** ◉ Die S schreiben ihnen bekannte deutsche bildhafte Vergleiche auf (ggf. auch in ihrer jeweiligen Herkunftssprache, die dann von ihnen auf Deutsch übersetzt werden).

🔲 **Differenzierung** Für die deutsche Sprache kann L eine Tabelle mit einer Auswahl deutscher Adjektive und Nomen vorgeben (Tafel/Folie).

Adjektiv	Substantiv
böse • falsch • fit • flink • gutmütig • hart • heiß • langsam • listig • schwarz • schwer • stark • still • stolz • stumm • stur • treu • …	Bär • Blei • Blitz • Brett • Esel • Fisch • Fuchs • Hund • Maus • Nacht • Pfau • Schaf • Schlange • Schnecke • Turnschuh • Wiesel • Wolf • …

Lösungsbeispiel böse wie der Wolf, falsch wie eine Schlange, fit wie ein Turnschuh, flink wie ein Wiesel, gutmütig wie ein Schaf, hart wie ein Brett, heiß wie ein Vulkan, langsam wie eine Schnecke, listig wie ein Fuchs, schwarz wie die Nacht, schwer wie Blei, stark wie ein Bär, still wie eine Maus, stolz wie ein Pfau, stumm wie ein Fisch, stur wie ein Esel, treu wie ein Hund, …

Zusatz Einzelne (lernstärkere, schnellere oder kreativere) S schreiben ausgewählte bildhafte Vergleiche (auch neu gefundene Begriffe) aus **a)** und **b)** auf je eine Karteikarte. Auf der Rückseite malen sie dazu ein passendes Bild. Abschließend werden alle Karten für ein Ratespiel im Plenum genutzt.

Erarbeitung **c)** 📝 Gemäß SB schreiben die S mit den angegebenen Redewendungen in einer vorgegebenen Zeit (z. B. *five minutes*) möglichst viele Sätze. In einer anschließenden PA liest ein Partner jeweils den Einleitungssatz vor, der andere Partner ergänzt den passenden Vergleich und liest den nächsten Satz, z. B.:

S1: *My mother works all day long. She's …*
S2: *… as busy as a bee. – Without my glasses I'm …*
S3: *… as blind as a bat.* (usw.)

Lösung Individuelle Lösungen. ▶ WB 11–13, p. 38–39 ▶ Folie 13 ▶ DFF 3.8 ▶ INKL p. 56

STORY A difficult mix

Inhalt | Nach der Entscheidung, im Wettbewerb *BIZ 4 KIDZ* typische Backwaren bzw. Süßigkeiten aus unterschiedlichen Ländern zu verkaufen, bereiten Ben und seine Freunde alles vor. Der erste Verkaufstest beim Schulfest ist jedoch ein Fehlschlag. Auch Bens Vater ist anfangs gegen dieses Projekt, lässt sich jedoch überzeugen, unter der Bedingung, dass Ben gleichzeitig seine schulischen Leistungen verbessert. Bei Touristen auf dem *Broadway Market* kommt die Idee der multikulturellen Spezialitäten unter dem Slogan *Liverpool Mix – The world in one box!* so gut an, dass die vier Freunde den ersten Preis gewinnen.

Die S erschließen die Geschichte, beantworten Fragen dazu und fassen sie (gelenkt) kurz zusammen. Sie erfassen das Ende der Geschichte im Hörtext, bringen zugehörige Bilder in die richtige Reihenfolge und formulieren es schriftlich aus.

S. 59–61

1   ⊙ Before you read

Wortschatz | **dance** *(n)*

Erarbeitung | **SB geöffnet.** Die S betrachten die Bilder auf SB-Seiten 59–61. Danach lesen sie die Sätze 1 bis 5 und schreiben die korrigierten Sätze ins Heft. Kontrolle im ▶ Partner check.

Lösung | *1 Ben and his friends* **have made (Chinese) cookies**. • *2 Ben's dad is* **thinking** *about Ben's* **grandfather** *and the* **hard** *life that* **he** *had.* • *3* **An old woman / Charlie's grandma** *has invited the kids to* **her** *house.* **She's** *sitting between Ben and* **Charlie**. • *4 Ben and his friends are selling things at the school* **festival**. *They're* **fed up**. • *5 Ben is* **standing in the kitchen with his dad. His dad is talking to him.**

A difficult mix

Wortschatz | **S. 59:** mix *(n)* • flour • break, broke, broken • broken *(adj)* • egg • floor • almond • it's a money-saver • cross (with) • China • complain (about/of) • successful • need to do sth.

S. 60: label *(n)* • goody • test *(v)*

S. 61: he **wanted** Ben **to** understand … • **throw, threw, thrown**

Einstieg | **SB geöffnet.** Gesteuerte Bildbeschreibung von Bild 1 im Plenum. Dabei kann L neuen Wortschatz vorentlasten, z. B. *Look at picture 1: Where are Ben and his friends? (in the kitchen) What have they made? (Chinese cookies) Right, Ben has made* almond *cookies with his friends, but now the kitchen is a mess: there's a* broken egg *on the* floor *(zeigen) and there's* flour *everywhere and on Ben and Melinda's clothes. If Ben's dad sees this, he will be really* cross *with Ben (Mimik/Gestik). And he will* complain about *the mess (demonstrieren). So Ben and his friends* need *to tidy the kitchen before Mr Chung comes home.*

Überleitung | Aufbau einer Erwartungshaltung: Die S spekulieren anhand der Überschrift und der Bilder sowie der Leitfragen *Who? / What? / Where?* über den Inhalt der Geschichte. L hält Vermutungen stichpunktartig an der Tafel fest; diese dienen später der Überprüfung des Globalverstehens.

Erarbeitung ▶ 🎧 2.05 | ▤ **1. Lesen**/Hören der Geschichte im Zusammenhang, ggf. im ▶ Mitleseverfahren. Dabei können die S unterschiedliche Erschließungstechniken (▶ Semantisierungstechniken) üben oder – sofern es sich um situativen Wortschatz handelt, der keine zentrale Bedeutung für das Textverstehen hat – die Toleranz im Umgang mit Verständnislücken.

Auswertung | Zur Sicherung des Globalverstehens überprüfen die S ihre Vermutungen aus dem Einstieg auf ihre Richtigkeit hin. Dabei kann ein S die L-Rolle übernehmen. Vertiefend erklären die S die Bedeutung des Titels. L: *Why is it 'a difficult mix'? (because the kids have problems making and selling their mix of baked goodies)*   ▶ INKL p. 57/58

S. 61

2 What happened?

Erarbeitung	**SB geöffnet.** Sicherung des Detailverstehens gemäß SB. Die S schreiben die Fragen (bzw. Fragenummern) ins Heft und beantworten sie schriftlich.
Auswertung	Kontrolle durch ▸ Partner check und im Plenum.
Lösung	*1 Because the kitchen was a mess. / Because he wants Ben to do his homework / practise for the maths test / work harder at school. • 2 He thinks that you have to work hard at school if you want to be successful in life. • 3 They made the Chinese almond cookies themselves. Charlie's grandma made the Liverpool tarts. They bought the coconut drops from a Jamaican cafe. They got the piernik from a Polish bakery. • 4 They were worried because they didn't sell many boxes at the school festival.* ▶ DFF 3.5

More practice 3 p.127 Telling the story

Erarbeitung	**SB geöffnet.** Anhand einer *matching task* festigen die S ihr Detailverständnis des Textes. Bearbeitung mündlich als ▸ Meldekette im Plenum oder in PA; dabei nennt wechselweise ein S den Satzanfang und der Partner das Satzende. Die S notieren zwecks Ergebnisvergleich die Zahlen-Buchstaben-Paare ins Heft. Auch als schriftliche Hausaufgabe geeignet.
Lösung	*1 D • 2 E • 3 F • 4 C • 5 G • 6 A • 7 B*

More practice 4 p.128 Ben's feelings

Erarbeitung	**SB geöffnet.** Die S beantworten die Fragen schriftlich gemäß SB. Anschließend vergleichen sie ihre Ergebnisse in PA oder GA und korrigieren gegebenenfalls.
Ⓞ Differenzierung	Lernschwächere S nennen nur die Gefühle in der jeweiligen Situation, ohne diese zu begründen.
Lösung	Individuelle Lösungen.

3 The end of the story

Einstieg	**SB geschlossen.** Die S spekulieren anhand der folgenden Fragestellungen über das Ende der Geschichte: *What do you think is their idea? Will they sell more boxes? How?*
Erarbeitung ▶ 🔊 2.06	**a)** 🗣 Beim **1. Hören** finden die S heraus, wer den Wettbewerb gewonnen hat, und überprüfen ihre Vermutungen auf ihre Richtigkeit (Globalverstehen).
Lösung	*South Liverpool High School / Ben and his friends won the Liverpool competition.*
Erarbeitung	**b)** 🗣 **SB geöffnet.** Beim **2. Hören** des Radioprogramms notieren die S die richtige Reihenfolge der Bilder. Kontrolle durch ▸ Partner check und im Plenum.
Lösung	*E • D • B • A • C*
Zusatz	In Vorbereitung auf die Schreibaufgabe in **c)** erarbeiten die S in EA stichpunktartig weitere wichtige Details zu den Bildern (ggf. **3. Hören**). Anschließend vergleichen sie ihre Notizen in PA.

Erarbeitung **c)** ⏺ 🖺 Die S schreiben mithilfe der Bilder und auf der Grundlage der zuvor gehörten Radiosendung (sowie ggf. der Notizen aus dem Zusatz) das Ende der Geschichte.

Hinweis: Da die S in solchen freien Aufgaben sehr unterschiedlich schnell arbeiten, bietet sich diese Aufgabe in Phasen der Freiarbeit, in Selbstlernzeiten oder als Hausaufgabe an. Zusätzlich kann L den Tipp geben, pro Bild ca. drei Sätze zu schreiben.

Lösungsbeispiel *At first the kids were nervous because Tracy was late with the T-shirts and the coconut drops. But they sold more boxes than at the school festival. When Tracy arrived, the kids put on the T-shirts. The motto on the T-shirts was 'Liverpool – The world in one city', so they called their baked goodies 'Liverpool mix – The world in one box'. Then a reporter came and interviewed them. She liked the idea and tried the goodies. In the end Ben and his friends won the competition with their Liverpool mix. They made a profit of £114.*

▶ WB 14–15, p. 40   ▶ INKL p. 59

More challenge 3 p.145 **What do you think?**

Wortschatz °title

Erarbeitung **SB geöffnet.** Gemäß SB. Vor der eigentlichen Textproduktion sichert L, dass den S deutlich ist, was mit *paragraph* gemeint ist, z. B. anhand des *Skills file 9: How to write good texts, 3* (SB-Seite 172). Die vorgegebenen Fragen helfen den S bei der Strukturierung und inhaltlichen Gestaltung ihrer eigenen kurzen Stellungnahme zu Personen und Handlungen des Textes.

Auswertung Die S lesen ihren Text in Kleingruppen oder im Plenum vor.

⏺ **Differenzierung** Lernstärkere S präsentieren ihren zuvor geschriebenen Text mündlich vor der Klasse. Dabei setzen sie die ▶ Read-and-look-up technique ein.

Lösung Individuelle Lösungen.

SKILLS TRAINING Note-taking

Inhalt Die S erschließen einen Zeitungsartikel über die britische Boxerin Natasha Jonas, deren sportliche Karriere Vorbild für viele Teenager ist. Sie markieren im Text wesentliche Informationen, strukturieren sie in einer Mindmap und nutzen ihre Notizen als Basis für einen Vortrag über Natasha Jonas, den sie in Partnerarbeit kriteriengestützt auswerten.

S. 62

1 Natasha Jonas

Wortschatz **sportswoman,** *pl* **sportswomen** · **as** a footballer · **box** · **female** · **the Olympics** · **medal** · **role model** · **strong** · **weak** · **gym**

Einstieg **SB geschlossen.** L: *Today we're going to talk about sport. Let's collect some names of famous sportsmen or sportswomen.* Die S nennen berühmte Sportler per ▸ Meldekette, L notiert an der Tafel.

Überleitung L schreibt den Namen *Natasha Jonas* unter die Liste, zeigt ggf. ein (aktuelles) Foto und führt so die Begriffe *female und boxing gym* ein.

L: *Do you know Natasha Jonas? She's a female boxer from Britain. Look, in this picture you can see her in the boxing gym. Let's find out more about her.*

Erarbeitung 🔧 **SB geöffnet.** Beim **1. Lesen** des Textes in EA erschließen die S ggf. weitere zum Textverständnis notwendige unbekannte Begriffe mithilfe geeigneter Erschließungstechniken (▸ Semantisierungstechniken) und beantworten die Globalverstehensfrage aus dem SB. Vergleich im Plenum.

Lösungsbeispiel *Girls want to be like Tasha because she's a top sportswoman / she used her talent to be successful / she's good at boxing / boxing makes (her) fit and strong / she fought in the Olympics (in London 2012) / …*

Zusatz 👥 Zur Sicherung des Detailverstehens bearbeiten die S folgende Aufgabe im ▸ Partner talk:

Right, wrong or not in the text?
1 Natasha started boxing at the age of 6. (Not in the text.)
2 Natasha was part of the British Olympic boxing team. (Right.)
3 She won a medal in the 2012 Olympic Games. (Wrong. – She didn't win a medal.)
4 Natasha thinks boxing is good for everyone. (Wrong. – You have to find out what you're good at.)
5 Many girls in Liverpool started boxing because of Natasha. (Right.)
6 She wants to win a medal at the next Olympic Games. (Not in the text.)

2 Prepare notes for a talk

Wortschatz **mark** *(v)*

Einstieg **SB geöffnet.** L wiederholt mit den S die Abfolge der Arbeitsschritte (Text lesen und verstehen – wichtige Textstellen markieren – Notizen in Form einer Mindmap anfertigen).

Erarbeitung **a)** 🔧 Die S markieren in einer Kopie des SB-Textes die Informationen, die in den fünf Hinweisen vorgegeben sind. L weist die S noch einmal ausdrücklich darauf hin, nur die wichtigsten Begriffe zu unterstreichen.

Alternative Die S nutzen ▸ KV 22: Natasha Jonas, die den Text zum direkten Auszeichnen und die Aufgabenstellung aus dem SB sowie ei-

ne Tabelle zur linearen Strukturierung der Notizen (als Alternative zur Mindmap im SB) und ein Bewertungsraster vorhält.

Erarbeitung **b)** 🔧 Die S erstellen eine eigene Mindmap nach der Vorlage im SB (▶ Note-making). Vor der mündlichen Präsentation in **c)** sollte ein Abgleich (mit möglicher Ergänzung oder Korrektur) der Notizen mit mehreren Partnern erfolgen.

Lösungsbeispiel

Natasha Jonas – a profile

from:	Toxteth in Liverpool
her sport:	boxing
why she's special:	top British sportswoman; fought in the Olympics in London 2012
her motto:	`respect your talent'
what's good about boxing:	boxing makes you fit and strong
what's bad about boxing:	it's too dangerous (for women) / boxers can get hurt

▶ DFF 3.6

Zusatz Auf der KV finden sich unter *More practice* auch Anregungen zur weiteren (Internet-)Recherche über Natasha Jonas, z.B. auf ▶ http://extras.thetimes.co.uk/public/olympic_athletes/boxing/women/natasha-jonas.

Lösungsbeispiel

born (date):	18 June 1984
height:	1.72 metres tall
family (brothers/sisters/...?):	parents Esther and Terry; sister Nikita Parris is an Everton Ladies footballer
competitions / successes:	won the bronze medal in the 2012 International Boxing Association World Championships in China; first female British boxer to fight in the Olympic Games (reached quarter finals in London 2012!); trains for Rio 2016

Auswertung **c)** 👥 💬 Anhand ihrer Notizen stellen die S einander Natasha Jonas in einem Kurzvortrag vor. Der jeweils zuhörende Partner gibt ein Feedback in einer Kopie der Tabelle aus dem *Skills file* (SF 14, SB-Seite 177) oder im Bewertungsraster auf ▶ KV 22: Natasha Jonas.

Zusatz Abschließend halten einzelne S auf freiwilliger Basis ihren Kurzvortrag über Natasha Jonas im Plenum und erhalten so anhand der bekannten Kriterien ein breiteres Feedback zu ihrem Vortrag. Wichtig dabei ist, dass die S Blickkontakt zur Klasse halten, d.h. sie vermitteln die Informationen der Mindmap mit der ▶ Read-and-look-up technique.

▶ WB 16, p. 41   ▶ INKL p. 60

SKILLS TRAINING Writing course (3)

Inhalt	Die S erschließen zwei Leserkommentare zum Artikel über Natasha Jonas inhaltlich und strukturell (Aufbau, Redemittel) und nutzen sie als Vorlage für das Verfassen eigener Kommentare. Dabei lernen sie, die „vier Schritte beim Schreiben" zu berücksichtigen: Ideen sammeln, strukturieren (Tabelle oder Mindmap), einen ersten Entwurf schreiben und nach (kriteriengestützter) Rückmeldung des Partners korrigieren (siehe *SF 9: How to write good texts*, SB-Seiten 172/173).

S. 63

Giving opinions – for and against

1   Readers' comments

Wortschatz	**opinion · hard-working · skinny** *(infml)* **· message · sum** sth. **up · beginning · summarize · On the one hand … On the other hand … · definite · definitely · even · violent · take** sth. **up ·** °disagree
Einstieg	**SB geschlossen.** L: *What do you think about boxing? In my opinion* (Tafelanschrieb), *Natasha Jonas is a great sportswoman, but I don't really like boxing. What's your opinion about boxing? (…)*
Überleitung	L: *Some people gave their opinion about Natasha Jonas and boxing in an online comment. Let's read what they think.*
Erarbeitung	**a)** ▦ **SB geöffnet.** Die S lesen die Aufgabenstellung und erschließen beim **1. Lesen** (still) von Hannahs Kommentar selbstständig unbekannte Begriffe. Anschließend äußern S im Plenum (z. B. als ▶ Meldekette) ihre Zustimmung *(I agree with …)* oder Ablehnung *(I disagree with …)* zu einzelnen Aussagen des Textes.
[O] Differenzierung	In lernschwächeren Gruppen erfolgt die inhaltliche Auseinandersetzung mit den Leserbriefen über ▶ KV 23: Giving opinions. Die KV enthält die Argumente aus den Kommentaren aus **a)** (Hannah), **b)** (Sam) und *More practice 5* (Jason). Die S schneiden die Argumente aus und ordnen sie dem entsprechenden Namen sowie der passenden Kategorie *arguments for* oder *arguments against* zu und entscheiden Argument für Argument, ob sie zustimmen oder nicht. Auf dieser Grundlage verfassen sie in **2** ihren eigenen Kommentar. 
Überleitung	▦ **2. Lesen** laut im Plenum. Daran anschließend thematisiert L die Struktur eines Kommentars *(comment)* anhand der Hilfen neben dem Text und der Erläuterungen im *SF 11: Writing a comment* (SB-Seite 174).
Erarbeitung	**b)** ▦ 🔧 Nach dem **1. Lesen** von Sams Kommentar (still in EA) äußern die S gemäß SB Zustimmung oder Ablehnung zu Sams Argumenten. Anschließend benennen sie die drei Abschnitte *(beginning, middle, end)* anhand der Vorlage in **a)**. L sichert Aussprache und Bedeutung neuer Begriffe *(on the one hand, on the other hand, definitely, even, violent, sum up)*.
Lösung	***beginning:*** erster Abschnitt *(On the one hand … – Why?)* ***middle:*** zweiter Abschnitt *(Firstly … – fight!)* ***end:*** dritter Abschnitt *(So I'd say … – sports.)*
Überleitung	L: *There are lots of phrases in these two comments that can help you to give a comment yourself. Let's collect them so that you can write your own comment on Natasha Jonas and her boxing career.*

Erarbeitung **c)** 🔧 Die S übertragen die Tabelle aus dem SB ins Heft, suchen die *useful phrases* in beiden Texten und ordnen sie zu. Kontrolle durch ▸ Partner check und abschließend im Plenum.

Hinweis: Die S sollten die Tabelle großzügig anlegen, sodass noch Platz für Ergänzungen ist (z. B. aus *More practice 5*, SB-Seite 128 oder Aufgabe **6c)** in *Stop! Check! Go!*, SB-Seite 69.

Lösungsbeispiel

giving an opinion	agreeing	disagreeing	linking words	for the end
I think	I agree (with)	I really don't like	Firstly	So to sum up
In my opinion		For me it isn't	and	So I'd say
I also think		I definitely don't	secondly	
On the one hand		think		
(But) on the other			but	
hand				

● Differenzierung Lernstärkere S ergänzen weitere ihnen bekannte Redemittel in der Tabelle. Optional kann L auch weitere Redemittel bereitstellen (Arbeitsblatt/Folie), die von *fast finishers* gemäß der jeweiligen Sprachfunktion in die Tabelle eingeordnet werden.

More practice 5 p. 128 **Other ways to comment**

Erarbeitung **SB geöffnet.** Gemäß SB lesen die S den Kommentar von Jason und ergänzen die Tabelle aus **1c)** um weitere Redemittel. Vergleich im ▸ Partner check mit Mit-S, die in derselben Geschwindigkeit arbeiten (z. B. am ▸ Bus stop).

Lösung

giving an opinion	agreeing	disagreeing	linking words	for the end
I see … a bit differently		So I disagree that	However	So … but I feel that
If you ask me			Because of this	
I really believe that			That's why	
I feel that				

---

2 **Your comment**

Wortschatz °spelling • °grammar

Einstieg **SB geöffnet.** ▸ Klären der Arbeitsanweisungen **a)** bis **c)** im Plenum. L sichert den Ablauf der „vier Schritte beim Schreiben", ggf. unter Einbeziehung des *SF9: How to write good texts* (SB-Seiten 172/173).

Hinweis: Um den individuellen Arbeitsfortschritten der S zu entsprechen, bietet sich für die gesamte Aufgabe die Methode ▸ Bus stop an. Als Zeitvorgabe gibt L nur den Abschlusszeitpunkt nach **c)** an.

Erarbeitung **a)** 🔧 📝 Gemäß SB erstellen die S in EA eine Tabelle oder eine Mindmap mit ihren Eindrücken zum Artikel über Natasha Jonas. Dabei können sie Argumente aus **1a)** und **b)** sowie ggf. aus *More practice 5* einbeziehen. Auf Basis dieser Notizen schreiben sie einen ersten Entwurf eines Kommentars.

Hinweis: Wenn es die technischen Mittel erlauben, sollte der erste Entwurf digital erstellt werden, um eine anschließende Überarbeitung zu erleichtern.

Erarbeitung

b) 👥 🔧 Jeder S sucht sich einen Partner (z. B. Sitznachbarn oder per ► Bus stop), liest dessen Kommentar und gibt ihm (mündlich) eine Rückmeldung anhand der im SB vorgegebenen vier Fragen. Sprachliche Fehler können mit Bleistift markiert werden.

Ⓞ Differenzierung

Als Basis für ihre Rückmeldung notieren die S ihre Eindrücke zum Text nebst Überarbeitungsvorschlägen in einer Tabelle:

	partner's name:	yes	no	tips for your partner:
1	Is there a clear ...?			
	– beginning			
	– middle			
	– end			
2	Did your partner use good phrases?			((give examples))
3	Are the arguments good?			((Why (not)?))
4	Can you see any mistakes (e.g. spelling or grammar)?			((list or underline mistakes))

Auswertung

c) 👥 📝 Die S hören sich die Kritik ihrer Partner an und überarbeiten anschließend ihren eigenen Kommentar. Abschließend werden einige Kommentare im Plenum präsentiert – oder alle überarbeiteten Texte werden ausgehängt, um allen S die Möglichkeit zu bieten, diese zu lesen (► Gallery walk).   ► WB 17–20, p. 42–43   ► DFF 3.7   ► INKL p. 61

SKILLS TRAINING Mediation

Inhalt In realitätsnahen Szenen in einer Touristeninformation und auf der Fähre üben die S ausgehend von einem Poster und verschiedenen Hörtexten, zwischen Engländern und deutschen Touristen sprachlich zu vermitteln.

S. 64

1 At the tourist office

Wortschatz **tourist office · mention**

Einstieg **SB geschlossen.** L thematisiert den Begriff und das Konzept der ▶ Mediation, z. B. mithilfe des *Skills file* (SF 16, SB-Seite 179), stellt den Unterschied zur Übersetzung deutlich heraus und verweist auf die Notwendigkeit, zunächst das Wesentliche einer Aussage herauszufinden, um es in die andere Sprache zu übertragen. Anschließend Einführung in die Situation: *When you are in Liverpool, you can take a boat ride on the river Mersey to see Liverpool from the water. Imagine you are there with a friend, but your friend isn't good at English. So you have to help him to get the information he needs.*

Erarbeitung **a)** 🔁 **SB geöffnet.** Die S lesen die Aufgabenstellung und die (in Deutsch gestellten) Fragen des Jungen in EA oder gemeinsam im Plenum, notieren die wesentlichen Punkte und übertragen sie ins Englische.

Hinweis: In Vorbereitung auf die folgende Aufgabe **b)** sollte nach jeder Frage eine Zeile frei gelassen werden, um die entsprechenden Fragen aus dem Hörtext hinzufügen zu können.

More help p.129 S, die Hilfe benötigen, erhalten zu jeder der Fragen 1 bis 4 individuelle Hinweise, welche wesentlichen Informationen übertragen werden sollten.

Lösung Individuelle Lösungen.

Erarbeitung
▶ 🎧 2.07 **b)** 🔊 In Vorbereitung auf das Hören des Dialoges schreiben die S die vorgegebenen Satzanfänge unter ihre Notizen bzw. Fragen aus **a)**. Beim anschließenden **1. Hören** ergänzen sie die einzelnen Fragen in den Hörpausen nach jeder Szene auf der CD. Abschließend vergleichen sie in PA die selbst formulierten Fragen mit den Fragen des Hörtextes – auch im Hinblick auf die Rechtschreibung.

Lösung *1 Excuse me, please. Are there **cheaper tickets for students?*** · *2 Can you tell me, please – how long **is the tour?*** · *3 Can you also tell me, please – do you sit **inside or outside on the ferry?*** · *4 And one more question, please. Can we **pay with euros?***

Erarbeitung **c)** 👥 🔁 L präsentiert im Plenum den Dialog und stoppt die Tonaufnahme nach jedem Signalton (jeweils nach der Antwort des Mannes). Bei diesem **2. Hören** erläutern die S sich in PA abwechselnd die Antwort auf Deutsch. Ergebnissicherung im Plenum.

Lösungsbeispiel Der Mann sagt, dass die Fahrkarte mit Schülerausweis nur 6 Pfund kostet. Wer unter 15 ist, braucht nur 4.50 Pfund zu bezahlen. · Er sagt, die Tour dauert 50 Minuten. · Man kann sich aussuchen, ob man drinnen oder draußen sitzen will. · Nein, wir können nur mit Pfund bezahlen. Aber es gibt in der *Water Street* eine Bank, wo wir Geld tauschen können.

2 🔘 On the ferry

Erarbeitung
▶ 🎧 2.08 🔁 **SB geöffnet.** Da die S mit diesem Aufgabenformat – d. h. der Sprachmittlung nach zwei Seiten (Deutsch und Englisch) ausgehend von einem reinen Hörtext – noch nicht vertraut sind, kann L beim **1. Hören** mögliche Lösungen für die ersten beiden Szenen gemeinsam im Plenum erarbeiten. Dazu stoppt L die Tonaufnahme in der ersten Hörpause (nach dem Signalton) und sammelt im Plenum Vorschläge für die englische Frage. Fortsetzung der Tonaufnahme bis zur nächsten Pause zur Überprüfung. Genauso wird bei der

Übertragung der folgenden Szene verfahren. Danach versucht jeder S für sich in den vorgesehenen Pausen die Übertragung der zuletzt gehörten Sätze.

Alternative   Sofern die Möglichkeit besteht, hören sich die S den Hörtext einzeln an (mit Kopfhörer) und sprechen in jeder Hörpause für sich die entsprechende Lösung.

◎ Differenzierung   Lernschwächere S erhalten auf ► KV 24: On the ferry das Skript des Hördialogs mit Lücken zum Einsetzen der zu vermittelnden deutschen und englischen Passagen.

Auswertung   Zum Abschluss spielt L im Plenum den gesamten Dialog noch einmal vor. Beim **2. Hören** präsentieren (vorher bestimmte) S in den Hörpausen ihre jeweiligen Sprachmittlungsvorschläge.

Lösung   *(1) Excuse me, please. Can we sit here?* • *(2)* Sie machen Platz für uns. • *(3)* Sie will wissen, wo wir herkommen. • *(4)* Sie waren letzten Sommer in Leipzig. • *(5) My friend comes from Leipzig.* • *(6)* Sie sagen, die Stadt ist großartig. Das Essen hat ihnen geschmeckt. • *(7) Do you come from Liverpool?* • *(8)* Das eine Mädchen kommt aus Liverpool, das andere Mädchen ist hier zu Besuch. • *(9) Where are you from?* • *(10)* Sie kommt aus Stratford-upon-Avon, etwa 130 Meilen von hier entfernt.

► WB 20, p. 44 ► DFF 3.4 ► INKL p. 62

SKILLS TRAINING Viewing

Inhalt Die Freunde Tally, Sherlock und Ruby messen sich im *Bishop's Park* in verschiedenen Sportarten mit ihrem Freund Alfie, um ihm zu zeigen, dass es nicht nur Fußball gibt. Dabei zeigt sich, dass jeder der vier Freunde besonders gut in einer Sportart ist: Alfie im Fußball, Tally im Pilates (Form von Gymnastik), Sherlock im Seilspringen und Ruby im Joggen. Am Ende stimmt Alfie (wenn auch widerwillig) zu, dass es beim Sport weniger um Wettkampf als um Spaß geht.

Die S üben, Filmszenen inhaltlich zu verstehen und dazu auch nonverbale Elemente (Mimik, Gestik, Tonfall, Aktivitäten) zu nutzen. Sie lesen und korrigieren eine Zusammenfassung der Filmhandlung und gestalten in Partnerarbeit eine Filmszene kreativ dialogisch aus, die sie dann auch aufführen.

S. 65

1 The 'SW6 Olympics'

Wortschatz °SW6 · **Pass the ball!** · **beat, beat, beaten** · **shot** · **Hard luck!** · **skipping** · **pilates**

Erarbeitung **a) SB geöffnet.** Die S notieren zunächst in EA ihre Vermutungen zu den Personen und ihren Aktivitäten im Heft.

Differenzierung Lernschwächere S erhalten auf ▶ KV 25: Viewing: The 'SW6 Olympics' (1) ein Reservoir mit möglichen Sportarten zur Auswahl (ggf. auch zur Vorentlastung von *skipping* und *pilates* durch L).

Lösungsbeispiel **A** *Alfie: running / jogging / playing football / ...*
B *Sherlock: jumping / skating / ...*
C *Tally: doing gymnastics / ...*
D *Ruby: dancing / running / jogging / ...*

Erarbeitung **b)** 👁 Beim **1. Sehen** überprüfen die S ihre Vermutungen. Abschließend Vergleich im Plenum. Dabei sichert L Verständnis, Aussprache und Schreibung von *skipping* und *pilates*.
▶ 🎥

Lösung **A** *Alfie is playing football.* · **B** *Sherlock is skipping.* · **C** *Tally is doing pilates.* · **D** *Ruby is jogging.*

2 Three scenes from the film

Erarbeitung **a)** 👥 📝 **SB geöffnet.** Die S schreiben einen Dialog (evtl. mit Regieanweisungen) zu einem der Bilder, die sich auf einzelne Episoden (Sportarten) des Filmes beziehen. Nach Fertigstellung ihres Textes üben die Gruppen ihre Szene ein und präsentieren sie in der Klasse.

Hinweis: Für die Szene in Bild A bietet es sich an, bereits beim Schreiben drei S zusammenarbeiten zu lassen, damit in der späteren szenischen Darstellung gleich alle Rollen besetzt werden können.

Differenzierung Lernschwächere S erhalten auf ▶ KV 25: Viewing: The 'SW6 Olympics' (2) einen Lückendialog zu Bild A zum Vervollständigen.

Lösungsbeispiel Individuelle Lösungen.

Auswertung **b)** 👁 Beim **2. Sehen** vergleichen die S ihre Ideen mit den Originalszenen. Abschließend kann im Plenum die kreativste Ausgestaltung gewählt werden.

Zusatz 👥👥 In Vierergruppen kreieren die S eine weitere Szene, in der Alfie in einer weiteren Sportart gegen seine Freunde antritt. Die S schreiben dazu ein Skript und setzen dieses dann filmisch (oder als szenische Darstellung) um (als Hausaufgabe). Die Szene wird dann im Unterricht gemeinsam angeschaut und ausgewertet. Auch als Differenzierungsmaßnahme für lernstärkere S möglich.

3 A summary – with mistakes

Wortschatz	**summary**

Erarbeitung **a) SB geöffnet.** Die S notieren in EA die Fehler, die sie finden, und vergleichen sie mit einem Partner. Hierzu kann L eine Kopie des Textes (▶ KV 25: Viewing: The 'SW6 Olympics' (3)) bereitstellen, auf der die falschen Informationen markiert werden können.

Erarbeitung **b)** Jeder S schreibt den Text ins Heft und korrigiert die Fehler. Anschließend ▶ Partner check und Abgleich im Plenum**.**

Differenzierung Lernschwächere S nutzen ▶ KV 25: Viewing: The 'SW6 Olympics' (3) und unterstreichen und verbessern die Fehler direkt im Textabdruck. Anschließend kann L die S auffordern, die Fehlerstellen mündlich im Plenum zu benennen (▶ Meldekette).

Lösung *The **four** friends meet in **Bishop's** Park. It's a **nice** day. Alfie is playing **football**. **Tally** wants to have a competition. The next **day** they meet again in the **park**. They play three games – skipping, pilates and **jogging**. Tally is very good at **pilates**. Sam is very good at **skipping**. And Ruby is good at **jogging**. Alfie **isn't very** good at all of these sports. In the end they all **sit and talk** together.*

Erarbeitung **c)** Mithilfe der Beispiele im SB formulieren die S ihre Meinung zur Botschaft der Filmepisode und äußern sie im Plenum (▶ Meldekette). L kann Redemittel zur Meinungsäußerung vorgeben (Tafel): *I think (that) … / In my opinion … / I'm sure (that) … but … / …*

Lösung Individuelle Lösungen. ▶ INKL p. 63

MORE CHALLENGE

Inhalt Das *South Liverpool High School*-Team erhält per Brief als Stadtsieger die Einladung zur nächsten Runde des Wettbewerbs auf regionaler Ebene (Nordwestengland). Das Team muss mit derselben Geschäftsidee gegen ein anderes Team antreten; der Sieger zieht ins Halbfinale ein. Auf dieser *More challenge*-Seite erweitern die S ihre sprachlichen Kenntnisse um den Gebrauch der Modalverben im *will-future* im Hauptsatz von Bedingungssätzen des Typs I.

S. 66

The next step

1 A letter from BIZ 4 KIDZ

Erarbeitung **SB geöffnet.** Die S lesen die Situationsbeschreibung und die Aufgabenstellung. Anschließend **1. Lesen** (still) und stichpunktartige Beantwortung der Fragen. Danach Vergleich im ▸ Partner check.

Lösung *1 They got the letter because they won the competition in Liverpool.*
2 The North West England competition is next. As one of eight teams, they will have to win against one other team to go to the semi-finals.
3 The next competition/challenge is in Manchester on March 12.

2 Conditional sentences (type 1) with modal verbs

Erarbeitung **SB geöffnet.** Die S lesen die Aufgabenstellung und klären mögliche Verständnisschwierigkeiten. Danach legen sie gemäß SB eine entsprechende Tabelle im Heft an und ergänzen sie mit Sätzen aus dem Brief. Anschließend vergleichen sie ihre Ergebnisse im ▸ Partner check und vertiefen die Thematik im *Language file 17* (SB-Seite 193) eigenständig.

Lösung

substitute	example with conditional 1
be able to	• If you win, you'll be able to go to the semi-finals in London in the summer.
be allowed to	• If you come to the competition with a new idea, you won't be allowed to take part. • You'll be allowed to make small changes to your idea if you talk to us before the competition.
have to	• Each team will have to win against one other team if they want a place in the semi-finals. • If that's OK, then you'll have to bring us a letter from your parents.

3 Getting ready for Manchester

Erarbeitung **SB geöffnet.** Gemäß SB vervollständigen die S die Sätze schriftlich in EA mit den entsprechenden *modal substitutes* im *will-future*.

Lösung *1 we'll have to • 2 won't be allowed to • 3 we'll be able to • 4 we'll be allowed to • 5 won't be able to • 6 won't have to*   ▸ DFF 3.9

More practice 6 p. 129 **Chain story**

Erarbeitung **SB geöffnet.** Gemäß SB verfassen die S eine Kettengeschichte, bei der jeweils der Hauptsatz des vorhergehenden Bedingungssatzes zum *if*-Satz des folgenden wird. Dabei verwenden sie die *modal substitutes* im *will-future*.

Auswertung Die *chain stories* können im Klassenraum ausgehängt werden. Die Mit-S lesen sie in einem ▸ Gallery walk und bewerten die originellste Kettengeschichte, indem sie auf einem separaten *feedback sheet* Klebepunkte oder alternativ Smileys verteilen.

STOP! CHECK! GO!

Hinweis · Übungsaufgaben zu wichtigen Themen und Kompetenzbereichen aus Unit 3. Bei geschlossenen Aufgabenformaten können die S ihre Ergebnisse selbstständig mithilfe des Lösungsschlüssels auf ▶ KV 28: Answers to STOP! CHECK! GO! (Unit 3) überprüfen (auch als Partnerkontrolle). Die KV bietet eine Auswertung nach Punkten, die in drei verschiedene Smileys (☺/ ☺/ ☹) übersetzt werden. Diese Smileys können auch für die Selbsteinschätzung im *Workbook* (STOP AND CHECK, p. 45) und in *Differenzieren – Fördern – Fordern* herangezogen werden. Weitere grundsätzliche Hinweise zur Konzeption und Durchführung von STOP! CHECK! GO! finden sich im Vorwort.

Die Hörtexte zu STOP! CHECK! GO! sind für die S auch auf der Audio-CD im *Workbook* zugänglich.

S. 67

1 REVISION An interview with a footballer

Wortschatz · °born: be born • °goal • °dock

Erarbeitung · **a) SB geöffnet.** Gemäß SB schriftlich in EA. Die S schreiben entweder den gesamten Dialog mit den Lückenwörtern im Zusammenhang ab oder sie notieren nur die *present perfect*-Formen der Verben für die Lücken im Heft.

Alternative · ♟♟ Da die Aufgabe als Interview angelegt ist, bietet es sich bei Bearbeitung im Unterricht an, dass die S in PA Fragen und Antworten lesen und sich gegenseitig beim Einsetzen der richtigen Formen des *present perfect* unterstützen. Erschließung unbekannter Begriffe in PA. Kontrolle durch anschließende Zusammenarbeit mit einem weiteren Partner-Paar (mithilfe der Lösungs-KV).

Erarbeitung · **b)** Gemäß SB. Die S schreiben die komplettierten Sätze ins Heft.

Lösung · ▶ KV 28: Answers to STOP! CHECK! GO! (Unit 3)

2 WORDS Business words

Wortschatz · °advertise

Erarbeitung · **a) SB geöffnet.** Die S übertragen die Umschreibungen 1 bis 7 ins Heft, wählen die passenden sieben Begriffe aus dem grünen Kasten aus und setzen sie dazu.

Erarbeitung · **b)** Gemäß SB.

Hinweis: Zwecks besserer Übersichtlichkeit erstellen die S eine Tabelle mit den vorgegebenen Verben in der linken Spalte und fügen in der rechten Spalte die passenden *phrases* ein. Anschließend ergänzen sie weitere Ideen zu den einzelnen Verben in der rechten Spalte.

take part in	*a competition* / *a game* / ...
advertise	*a product in a newspaper* / ...
...	...

Lösung · ▶ KV 28: Answers to STOP! CHECK! GO! (Unit 3)

Erarbeitung · **c)** ▣ Gemäß SB schriftlich in EA. Bei Erarbeitung im Unterricht sollte L eine Zeitvorgabe geben (z. B. *ten minutes*).

Auswertung · ♟♟ Anschließend vergleichen die S ihre Sätze mit einem Partner und geben sich gegenseitig Rückmeldung.

Lösung · Individuelle Lösungen. ▶ WB Fast Finishers, p. 46 ▶ DFF 3.1 ▶ INKL p. 64

S. 68

3 LANGUAGE What will you do if ...?

Erarbeitung **a) SB geöffnet.** Die S erstellen eine Tabelle gemäß der Vorlage und tragen mithilfe der vorgegebenen Satzbausteine und eigener Ideen sechs Fragen ein.

Hinweis: Falls gewünscht Platz für weitere Partner in zusätzlichen Tabellenspalten einplanen.

Differenzierung Lernschwächere S vervollständigen die Fragen im Tabellenvordruck auf ▶ KV 26: What will you do if ...?, Teilaufgabe **a)**.

Lösung ▶ KV 28: Answers to STOP! CHECK! GO! (Unit 3)

Erarbeitung **b)** 👥 Zuerst beantworten die S die Fragen für die eigene Person. Anschließend befragen sie einen Partner und notieren dessen Antworten in der Tabelle.

Lösung Individuelle Lösungen.

Zusatz Die S befragen im Rahmen einer ▶ Milling-around activity mehrere Partner und notieren die jeweiligen Antworten in weiteren Tabellenspalten.

Erarbeitung **c)** 🖽 Gemäß SB. Bei Erarbeitung im Unterricht anschließend Auswertung als ▶ Meldekette im Plenum.

Lösung Individuelle Lösungen. ▶ DFF 3.2

4 SPEAKING Making plans in Liverpool

Wortschatz **Partner A:** °Fab4 (= fabulous four) • °on board • °terminal • °space • °galaxy • °Milky Way • °pier

Partner B: °store • °screen • °hotel • °explore • °seafaring history • °shipping

Einstieg **SB geöffnet.** Gemeinsames Lesen und ▶ Klären der Arbeitsanweisung für die Teilaufgaben **a)** bis **c)** im Plenum als Vorbereitung auf den Austausch über die Plakate in PA.

Erarbeitung **a)** 🗎 💬 Die S betrachten ihre jeweiligen beiden Poster und erschließen die Texte anhand der Fragestellungen (Spiegelstriche) im SB (▶ Scanning). Sie machen sich Notizen, anhand derer sie einem Partner ihre Meinung zu den Sehenswürdigkeiten begründet mitteilen.

Hinweis: Zum Verständnis notwendige unbekannte Begriffe erschließen die S beim **1. Lesen** in EA und notieren sie ggf., um sie dem Partner bei der Präsentation erläutern zu können.

Differenzierung Die S legen für ihre Notizen eine Tabelle an (siehe Lösungsbeispiel zu **b)**, da in Aufgabe **b)** Notizen zu den gleichen Bereichen gemacht werden sollen. Alternativ nutzen sie die Tabellenvorlage auf ▶ KV 27: Making plans in Liverpool.

Erarbeitung

b) Die S hören dem Partner zu und machen sich Notizen in ihrer Tabelle.

Lösungsbeispiel

	Partner A		Partner B	
	1st place	2nd place	1st place	2nd place
Where do you want to go?	The Beatles story	Trip on the river	Liverpool One	Merseyside Maritime Museum
Where are these places?	Britannia Vaults, Albert Dock	Liverpool Pier Head	in the city centre	Albert Dock
What do they cost?	(Adult £15.95) Child (5–16) £7	(Adult £8) Child (5–15) £4,50	free (if you just want to look around ...)	free
When can you go there?	every day; April – Oct: 9 am to 7 pm; Nov –March: 10am to 6pm (not 25 / 26 Dec)	10am to 3pm every hour; until 6pm at weekends	all year, Mon–Fri: 9.30 am to 8 pm; Sat: 9 am to 7 pm; Sun: 11 am to 5 pm	every day; 10 am to 5 pm (not 25 / 26 Dec and 1 Jan)
One reason why you would like to go there:	(Individuelle Lösungen.)	(Individuelle Lösungen.)	(Individuelle Lösungen.)	(Individuelle Lösungen.)

Erarbeitung

c) 💬 Die S diskutieren ihre Vorschläge und einigen sich auf zwei Orte, die sie gern gemeinsam besuchen würden. ▶ DFF 3.3 ▶ INKL p. 65

⊡ Differenzierung

L stellt Redemittel für die Diskussion zur Verfügung (gemeinsame Erarbeitung im Plenum oder Vorgabe durch Tafelanschrieb/Plakat/Folie), siehe auch Redemittel in Sprechblasen auf ▶ KV 27: Making plans in Liverpool oder Sammlung von Redemitteln aus dem *Writing course* (SB-Seite 63).

S. 69

5 LISTENING AND MEDIATION *City Explorer Bustour*

Erarbeitung
▶ 🎧 2.09

a) ✍️ 🔁 **SB geöffnet.** Die S lesen die Aufgabenstellung und notieren die fünf Fragen in gekürzter Form (siehe unterstrichene Vorgaben im Lösungsbeispiel). Während des **1. Hörens** und danach notieren sie die gewünschten Informationen (auf Deutsch).

Lösungsbeispiel

- das Besondere: offener Doppeldeckerbus, fährt alle 30 Minuten, hält an vielen Sehenswürdigkeiten, man kann so oft aus- und wieder einsteigen (in den nächsten Bus), wie man möchte, es gibt einen Fremdenführer, der die Sehenswürdigkeiten erklärt
- Dauer: eine Stunde
- Kosten: Erwachsene: £8 / Kinder: £5
- Familienticket? £20 (zwei Erwachsene, drei Kinder)
- mehr Informationen? auf der Website, per E-Mail oder Anruf

Erarbeitung

b) ✍️ Beim **2. Hören** überprüfen die S ihre Notizen. Kontrolle durch ▶ Partner check oder/ und im Plenum. ▶ DFF 3.4

6   READING and WRITING   Should there be more school sport?

Wortschatz	°individual • °zumba • °badminton • °canoeing • °drop • °mixed • °body • °pair
Erarbeitung	**a)** ⊙ ☰☰ **SB geöffnet.** Die S lesen die drei Kommentare, erschließen unbekannte Begriffe selbstständig und machen sich Notizen zu den Einstellungen der drei Autoren.
Erarbeitung	**b)** ◉ Die S erstellen eine Tabelle gemäß der Vorgabe und notieren die in den drei Texten genannten Argumente. Anschließend Vergleich im ▶ Partner check.

Lösungsbeispiel

for more sport	*against more sport*
– *be active and strong*	– *boring*
– *sport = as important as maths and*	– *you don't need school sport to be fit*
English	*and active*
– *stay healthy and fit*	– *some sport lessons make you feel bad*
– *do the best you can for yourself and*	*(about your body)*
your team	*...*

Erarbeitung	**c)** 🔧 Die S suchen in den drei Texten die *linking words* und nützliche Wendungen zur Meinungsäußerung und notieren diese. Alternativ können die S – falls noch Platz ist – die *phrases* in der auf Seite 63 (Aufgabe **1c**) angelegten Tabelle eintragen.
Auswertung	Im ▶ Partner check und/oder im Plenum.
Lösung	**1** *phrases for giving an opinion: In my eyes, I don't think, I think, I can't feel good about, in my opinion, for me, so I would be happy to* **2** *linking words: Firstly, Secondly, and, to sum up*
Erarbeitung	**d)** 📝 Beim Schreiben eines eigenen Kommentars orientieren sich die S an Argumenten und Redemitteln aus den drei Texten in **a)**. Dabei bietet besonders der erste Text (von Kelly) sehr deutliche Strukturierungshilfen mit den *linking words (firstly – secondly – and – to sum up).*
Auswertung	Gemäß SB werden die Texte im Klassenraum ausgehängt. Die S würdigen die Ergebnisse in einem ▶ Gallery walk. Anschließend Auswertung im Plenum anhand der Frage im SB.
Lösung	Individuelle Lösungen. ▶ WB Revision, pp. 47–48 ▶ DFF 3.5 ▶ DFF 3.6 ▶ INKL p. 66/67

More practice 7 p. 130   **How strongly do you agree or disagree?**

Wortschatz	°absolutely • °completely • °simply
Erarbeitung	**a) SB geöffnet.** Mithilfe dieser Aufgabe werden die S über die Aufgabenschritte **a)** bis **c)** angeleitet, Abstufungen der Zustimmung und Ablehnung vorzunehmen und auszudrücken. Im ersten Schritt erschließen sie sich selbstständig die exakte Bedeutung der vier vorgegebenen Ausdrücke zur Zustimmung *(agreeing)* und bringen sie in die gewünschte Reihenfolge *(from weak to strong).*
Lösung	*(.) I more or less agree. • (!) I think it's true that ... • (!!) I'm sure he's / she's right. • (!!!) I absolutely agree with ...*
Erarbeitung	**b)** Im zweiten Schritt erschließen sie sich selbstständig die exakte Bedeutung der vier vorgegebenen Ausdrücke zur Ablehnung *(disagreeing)* und bringen sie in die gewünschte Reihenfolge *(from weak to strong).*
Lösung	*(.) I think he's / she's wrong. • (!) I know it's not true that ... • (!!) It's simply false to say that ... • (!!!) I disagree completely with ...*

Erarbeitung   **c)** Die S beziehen Stellung zu den Schülerkommentaren auf SB-Seite 69 und berücksichtigen dabei:

- die bisher gelernte Struktur des Kommentars
- die Argumente der drei S *(Kelly, Jordan, Evie)*
- die Verwendung der Ausdrücke aus **a)** und **b)** sowie aus dem *Writing course (3): Giving opinions – for and against* (SB-Seite 63) zur deutlichen Darstellung der eigenen Meinung.

Auswertung   Die Texte der S können mit einem Partner kontrolliert (z.B. nach der Methode ► Bus stop) und anschließend überarbeitet werden. Abschlusspräsentation im Plenum oder Aushang in der Klasse, damit alle S die Möglichkeit erhalten, alle Texte zu lesen (► Gallery walk).

Lösung   Individuelle Lösungen.

Bonnie Scotland

Kommunikative Kompetenzen

⮞⳹ Listening

News for the MacDonalds (p. 72, 1)*

The new website (p. 74, 1b/c)

How do you say it? (p. 78, 5a)

Writing a story (p. 82, Step 1a)

Who is Amy Macdonald? (p. 83, 1)

Pride (p. 83, 2)

▤▤ Reading

YOUR TASK Find out about Scotland (p. 71, 1a/b; pp. 146/147)

Bad news for Inverness (p. 72, 2)

A new start? (p. 73, 3)

The new website (p. 74, 1a)

Our first guests (p. 75, 2)

Tourist questions (p. 76, 1)

STORY Strange holiday (pp. 79–81)

Reading club (p. 79, 1b)

Loch Ness brochures (p. 84, 1)

It's for a good cause (MC, p. 86, 1)

READING ALOUD (MC, p. 87, 4)

It's always about Luke (MC, p. 88, 1)

About Alex (MC, p. 88, 2)

⬚ Speaking

YOUR TASK Find out about Scotland (p. 71, 1c/d)

A new start? (p. 73, 3a)

ROLE-PLAY Phoning *Lochside B&B* (p. 75, 3)

How do you say it? (p. 78, 5b/c)

Reading club (p. 79, 1a/c)

NOW YOU Video diaries (p. 85, 3)

👁 Viewing

PEOPLE AND PLACES Welcome to Scotland (p. 75, 4)

London SW 6: Tally's video diary (p. 85, 1)

London SW 6: Four scenes (p. 85, 2)

▤➤ Writing

Ask the class (p. 71, 2)

Writing a story (p. 82, Step 1b–4)

More about Amy Macdonald (p. 83, 3)

People in the story (MC, p. 87, 2)

What happened next? (MC, p. 87, 5)

Dear Josh – an email (MC, p. 88, 4)

Bonnie Scotland

Die S lernen geografische, historische und kulturelle Aspekte Schottlands kennen. Sie begleiten die Familie MacDonald, die ein B&B in der Nähe des Loch Ness eröffnen. Ihre ersten Gäste, die Grants aus Kanada, erleben in ihrer ersten Nacht in Schottland ein spannendes Abenteuer auf Urquhart Castle.

Sprachliche Mittel

Wortfelder

World of work (pp. 72/73)

Making a reservation (p. 75, 2)

Useful words for tourists (p. 143, Wordbank 4)

Talking about music (p. 83, 2; 3b)

Grammatische Strukturen

Relative clauses (pp. 76–78, 1–5; p. 194, LF 18)

Reflexive pronouns (p. 73, 3c; pp. 195–196, LF 20)

⚲ Interkulturelle Kompetenzen

Geografische, historische und kulturelle Besonderheiten Schottlands kennen lernen (pp. 70/71, pp. 154–157)

Staying at a B&B (p. 74)

Methodische Kompetenzen

⚒ Lern- und Arbeitstechniken

Wortschatz mithilfe von Umschreibungen erschließen (p. 72, 2c)

Eine E-Mail vervollständigen (p. 74, 1c)

Einen *defective dialogue* ergänzen (p. 75, 2a)

Note-taking (p. 72, 2a; p. 75, 3; MC, p. 88, 2a)

Paraphrasing (p. 76, 1; p. 77, 3/4; p. 78, 5)

Sprachliche Regelmäßigkeiten erkennen (p. 77, 2)

Einen Folksong verstehen (p. 83, 2)

Skimming (p. 84, 1b)

Unbekannte Wörter verstehen (MC, p. 87, 3)

Selbsteinschätzung (Stop! Check! Go!)

REVISION What will we do if …? (p. 89, 1)

WORDS and LANGUAGE Who or what is it? (p. 89, 2)

LANGUAGE A camping trip (p. 90, 3)

WRITING and SPEAKING Booking a B&B (p. 90, 4)

READING Brochures (p. 91, 5)

👥/👥👥 Kooperative Lernformen

Group puzzle / Jigsaw (p. 71, 1b–c)

Info-gap activity (p. 77, 4)

GAME How do you say it? (p. 78, 5c)

Think-Pair-Share (p. 85, 2)

Weitere Formen von PA und GA (p. 71, 1a; p. 73, 3a; p. 74, 1a; p. 78, 5b; p. 82, Step 2, Step 4b; p. 83, 1b; p. 84, 1c)

* p. 72, 1 = SB-Seite, Übungsnummer

4 Bonnie Scotland

LEAD-IN

Inhalt Die S lernen anhand von Fotos und einer Karte Schottland kennen. Sie entnehmen Sachtexten gezielt Detailinformationen zu Geografie, Geschichte sowie sprachlichen, kulturellen und sportlichen Besonderheiten Schottlands und tauschen sich darüber aus.

S. 70/71

1 YOUR TASK Find out about Scotland

Wortschatz **bonnie · Scotland · the United Kingdom (the UK) ·** °beware **· the Highlands** *(pl)* **· capital · enemy · symbol**

INFO-BOX Scotland

Schottland umfasst den nördlichen Teil der Insel Großbritannien sowie mehrere Inselgruppen. Es gibt drei geografische Regionen: *Highlands*, *Central Lowlands* und *Southern Uplands*. Auf einer Fläche von ca. 78.000 km² leben ungefähr 5 Millionen Menschen. Die Hauptstadt Edinburgh hat 486.120, Glasgow 598.830 und Aberdeen 220.420 Einwohner. Inverness mit ca. 41.000 Einwohnern ist eine kleine Stadt in den *Highlands*.

In Schottland gibt es drei Amtssprachen: Englisch, *Scots* und Schottisch-Gälisch. Ab dem 13. Jahrhundert gab es immer wieder Kämpfe zwischen Schotten und Engländern. Im Jahre 1707 wurde Schottland mit dem *Act of Union* formal mit England vereinigt. Die letzte Schlacht um die Wiedererlangung der schottischen Unabhängigkeit, aus der die Engländer siegreich hervorgingen, wurde im Jahre 1746 bei Culloden geschlagen. Seit dem Jahre 1999 hat Schottland wieder ein eigenes Parlament, das sich um innerschottische Angelegenheiten kümmert.

Die drei großen schottischen Banken geben eigene Banknoten heraus, die neben den englischen als Zahlungsmittel gelten und auch in anderen Teilen Großbritanniens angenommen werden.

Die bis zu 100 *Highland Games* finden alljährlich zwischen Mai und Oktober statt. Die bekanntesten Spiele sind in Braemar (westlich von Aberdeen in den *Highlands*). Es gibt über 50 verschiedene Sportarten; die berühmtesten Disziplinen sind *tossing the caber* (Baumstammwerfen), *putting the stone* (Steinstoßen) und *throwing the hammer* (Hammerwerfen).

Traditionelle schottische Gerichte sind *Haggis* (mit Innereien vom Schaf gefüllter Magen), *Shortbread* (süßes Mürbeteiggebäck) und *Porridge* (Haferbrei aus Hafer, Wasser und Salz).

Material schottische Flagge, Karte Großbritannien, leeres Plakat

Einstieg **SB geschlossen.** Aktivierung von Vorwissen. Anhand der schottischen Flagge und einer Karte von Großbritannien (Umschlaginnenseite im SB oder Wandkarte) führt L in das Thema ein. L: *This is the flag of a part of the United Kingdom. The UK has four parts: England, Wales, Scotland and Northern Ireland. Which flag do you think it is? (Scotland) In our new unit, we will find out more about Scotland. What do you already know about it?* L sammelt Vorwissen der S in einem Network (Plakat), das im Verlauf der Unit ergänzt werden kann.

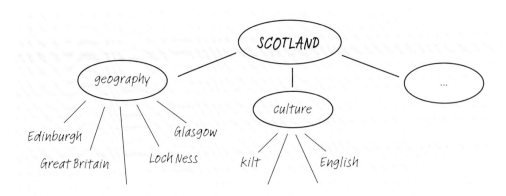

| Differenzierung | L stellt lernschwächeren S einige Redemittel an der Tafel bereit: |

– When I think of Scotland, I think of …
– … is a Scottish city/person/song/…
– Scotland is famous for …
– In Scotland there is/are …

Überleitung L: *Let's find out more about Scotland.*

Erarbeitung **a)** 👥👥 ▤▤ **SB geöffnet.** L semantisiert unbekannten Wortschatz: *capital – the most important city in a country; Berlin is the capital of Germany; enemy – opposite of friend; symbol* ist erschließbar.

Anschließend ▶Klären der Arbeitsanweisung. In Dreiergruppen notieren die S anhand der Bilder, Bildunterschriften und ihres Vorwissens Antworten auf die Fragen.

Alternative L verteilt ▶KV 29: YOUR TASK Find out about Scotland mit den Fragen als Stichworte in einem Tabellenraster. Die S ergänzen ihre Antworten in der Tabelle.

Erarbeitung **b)** ▤▤ Gemäß SB. Die S lesen in EA ihren Teil im *Text file 5* (SB-Seiten 154–155) und ergänzen die fehlenden Antworten im Heft oder auf der ▶KV 29: YOUR TASK Find out about Scotland.

Hinweis: Es handelt sich um die kooperative Lernform ▶Jigsaw. Um den organisatorischen Ablauf in methodisch weniger geübten Klassen sicherzustellen, weist L bereits im Vorfeld jedem S in der Gruppe, z.B. über kleine Kärtchen, einen Buchstaben (A, B, C) zu.

Erarbeitung **c)** 👥👥 💬 Zwischensicherung in neuen Gruppen gemäß SB. Die S vergleichen ihre Antworten und korrigieren diese, wenn nötig.

Erarbeitung **d)** 👥👥 💬 Die S gehen in ihren Ausgangsgruppen zusammen. Sie informieren sich gegenseitig über ihre Ergebnisse, indem sie sich abwechselnd fragen und antworten. Alle S ergänzen ihre Tabelle im Heft bzw. auf ▶KV 29: YOUR TASK Find out about Scotland.

Auswertung Im Plenum als Quiz. L teilt die Klasse in zwei Gruppen ein. Abwechselnd stellen sich die Teams Fragen, die innerhalb von fünf Sekunden beantwortet werden müssen. Wird die Frage richtig beantwortet, gibt es einen Punkt; wenn nicht, bekommt das fragende Team den Punkt. Sieger ist das Team, das am Ende die meisten Punkte hat.

Lösung ***A 1** Edinburgh • **2** Glasgow • **3** about 5 million • **4** Loch Ness*
***B 1** England • **2** part of the UK • **3** blue and white • **4** the thistle*
***C 1** English, Gaelic, Scots • **2** golf, shinty, tossing the caber (Highland Games) • **3** the kilt is from Ireland • **4** the bagpipes*   ▶Folie 14

Zusatz
▶🎧 3.23
▶🎧 3.24
Je nach Interesse der Lerngruppe kann L mit der Klasse die inoffizielle Nationalhymne *Flower of Scotland* sowie Beispiele traditioneller schottischer Musik anhören (*Text file 5*, SB-Seiten 154–155). Anschließend Gespräch über die Eindrücke im ▶Partner talk und abschließend im Plenum. L: *Do you like this song / kind of music? Why (not)? Which instruments did you hear? …*

2   Ask the class

Erarbeitung	**SB geöffnet.** Gemäß SB formulieren die S in EA weitere Fragen und stellen sie anschließend der Klasse.
Alternative	Bearbeitung nach der Methode ▸ Think – Pair – Share. Gemäß SB formulieren die S in EA weitere Fragen innerhalb einer von L vorgegebenen Zeit oder als Hausaufgabe. Anschließend erstellen sie in PA eine gemeinsame Frageliste. Danach stellen sie ihre Fragen einem weiteren S-Paar, das diese beantworten muss. Zum Einstieg in die Folgestunde können einzelne S im Plenum weitere Fragen stellen. Weiß ein Mit-S die richtige Antwort, darf er die nächste Frage stellen usw.
Zusatz	Die Aufgabe kann auch als Wettbewerb durchgeführt werden. Dabei bekommt jedes S-Paar Punkte für richtige Antworten sowie für Fragen, die das andere S-Paar nicht beantworten konnte.
⊙ Differenzierung	In lernschwächeren Klassen wiederholt L zunächst die Fragebildung mit *do/does* bzw. mit *be* und sammelt anschließend mögliche Fragewörter an der Tafel.
Lösung	Individuelle Lösungen.
Auswertung	Im Plenum als ▸ Meldekette. ▸WB 1–2, p. 49 ▸DFF 4.7 ▸INKL p. 68–69

More challenge 1 · p. 130   Your Scotland fact file

Erarbeitung	**SB geöffnet.** Die Aufgabe richtet sich vornehmlich an lernstärkere S, kann bei Interesse aber auch von der ganzen Klasse bearbeitet werden. Die S sammeln (ggf. auch unitbegleitend) Informationen über Schottland und gestalten damit ein *fact file*. Sie sollten sich auf einen interessanten Teilaspekt Schottlands (z. B. *Edinburgh, the Orkney Islands, traditional clothing, Highland Games, etc.*) beschränken. Als Hilfe können die S auf die Hinweise zu einem *fact file* auf SB-Seite 24 zurückgreifen. Optional kann das *fact file* um einzelne Bildelemente ergänzt werden.
Zusatz	Einzelne S stellen ihr *fact file* mündlich der Klasse vor. Dabei dient das *fact file* als Stichwortzettel zur Gliederung der Kurzpräsentation. Die Mit-S geben anschließend kriteriengestützt Feedback.
Lösung	Individuelle Lösungen.

THEME 1 Time for a change

Inhalt Die S lernen die Familie MacDonald kennen. Nachdem die Eltern Kate und Alec beide ihre Jobs verloren haben, sucht die Familie gemeinsam nach einer Lösung und beschließt, ein *Bed and Breakfast* in ihrem Haus in der Nähe von Loch Ness zu eröffnen.

Die S entnehmen einem Dialog und einem Zeitungsartikel Detailinformationen.

S. 72

1 News for the MacDonalds

Wortschatz **change** *(n)*

Einstieg **SB geschlossen.** L: *I have some good news: You don't have to take a test today. But I also have some bad news: You're going to take a test next week. What is good news and bad news for you? Talk to a partner.* Im ▸ Partner talk tauschen sich die S über gute und schlechte Neuigkeiten aus. Dazu stellt L an der Tafel folgende Redemittel bereit: *Good/bad news for me is when ...*

Überleitung L: *Now let's meet the MacDonald family. They got some news too. Let's see if it's good news or bad news.*

Erarbeitung **a)** ◻ ⯈⯈ **SB geöffnet.** Beim **1. Hören** des Dialogs beantworten die S die Frage zum Glo-
▸ 🔊 2.10 balverstehen.

Auswertung Im Plenum.

Lösung *It's bad news for the MacDonalds because Mr MacDonald thinks he will lose his job. Maybe he will have to go to Glasgow for a new job.*

Überleitung L: *Here you can see the MacDonald family. Who do you see? (a mum, a dad, a brother and a sister)*

Erarbeitung **b)** ⯈⯈ Die S lesen die vier Fragen im Plenum. Während des **2. Hörens** (Detailverstehen) beantworten die S die Fragen.

Hinweis: Vorbereitend sollten sich die S für Frage 1 die Namen im Heft notieren, um lediglich die Buchstaben ergänzen zu müssen.

Zusatz Lernstärkere S finden zusätzlich Antwort auf folgende Frage: *What is Mrs MacDonald's job? (She worked at a hairdresser's, but she lost her job last month.)*

Auswertung Im ▸ Partner check, anschließend per ▸ Meldekette im Plenum.

Lösung *1 A Kate • B Alec • C Kara • D Jamie; 2 in Dores; 3 in a shop in Inverness; 4 Because there is another shop in Glasgow (and maybe he will have to go there).*

Überleitung L: *Let's find out what happens to Mr MacDonald's job.*

2 Bad news for Inverness

Wortschatz **close** sth. **down • equipment** *(no pl)* • **out-of-town** shopping centre • **manager • in all • employee • unemployed**

Erarbeitung **a)** ▤ **SB geöffnet.** Die S lesen zunächst die Aufgabenstellung und die Fragen. Beim **1. Lesen** notieren sie ihre Antworten stichpunktartig im Heft.

Auswertung Im ▸ Partner check, anschließend im Plenum.

Lösung *1 MacBean's • 2 in Church Street in Inverness • 3 clothes and equipment for camping, climbing and walking • 4 most people go to out-of-town shopping centres, customers can park for free, shops are bigger • 5 seven people*

Erarbeitung	**b)** Die S unterhalten sich im ▸ Partner talk über die Konsequenzen für die Familie.
Lösungsbeispiel	*Mr MacDonald has lost his job because the shop in Inverness has closed. Now he has to find a new job, but there are no jobs in Inverness.*
Zusatz	L: *What can the people who have lost their jobs do now?* Die S schreiben ihre Ideen dazu auf. *(move to another town to find work / open their own shop / work as a tourist guide / work as a sheep farmer / …)*
Erarbeitung	**c)** ▤▤ **WORDS** Die S suchen die umschriebenen Begriffe im Text. Anschließend notieren sie die Begriffe und ihre Umschreibungen ins Heft.
⊡ Differenzierung	Lernschwächere S erhalten die folgende Liste, aus der sie die passenden Begriffe auswählen (drei Begriffe sind Distraktoren): *a car park • customers • employees • equipment • a hairdresser's • the manager • outdoor shop • out-of-town shopping centres • recently • unemployed*
Auswertung	Anhand des Satzanfangs *What do you call …* zunächst in PA mündlich, danach im Plenum. Sicherung an der Tafel.
Lösung	**1** *an outdoor shop •* **2** *out-of-town shopping centres •* **3** *the manager •* **4** *a car park •* **5** *customers •* **6** *employees •* **7** *unemployed* ▸WB 3, p. 50 ▸INKL p. 70

S. 73

3 A new start?

Wortschatz	**blame** sb. **(for) • stick together, stuck, stuck • themselves • Box 'myself, yourself, himself'** (SB-Seite 213) **• bed and breakfast (B&B) • how to** do sth. **• run** a business / a hotel, **ran, run • Help yourselves. • store • management • staff**
Einstieg	**SB geschlossen.** Reaktivierung von Vorwissen über die Familie MacDonald im Unterrichtsgespräch oder im ▸ Partner talk: *What do you know about the MacDonalds? (live in Inverness) What's their problem? (parents lost their jobs)* Anschließend semantisiert L einen Teil des neuen Wortschatzes anhand verbal-definitorischer ▸ Semantisierungstechniken: *What can they do now? (work in a restaurant, move to another town, …) Maybe they could start their own business. Mr MacDonald could open a new store (= shop) for camping equipment. Or they could start their own restaurant. But they don't know how to run a restaurant. So what can they do?*
Erarbeitung	**a)** 👥 ▤▤ **SB geöffnet.** Gemäß SB besprechen die S im ▸ Partner talk ihre Ideen, machen sich dazu Notizen und überprüfen sie beim **1. Lesen** (Globalverstehen) des Textes.
Lösung	*The MacDonalds want to start their own business – a B&B.*
Erarbeitung	**b)** ▤▤ **2. Lesen** (Detailverstehen) zur Bewertung der Aussagen. Die S berichtigen die falschen Aussagen. Anschließend Vergleich im ▸ Partner check.
Lösung	**1** *False. They think they should stick together. •* **2** *True. •* **3** *Not in the text. •* **4** *Not in the text. •* **5** *True. •* **6** *False. He says they don't know how to run a B&B.*
Überleitung	L: *Kara says to her dad, 'Don't blame yourself'. She thinks that it isn't her dad's mistake that he lost his job. Let's have a look at these words.*
Erarbeitung	**c)** Die S suchen und notieren sechs Verben mit Reflexivpronomen. Die Übung ist offen nach oben. Insgesamt sind sieben Verben im Text zu finden.
Zusatz	Die S übersetzen die gefundenen Wendungen mithilfe von vermischt an der Seitentafel vorgegebenen Übersetzungen ins Deutsche: sich bedienen • sich amüsieren • sich etwas sagen • sich fragen • sich selbst etwas beibringen • sich um sich selbst kümmern • sich Vorwürfe machen

| Lösung | blame yourself • look after themselves • asked ourselves • told myself • enjoy themselves • teach ourselves • help yourselves |

▶WB 4–5, p. 50–51 ▶DFF 4.2 ▶INKL p. 71

| Zusatz | Bewusstmachung der Struktur mithilfe des folgenden Tafelbildes. Rückbezug auf das entsprechende Nomen wird anhand von Pfeilen verdeutlicht. |

Anschließend Vertiefung anhand des *Language file* (LF 20, SB-Seite 195). L weist auf die Unterschiede in der Aussprache von *-self/-selves* im Singular und Plural hin.

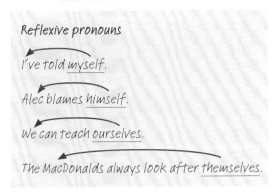

Reflexive pronouns

I've told myself.

Alec blames himself.

We can teach ourselves.

The MacDonalds always look after themselves.

More practice 1 p. 130 **Teach yourself**

| Erarbeitung | **a) SB geöffnet.** Die S übertragen und vervollständigen die Tabelle. Hilfe finden sie im Text auf SB-Seite 73 und im *Language file* (LF 20, SB-Seite 195). |

| Lösung |

I	myself
you	yourself
he	himself
she	herself
we	ourselves
you	yourselves
they	themselves

| Erarbeitung | **b)** Die S vervollständigen die Sätze mit den Reflexivpronomen aus **a)**. Diese Aufgabe kann in lernschwächeren Klassen in PA erfolgen, ist aber auch als schriftliche Hausaufgabe geeignet. |

| Auswertung | Im ▶ Partner check, anschließend im Plenum. |

| Lösung | **1** herself • **2** himself • **3** myself • **4** himself • **5** themselves • **6** yourself • **7** ourselves |

More challenge 2 p. 131 **MEDIATION Don't worry …**

| Erarbeitung | 💬 **SB geöffnet.** ▶ Sprachmittlung ins Englische gemäß SB, auch als Hausaufgabe für lernstärkere S geeignet. Als Hilfe verwenden die S die Hinweise im Tipp-Kasten und im *Language file* (LF 20, SB-Seite 195). |

| Lösung | **1** *Nina doesn't feel well. But she says we shouldn't worry about her.* • **2** *She says sorry, she can't remember your name.* • **3** *Are you looking forward to the weekend?* • **4** *Nina would like to meet you in the park tomorrow.* • **5** *She's going to look after the picnic.* |

THEME 2 The B&B is open for business

Inhalt   Die MacDonalds haben ihr *Lochside B&B* eröffnet. Die Grants aus Kanada werden die ersten Gäste sein.

Der Webseite des B&B entnehmen die S Detailinformationen. Die S vervollständigen eine Buchungs-anfrage anhand eines Dialogs und führen selbst ein Telefongespräch zur Reservierungsbestätigung. In einem dokumentarischen Film erfahren die S mehr über kulturelle und gesellschaftliche Aspekte Schottlands.

S.74

1   The new website

Wortschatz   **area · welcome sb. (to) · bank · fish** *(v)* **· including · take place · twin room · dry** *(v)* **· coat**
· serve · dining room · a 16-year-old · telephone · confirm · reservation · Canadian

Einstig   **SB geschlossen.** Einführung in die Situation und Semantierung neuen Wortschatzes: L: *The MacDonalds are opening their own B&B. Of course they want to advertise it, so that people can find out about it. How can they advertise? (in the newspaper, on the radio, in brochures at the tourist information office, with signs on the road, in the internet, ...) They decided to make their own website. If you want to be a guest, you have to make a* reservation (L simuliert kurz Telefongespräch zur Buchung eines Zimmers). *Sometimes you can't just send an email, but you also have to phone to* confirm *your reservation, so that they know that you're really coming. In a B&B, you get a room* including *breakfast, so you get food in the morning. Let's find out more.*

Erarbeitung   **a)** ⊙ ☰☰ ▲▲ **SB geöffnet.** ▸ Klären der Arbeitsanweisung. Anschließend **1. Lesen** und Beant-worten der Fragen. Danach Vergleichen der Ergebnisse im ▸ Partner check.

Zusatz   Zur Sicherung des Detailverstehens beantworten die S nach dem **2. Lesen** folgende Fragen:

- *Where is the B&B? (near Dores on the banks of Loch Ness)*
- *How can you make a reservation? (send email and phone to confirm reservation)*

Hinweis: Die S sollen die Bilder der Website in ihre Beantwortung einbeziehen.

Auswertung   Im Plenum.

Lösung   *1 Visitors can do water sports, go fishing, visit places like Loch Ness or Urquhart Castle, go to the RockNess music festival, travel to the Highlands by train, etc. · 2 six people · 3 £50*

▸ DFF 4.3

Überleitung   L: *Some tourists from Canada want to stay at the Lochside B&B. Let's see if they get a room.*

Erarbeitung
▸ 🎧 2.11   **b)** 👂🔊 ▸ Klären der Arbeitsanweisung. Die S beantworten beim **1. Hören** die Fragen. L kann Satzanfänge für die Antworten vorgeben.

⊙ **Differenzierung**   Lernschwächere S bearbeiten die Aufgabe mithilfe der Multi-ple-choice-Auswahl auf ▸ KV 30: The B&B is open for business.

Auswertung   Im ▸ Partner check, anschließend im Plenum.

Lösung   *They like the website because the house looks nice, it's close to Loch Ness and the rooms aren't expensive. · Duncan doesn't want to sleep in the same room as his parents.*

Erarbeitung   **c)** 👂🔊 Die S lesen zunächst die E-Mail durch und notieren beim **2. Hören** (Detailverstehen) die fehlenden Informationen (im Heft oder in der vorbereiteten Mail auf ▸ KV 30: The B&B is open for business).

Auswertung	Im ▶ Partner check, anschließend im Plenum.
Lösung	*Hi! We are a family of **four** people (2 adults and **2** teenage kids, ages **14** and **16**). We'd like to book your **family** room for at least **two** nights from **tomorrow night**. Will the room be free? Thanks a lot. The Grant family* ▶ WB 6, p. 51 ▶ INKL p. 72

S. 75

2   Our first guests

Wortschatz	**guest · ring, rang, rung**
Einstieg	**SB geschlossen.** Reaktivierung von Vorwissen. L: *The MacDonalds got an email from a family who wanted to book one of their rooms. Who were they? (a Canadian family of four) What do you remember about their reservation? (They wanted to book the family room for at least two nights.)*
Überleitung	L: *When you make an email reservation, you often have to phone to confirm the reservation. Let's have a look.*
Erarbeitung ▶ 🎧 2.12	**a)** 📧 **SB geöffnet.** ▶ Klären der Arbeitsanweisung. Beim **1. Lesen** ergänzen die S den Dialog mit ihrer Meinung nach passenden *phrases*. Beim **1. Hören** überprüfen sie ihre Ideen.
🔘 Differenzierung	Lernschwächere S bearbeiten Aufgabe **2** im vorbereiteten Dialog auf ▶ KV 30: The B&B is open for business. Bei Bedarf steht ein Reservoir mit *phrases* (und Distraktoren) zur Verfügung.
Lösung	**1** *is that ·* **2** *This is ·* **3** *confirm ·* **4** *Which room ·* **5** *family room ·* **6** *How many ·* **7** *when ·* **8** *Do you need ·* **9** *you have a problem ·* **10** *tomorrow evening*
Überleitung	L: *Jamie took the message for his parents. But he made some mistakes. Can you help him?*
Erarbeitung	**b)** Die S lesen den Notizzettel und übertragen ihn berichtigt ins Heft.
🔘 Differenzierung	Lernschwächere S schreiben ihre Korrektur auf den Notizzettel auf ▶ KV 30: The B&B is open for business.
⚫ Differenzierung	Lernstärkere S finden sich paarweise zusammen, z. B. an einem ▶ Bus stop, und geben die berichtigten Informationen aus dem Telefonat anhand der Notizen mündlich weiter.
Auswertung	Zunächst im ▶ Partner check, danach als ▶ Meldekette im Plenum. L achtet darauf, dass die S ganze Sätze sprechen, und hält zum Vergleich die übermittelten Informationen stichpunktartig an der Tafel fest.
Lösung	*Who rang?* **Mrs Grant** *· Confirm?* **Yes** *· Room?* **Family room** *· Nights?* **Two** *· Day of arrival?* **Tomorrow evening** *· Time of arrival?* **7 o'clock**

3 👥 ROLE-PLAY Phoning *Lochside B&B*

Material	zwei Spielzeugtelefone oder alte Handys
Einstieg	**SB geschlossen.** Die S erhalten verschiedene Redemittel (Arbeitsblatt/Folie), die im ▶ Role-play benötigt werden, und ordnen diese den beiden Sprecherrollen (*guest / B&B owner*) zu. Die Ergebnisse werden in einer Tabelle an der Tafel von den S gesammelt und dienen während des Rollenspiels als Hilfestellung (siehe nächste Seite).

Taking a phone message

B&B owner	Guest
– Hello, this is ... – Which room was that again, please? – How many nights are you plannning to stay? – What day/time will you arrive? – Do you need directions? – Thank you very much. We're looking forward to ...	– Hi. This is ... I'm calling to confirm my ... – A ... room, please. – I'd like to stay for ... – On ... at about ... – No, thank you.

Erarbeitung 💬 **SB geöffnet.** ▸ Klären der Arbeitsanweisung und Rollenverteilung. Der lernschwächere S sollte den Part des *B&B owner* übernehmen, der lernstärkere S den des *guest*. Beide Partner machen sich Notizen zu ihren Parts. Anschließend führen die S das ▸ Role-play in PA durch. Partner A notiert die Nachricht auf einem nach dem Muster im SB vorbereiteten Zettel. Anschließend tauschen die S die Rollen.

Ⓞ **Differenzierung** Die S erhalten ▸ KV 31: Phoning a B&B und erarbeiten anhand der vorgegebenen *role cards* ihren Dialog. Die KV liefert auch zwei Vordrucke für *telephone messages* zum Vervollständigen.

Auswertung Im Plenum. Dazu stellt L ggf. als Requisiten zwei alte Handys oder Spielzeugtelefone zur Verfügung. Die Mit-S machen sich Notizen und geben anschließend Feedback zur Umsetzung. Als mögliche Kriterien können die situationsangemessene Verwendung der Redemittel sowie Verständlichkeit und Vollständigkeit der Informationen dienen.

▸ DFF 4.4 ▸ DFF 4.5 ▸ Folie 15

4 PEOPLE AND PLACES Welcome to Scotland

Wortschatz **knife,** *pl* **knives** · °haggis · **dish** · **banana** · °tossing the caber

Erarbeitung **a) SB geöffnet.** *Pre-viewing:* Die S notieren in EA stichpunktartig ihre inhaltlichen Erwartungen an den Film und tauschen sich anschließend in PA darüber aus.

Lösung Individuelle Lösungen.

Erarbeitung **b)** 👁 Während des **1. Sehens** (Globalverstehen) gleichen die S ihre Ideen durch Abhaken ▸ 🎥 ab.

Auswertung Im ▸ Partner check.

Lösung Individuelle Lösungen.

Erarbeitung **c)** 👁 Die S lesen die Fragen zunächst still und notieren die Fragennummern 1 bis 6 im Heft. Anschließend semantisiert L bei Bedarf den Begriff *knife* durch Tafelskizze. Während des **2. Sehens** schreiben die S den entsprechenden Antwortbuchstaben hinter die Nummer.

Auswertung Als ▸ Meldekette im Plenum.

Lösung *1 B* · *2 C* · *3 C* · *4 A* · *5 B* · *6 A*   ▸ WB 7–8, p. 52 ▸ INKL p. 73

FOCUS ON LANGUAGE

Inhalt   Die S umschreiben unbekannte Begriffe mithilfe der Relativpronomen *who* und *that*. Sie können vorgegebenen Umschreibungen auch die gesuchten Begriffen zuordnen.

S. 76

1   Tourist questions

Struktur   Relativsätze mit *who* und *that*: Präsentation

Wortschatz   **boil · Scot · kettle · waiter, waitress · °piper · mechanic · receptionist**

Einstieg   **SB geschlossen.** L stellt verschiedene Fragen über Personen und Gegenstände im Klassenzimmer: *What is the thing that you sit on in the classroom? (chair)* • *What do you call the man or woman in the classroom who teaches the students? (teacher)* • *I'm looking for something green that you can write on. (board)*

Überleitung   L: *This quiz was easy for you. But when you are in Britain and you don't know the words for different things, it isn't always easy. So let's find out what you can do if you don't know a word.*

Erarbeitung   **a) SB geöffnet.** Aufgabenteil **b)** bleibt zunächst abgedeckt. Gemäß SB lesen die S die Umschreibungen und versuchen, die englischen Begriffe zu benennen. Sie schreiben die gefundenen Wörter ins Heft (ggf. auf Deutsch, um das Verständnis der Relativsätze nachzuweisen).

Auswertung   Im Plenum werden die Begriffe an der Tafel gesammelt.

Erarbeitung   **b)** Zunächst Bildbetrachtung und ▶ Lautschulung im Plenum. Dann ordnen die S die Begriffe den Sprechblasen aus **a)** zu und überprüfen ihre Lösungen im ▶ Partner check.

◉ Differenzierung   Lernstärkere S oder *fast finishers* beantworten in PA zusätzlich folgende Fragen: *What do you call a room that has two beds in a B&B? (twin room)* • *What is the name of the person who lost his job in Theme 1? (Alec MacDonald)* • *What is the name of the sea monster that lives in Loch Ness? (Nessie)* • *What do you call a person who stays at a B&B? (a guest)* • *What is the name of the flower that is a symbol for Scotland? (the thistle)* • *What do you call a person who looks after a shop? (a manager)*

Auswertung   Im Plenum als ▶ Meldekette.

◉ Differenzierung   Lernstärkere S bzw. *fast finishers* bilden Aussagesätze aus den Frage-Antwort-Paaren: *A kilt is a skirt that Scottish men sometimes wear.*

Lösung   *1* a kilt • *2* the Scots • *3* the Highlands • *4* a piper • *5* haggis • *6* an adapter • *7* a waiter / a waitress • *8* a kettle • *9* a receptionist • *10* a mechanic   ▶ INKL p. 74

S. 77

2   Relative clauses with *who/that*

Struktur   Relativsätze mit *who* und *that*: Kognitivierung und Bildung

Erarbeitung   **SB geöffnet.** Die S vervollständigen die beiden Regeln mithilfe der Umschreibungen aus **1a)** und notieren sich jeweils zwei Beispielsätze aus **1**.

Zusatz   L notiert einige Beispielsätze an der Tafel und lässt die Sätze übersetzen. Anschließend Bewusstmachung von Form und Funktion der Relativsätze. Zur Sicherung übertragen die S das Tafelbild in ihre Hefte.

Auswertung   Im Plenum, anschließend gemeinsames Lesen des *Language file* (LF 18, SB-Seite 194).

Lösungsbeispiel | *1 who: What do you call the people who come from Scotland?; What do you call someone who plays the traditional Scottish instrument? • 2 that: I want to try the skirt that Scottish men sometimes wear.; I'd like the meat dish that Scottish people like to eat.*

3 ☐ More questions

Struktur | Relativsätze: Übung

Erarbeitung | **SB geöffnet.** Die S setzen die richtigen Relativpronomen ein und ordnen die Begriffe den Umschreibungen zu. Auch zur schriftlichen Bearbeitung geeignet.

//● p.131 Lernstärkere S bearbeiten die Parallelübung, die nur die Abbildungen ohne die Begriffe vorgibt.

Auswertung | Mündlich als Frage-Antwort-Quiz im ▶Partner check, danach im Plenum. Wenn dies zuvor intensiv mündlich geübt wurde, kann dies auch als kleiner Wettbewerb zwischen zwei Gruppen durchgeführt werden, um die Motivation zu erhöhen.

Lösung | *1 who; cook • 2 that; owl • 3 that; CCTV camera • 4 who; city slicker • 5 that; fence • 6 who; country bumpkin*

More practice 2 p.132 **The MacDonalds and the Grants**

Erarbeitung | **SB geöffnet.** Die S ergänzen die fehlenden Relativpronomen schriftlich. Auch als Hausaufgabe geeignet.

Hinweis: Bei dem *that* in Satz 2 handelt es sich nicht um das Relativpronomen *that*, sondern um die Konjunktion.

Lösung | *1 who • 2 that • 3 that • 4 who • 5 that • 6 that • 7 who • 8 who*

---

4 👥 What is it?

Struktur | Relativsätze: manipulative Übung, produktive Übung

Erarbeitung | **a) SB geöffnet.** ▶Klären der Arbeitsanweisung: Es handelt sich um eine ▶Info-gap activity. Gemäß SB überlegen sich beide Partner Umschreibungen für ihre fünf Abbildungen. Um die korrekte sprachliche Umsetzung sicherzustellen, vergleichen die S ihre Fragen in rollengleichen Gruppen (jeweils vier bis fünf S).

Erarbeitung | **b)** Partner A stellt seine Fragen an Partner B, der sie beantwortet.

☐ Differenzierung | L stellt für lernschwächere S auf einem Arbeitsblatt die gesuchten Begriffe *(a cow, an illegal dumper, a farmer, a mouse, a tractor)* zur Verfügung (ggf. mit zusätzlichen Distraktoren).

Erarbeitung | **c)** Partner A beantwortet die Fragen von Partner B.

☐ Differenzierung | L stellt für lernschwächere S auf einem Arbeitsblatt die gesuchten Begriffe *(a ferry, a quad, a salesperson, a tomato, a track)* zur Verfügung (ggf. mit zusätzlichen Distraktoren).

Lösungsbeispiel | **Partner A: 1** *What's the animal that eats cheese? (a mouse) • 2 What do you call someone who lives on a farm? (a farmer) • 3 What's the thing that you drive on a field? (a tractor) • 4 What's the animal that eats grass / lives on a farm? (a cow) • 5 What do you call a person who dumps rubbish in the country? (an illegal dumper)*

Partner B: A *What's the boat that you ride on a river? (a ferry)* • **B** *What's a little road that you find in the country / fields? (a track)* • **C** *What's a bike that goes on four wheels? (a quad)* • **D** *What's the (red) vegetable that you eat in a soup? (a tomato)* • **E** *What do you call someone who sells cars? (a salesperson)*

Erarbeitung	**d)** ⦿ Die S überlegen sich in einer von L vorgegebenen Zeit weitere Fragen mit Relativsätzen und die Antworten dazu. Durchführung als ▶ Milling-around activity. Die S stellen ihre eigenen Fragen verschiedenen Partnern, die diese beantworten.
Zusatz	Die Aufgabe kann auch als Wettbewerb stattfinden: Für eine richtige Antwort erhalten die S einen Punkt. Dabei gilt die Regel, dass sich die S abwechselnd je eine Frage stellen und beantworten.
Lösungsbeispiel	Individuelle Lösungen. ▶ WB 9–10, p. 53 ▶ Folie 16 ▶ INKL p. 75

More challenge 3 p.132 ## Relative clauses with and without *who/that (contact clauses)*

Einstieg	▤▤ **SB geöffnet.** Nach dem **1. Lesen** beantworten die S zur inhaltlichen Verständnissicherung die folgende Leitfrage: *Was it a good or bad holiday? Why?* S: *There were lots of disasters, but it was the best holiday that they ever had.*
Erarbeitung	**a)** Gemäß SB suchen die S beim **2. Lesen** die Relativsätze mit *who* (2 x) und *that* (3 x) heraus.
Auswertung	Im ▶ Partner check.
Erarbeitung	**b)** Mithilfe des Tipp-Kastens und des *Language file* (LF 19, SB-Seite 195) erarbeiten sich die S selbstständig die Regel zur Bildung der *contact clauses.* Anschließend suchen sie sich gemäß SB sechs Beispiele für *contact clauses* aus dem Text heraus.
Auswertung	Im ▶ Partner check, anschließend im Plenum.
Lösung	*But the plane they took from London was late – that was disaster number one.* • *But the man they spoke to was very nice and he drove them to town.* • *He didn't want the money they tried to give him.* • *The two tourists went into the hotel they booked on the internet.* • *Everybody the tourists met in Inverness was very nice.* • *And in the end it was the best holiday they ever had!*
Erarbeitung	**c)** Die S ergänzen die Sätze mit individuellen Informationen.
Lösung	Individuelle Lösungen.
Erarbeitung	**d)** Gemäß SB prüfen die S die Sätze aus *More practice 2* (siehe auch Hinweis dort), SB-Seite 132, und schreiben die *contact clauses* auf.
Auswertung	Im ▶ Partner check.
Lösung	*3 Lochside was the name the MacDonalds chose for their B&B.* • *5 Loch Ness was the place the Grants wanted to visit next.* • *8 When Mrs Grant rang the B&B, Jamie was the person she spoke to.*

S. 78

5   How do you say it?

Struktur	Relativpronomen: manipulative Übung, produktive Übung
Wortschatz	**charge** · °dice · °counter

Erarbeitung
▶ 🎧 2.13

a) ▷🎧 **SB geöffnet.** L: *There's a girl staying at the MacDonalds' B&B. She forgot some things at home. Let's find out what she needs.* ▶ Klären der Arbeitsanweisung. Beim **1. Hören** notieren die S die Nummern der Gegenstände.

Auswertung

Im ▶ Partner check, anschließend im Plenum. Im Rahmen der Auswertung im Plenum kann L in Anbindung an den *phone charger* auch das Verb *charge* einführen.

◯ / ● Differenzierung

Lernstärkere S geben die Umschreibung auf Englisch wieder (siehe blaue Klammern in der Lösung). Lernschwächere S dürfen die Begriffe entweder auf Deutsch nennen oder bedienen sich der Formulierung *She needs the thing in picture …*

Lösung

1 *17 (umbrella – the thing that you can use in the rain)* · **2** *28 (shampoo – the stuff that you wash your hair with)* · **3** *15 (towel – the thing that you dry yourself with)* · **4** *22 (phone charger – a thing that you put into the phone to make it work again)* · **5** *16 (toothpaste – the white stuff that you use to clean your teeth)*

Erarbeitung

b) 👥 💬 Die S bilden mindestens drei Umschreibungen zu individuell ausgewählten Gegenständen vom Spielbrett. Zur Verständniskontrolle nennt der zuhörende Partner die Nummer des Spielfelds. L kann für diese Übung eine Zeitvorgabe machen.

`More help` `p. 133` S, die Hilfe benötigen, greifen auf die zusätzlichen Formulierungshilfen in den Sprechblasen zurück.

◯ Differenzierung

In lernschwächeren Klassen kann die PA durch schriftliche EA vorbereitet werden.

Auswertung

Um dem Spiel nicht zu viel Spannung vorwegzunehmen, wird im Plenum nur kurz auf gezielte Fragen oder problematische Umschreibungen während der PA eingegangen.

Erarbeitung

c) 👥👥 💬 **GAME** L: *Now you're prepared to play the game.* Zunächst klärt L die Regeln (auf Folie) im Plenum. Für lernschwächere S können diese auf Deutsch formuliert sein.

◯ Differenzierung

Lernschwächere Gruppenmitglieder nutzen abermals Formulierungshilfen aus dem *More help* zu **b)**. Das Spiel kann auch in Gruppen mit je drei Partnerteams gespielt werden. Jedes Partnerteam besteht aus einem lernschwächeren und einem lernstärkeren S.

Auswertung

Im Plenum anhand der folgenden Fragen: *Did you like the game? Why (not)?*

Zusatz

Mithilfe der *Wordbank 4* (SB-Seite 143) finden die S die englischen Begriffe für die auf dem Spielplan abgebildeten Gegenstände. Sie verwenden die erlernte Struktur der Relativsätze, um Definitionen der zusätzlichen, nicht im Spielplan abgebildeten Gegenstände aus der *Wordbank* zu verfassen: *A cup is something that you use to drink tea.* Kontrolle im ▶ Partner check, anschließend im Plenum.

`More practice 3` `p. 133` **Useful words for tourists**

Erarbeitung

SB geöffnet. Zur Festigung des Wortschatzes übertragen die S die Begriffe aus dem Spiel und der *Wordbank 4* (SB-Seite 143) in ein *Vocabulary network*. In lernschwächeren Klassen wiederholt L vorab noch einmal verschiedene Vokabellernstrategien anhand des *Skills file* (SF 1, SB-Seite 163).

Lösung

Individuelle Lösungen.

▶ WB 11, p. 54   ▶ DFF 4.1   ▶ INKL p. 76–77

STORY Strange holiday

Inhalt

Familie Grant aus Kanada verbringt nach einer schwierigen Anreise die erste Nacht ihres Urlaubs in Urquhart Castle. Am nächsten Morgen erleben die vier eine Überraschung.

Die S erarbeiten sich den Text schrittweise in Form eines *Reading club*. Sie sammeln Details zu verschiedenen Teilen einer Geschichte.

S. 79-81

Wortschatz

S. 79: land *(v)* · **hire** · **driving licence** · **onto** the road · **hoot** · **luckily** · **stressed**

S. 80: narrow · **winding** · **bend** *(n)* · **windscreen wipers** *(pl)* · **signal** · **building** · **accent** · **wonder** *(v)* · a **haunted** house/castle · **such (a)** · **there's no such thing as ...** · **ghost** · **Canada**

S. 81: midnight · **shine, shone, shone** · **bagpipes** *(pl)* · **wall** · **puzzled** · **finger** · **side** · **I think so.** · **I don't think so.**

Einstieg

SB geschlossen. L führt in die Situation ein: *Today we are going to read a story. It's about the Grants and their holiday in Scotland. The title is: Strange holiday. What do you think will happen in the story? Why is it a strange holiday?* Im ▶ Partner talk tauschen die S ihre Ideen aus und bauen so eine Erwartungshaltung auf. Anschließend kurzer Austausch im Plenum.

> **INFO-BOX** Loch Ness und Urquhart Castle
>
> **Loch Ness** ist mit 56,4 km² der zweitgrößte See Schottlands und befindet sich in den Highlands. Die tiefste Stelle des Sees ist 230 m. 1822 wurde der See in den Kaledonischen Kanal integriert – ein Verbindungsweg zwischen Atlantik- und Nordseeküste. Seit 2002 findet alljährlich im Herbst ein Marathon am See entlang statt. Die berühmteste Legende rankt sich um Nessie und entstand 1933, als regionale Zeitungen von der Sichtung eines Ungeheuers berichteten. Bisher haben sich alle Fotos oder Videos als Fälschungen bzw. als Fehlinterpretationen herausgestellt. Aber der Mythos vom Monster lebt.
> Die Ruine von **Urquhart Castle** liegt am Westufer des Loch Ness. Um 1230 als Burganlage erbaut, wurde sie ab 1395 zu einer mittelalterlichen Festungsanlage ausgebaut. Ab 1600 spielte die Burg keine strategische Rolle mehr und wurde 1692 mit Abzug der letzten Garnison teilweise gesprengt und dem Verfall überlassen. Am besten erhalten ist der Grant Tower, von dem man einen schönen Blick über Loch Ness und Great Glen hat.

Zusatz

L kann die Ideen der S an der Tafel festhalten und nach Abschluss des *Reading club* zur abschließenden Sicherung des Verständnisses auf ihre Richtigkeit hin überprüfen lassen.

1 👥 Reading club

Wortschatz

add (to) · **clue**

Erarbeitung

💬 ▤ **SB geöffnet.** ▶ Klären der Arbeitsanweisung. L stellt sicher, dass alle S den Ablauf des *Reading club* verstanden haben (ggf. auf Deutsch).

Anschließend teilt L die Klasse in Vierergruppen ein. Wenn die ▶ Gruppenbildung aufgrund der S-Zahl nicht aufgeht, können auch innerhalb einzelner Gruppen Tandems z. B. aus einem lernstärkeren und einem lernschwächeren S gebildet werden. Ablauf:

Erarbeitung

a) Die S verteilen zunächst die vier Leserollen in ihrer Gruppe.

Erarbeitung
▶ 🎧 2.14

b) Beim **1. Lesen**/Hören von **Part 1** (ggf. ▶ Mitleseverfahren) der Geschichte bearbeiten die S jeweils ihre Aufgabe gemäß *task card*.

Alternative	Jede Gruppe erhält je eine Kopie von ▶ KV 32 A–D: Reading club – task cards A, B, C, D (insgesamt fünf Seiten pro Gruppe, da *task card A* zweiseitig ist). Die S erarbeiten mithilfe ihrer jeweiligen *task cards* zunächst **Part 1** der Geschichte und geben ihre KV *(= task card)* dann im Uhrzeigersinn an den nächsten S weiter, um **Part 2** zu erarbeiten. Ebenso wird mit **Parts 3** und **4** verfahren.

Erarbeitung	**c)** Die S tauschen sich in ihrer Gruppe über ihre Ergebnisse aus. Offene Fragen und Verständnisprobleme werden notiert.
	Anschließend wechseln die S ihre Rollen im Uhrzeigersinn. **1. Lesen**/Hören von **Part 2** (ggf. ▶ Mitleseverfahren). Die S bearbeiten ihre Aufgaben und tauschen sich im Anschluss über ihre Ergebnisse aus. Offene Fragen und Verständnisprobleme werden wiederum notiert. Nach **Part 2** wird ebenso mit **Parts 3** und **4** verfahren, so dass am Ende jeder S je eine Leserolle zu einem der vier Textteile übernommen hat.
Auswertung	Im Plenum. Offene Fragen und Verständnisprobleme werden geklärt. Zur Festigung des Textverständnisses stellen sich die S die Fragen aus ihrem Arbeitsprozess gegenseitig und überprüfen so ihre Ergebnisse.
Zusatz	L stellt Fragen zum Arbeitsprozess und zur Story: *How did you like the reading club? Did you like the story? What did you like about the story? ...*
Lösung	Individuelle Lösungen.

▶ WB 12–14, p. 55–56   ▶ Folie 17   ◀ INKL p. 78–79

More challenge 4 p. 133 **A blog for your friends at home in Canada**

Erarbeitung	**SB geöffnet.** Mithilfe der *wh*-Fragen im SB schreiben lernstärkere S einen *Point-of view*-Text in Form eines Blogs, in dem sie aus Sicht von Abi oder Duncan Grant von ihren Erlebnissen auf ihrer Schottlandreise berichten. L kann die S vorab darauf hinweisen, dass der Text in der 1. Person verfasst werden muss und die S dabei auch die Gefühle und Eindrücke sehr viel genauer beschreiben können. Dabei beachten die S die ▶ Phasen des Schreibprozesses. Eine Korrektur und Rückmeldung kann in PA erfolgen. L sollte aber einen finalen Korrekturdurchgang vornehmen, bevor die S die Reinschrift anfertigen.
Lösung	Individuelle Lösungen.

SKILLS TRAINING Writing course (4)

Inhalt Die S üben das Schreiben einer Geschichte in vier Schritten. Dazu sammeln und strukturieren sie zunächst ihre Ideen zu den vorgegebenen Bildern. Anschließend schreiben sie ihre Geschichte. Die S verwenden *linking words* und *time phrases* zur Verbesserung der Satzstrukturen und kommentieren ihre Schreibergebnisse gegenseitig.

S. 82

Writing a story

Step 1: Think about the story

Wortschatz **imagine** sth.

Einstig **SB geschlossen.** Reaktivierung von Vorwissen zu Loch Ness in Form einer Mindmap an der Seitentafel. L: *Remember the story about the Grants when they were on holiday near Loch Ness? What do you know about the loch? (Loch Ness monster Nessie, Urquhart Castle, a ruin, about 1500 years old, near Inverness) What was it like for the Grants at Urquhart Castle? (scary – ghosts?) Let's find out about three teenagers who went camping at Loch Ness. Imagine you were there with them.*

Erarbeitung
► 🔊 2.15 **a)** ☐ ⇒🔊 **SB geöffnet.** Beim **1. Hören** (Globalverstehen) bringen die S die Bilder in die richtige Reihenfolge.

Alternative Die S beschreiben zunächst im Plenum die Bilder und bringen sie dann beim **1. Hören** in die richtige Reihenfolge.

☐ Differenzierung Lernschwächere S spekulieren zunächst über die Reihenfolge, um eine Erwartungshaltung aufzubauen.

Lösung *B • D • C • A*

Erarbeitung **b)** 👥 Die S vergleichen ihre Ergebnisse aus **a)** im ► Partner check, anschließend im Plenum. Danach machen sich die S anhand der Fragen im SB Notizen zu den vier Bildern.

☐ Differenzierung Für lernschwächere S stellt L die Notizen, z. B. aus dem Lösungsbeispiel, auf einem Arbeitsblatt vermischt zur Verfügung. Die S ordnen die Notizen anhand der Fragen tabellarisch den vier Bildern zu. Ggf. **2. Hören** des Textes.

Auswertung Im Plenum.

Lösungsbeispiel *Picture 1 (B): in the tent near Loch Ness • sad / fed up • lots of rain • bored*
Picture 2 (D): went along the lake • met a friendly man • monster fan
Picture 3 (C): nice weather • warm and sunny • went for a walk along the loch • see Urquhart Castle in distance • some boats on the lake
Picture 4 (A): suddenly • bad weather • dark clouds

Step 2: A good start for the story

Erarbeitung **a)** 👥 Die S lesen den vorgegebenen Anfang der Geschichte und überlegen gemeinsam mit dem Partner, wie man diesen verbessern kann. Als Hilfe greifen sie auf die Hinweise im gelben Tipp-Kasten zurück.

Zusatz Bei Bedarf wiederholt L anhand des *Skills file* (SF 9, SB-Seiten 172–173) die vier Schritte des Schreibprozesses und die Hinweise zur sprachlichen Gestaltung. Dieser Rückgriff ist zur bedarfsorientierten Unterstützung des Schreibprozesses an jeder Stelle dieses *Skills trainings* möglich.

Lösungsbeispiel *You could improve the paragraph by adding adjectives, adverbs, time phrases and linking words. This makes it more interesting.*

Erarbeitung **b)** 🖺🖍 Die S verfassen schriftlich in EA einen Verbesserungsvorschlag für den ersten Absatz.

More help p.134 S, die Hilfe benötigen, verwenden die Tipps und vorgegebenen Ideen.

Lösungsbeispiel *It was the first morning of our holiday near Loch Ness. When we woke up, we looked out of the tent. We were really fed up because the weather was terrible. But then the rain stopped, so we went down to the lake.*

More practice 4 p.134 ## How to make your writing even more interesting

Erarbeitung **SB geöffnet.** Um ihre Geschichte abwechslungsreicher und sprachlich anspruchsvoller zu gestalten, wiederholen die S das *past progressive*. Bei Bedarf können sie Form und Gebrauch der Struktur im *Language file* (LF 5, SB-Seite 184) eigenständig nachschlagen.

Lösung **1** *was shining* • **2** *were talking* • **3** *were walking* • **4** *were having* • **5** *was going*

Erarbeitung **c)** ⏺ 👥👥 Die S lesen in GA reihum ihren ersten Absatz vor und geben sich gegenseitig Rückmeldung dazu.

◻ Differenzierung Für lernschwächere S kann L weitere Redemittel zur Kommentierung der Ergebnisse bereitstellen:

… used many linking words / time phrases like …
…'s text was interesting, because there were many adjectives.
Your paragraph was great/nice/long/… because …

Zusatz Im Sinne eines ▶ Correcting circle tauschen die S reihum ihre Texte und korrigieren diese gegenseitig nach vorher festgelegten Schwerpunkten. Diese sollten sich einerseits an den Gegebenheiten der Lerngruppe und andererseits an den individuellen Fähigkeiten der S orientieren. In mit dieser Methode wenig geübten Klassen kann L die Schwerpunkte zuteilen.

Lösung Individuelle Lösungen.

Step 3: The middle of the story

Erarbeitung 🖺🖍 Die S verfassen mithilfe der Notizen aus **Step 1b)** in EA den mittleren Teil der Geschichte.

More help p.134 S, die Hilfe benötigen, nutzen die vorgegebenen Satzanfänge.

Auswertung Einzelne S lesen ihre Abschnitte vor. L entwickelt gemeinsam mit den S eine Musterlösung an der Tafel, wobei die S die Sätze analysieren und ggf. durch das Ergänzen von *adjectives*, *linking words* und *time phrases* weiter verbessern.

Lösungsbeispiel **Paragraph 2:** *When we got to the lake, we met a nice man in front of his van. His name is Steve and he is a monster hunter. Then we walked along the loch and we saw Urquhart Castle. But we didn't see a monster on the loch.*

Paragraph 3: *After about half an hour the weather suddenly changed. It was quite cold and there were dark clouds. So we went back along the path. And then we suddenly saw it.*

Step 4: The end of the story

Erarbeitung

a) 📄✏️ Die S verfassen ein Ende der Geschichte. Zur Ideenfindung kann L folgende Fragen an der Tafel vorgeben:

What did they see?
What did they hear?
Where was it?
What was the weather like?
How did they feel?

More help p.134 S, die Hilfe benötigen, schreiben das Ende der Geschichte mithilfe des Bildes und der vorgegebenen Satzanfänge.

Lösungsbeispiel

The weather was dark and foggy. We couldn't see very well, but there was something on the lake. First we thought maybe it was the monster! But then we heard strange noises. We were really scared when we saw something swimming in the water. After that we ran back to the van and told Steve about it. He went back to the loch with us, but there was nothing on the water. In the end the monster was gone.

Erarbeitung

b) 👥 Gemäß SB lesen die S den Text ihres Partners und geben sich gegenseitig dazu Rückmeldung. Dabei begründen sie ihre Meinung und können auf die Kriterien im Tipp-Kasten bzw. auf die Redemittel aus **Step 2c)** zurückgreifen.

Hinweis: Bevor die S eine Reinschrift anfertigen, die sie ins Dossier heften, sollten eine Kontrolle und individuelles Feedback anhand der auf dieser SB-Seite angewandten Kriterien durch L erfolgen. ▶WB 15, p. 57 ▶DFF 4.8 ▶INKL p. 80

SKILLS TRAINING Listening

Inhalt Die S üben unterschiedliche Techniken und Aufgabenformate rund um das Hörverstehen. Anhand einer Radioshow sammeln sie Informationen über die schottische Sängerin Amy Macdonald. Sie lernen einen Song von ihr kennen und bewerten ihn.

S. 83

1 Who is Amy Macdonald?

Wortschatz **travel (-ll-)** · **national anthem** · **God save the Queen.**

> **INFO-BOX** Amy Macdonald
>
> Amy Macdonald ist eine schottische Singer-Songwriterin und wurde 1987 in Bishopbriggs in der Nähe von Glasgow geboren. Mit zwölf Jahren begann sie Akustikgitarre zu spielen. Anfang 2008 startete sie mit ihrem Debutalbum *This Is The Life* durch und hat seitdem über 4 Millionen Platten verkauft. Amy Macdonald schreibt all ihre Texte und Melodien selbst. Sie erzählt mit ihnen Geschichten aus dem echten Leben. Damit trifft sie den Nerv der Fans. Sie macht Musik ohne Schnörkel, die stark von ihrer Heimat Schottland geprägt ist. Ihr Herz schlägt für die Fußballmannschaft Glasgow Rangers.

Einstieg **SB geöffnet.** Aktivierung von Vorwissen zu Amy Macdonald anhand des Bildes im SB. L: *Do you know Amy Macdonald? What do you know about her? What is her job? Where is she from? Do you know any songs by her?* etc. Die Informationen werden an der Seitentafel gesammelt und können bei **3** genutzt werden.

Erarbeitung **a)** ▷◉ Die S lesen die Aufgabenstellung nebst Multiple-choice-Auswahl und notieren die
▶ 🎧 2.16 Nummern 1 bis 4 in ihrem Heft. L semantisiert *national anthem (the national anthem of Germany is* Einigkeit und Recht und Freiheit*)*. Beim anschließenden **1. Hören** (Globalverstehen) notieren die S den Antwortbuchstaben der richtigen Lösungen.

Auswertung Als ▶ Meldekette im Plenum.

Lösung *1 D · 2 A · 3 C · 4 B*

Erarbeitung **b)** ◉ ▷◉ Beim **2. Hören** machen sich die S Notizen zu mindestens drei Dingen, die sie interessant finden. Anschließend vergleichen sie ihre Notizen im ▶ Partner talk.

☐ **Differenzierung** In lernschwächeren Klassen wiederholt L mit den S vorab das *SF 6: Listening* (SB-Seite 169).

Lösungsbeispiel *birthday (year): 1987 · instrument: guitar · country: Scotland · hobbies: music, football, fast cars · first hit: This Is The Life · favourite groups: U2, Travis, The Killers*

2 Pride

Wortschatz **pride** · °sweat *(n)* · °drip · °spine · **move** · °hold sth. together · °manage to do sth. · °stumble through · **thousand** · °torch · °anything · °bright · °blow, blew, blown · °heart · °honest · °truth · °rather

Einstieg ▷◉ **SB geschlossen. 1. Hören** des Liedes. L fragt im Anschluss: *Do you like this song? Do you*
▶ 🎧 2.17 *know who sings it?*

Erarbeitung ▷◉ **SB geöffnet.** ▶ Klären der Arbeitsanweisung: Gemeinsames Lesen der Aufgaben **a)** bis **d)** im Plenum. Die S machen sich beim **2. Hören/Lesen** im ▶ Mitleseverfahren Notizen zu den Aufgaben **a)** bis **d)**.

Lösungsbeispiel **a)** *It's a positive song. The music sounds happy and the words are positive.*
b) *fifty thousand voices singing in the rain • the flag is blowing there for me • with my hand on my heart*
c) *nervous: my knees are week • sweat drips down my spine; proud: I never felt like this before • I never knew how proud I would feel • I'd move mountains • with my hand on my heart; happy: there's nowhere I'd rather be • I'd move mountains • these three words mean everything to me*
d) *the blue and the white of the flag • these three words (Flower of Scotland = Scottish national anthem)*

3 More about Amy Macdonald

Erarbeitung **a)** 🔧 **SB geöffnet.** Gemäß SB recherchieren die S weitere Informationen zur Sängerin, z. B. im Internet. Auch als vorbereitende Hausaufgabe geeignet. Informationen finden sich z. B. auf ihrer offiziellen Homepage ▸ http://www.amymacdonald.co.uk/gb/home/.

Lösung Individuelle Lösungen.

Erarbeitung **b)** ⫸♪ Gemäß SB hören die S weitere Songs von Amy Macdonald an und geben ihren Gesamteindruck dazu wieder. Als vorbereitende Hausaufgabe geeignet.

Hinweis: L kann den S einige Songtitel nennen: *This Is The Life • Youth of Today • Footballer's Wife • Barrowland Ballroom • This Pretty Face • What Happiness Means to Me • Slow It Down • 4th of July • The Green and the Blue*

Auswertung Im ▸ Partner talk, anschließend im Plenum. L kann Redemittel an der Tafel vorgeben:

> I (don't) like this song because …
> It's a happy/sad/… song.
> This is(n't) my style of music. I prefer …
> The music/lyrics are OK, but …
> In this song, Amy sings about …
> One instrument I heard is …

Erarbeitung **c)** ⏺ 🖹✏ Anhand der gesammelten Informationen aus **a)** sowie der Eindrücke aus **b)** verfassen die S einen Artikel über Amy Macdonald für ein Online-Magazin.

Hinweis: Zur Orientierung bzw. als Sprachmuster nutzen die S den Artikel zu Natasha Jonas von SB-Seite 62.

🔘 Differenzierung Lernschwächere S gestalten eine Mindmap mit den Informationen.

Alternative Die S verwenden die gesammelten Informationen über Amy Macdonald, um einen Kurzvortrag (ca. zwei Minuten) über die Sängerin vorzubereiten. Dazu erstellen sie geeignete Medien zur Visualisierung ihrer Inhalte. Als Hilfe können die S dabei auf das *Skills file* (SF 4, SB-Seite 166, und SF 14, SB-Seite 177) zurückgreifen. L kann unterstützend folgende Gliederung vorgeben: *Her family • Her career • Her music.*

Die S halten ihren Vortrag vor der Klasse. Die zuhörenden Mit-S erhalten den Auftrag, anhand der ihnen bekannten Kriterien für einen guten Vortrag Rückmeldung zu geben. L kann dazu auf die ▸ KV 22: Natasha Jonas Teil **c)** zurückgreifen.

Auswertung In Form eines ▸ Reading circles oder eines ▸ Gallery walks. ▶ INKL p. 81

SKILLS TRAINING Reading

Inhalt Anhand von zwei Tourismus-Broschüren von Loch Ness üben die S die ▶ Lesetechnik *Skimming* und reflektieren anschließend ihre Vorgehensweise.

S. 84

---

1 Loch Ness brochures

Wortschatz **skim** a text · **bold** · **a couple (of)** · **somewhere** · **accommodation** · **stay** *(n)* · **dormitory** · °**hire** *(n)*

Einstieg **SB geschlossen.** Reaktivierung von Vorwissen zu sehenswerten Orten in Schottland. L: *If you went to Scotland, which places would you like to see or visit? (Edinburgh, Inverness, Glasgow, Loch Ness ...) Today we are going to go on a tour of Loch Ness. But there are different tours. So let's find the right one for us.*

Erarbeitung **a)** ▤ **SB geöffnet.** Die S lesen die drei Profile. Anschließend hält L die wichtigsten Fakten stichpunktartig an der Tafel fest.

Tourist	What does he/she want?
A	place to stay, not much money
B	visit Nessie museum
C	not much time, visit Loch Ness area quickly, only one day

Erarbeitung **b)** ▤▤ ▶ Klären der Arbeitsanweisung und Lesen der Tipp-Box. L klärt den Begriff *bold* (Übersetzung). Zur Vertiefung lesen die S zusätzlich das *SF 7: Reading: Skimming and scanning* (SB-Seite 170). Anschließend skimmen die S die Seite gemäß Arbeitsauftrag. L gibt dazu eine enge Zeitvorgabe, z. B. 30 Sekunden.

Hinweis: Die Zeitbegrenzung ist notwendig, um die S vom intensiven, vollständigen Lesen abzuhalten. L muss daher darauf achten, dass alle S nach Ablauf der Zeit die Bücher umdrehen. Die Dauer kann je nach Lernstand der Klasse variiert werden.

Lösung *Tourist A: **2** · Tourist B: — · Tourist C: **1***

Erarbeitung **c)** 👥 💬 Die S tauschen sich mündlich über die hilfreichen Textelemente aus und geben Beispiele dafür (▶ Metakognition).

◻ **Differenzierung** Für lernschwächere S gibt L folgende Redemittel vor:

> ... helped me to find the right brochure.
> In the picture in brochure ... there is/are ... and we looked for ...
> The heading/caption/... in brochure ... says ..., so it means that you can ... there.

Lösung Individuelle Lösungen. ▶ WB 16-17, p. 58–59 ▶ DFF 4.6 ▶ INKL p. 82

More practice 5 | p.135 | **The best brochure**

Erarbeitung

a) ▤▤ **SB geöffnet.** ▸ Klären der Arbeitsanweisung: Die S wählen die passende Broschüre für jede Aussage mithilfe der ▸ Lesetechnik *Skimming*.

⊙ Differenzierung

Mit lernschwächeren S klärt L vorab in den Aussagen die *keywords*: **1** *castle* • **2** *Loch Ness* • **3** *walk in the Highlands / food* • **4** *cycling* • **5** *on the lake* • **6** *share a room*

Lösung

1 *Around Loch Ness* • **2** *Around Loch Ness* • **3** *Maggie's Lodge* • **4** *Maggie's Lodge* • **5** *Around Loch Ness* • **6** *Maggie's Lodge*

Erarbeitung

b) ▤▤ Die S vervollständigen die Sätze.

Auswertung

Im ▸ Partner check.

Lösungsbeispiel

1 *Tourist A will be happy because Maggie's Lodge offers cheap rooms/beds.* • **2** *Tourist B won't be very happy because there isn't any information about a Nessie museum.* • **3** *I think that Tourist C will take the Around Loch Ness tour because he wants to visit the Loch Ness area in one day.*

SKILLS TRAINING Viewing

Inhalt   Hamish, Tallys Cousin aus Schottland, ist zu Besuch. In ihrem Video-Tagebuch folgen die S Tallys und Hamishs Erlebnissen vom ersten Tag. Sie entdecken Unterschiede zwischen der englischen und schottischen Kultur und entnehmen einem Film Detailinformationen anhand von Leitfragen. Abschließend bereiten die S ein eigenes Video-Tagebuch vor.

S. 85

1   Tally's video diary

Erarbeitung   **a) SB geöffnet.** *Pre-viewing* gemäß SB mithilfe der Begriffe im grünen Kasten. Die von den S genannten Unterschiede zwischen England und Schottland werden an der Tafel gesammelt. Dabei begründen die S ihre Vermutungen, z. B. *They have different accents/food/... because Scotland is a different country.*

▶ 🎥   **b)** 👁 ▶ Klären der Arbeitsanweisung. Beim **1. Sehen** vergleichen die S ihre Ideen aus **a)**.

Auswertung   Im Plenum als ▶ Meldekette: *We found out about differences in ..., but we didn't find out about ...*

Lösung   *differences in accents, dancing, food, money*

2   Four scenes

Wortschatz   **meal** · °**wee** · **perhaps**

Erarbeitung   **a) Think:** Gemäß SB betrachten die S die Bilder und versuchen möglichst viele Fragen zu beantworten. L semantisiert bei Bedarf *meal (fish & chips is a meal)* und *perhaps (another word for maybe).*

Lösung   Individuelle Lösungen.

Erarbeitung   **b)** 👥 **Pair:** 👁 Beim **2. Sehen** des Films überprüfen und ergänzen die S ihre Antworten.
▶ 🎥   Anschließend vergleichen sie diese mit ihrem Partner und notieren sich die gemeinsame Lösung in Stichpunkten auf einem separaten Blatt.

Auswertung   **c)** 👥👤 **Share:** Die S vergleichen ihre Lösungen mit einem anderen S-Paar. Dies kann als Wettbewerb durchgeführt werden. Gewonnen hat das Team, das die meisten und genauesten Antworten wusste. Anschließend als ▶ Meldekette im Plenum. L hält zur Kontrolle der richtigen Schreibweise die Lösungen an der Tafel fest.

Lösung   *1 porridge · 2 No, he didn't. · 3 milk and sugar (England) or water and salt (Scotland) · 4 She didn't understand Hamish. · 5 small · 6 Tally · 7 for pizza · 8 because he has never seen Scottish money · 9 Yes, you can. · 10 Ruby will fall. · 11 Hamish · 12 Ruby*

Zusatz   Sollten die S Interesse an der Zubereitung von *Scotch pancakes* zeigen, so bietet es sich an, dass L mit den S z. B. im Rahmen eines gemeinsamen Frühstücks selbst welche herstellt. Dazu finden sich Rezepte im Internet, z. B. auf der Webseite von ▶ www.allrecipes.co.uk. Entsprechende Videos dieser Seite sind auch in *YouTube* zu finden und können ergänzend zur Hör-/Sehverstehensschulung vor dem Backen der Pfannkuchen mit der Klasse eingesetzt werden, um den Herstellungsprozess zu verdeutlichen.

3 ◉ NOW YOU Video diaries

Material	Wörterbücher

Erarbeitung   **a)** 💬 **SB geöffnet.** Gemäß SB. Vorab fertigen die S einige Notizen an, die die mündliche Sprachproduktion stützen.

Lösung   Individuelle Lösungen.

Erarbeitung   **b)** Nach dem Muster von Tallys Video-Tagebuch bereiten die S ein eigenes Video-Tagebuch vor, indem sie stichpunktartig Ideen sammeln, z. B. in einer Mindmap. Dazu stellt L ggf. Wörterbücher zur Verfügung. Die S überlegen sich außerdem ein geeignetes Setting. Auch als vorbereitende Hausaufgabe geeignet.

◯ **Differenzierung**   In lernschwächeren Klassen lässt L die S zunächst in PA (möglichst leistungsheterogene S-Paare) ein Skript schreiben, das von L korrigiert und daraufhin von den S überarbeitet wird. Die filmische bzw. szenische Umsetzung in Schritt **c)** erfolgt dann anhand dieses Skripts, was insbesondere schwächeren S mehr Sicherheit verleiht.

Erarbeitung   **c)** 💬 Die S filmen in PA das Video-Tagebuch ihres Partners oder spielen es der Klasse vor.

◉ **Differenzierung**   Medial geübte Klassen oder S bearbeiten die Videos vor der Präsentation technisch so, dass die Übergänge von Szenenwechseln fließend sind.

Auswertung   Vorführung und Würdigung im Plenum, z. B. anhand der folgenden Fragen:

- *What was the video diary about?*
- *Was it funny/interesting?*
- *How did they film it?*
- *Could we understand what he/she was talking about?*
- *Did he/she speak loudly and clearly?*

In methodisch geübten und selbstständig arbeitenden Klassen kann die Auswertung auch schülerzentriert erfolgen, indem die S jeweils einem weiteren S oder S-Paar ihr Video vorspielen und sich eine Rückmeldung holen. Im Plenum kann dann abschließend exemplarisch ein besonders gelungenes Beispiel präsentiert werden. ▶INKL p. 83

MORE CHALLENGE

Inhalt
Im ersten Teil (SB-Seiten 86/87) lesen die S eine kurze Geschichte über eine spannende Entdeckung in einem Wohltätigkeitsladen. Sie entschlüsseln kontextbasiert unbekannten Wortschatz und üben, einzelne Abschnitte der Geschichte laut zu lesen. Dabei achten sie auf angemessene Sprechpausen und Betonung. Auf der inhaltlichen Ebene beschreiben die S die Hauptfiguren näher und verfassen eine Fortsetzung der Geschichte.

Im zweiten Teil (SB-Seite 88) lesen die S die erste Seite von *Time Flyer*. Der 14-jährige Alex erzählt von seinem Familienleben. Die S setzen sich mit der Lebenssituation des Protagonisten und mit ihrer eigenen auseinander. Diese Seite kann in lernstärkeren Klassen als Einstieg in die Lektüre von *Time Flyer* (ISBN: 978-3-06-033220-5) dienen.

S. 86

In the Oxfam shop

1 It's for a good cause

Einstieg
SB geöffnet. Die S beschreiben zunächst im ▶ Partner talk, anschließend im Plenum das Bild und stellen Vermutungen zum Inhalt der Geschichte an. L: *Look at the picture:*

- *What things can you see in the picture? (old clothes / books / shelves / a box / a table / ...)*
- *Who are the people in the picture? (a boy and an old woman / his grandmother)*
- *Where are they? (in a messy room or garage / in a charity shop / ...)*
- *What are they doing? (They're working / looking at an old box / ...)*

Abschließend überfliegen die S die Geschichte, siehe auch ▶ Lesetechniken, und überprüfen dabei ihre Vermutungen (Sicherung des Globalverstehens).

Alternative
L verteilt ▶ KV 33: In the Oxfam shop. Die S erarbeiten **Teil 1** der KV und beantworten nach der Bildbeschreibung die Impulsfragen. Anschließend überfliegen die S die Geschichte, siehe auch ▶ Lesetechniken, und überprüfen dabei ihre Vermutungen (Sicherung des Globalverstehens).

Erarbeitung
▶ 🎧 2.18
📖 **1. Lesen**/Hören der Geschichte, ggf. im ▶ Mitleseverfahren. Die S beantworten die Fragen im SB.

Auswertung
Im ▶ Partner check, anschließend im Plenum.

Lösung
- *An Oxfam shop is a charity shop. People give things away (like clothes and books) that they don't want or need any more. The shop sells them to other people and makes money from that for charity.*
- *Because Leo wanted to do a trip with his gran, but she was asked to help in the shop.*
- *Leo discovered a wooden box with an old photo, a map, a gold chain with a locket and a gold key.*

S. 87

2 People in the story

Einstieg
SB geschlossen. L verteilt Kärtchen mit den Gefühlen aus der grünen Box im SB und klärt dabei ggf. unbekannte Begriffe durch Angabe von Synonymen *(enthusiastic = excited, very happy)*. Die S stellen „ihre" Emotionen pantomimisch im Plenum dar, die Zuschauer raten, welches Gefühl dargestellt wird.

Erarbeitung
a) 📖 **SB geöffnet.** Gemäß SB. Die S notieren die Beispiele und Belegstellen für die ausgewählten Gefühle im Heft.

Alternative   Die S arbeiten in der Tabellenvorlage auf ▶ KV 33: In the Oxfam shop (Teil 2a).

Auswertung   Im ▶ Partner talk, anschließend im Plenum.

Lösungsbeispiel

feelings	line	who?	when?	why?
disappointed	5/6	Leo	when he / his gran has to work in the shop	because he wanted to go to the aquarium
enthusiastic	67/68	Leo	when he opens the box and discovers the old-fashioned things	because it looks like a good story / he wants to find out what they are
frustrated	25ff/36ff	Leo	when he has to sort the junk	because he finds lots of things that nobody can use / will buy
interested	45ff	Leo/gran	when gran comes in with tea and cake and they talk about the box	because he likes chocolate cake and they can spend some time together
puzzled	69	Leo/gran	when the girl rushes into the shop	because they're surprised that somebody comes looking for the box
sorry	1	gran	when she can't go to the aquarium with Leo because she has to help in the shop	because she doesn't want to disappoint Leo
worried	70ff	girl	when she comes into the charity shop	because she has given away something important and wants to get it back

Erarbeitung   **b)** Gemäß SB charakterisieren die S in EA eine der beiden Hauptfiguren und begründen ihre Meinung. Dabei können sie auch auf die Tabelle aus **a)** zurückgreifen. Schriftlich in EA, auch als Hausaufgabe geeignet.

🄾 Differenzierung   Lernschwächere S nutzen die Hilfen auf ▶ KV 33: In the Oxfam shop (Teil 2b).

Auswertung   Im ▶ Partner talk, anschließend im Plenum.

Lösungsbeispiel   *Leo seems to be a very nice and kind boy. He didn't show that he was disappointed because he didn't want his grandmother to feel bad about it. He isn't enthusiastic about his job in the shop. But he gets really interested when he finds the box.*

Leo's grandmother is a good person who always wants to help. She can't say no when someone needs her. She agrees to work in the charity shop when another helper is sick. But she also feels terrible because she can't go on the trip to the aquarium with Leo. So she brings him a cup of tea and some chocolate cake to make him feel better.

3 New words

Erarbeitung   **a)** 🔧 **SB geöffnet.** Die S erschließen sich in EA oder in arbeitsteiliger PA (je drei Begriffe) die Bedeutung der Wörter.

Auswertung   Im ▶ Partner check. Dabei erläutern sich die S gegenseitig, wie sie die Bedeutung erschlossen haben (z. B. anhand der Muttersprache, des Kontextes etc.). Unklare Wörter werden in einem Wörterbuch nachgeschlagen.

Lösungsbeispiel   *1* eine gute Sache · *2* Krempel, altes Zeug · *3* Schätze · *4* enorm, riesig · *5* eine Truhe · *6* altmodisch

Erarbeitung   **b)** 🔧 Gemäß SB in EA. Die S können als Hilfe auf das *Skills file* (SF 2 und SF 3, SB-Seiten 164/165) zurückgreifen.

Auswertung   Im Plenum. Die Zuhörer raten die (deutsche) Bedeutung der Wörter, z. B. in Form einer ▶ Meldekette.

Lösung   Individuelle Lösungen.

Zusatz   👥 In Kleingruppen bildet jeder S reihum einen Satz mit einem der neuen Begriffe aus **a)** und **b)**.

4 READING ALOUD

Erarbeitung   **Step 1: SB geöffnet.** Die S lesen den letzten Abschnitt des Textes leise durch. L steht für inhaltliche Verständnisfragen zur Verfügung.

▶ 🎧 2.18   **Step 2:** Die S lesen den Abschnitt laut und achten auf Sprechpausen *(punctuation marks)*. Zum Vergleich hören sie den Text von der Vorlage.

Step 3: Unter Berücksichtigung der Gefühlslage der Charaktere lesen die S den Abschnitt erneut laut.

Auswertung   **Step 4:** 👥 In Kleingruppen lesen sich die S gegenseitig den Abschnitt vor. Anschließend geben sie sich gegenseitig Feedback anhand der Fragen bzw. Kriterien im SB.

Zu besserer Übersicht können die S die Fragen in eine Tabelle übertragen und abhaken.

	Partner 1		Partner 2		Partner 3		Partner 4	
	Yes	No	Yes	No	Yes	No	Yes	No
Was it easy to understand the reader?								
Did he/she pause in the right places?								
Did he/she read with feeling?								

Lösung   Individuelle Lösungen.

5 WRITING What happenend next?

Einstieg **SB geschlossen.** L notiert den Begriff *treasure chest* vertikal untereinander an der Tafel. Die S ergänzen mündlich oder schriftlich nach Art des ▸ Akrostichon zu jedem Buchstaben ein inhaltlich passendes Wort. Dazu können sie das *Dictionary* (SB-Seiten 221–245) zu Hilfe nehmen. Die so gesammelten Begriffe können auch als Ideensammlung für die Fortsetzung der Geschichte in **a)** dienen. Beispiel:

T   ICKET (think about / travel / trick / …)

R   EMEMBER (react / real / …)

E   XCITING (enjoy / expensive / …)

A   DVENTURE (amazing / …)

S   ECRET (sad / save / scary / second-hand / …)

U   SEFUL (upstairs / uniform / …)

R   ISK (research / …)

E   XPERIENCE (earth / east / emergency / …)

C   AREFUL (challenge / charity / culture / chase / …)

H   EAVY (hide / history / happy / …)

E   MPTY (end / explain / …)

S   HIP (strange / story / surprise / …)

T   IME (terrible / Titanic / …)

Erarbeitung **a)** 📝 **SB geöffnet.** Mithilfe der Leitfragen aus dem SB schriftlich in EA. L kann Vorgabe zum Umfang machen. Die S beachten die *Steps of writing*. Bei Bedarf wiederholen sie vorab das *SF 9: How to write goot texts* (SB-Seiten 172–173).

Alternative Die S entwerfen das Ende der Geschichte in PA. Die sprachliche Umsetzung im Detail erfolgt in EA.

Auswertung **b)** 👥 In Dreier- oder Viergruppen lesen sich die S gegenseitig ihre Fortsetzungen vor. Sie geben sich Rückmeldung dazu. L kann einige Redemittel zur Verfügung stellen:

I like your story because it was …
You used many … to make your story interesting.
Your plot was great because …
I could imagine how … felt …

Die Gruppenmitglieder votieren für das beste Ende der Geschichte, das im Plenum vorgelesen werden kann.

Hinweis: L sollte die Texte individuell korrigieren, um den S ein Feedback zu ihrem Schreibprozess zu geben. Die berichtigten Texte können die S in ihr Dossier heften.

Zusatz Aushängen und Würdigung aller Texte in Form eines ▸ Gallery walk.

Lösungsbeispiel *Leo showed the box to the girl and asked: "Is this your box?"*

"Yes, that's it," she said. "Thank you so much."

She was about to rush out of the shop with the box when Leo shouted "Please wait, what is so special about the box?"

"It's a long sad story," the girl answered.

"Let's sit down with a piece of chocolate cake and listen to it," Leo's gran suggested.

"Well," said the girl, "the box belonged to my great-grandmother. It was a present from her boyfriend a long time ago. Back in the early 1900s this boyfriend decided to go to America to start a new life there. But the ship tickets were very expensive, so my great-grandmother couldn't go with him. When he got on the ship, he left her this chest. Inside were his house key, a locket with two photos of him and my great-grandmother and a map to show her where to look for him in the New World. He promised to send her money for a ship ticket as soon as he found a job. Sadly, the ship hit an iceberg and sank on its way to America. So my great-grandmother stayed in England and kept the chest – and a photo of the ship from the day he left – so that she would always remember him. Now can you guess what the name of the ship was?"

S. 88

Being 14

1 It's always about Luke

Einstieg	**SB geschlossen.** L schreibt *Being 14* bzw. *Being a teenager* an der Tafel an. Die S sprechen im ▶ Partner talk über ihre Assoziationen zum Thema, anschließend im Plenum. L hält die Ideen an der Tafel fest.
Überleitung	L: *Now, let's read the beginning of a novel and find out how Alex, the protagonist of the story, is feeling.*
Erarbeitung	**SB geöffnet.** ▶ Klären der Arbeitsanweisung. Beim **1. Lesen** beantworten die S die Fragen im SB (Globalverstehen).
Auswertung	Im ▶ Partner check.
Zusatz	Die S bearbeiten in PA die folgenden *statements* zum Detailverstehen. L: *Say if these statements are true, false or not in the text. Correct the false statements.*

- *Alex often argues with his mum. (true)*
- *Alex can't be too loud because his brother has some important exam at school. (true)*
- *Alex's hobby is making model planes. (not in the text)*
- *Alex's parents listen to what he wants. (false – Alex has to do what his parents tell him.)*
- *Alex is looking forward to visiting Renton Grange. (false – He thinks it's boring to go there.)*
- *Luke is learning for school while Alex and his parents are away. (false – Alex is sure Luke will see his girlfriend.)*

Lösungsbeispiel	*Alex is feeling bad. He thinks he has no control of his life because he has to do what his parents tell him. He feels that his parents think that his brother Luke is the perfect boy and that he can do what he wants.*

2 About Alex

Erarbeitung	**a)** **SB geöffnet.** Gemäß SB schriftlich in EA.
Auswertung	Im ▶ Partner check.
Lösungsbeispiel	*14 years • wears glasses • flat nose • hobby: wooden planes, listening to music • feels unhappy*
Erarbeitung	**b)** Gemäß SB schriftlich in EA. Anschließend Vergleich im ▶ Partner check.

Lösungsbeispiel | *Luke is older than Alex. His hobby is football and he has a girlfriend. Alex thinks that his brother is more important to his parents than he is. Luke can do what he wants. Their parents do everything for Luke. But Alex does everything wrong and he has trouble with his mother.*

3 The story and me

Erarbeitung | **SB geöffnet.** Gemäß SB vergleichen die S ihre eigene Situation mit der von Alex und machen sich Stichpunkte dazu.

Auswertung | Die S tauschen sich in Form einer ▸ Market-place activity mündlich mit verschiedenen Partnern zu der Fragestellung aus.

Lösung | Individuelle Lösungen.

4 Dear Josh – an email

Erarbeitung | **SB geöffnet.** Gemäß SB schreiben die S in EA eine E-Mail, in der sie die Familiensituation aus der Sicht von Alex' Bruder Luke schildern. Sie können dabei auf die in **1–3** zusammengetragenen Informationen zurückgreifen.

Auswertung | Die S korrigieren gegenseitig ihre E-Mails in Form eines ▸ Correcting circle. Anschließend erfolgt ein Korrekturgang durch L. Die Texte werden ausgehängt und in einem ▸ Gallery walk gewürdigt. Es sind nur wertschätzende bzw. inhaltsbezogene Rückmeldungen erlaubt. Die Texte heften die S anschließend in ihr Dossier.

Lösung | Individuelle Lösungen. ▸ WB Fast Finishers, p. 61 ▸ DFF 4.9

Zusatz | Gespräch über die Eindrücke der S:

- *Do you like the beginning of the story?*
- *Do you think it can be interesting to read?*
- *Would you like to read the novel?*

Bei Interesse kann die gesamte Lektüre *Time Flyer* im Unterricht gelesen werden. Alternativ können interessierte S die Geschichte eigenständig lesen und eine Buchvorstellung machen oder arbeitsteilig ein Kapitel vor der Klasse mündlich zusammenfassen.

STOP! CHECK! GO!

Hinweis Übungsaufgaben zu wichtigen Themen und Kompetenzbereichen aus Unit 4. Bei geschlossenen Aufgabenformaten können die S ihre Ergebnisse mithilfe des Lösungsschlüssels auf ▶ KV 34: Answers to STOP! CHECK! GO! (Unit 4) überprüfen (auch als Partnerkontrolle). Die KV bietet eine Auswertung nach Punkten, die in drei verschiedene Smileys (☺/☺/☹) übersetzt werden. Diese Smileys können auch für die Selbsteinschätzung im *Workbook* (STOP AND CHECK, p. 60) und in *Differenzieren│Fördern│Fordern* herangezogen werden. Weitere grundsätzliche Hinweise zur Konzeption und Durchführung von STOP! CHECK! GO! finden sich im Vorwort.

Die Hörtexte zu STOP! CHECK! GO! sind für die S auch auf der Audio-CD im *Workbook* zugänglich.

S. 89

1   REVISION   What will we do if …?

Erarbeitung **SB geöffnet.** Gemäß SB. Die S ergänzen die Verbformen im Haupt- und im Nebensatz (*if*-Teil).

Auswertung Im ▶ Partner check oder – im Kontext mit weiteren Übungen aus *Stop! Check! Go!* – als ▶ Bus stop.

Lösung ▶ KV 34: Answers to STOP! CHECK! GO! (Unit 4)

2   WORDS and LANGUAGE   Who or what is it?

Erarbeitung **a)** ⊙ **SB geöffnet.** Die S schreiben die passenden Wörter zu den Umschreibungen ins Heft.

Erarbeitung **b)** ⊙ Die S notieren sich die dargestellten Begriffe.

Erarbeitung **c)** Die S finden zu den Begriffen aus **b)** eigene Umschreibungen mithilfe von *relative clauses*.

Auswertung **d)** 👥 Gemäß SB. Die S vergleichen ihre Ergebnisse im ▶ Partner check.

Lösung ▶ KV 34: Answers to STOP! CHECK! GO! (Unit 4)   ▶DFF 4.1 ▶INKL p. 84

More practice 6 p.135 **Crossword**

Erarbeitung **SB geöffnet.** Gemäß SB. Zunächst schreiben die S für mindestens acht Begriffe Umschreibungen mit *relative clauses* auf. Dabei können sie auf Wörter von SB-Seite 78 zurückgreifen. L gibt den Hinweis, dass die S zuerst ein Lösungswort festlegen, von dem ausgehend die gesuchten Begriffe angeordnet werden.

Auswertung In PA tauschen die S ihre Kreuzworträtsel und lösen sie. Anschließend geben sie sich gegenseitig Rückmeldung zur Qualität der Umschreibungen. Alternativ sammelt L die Rätsel ein und nutzt sie als Übung für die Klasse.

Lösung Individuelle Lösungen.

More challenge 5 | p.135 | **Holiday photos**

Erarbeitung **SB geöffnet.** Gemäß SB bilden die S schriftlich *contact clauses.*

Lösung *2 This is Steve, the Nessie fan we met near Loch Ness. • 3 Urquhart Castle was the only castle we visited in Scotland. • 4 This is a statue of a little dog I saw in Edinburgh. • 5 The bagpipes are an instrument I'd like to learn. • 6 Craig didn't want to wear the kilt we bought him for his birthday.*

S. 90

3 LANGUAGE A camping trip

Wortschatz °spaghetti • °scrambled eggs • °protect

Erarbeitung **SB geöffnet.** Die S ergänzen in EA die fehlenden Reflexivpronomen.

Auswertung Im ▸ Partner check oder – im Kontext mit weiteren Übungen aus *Stop! Check! Go!* – als ▸ Bus stop.

Lösung ▸ KV 34: Answers to STOP! CHECK! GO! (Unit 4) ▶DFF 4.2

4 WRITING and SPEAKING Booking a B&B

Wortschatz °double (room)

Erarbeitung **a)** 🖹 **SB geöffnet.** ▸ Klären der Arbeitsanweisung. Bei Bedarf klärt L den Begriff *double room* (*How many people can sleep in a double room?*). Gemäß SB schreiben die S die E-Mail mithilfe der *phrases.*

Erarbeitung **b)** 💬 🗣 ▸ Klären der Arbeitsanweisung. Die S vervollständigen den Dialog mithilfe des Notizzettels. Geeignet für PA, wobei ein lernstärkerer S mit einem lernschwächeren S zusammenarbeiten sollte.

Auswertung Die S üben den Dialog mündlich mit einem Partner. Danach tragen sie einem weiteren S-Paar ihren Dialog vor und vergleichen in der Gruppe die Lösungen. Anschließend Besprechung im Plenum.

Lösung ▸ KV 34: Answers to STOP! CHECK! GO! (Unit 4) ▶DFF 4.3 ▶DFF 4.4 ▶DFF 4.5 ▶INKL p. 85

S. 91

5 READING Brochures

Wortschatz °trail • °browse • °unmistakable • °landmark • °purpose-built • °ability • °strenuous

Erarbeitung **a)** ⊙ **SB geöffnet.** ▸ Klären der Arbeitsanweisung. Die S lesen die Aussagen und wählen anschließend die passende Broschüre dazu aus (▸ Lesetechniken: *Skimming*).

⊙ Differenzierung In lernschwächeren Klassen sichert L zunächst das Grobverständnis der Broschüren anhand der folgenden *matching task* (Arbeitsblatt/Tafel/Folie):

Brochure A / B / C is about …	*– a tour of Edinburgh*
	– a trip by train
	– activities in a national park

Auswertung Mündlich im Plenum. Lernstärkere S begründen ihre Wahl.

Erarbeitung **b)** ☉ Gemäß SB bearbeiten die S die Aufgaben zur Sicherung des Detailverständnisses in EA.

`// ● p.136` Es handelt sich um eine Parallelübung auf zwei Niveaustufen. Lernstärkere S vervollständigen die Sätze ohne Multiple-choice-Auswahl anhand der Broschüren.

Auswertung Im ► Partner check.

Lösung ► KV 34: Answers to STOP! CHECK! GO! (Unit 4) `►WB, p. 62–63` `►DFF 4.6` `►INKL p. 86–87`

`More challenge 6` `p.136` **Our Scottish holidays**

Erarbeitung **a) SB geöffnet.** Die S wählen drei Aktivitäten von den Broschüren (SB-Seite 91) aus und begründen ihre Auswahl schriftlich.

Erarbeitung **b)** 👥 💬 In PA stellen sie einander ihre Vorschläge vor und einigen sich in einer Diskussion auf drei Aktivitäten. Sie begründen ihre Entscheidung. L kann dazu unterstützend folgende Redemittel bereitstellen (Tafel/Folie):

Let's choose ...
Why don't we take ...
I think we should really ...
Wait a minute, I don't agree. I think ... is much better / more exciting / ... because ...

Lösung Individuelle Lösungen.

Kommunikative Kompetenzen

Listening

Different experiences (p. 93, 3)*

The journey (p. 94, 1)

Language exchanges are good (p. 102, 1b/c)

Viewing

PEOPLE AND PLACES Welcome to Dublin (p. 101, 1)

Reading

Information about exchanges (p. 92/93, 1)

At the information desk (p. 95, 3)

STORY: Away from home (p. 96–99)

Maike and Dara's blogs (p. 99, 1a)

Dara's phone call home (p. 100, 1)

Maike's language exchange (p. 101, 1c)

Speaking

NOW YOU (p. 92, 2)

NOW YOU (p. 94, 2)

Meeting people for the first time (p. 95, 4)

Find out more (p. 101, 2)

Welcome to Dublin (p. 103, 1e)

Writing

Maike and Dara's blogs (p. 99, 1b/c)

A thank-you email (p. 99, 2)

Maike's language exchange (p. 101, 1c)

Dara's German language exchange (p. 101, 2)

Mediation

NOW YOU (p. 94, 2)

Viewing

PEOPLE AND PLACES Welcome to Dublin (p. 103, 1)

Sprachliche Mittel

Wortfelder

Schüleraustausch / Leben in einer Gastfamilie (p. 92/93; 96ff.)

Asking for information and help / Being polite (p. 94/95)

Strukturen

Simple present or present progressive? (p. 100, 1–3; LF 3)

Present perfect or simple past? (MC, p. 104, 1–4)

A stay in Dublin

In Unit 5 erhalten die S Informationen und Erfahrungsberichte über Schüleraustauschprogramme in Irland, die in der Story literarisch aufbereitet werden. Maike lebt für drei Wochen in der Familie O'Brien und macht dort interessante kulturelle Erfahrungen.

Interkulturelle Kompetenzen

Schüleraustauschprogramme kennen lernen am Beispiel Irland

Einblicke in den (Schul-)Alltag irischer Jugendlicher gewinnen

Sich im (englischsprachigen) Gastland zurechtfinden und verständigen

Dublin und seine Sehenswürdigkeiten entdecken

Methodische Kompetenzen

Lern- und Arbeitstechniken

Notizen machen (p. 92, 2a; 93, 3)

Sprachliche Regelmäßigkeiten entdecken (p. 100, 2)

Texte kriteriengestützt korrigieren und verfassen (p. 101, 1/2)

Kurzvorträge halten (p. 103, 2)

Selbsteinschätzung (Stop! Check! Go!)

LANGUAGE In Dublin and at home (p. 105, 1)

WRITING A school discussion (p. 105, 2)

REVISION: STUDY SKILLS Understanding new word (p. 106, 3)

REVISION: WORDS and SPEAKING How many differences? (p. 106, 4)

REVISION: LANGUAGE How long ...? (p. 107, 5)

REVISION: READING and WRITING Healthy eating (p. 107, 6)

REVISION: MEDIATION and LISTENING What's for breakfast? (p. 107, 7)

Kooperative Lernformen

Think-Pair-Share (p. 92, 2; 107, 5)

Correcting circle (p. 101, 2)

Role-play (p. 102, 2)

Info-gap activity (p. 106, 4)

Weitere Formen der PA und GA (p. 95, 4b; p. 101, 1a; 103, 1e; 105, 2a)

* p. 93, 3 = SB-Seite, Übungsnummer

5 A stay in Dublin

LEAD-IN

Inhalt Die S entnehmen einer Broschüre Informationen über einen Schüleraustausch in Irland, wie z.B. mögliche Ziele, Teilnahme am Unterricht und Erfahrungen. Sie erfassen ein Interview (Hörtext) über Erfahrungen von Austauschschülern global und detailliert, machen sich dazu Notizen und tauschen sich mündlich mit einem Partner darüber aus, ob sie gerne an einem Schüleraustausch (in Irland) teilnehmen würden und warum bzw. warum nicht.

S. 92/93

1 Information about exchanges

Wortschatz **exchange** (n) · **improve** · **experience** (n) · **prefer** sth. **to** sth. · **probably** · **get to know** · you **might** miss home

Einstieg **SB geschlossen.** L schreibt das Thema der Unit an: *A stay in Dublin*. Die S spekulieren über die Inhalte, L sammelt Vorschläge (Tafel/Folie), z.B. *holidays in Ireland, somebody visits their family (aunts, uncles etc.) in Ireland, somebody talks about a school trip to Ireland or going to a language school in Ireland, ...*

Alternative **SB geöffnet.** Gemeinsame Bildbetrachtung und Spekulieren über die Inhalte der Broschüre im Plenum. L: *Look at the pictures in this brochure: What can you see? (a family of five, a group of young people from different countries in a town or city, a map of Ireland, the Irish flag, students at school, a girl with a big green hat, ...) What do you think you can read about in this brochure?* L hält die Vorschläge zur späteren Überprüfung fest.

Überleitung **SB geöffnet.** L: *Now skim the texts and find out: What is the brochure about?* Die S überfliegen den Text (▶ Lesetechniken) und vergleichen ihre Spekulationen aus dem Einstieg mit dem Inhalt der Broschürentexte.

Anschließend ggf. ▶ Wortschatzsemantisierung durch L.

Erarbeitung 📖 **1. Lesen** zur Sicherung des Detailverstehens gemäß SB: Die S vervollständigen die Satzanfänge schriftlich in EA.

Auswertung 👥 Kontrolle durch ▶ Partner check, abschließend ggf. Vergleich im Plenum.

● Differenzierung Lernstärkere S finden zu den Satzanfängen 3 und 5 möglichst viele Satzenden.

Lösungsbeispiel *1 ... English language exchanges in Ireland.*
2 ... with an exchange partner, an Irish teenager who is the same age as you / with your exchange partner's family.
3 ... can improve your English / can learn about another culture / have new experiences / can make new friends / can go on exciting trips / can see interesting places.
4 ... a smaller city (like Cork, Galway, ...) or the country.
5 ... about the lessons/timetable, the subjects, the homework, the clothes (uniforms!), the sports.
6 ... you might miss home.

2 NOW YOU

Erarbeitung **a) SB geöffnet.** Es handelt sich um die kooperative Lernform ▶ Think-Pair-Share. Gemäß SB notieren die S ihre Meinung mit mindestens zwei Begründungen. Bei Bedarf recherchieren die S weitere Informationen auf der angegebenen Webseite.

Zusatz Die S erhalten auf ▶ KV 35: Language exchanges – Different experiences (Part A) weitere Ideen für ihre Argumentation. Part B der KV enthält einen Tabellenvordruck für Aufgabe **3**.

Lösungsbeispiel	☺ *I'd like to do an exchange because ...*	☹ *I wouldn't like to do an exchange because ...*
	I want to ... *– improve my English.* *– learn about another culture.* *– make new friends.* *– learn about Irish schools.* *– see lots of interesting places.* *...*	*I might ...* *– miss home or my friends.* *– find it difficult to live in a host family.* *– have problems understanding people / ...* *I don't want to ...* *– go to school in summer.* *– wear a uniform / ...* *...*

Erarbeitung **b)** 👥 💬 **Pair:** Die S diskutieren mit ihrem Partner über Austauschprogramme. Sie stellen dabei Gemeinsamkeiten oder Unterschiede fest und können ggf. vom Partner Begründungen, die sie treffend finden, übernehmen.

Auswertung **c)** 👥👥 💬 **Share:** Die S präsentieren ihre Meinungen im Plenum. Dazu kann L durch Melden zwei Gruppen (dafür/dagegen) bilden lassen und alle Begründungen an der Tafel sammeln. Anschließend erfasst L im Plenum durch Melden die Anzahl der Befürworter und Gegner, hält die Zahlen an der Tafel fest und die S kommen nach vorne und markieren für sie zutreffende Argumente durch Kreidestriche oder Klebepunkte. Die Ergebnisse sollten abschließend versprachlicht werden:

... students would/wouldn't like to do an exchange.
Most students think ...
Only ... students say they ...

3 Different experiences

Wortschatz **partly · likes and dislikes** *(pl)*

Erarbeitung **a)** 🔊 **SB geöffnet. 1. Hören** (Globalverstehen): Die S bewerten die Erfahrungen der beiden
▶ 🔊 3.02 Austauschschüler mithilfe der Vorgaben im SB.

Alternative Die S nutzen für **a)** die Rubriken zum Ankreuzen sowie für **b)** den Tabellenvordruck auf
▶ KV 35: Language exchanges – Different experiences (Part B).

Lösung *Jonas – mostly positive · Simone – partly positive, partly negative*

Erarbeitung **b)** ⬤ 🔊 🔧 Vor dem **2. Hören** (Detailverstehen) übertragen die S die Tabelle aus dem SB ins Heft (oder nutzen den Tabellenvordruck auf KV 35, s. o.) und fertigen darin während des Hörens Notizen an (▶ Note taking).

⬤ **Differenzierung** Lernstärkere S können bereits beim Anlegen der Tabelle Fakten eintragen, die ihnen noch präsent sind. Beim **2. Hören** kontrollieren sie die bereits eingetragenen Fakten und ergänzen.

Auswertung 👥👥 Kontrolle durch ▶ Partner check, abschließend ggf. Vergleich im Plenum.

◉ **Differenzierung** Lernschwächere S notieren bei *likes/dislikes* nur je einen Fakt.

⬤ **Differenzierung** Lernstärkere S notieren bei *likes/dislikes* so viele Fakten wie möglich und ergänzen – wo genannt – jeweils die Begründungen (siehe blaue Ergänzungen im Lösungsbeispiel):

Lösungsbeispiel	name	from	where in Ireland?	how long?	likes	dislikes
	Jonas	Dortmund	Dublin	three weeks	– Joe and his host family (nice, still write emails, Joe visited him too) – Dublin (crazy, busy, fun) – the people (funny, talk to you in streets and at bus stops)	– the food (porridge: horrible, lots of potatoes)
	Simone	Stuttgart	near Galway, in the country	four weeks	– learned a lot – good for her English – farm (nice) – ponies (cute) – her partner's little brother (nice, talked a lot)	– the weather (some days rainy) – her exchange partner (very different) – long school day – lots of homework

▶ WB 1–3, p. 66 ▶ DFF 5.3 ▶ DFF 5.4 ▶ INKL p. 88/89

Zusatz Die S schreiben eine E-Mail an einen englischsprachigen Freund, in der sie ihre Meinung zu einem Schüleraustausch darstellen. Möglicher Arbeitsauftrag:

Write an email to an English-speaking friend. Tell him or her that your parents want you to do a language exchange. In your email

- *give some information about the place of the exchange.*
- *say if you want to go or not and give reasons.*

THEME Getting there

Inhalt Maike, eine Austauschschülerin aus Berlin, fliegt zum Schüleraustausch nach Dublin. Da es ihr erster Flug ist, ist sie ganz schön aufgeregt. Sie bewältigt diese Herausforderung, ist aber überrascht, als ihre Gastfamilie einen Gast namens Mike Hoffman begrüßen möchte.

Die S erfassen unterschiedliche Situationen im Flugzeug und auf dem Flughafen (Ansagen, Hinweise, Gespräche) hörend oder lesend und führen mit einem Partner einen Kennenlerndialog nach Vorlage.

S. 94

1 The journey

Wortschatz **No.,** *pl* **Nos. · belt · EU** (= European Union) **· non- · flight connection · baggage · baggage reclaim · exit · during** the flight **· passport · host**

Einstieg **SB geschlossen.** L führt in die Situation ein: *In this unit we're meeting a German student, Maike* (Tafelanschrieb), *who is going on a language exchange. Maike's going to stay with a host family in Dublin. Do you think Maike is a boy or a girl? (a girl)*

SB geöffnet. Bildbetrachtung im Plenum. L: *Look at the pictures. Where is Maike in picture A, C, D, E and F? (on a plane; at the airport in Dublin)*

Zusatz Übertragung auf die Situation der S: *Have you ever been on a plane or at an airport? Where did you go? (...) Where was it? (...) What was it like? (exciting, scary, ...)*

Erarbeitung **a)** ▷⁾ **SB geöffnet.** ▶ Klären der Arbeitsanweisung: Die S schreiben die Zahlen 1 bis 6 in ihr
▶ 🔊 3.03   Heft. Während des **1. Hörens** (Globalverstehen) notieren sie dahinter den Buchstaben des passenden Bildes.

Lösung *1 C · 2 A · 3 F · 4 D · 5 B · 6 E*

Erarbeitung **b)** ▷⁾ Mithilfe der Bilder und weiterer geeigneter ▶ Semantisierungstechniken entlastet L zentralen neuen Wortschatz vor, z. B.: *baggage (Look at picture C: Maike has a small bag on her seat. The rest of her baggage is at the bottom of the plane.)*, *belt* (Bild B und ggf. deutsche Übersetzung), *baggage reclaim* (Schild in Bild F und Erklärung: *It's where you get your bags back after the flight.*), *exit, flight connections* (Schild in Bild F zeigen und Erklärung: *It's where you have to go when you want to take another plane, for example if you want to go from Leipzig to Dublin you have to change planes in Frankfurt.*), *passport* (Schild *passport control* in Bild D zeigen und/oder Realgegenstand).

Anschließend **2. Hören** und Sicherung des Detailverstehens gemäß SB: Die S beantworten die Fragen stichwortartig im Heft (▶ Note taking).

Auswertung 👥 Kontrolle durch ▶ Partner check, abschließend ggf. Vergleich im Plenum.

Lösung *1 under the seat · 2 her music player · 3 baggage reclaim (and exit) · 4 left (because Germany is an EU country) · 5 belt 12 · 6 at the information desk*

2 ⏺ NOW YOU

Erarbeitung 💬 🗨 **SB geöffnet.** Gemäß SB formulieren die S höfliche Fragen bzw. Bitten.

L kann die S darauf hinweisen, dass sie diese Aussagen – ähnlich wie bei der ▶ Mediation – nicht wortwörtlich übersetzen, sondern sich zunächst im Deutschen kurze, einfache Fragen überlegen sollen, die sie dann ins Englische übertragen. Bei Bedarf die erste Aussage gemeinsam „umwandeln" und formulieren.

More help p.136   S, die Formulierungshilfen benötigen, lesen die Hinweise in den gelben Boxen (auch gemeinsam im Plenum möglich) und nutzen die vorgegebenen Fragen bzw. Satzanfänge.

Lösungsbeispiel
1 Excuse me please. (I didn't understand the message.) Can I go to the toilet now? / Am I allowed to go to the toilet now?
2 Excuse me please, can I use my mobile? / Am I allowed to use my mobile?
3 Excuse me please, where is the exit? / Excuse me please, I don't know where to go. Can you help me to find the exit?
4 Sorry, I don't understand. Can you say that again, please? / Could you speak more slowly, please?

▶ INKL p. 90

S. 95

3 At the information desk

Wortschatz **unusual · usual · Anyway, ...**

Einstieg **SB geöffnet.** L lässt die S das Bild beschreiben und somit die Situation erfassen. Mögliche Leitfragen: *Who can you see in the picture? (airport employees at information desk, Maike, host family) Where are they? (Dublin airport) What are they doing? (asking for information, explaining something, holding up a sign with the name 'Mike Hoffman')*

Erarbeitung **a)** 🖿 Mithilfe des Bildes und ihres Vorwissens erkennen die S, dass der Name auf dem Schild falsch ist, und spekulieren, was das für den Fortgang der Geschichte bedeuten kann. Falls nicht, kann L ggf. nachsteuern: *What's on the sign?* S: *On the sign I can read the name 'Mike Hoffman'. I think the family is waiting for Maike, but they probably think that she's a boy.*

Anschließend **1. Lesen** (Globalverstehen) und Überprüfung der Vermutungen.

Differenzierung S, die den Fehler nicht anhand des Bildes finden, suchen die Antwort im Text (Zeilen 1–5).

Lösung *The name on the sign is wrong. There's no 'A': Mike (= English boy's name) instead of Maike (= German girl's name).*

Erarbeitung **b)** 🖿 **2. Lesen** und Sicherung des Detailverstehens gemäß SB entweder in Stillarbeit im Heft oder im Plenum durch Zeigen von ▶ Right/wrong cards, nachdem L/S die Aussagen einzeln laut vorliest. Die S berichtigen die falschen Aussagen.

Im Anschluss sichert L den neuen Wortschatz und lässt die S den Dialog laut lesen üben sowie in der Klasse vortragen.

Differenzierung Lernstärkere S beantworten weitere Fragen zum Text, z. B.:

- *How was Maike's journey? (fine)*
- *What's the weather like in Germany? (sunny and warm, about 25 degrees)*
- *Does Maike have any brothers or sisters? (yes, a younger stepsister, Jana)*

Lösung **1** *true* · **2** *false (Dara O'Brien is Maike's exchange partner. Ciara is her partner's sister.)* · **3** *true* · **4** *false (She doesn't understand everything. She says: 'What? Sorry, I don't understand.')* · **5** *true* · **6** *not in the text*

4 Meeting people for the first time

Einstieg **SB geöffnet.** Als Muster für die individuelle Beantwortung gibt L die drei Fragen aus dem SB sowie eine mögliche Antwort auf die erste Frage in einer Tabelle vor. Die S suchen im Dialog (Aufgabe **3**) Maikes Antworten auf die zweite und dritte Frage; L hält diese an der Tafel fest und verdeutlicht daran die Höflichkeitsregel aus dem gelben Kasten (keine einsilbigen Antworten geben!).

Questions	Answers
Hi, it's nice to meet you. Are you from Germany?	Hello, nice to meet you too. Yes, I'm from Berlin. It's in the north of Germany.
What's the weather like in Germany at the moment?	It was very sunny and warm when I left – about 25 degrees.
Do you have any brothers and sisters?	Well, I have a stepsister. She's two years younger than me. Her name is Jana.

Erarbeitung **a)** 💬 📑 Die S nennen im Plenum weitere Antwortmöglichkeiten, die L ggf. in einer weiteren Tabellenspalte notieren kann. Anschließend beantworten die S die Fragen bezogen auf ihre Person schriftlich in EA.

More help p. 136 S, die Formulierungshilfen benötigen, lesen die Hinweise in den gelben Boxen (auch gemeinsam im Plenum möglich) und nutzen die vorgegebenen Redemittel und Antwortalternativen.

Erarbeitung **b)** 👥 💬 Die S üben ihren Kennenlerndialog mit einem Partner ein, z. B. mithilfe der ▶ Read-and-look-up technique. Dabei sollten sie zunehmend freier sprechen.

▶ WB 4–7, pp. 67–68   ▶ Folie 18   ▶ DFF 5.5   ▶ INKL p. 91

Zusatz Die einzelnen Fragen und Antworten werden im ▶ Double circle mit wechselnden Partnern eingeübt. Weitere Fragen können hinzugenommen werden (*hobbies, pets, favourite sports/bands/subjects/...*).

More practice 1 p. 137 **ROLE-PLAY** **Meeting someone for the first time**

Erarbeitung 👥 💬 **SB geöffnet.** Nach dem Erfassen der *role card* in EA einigen sich die S auf einen groben Gesprächsverlauf (Wer fängt an?) und machen sich ggf. Notizen zu ihren Fragen. Dann Durchführung des Rollenspiels in PA.

🔲 **Differenzierung** Lernschwächere S erhalten ▶ KV 36: Meeting someone for the first time – Role cards mit einer stärker vorstrukturierten Dialogvorlage bzw. (alternativ) einem *scrambled dialogue*.

Hinweis: L kann die Vorlage für lernstärkere S auch zerschnitten vorgeben.

Lösungsbeispiel Siehe Dialogmuster auf ▶ KV 36: Meeting someone for the first time – Role cards.

STORY Away from home

Inhalt   Maike kommt am Haus der O'Briens an. Dort lernt sie die weiteren Familienmitglieder kennen. Bei einer Tasse Tee und der Übergabe von Gastgeschenken kommt es zu den ersten interkulturellen Missverständnissen. Maike und Dara kommentieren das Erlebte in einem Blog bzw. Chat.

An ihrem ersten Tag in Irland lernt Maike, dass dort einiges anders als in Deutschland ist: Sie muss das Bad mit vielen Personen teilen, die Schule beginnt später und sie muss eine Schuluniform tragen. In der Schule spielen Dara und seine Freunde ihr einen Streich.

Beim Abendessen kommt es zu einem weiteren Missverständnis. Mrs O'Brien hat das Gastgeschenk, einen Schwarzwälder Schinken, gekocht. Dara rettet die Situation mit einer irischen Spezialität.

Freitag haben Maike, Ciara und Dara gemeinsam Spaß in einer Jugenddisco. Ciara und ihre Freundinnen besorgen das Disco-Outfit für Maike.

Am vorletzten Tag fahren Dara und Maike nach Dublin. Maike kauft Souvenirs für ihre Familie, sie hören Straßenmusikanten zu und probieren *Fish and chips* im Temple Bar District.

Die S verstehen einen längeren zusammenhängenden Text, entnehmen den Blogs Einzelinformationen und schreiben nach dieser Vorlage selbst einen Blog über einen Tagesausflug nach Dublin (aus Maikes bzw. Daras Sicht auf Deutsch oder Englisch) sowie eine Dankes-E-Mail an eine Gastfamilie.

S. 96–99

Away from home

Wortschatz   **S. 96:** line · **shake, shook, shaken** · **giggle** *(v)* · **count** *(v)* · **rude** · **marzipan** · **forest** · **ham** · **You shouldn't have.** · **fridge** · **gingerbread** · **heart** · **Lots of love** · **a little** · **expect**

S. 97: shock *(n)* · **turn over** · **shower** *(n)* · **at last** · **introduce** sb. to sb./sth. · **put up your hand** · **kiss** *(v)* · **bottom** · **I don't mind.** · **She can take a joke.** · **actually**

S. 98: lie, lay, lain · **pot** · **cooker** · **shocked** · **tomato,** *pl* **tomatoes**· **bean** · **appetite** · an **underage** disco · **alcohol** · **get dressed up** · **high heels** *(pl)* · **nail**

S. 99: pedestrian · **artist** · **busker** · **order** *(v)* · **cod,** *pl* **cod** · **salt** · **vinegar** · **love** · **pretty** · **mayonnaise** · **Yuck!** · **bet, bet, bet** *(v)* · you **can't wait**

Einstieg   **SB geschlossen.** Reaktivieren des Vorwissens im Unterrichtsgespräch.

L: *Where did Maike fly to?*
S: *Dublin.*
L: *Who picked Maike up at the airport?*
S: *Mrs O'Brien, Ciara and Dara.*
L: *Why was Dara surprised?*
S: *He thought Maike was going to be a boy.*

Überleitung   Anschließend fordert L die S auf, Vermutungen über Maikes Aufenthalt in Dublin anzustellen. Mögliche Impulse:

- *What will Maike do during the week? (go to school with Dara) And at the weekends? (go to parties / visit places / ...)*
- *Will she have any problems? If so, what might the problems be? (different food / problems with the host family / difficult language / ...)*

L: *Let's read the story and find out about Maike's experiences at the O'Briens'.*

Erarbeitung   ▦ **SB geöffnet.** ▦ **1. Lesen**/Hören der Geschichte nebst zugehöriger Blogs bzw. Chats
▶ 🎧 3.04–3.08   still in EA oder im ▶ Mitleseverfahren, entweder im Zusammenhang oder Part für Part.

Alternative   👥👥 ▦ Alternativ lassen sich die einzelnen Abschnitte der Geschichte auch nach der in Unit 4 vorgestellten Methode *Reading club* anhand von *Task cards* erarbeiten (SB-Seite 79).

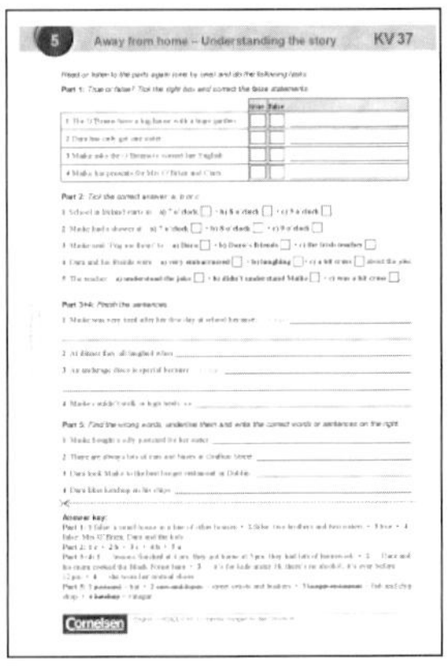

| Zusatz | Zur Inhaltssicherung bearbeiten die S auf ▶ KV 37: Away from home – Understanding the story nach jedem Abschnitt Aufgaben zum Detailverstehen. Ein abtrennbarer *answer key* ermöglicht die Selbstkontrolle. |

/////// **S. 99** ///

| Überleitung | **SB geschlossen.** L leitet zu den Blogs bzw. Chats, die Dara und Maike geschrieben haben, über. |

L: *What did Dara and Maike do every evening?*
S: *Maike wrote a blog. Dara chatted with his cousin Finn.*
L: *What did they write about?*
S: *They wrote about their day / what they did / the differences between Germany and Ireland / …*
L: *OK. Let's have a look at the blog and the chat.*

1 Maike and Dara's blogs

| Erarbeitung | **a)** ◎ ▤▤ **SB geöffnet.** Die S überfliegen Maikes Blogs und entscheiden sich für einen, den sie vertiefend bearbeiten wollen. Alternativ nummeriert L die Klasse von 1 bis 3 durch (oder verteilt Zahlenkarten). Die S bearbeiten den ausgewählten Blog, machen sich beim **2. Lesen** des zugehörigen Parts Notizen zu Maikes interkulturellen Lernerfahrungen und tauschen sich anschließend mit S aus, die einen anderen Blog hatten. Abschließend werden die Ergebnisse im Plenum vorgestellt. |

| ◉ Differenzierung | Lernstärkere oder schnellere S können zwei Blogs bearbeiten. |

| Lösungsbeispiel | **Maike's blog (1):** |

- *Irish people don't shake hands when they meet.*
- *Irish families are often bigger than German families.*
- *Irish tea is very strong. They usually put milk and sugar into their tea.*
- *You don't say 'I will some sugar'. You say 'I'd like some sugar, please.'*
- *When you talk to adults, you can use their first name.*

Maike's blog (2):

- *School starts at nine.*
- *Students wear a uniform at school.*
- *'Póg mo thóin' is Gaelic and means 'Kiss my bottom'.*

Maike's blog (3):

- *School finishes at four and you have to do homework after school.*
- *'Tea time' means dinner.*
- *You don't say 'Good appetite'. You'd better say 'Enjoy your meal'.*
- *There are underage discos for people under 18 in Ireland. They're over before midnight and you don't get any alcohol.*
- *Irish girls get dressed up before they go to a disco.*

| Erarbeitung | **b)** ▤� Gemäß SB in EA. Auch als Hausaufgabe geeignet. |

| Auswertung | Die S lesen sich ihre Blogs in GA vor. Die interessantesten Blogs werden im Plenum vorgestellt. |

| Alternative | Die S überarbeiten die Blogs in einem ▶ Correcting circle und wählen anschließend mit der Methode ▶ Voting finger einen Blog aus ihrer Gruppe zum Vortrag im Plenum aus. |

Lösungsbeispiel	Heute war ich mit Dara in Dublin – es war super! Ich habe Souvenirs gekauft – z. B. einen lustigen Hut für Jana. Es gibt dort viele tolle Straßenmusiker und -künstler. Danach haben wir etwas typisch Irisches gegessen: *Fish and chips* in Temple Bar. Das war total lecker. Dabei habe ich gelernt, dass die Iren ihre Pommes mit Essig essen – klingt komisch, schmeckt aber gar nicht so schlecht! Leider geht es morgen schon nach Hause …

Today Dara and I went into Dublin. It was great. I bought some souvenirs for my family – like a silly hat for Jana. I liked the buskers and the artists in Grafton Street. After that I tried fish and chips in Temple Bar. It was delicious, but I was very surprised when I was told that Irish people eat their chips with vinegar – sounds strange, but it's quite OK, actually!

Erarbeitung	**c)** ⏺ ▤📝 Gemäß SB in EA.
⊙ Differenzierung	Für lernschwächere S kann L den Text der E-Mail mithilfe von Leitfragen vorstrukturieren:

  - *Where did they go?*
  - *What did they do/buy/eat?*
  - *What do German/Irish people put on their chips?*
  - *How does Dara feel?*

Lösungsbeispiel	*Hi Finn,*

Today Maike and I went into Dublin. We had a great time there. First we went shopping because Maike needed some presents for her family. I bought a funny postcard for her. It said 'Póg mo thóin'. She laughed. She really liked the buskers and artists in Grafton Street. Then we had lunch. Maike tried fish and chips. Things are different in Germany. People eat chips with ketchup and mayonnaise – yuck! So she didn't know chips with vinegar, but she tried some – and quite liked them ☺. Maike is leaving tomorrow. I'm really going to miss her. And I'm a bit nervous about going to Germany. I really hope Maike won't play any jokes on me. When I said this, Maike just smiled, so maybe she's already planning something …

Any news from Cork? Let me know what's going on.
CU
Dara

2 ⏺ A thank-you email

Erarbeitung	▤📝 **SB geöffnet.** Gemäß SB. Als Hausaufgabe geeignet. Kontrolle im ▸ Correcting circle möglich.

More help p.137 S, die Hilfe benötigen, bearbeiten die Aufgabe mithilfe der vorgegebenen Leitfragen und Textbausteine. Dazu machen sie sich bei **a)** zunächst Notizen zu den Fragen und arbeiten diese anschließend bei **b)** in die Textbausteine der E-Mail ein.

Auswertung	Die E-Mails werden als ▸ Gallery walk in der Klasse ausgehängt und gewürdigt.
Lösungsbeispiel	*Dear Nora and all the other O'Briens,*

I'm back home now in Berlin. I had a very nice flight. I want to thank you for the great time I had in Ireland. I really enjoyed my stay – and I miss all of you.

When my parents picked me up at the airport, I told them about 'Póg mo thóin'. They all laughed – that was really funny. I especially liked the day out in Dublin – the buskers, the artists and, of course, fish and chips – even with vinegar!

The disco night was also great. @ Ciara: Thanks again for your help :-).

School was interesting, but, you know, it's just school. And it was hard that it finished so late and that there was so much homework. But the teachers were nice.

I learned a lot about Ireland and my English is much better now. For example I will never say 'Good appetite' or 'I will some sugar' again.

Thanks for everything and I'm looking forward to meeting Dara in Berlin. I'd really like to come to Ireland again some time.

Best wishes,
Maike

▶ WB 8–10, p. 69   ▶ INKL p. 92–95

More challenge 1   p.138   **Language exchanges**

Erarbeitung

a) 💬 **SB geöffnet.** Lernstärkere S bereiten eine Stellungnahme zum Schüleraustausch vor (monologisches Sprechen). Sie orientieren sich an den Leitfragen im SB und machen sich stichwortartige Notizen auf Karteikarten.

Auswertung

b) Die S üben den Vortrag zunächst im geschützten Raum in PA oder GA. Die Partner geben sich anhand folgender Kriterien ein Feedback zur Präsentation (siehe auch *SF 14: Giving a short talk*, SB-Seite 177):

- *Did your partner answer all questions?*
- *Did your partner speak loudly and clearly?*
- *Did your partner have a good plan?*
- *Did your partner use good phrases?*
- *Did your partner look up?*

Anschließend überarbeiten die S ihre Vorträge bei Bedarf und präsentieren sie vor der Klasse.

Lösungsbeispiel

Today I want to talk to you about language exchanges. I think they are a really good idea and there are some reasons for that.

Firstly, I think that teenagers go on exchanges because they want to learn more about the country and the people who live there. You might miss the food you know or the way you usually live. And I think it's strange to wear a school uniform. But it can also be very exciting to try new food, for example fish and chips, or a different way of life in a host family. Perhaps you can do special English sports with your hosts or you can even go to an underage disco at the weekend. And maybe it's an interesting experience to wear a school uniform. All these things you can't learn at school.

Secondly, you can make new friends. Maybe you'll miss your friends at home or feel lonely at first. But you can stay in contact with your friends on the internet – you can chat and mail and send photos. And the best thing is: You'll meet many new and perhaps interesting people – in your host family and at school.

Thirdly, a language exchange improves your English. Maybe at the beginning it will be difficult to understand people. You might feel a little nervous because of that. But your host family will help you and after one or two weeks your English will be much better.

All in all, I think language exchanges are a good idea and I would like to get the chance to go on an exchange in England or Ireland.

FOCUS ON LANGUAGE

Inhalt · Anhand eines Telefongesprächs zwischen Dara und seiner Mutter über seinen Aufenthalt in Maikes Familie in Deutschland arbeiten die S die Unterschiede im Gebrauch der beiden Präsenszeitformen *simple present* und *present progressive* heraus und wenden diese an.

S. 100

1 Dara's phone call home

Struktur · Kontrastiver Gebrauch von *simple present* und *present progressive*: Präsentation

Wortschatz · **mam · look into** sth. **· weird · spinach · curry · Give her my love.**

Einstieg · **SB geschlossen.** L: *Imagine you're on exchange and you're calling home. What do you talk about? (about your host family, your exchange partner, the house, the food, the school, activities you did, ...)* L hält die Vermutungen der S zur späteren Überprüfung an der Tafel fest.

Erarbeitung · ▶ 🎧 3.09 · ▤▤ **SB geöffnet.** Die S erfassen die dargestellte Situation. Anschließend **1. Lesen**/Hören (Globalverstehen) und Abhaken der Vermutungen aus dem Einstieg.

L: *What is Dara's experience like? (mostly positive)*

2. Lesen/Hören und Sicherung des Detailverstehens gemäß SB. Abschließend Sicherung des neuen Wortschatzes und lautes Lesen des Dialogs mit verteilten Rollen.

Lösungsbeispiel ·
- *Maike's family lives in a flat (not in a house like Dara's family).*
- *It's green and quiet around the flat (not as noisy as at home).*
- *Some food is weird (spinach and eggs), some food is OK (curry sausage).*

2 Simple present or present progressive?

Struktur · Gebrauch von *simple present* und *present progressive*: Bewusstmachung und Signalwörter

Erarbeitung · **a) SB geöffnet.** Gemäß SB übertragen die S die vervollständigten Sätze in ihr Heft.

Lösung · *Maike's parents usually **go** to work on Fridays, but today they'**re taking** it easy at home. I often **don't understand** everything, but now I'**m starting** to understand more.*

Erarbeitung · **b)** 🔧 Die S unterstreichen die Verbformen in beiden Sätzen, benennen sie und weisen ihnen die im SB genannten Funktionen zu. Bei Bedarf wiederholt L mit den S die Bildung der beiden Zeitformen anhand der Beispiele oder anhand von *Language files 1* und *2* (SB-Seiten 180/181).

Lösung ·
- *simple present (go, don't understand): talk about things that happen again and again*
- *present progressive (are taking, am starting): talk about things happening now*

⊙ Differenzierung · In lernschwächeren Klassen gibt L zur besseren Übersichtlichkeit eine Tabelle für die Kontrastierung der beiden Zeitformen vor (auch für die Signalwörter in **c)**):

	simple present	present progressive
examples	they go (to work) I don't understand (everything)	they are taking (it easy) I am starting (to understand)

rule	Yes: – I/You/We/They + verb
	       – He/She/It + verb + –s
	No: – I/You/We/They + don't + verb
	      – He/She/It + doesn't + verb
		Yes (No):
		– I am (not) + verb + –ing
		– You/We/They are(n't) + verb + –ing
		– He/She/It is(n't) + verb + –ing

use	to talk about things that happen again and again	to talk about things happening now
time words and phrases	usually, often, always, sometimes, every week	today, now, right now, at the moment

Zusatz	Die S sammeln weitere Beispiele aus dem Text im Heft oder in ihrer Tabelle.
Erarbeitung	**c)** Die S übertragen die Tabelle ins Heft und tragen gemäß SB die Signalwörter ein. L vertieft bei Bedarf die Unterschiede im Gebrauch anhand von *Language file 3* (SB-Seite 182).

3   Today is different

Struktur	Übung zum Gebrauch von *simple present* und *present progressive*
Wortschatz	**weekday · site**
Erarbeitung	**SB geöffnet.** Die S übertragen in EA die Sätze in ihr Heft und setzen die Verbformen ein.
⊡ Differenzierung	Lernschwächere S markieren die Signalwörter und entscheiden mithilfe der Tabelle aus **2** über die jeweilige Zeitform.
Lösung	**1** doesn't get up, (he)'s getting up · **2** goes, (she)'s showing · **3** watch, (they)'re playing · **4** drive, (they)'re staying · **5** doesn't visit, (she)'s taking · **6** cook, are cooking

---

More practice 2 p.138   **NOW YOU**

Erarbeitung	🖥 **SB geöffnet.** Die schreiben eine Mail an einen imaginären Brieffreund unter Verwendung der beiden Präsenszeitformen *simple present* und *present progressive*.
⊡ Differenzierung	In Vorbereitung wiederholen die S *SF 12: Writing an email* (SB-Seite 175) und sammeln Aktivitäten zu den beiden Zeitformen.
Lösung	Individuelle Lösungen.

More practice 3 p.138   **An email from Dara**

Wortschatz	°mainly
Erarbeitung	**SB geöffnet.** Wiederholung von Zeitformen der Gegenwart, Vergangenheit und Zukunft. Mithilfe der farbcodierten Hinweise in den gelben Boxen und ggf. der *Language files 1* bis *4* sowie *9* (SB-Seiten 180–184 und 188) setzen die S die Verben in der richtigen Form selbstständig in die E-Mail ein.
⊡ Differenzierung	In lernschwächeren Klassen abschnittweise Bearbeitung mit zwischenzeitlichem Ergebnisvergleich im Plenum.

Lösung

Dear Mam

*I**'m still having** a great time in Germany. My German **is getting** better and better. But I**'m looking forward to** the trip home too.*

*Maike **loves** sport. She **goes** swimming or jogging every day!! I usually **go** swimming with her but I **don't go** jogging. It's too hot!*

*Yesterday we **went** to the shops because Maike **wanted** to buy another Black Forest ham for you. Do you remember the ham that we **cooked** when Maike **was** at our house??! I **bought** a thank-you card for her family too.*

*I**'m going to give** them the card tomorrow because it's my last day in Germany. Maike has big plans for tomorrow evening. She**'s going to cook** a special meal and some of her friends **are going to come** to her flat later and we**'re going to have** a party!*

Auf Wiedersehen! See you soon.

Love, Dara

▶ WB 11–12, p. 70 ▶ DFF 5.1 ▶ Folie 19 ▶ INKL p. 96

SKILLS TRAINING Writing course (5)

Inhalt Die S korrigieren anhand einer Checkliste Maikes Entwurf für einen Text, den sie über ihren Schüleraustausch geschrieben hat. Im Anschluss schreiben sie Daras Artikel über seinen Aufenthalt in Deutschland und korrigieren ihn nach einem Feedback in der Gruppe (▶ Correcting circle).

S. 101

Writing and correcting

1 Maike's language exchange

Erarbeitung **a)** 📖 🔧 **SB geöffnet.** Die S erhalten den Text auf ▶ KV 38: Maike's language exchange und markieren die fünfzehn Fehler.

Erarbeitung **b)** Die S nutzen die Kategorien zur erneuten Fehlersuche. Sie können dafür auch auf die Checkliste in Form einer Tabelle auf ▶ KV 38: Maike's language exchange zurückgreifen.

⊙ Differenzierung Lernschwächere S nutzen die abknickbare Hilfe auf ▶ KV 38: Maike's language exchange (Angabe über die Anzahl der Fehler und die Fehlerkategorie in jeder Zeile).

Auswertung 👥 Kontrolle durch ▶ Partner check, abschließend Vergleich im Plenum.

Zusatz Die S ordnen die Fehler den Kategorien zu, z. B. in der Tabelle auf ▶ KV 38: Maike's language exchange.

Lösung
line 1: one mistake (word order: time words)
line 2: two mistakes (spelling: capital letter / small letter)
line 3: one mistake (word order: verbs)
line 4: no mistakes
line 5: one mistake (grammar: tenses)
line 6: two mistakes (spelling; word order: time words)
line 7: one mistake (spelling: capital letter)
line 8: one mistake (word order: verbs)
line 9: one mistake (spelling)
line 10: one mistake (grammar: verb form)
line 11: one mistake (grammar: tenses)
line 12: one mistake (grammar: verb form)
line 13: one mistake (spelling)
line 14: one mistake (grammar: tenses)
line 15: no mistakes

Erarbeitung **c)** 📝 Die S schreiben den korrigierten Text ins Heft.

Lösung *My language exchange*

Last month (1) I did a four-week exchange in Ireland and it was great. Dublin is a nice city (2) and I (3) really liked my host family, the O'Briens.

The O'Briens thought that my name was Mike. When I arrived, they were (4) surprised that I was a girl! Dara O'Brien was my exchange partner. He's a boy so I shared (5) a room with Dara's sister Ciara. Mrs O'Brien and the kids often (6) corrected (7) my English – I liked that. Some things are very different there. The Irish drink really strong black tea (8). And when they say "tea time" they mean (9) dinner. I brought Mrs O'Brien a Black Forest ham from Germany and she cooked it! We laughed (10) about that.

It was fun at school with Dara. I wore (11) a uniform like the other kids. Lots of kids talked (12) to me and that was good for my English! The most interesting lesson was Irish. Everybody has to learn it, but people don't use it (13) very much. Dara invited me to a disco for young (14) people. The girls got dressed up, but the boys didn't! I didn't understand that. But I had (15) a lot of fun.

My language exchange was a great experience!

2   Dara's German language exchange

Erarbeitung **a)** 🔧 📝 **SB geöffnet.** Die S machen sich auf der Grundlage von Daras Telefongespräch mit seiner Mutter (SB-Seite 100) Notizen zu seinem Aufenthalt in Deutschland und ergänzen eigene Ideen. Bei Bedarf rekapituliert L mit den S die vier Schritte beim Schreiben aus *SF 9: How to write good texts* (SB-Seite 172/173).

Anschließend schreiben die S den Text gemäß SB. Maikes Text kann als Mustertext genutzt werden.

Erarbeitung **b)** 🔧 👥 Fehlerkorrektur nach der kooperativen Lernform ▸ Correcting circle. Die S verteilen die Kategorien und kontrollieren jeden Text der Gruppenmitglieder nach Fehlern dieser Kategorie. Jeder S korrigiert mit einer anderen Farbe.

Ⓞ Differenzierung Lernschwächeren S fällt es in der Regel leichter, *spelling mistakes* zu finden.

Erarbeitung **c)** 🔧 Die S ordnen ihre Fehler den verschiedenen Kategorien zu und notieren die Bereiche, in denen sie schwerpunktmäßig Wiederholungs- oder Übungsbedarf haben.

Auswertung Die Ergebnisse (besonders häufige Problemfelder) sollten im Plenum gesammelt und analysiert werden und können so bei Bedarf zur Grundlage einer *Revision*-Phase werden.

Erarbeitung **d)** 📝 Korrektur der Texte gemäß SB.   ▶ WB 13–14, p. 71   ▶ DFF 5.6

SKILLS TRAINING Speaking

Inhalt Die S tauschen sich im dialogischen Sprechen über die Vor- und Nachteile von Sprachreisen aus. Zunächst wird über das Hörverstehen ein Musterdialog mit notwendigen Redemitteln präsentiert und anschließend erstellen die S mithilfe eines *flow chart* einen Dialog, den sie mit wechselnden Partnern einüben.

S. 102

1 Language exchanges are good

Wortschatz **rubbish** *(infml)* · **disagree**

Erarbeitung **a)** 👥 🔧 **SB geöffnet.** Die S notieren sich stichwortartig (▶ Note making) Argumente für und wider Sprachreisen, vergleichen ihre Argumente und übertragen sie in ihr Heft.

Auswertung Die Argumente werden zum späteren Abgleich mit dem Hörtext strukturiert an der Tafel gesammelt.

Lösungsbeispiel

arguments for language exchanges	*arguments against language exchanges*
You can ... *– improve your English.* *– learn about another culture.* *– make new friends.* *...*	*You might ...* *– miss home.* *– not like the food.* *– not understand people.* *...*

Erarbeitung **b)** 🎧 **1. Hören.** Die S vergleichen die Argumente des Hörtextes mit den an der Tafel ▶ 🎧 3.10 gesammelten und ergänzen wenn nötig.

Erarbeitung **c)** 🎧 **2. Hören.** Die S schreiben die Zahlen 1 bis 8 in ihr Heft und haken die gehörten Redemittel ab.

Lösung *(8) I don't agree.* · *(6) That's rubbish!* · *(5) That's true.* · *(4) I'm not so sure about that.* · *(2) Maybe you're right.*

Erarbeitung **d)** Die S übertragen die Tabelle in ihr Heft und vervollständigen sie mit den Redemitteln aus **c)**.

◉ **Differenzierung** Lernstärkere S versuchen, eine Abstufung der einzelnen Redemittel vorzunehmen (siehe Ausrufungszeichen in der Lösung).

Lösung

I agree ☺	*I disagree* ☹
Good idea. (!!!) *That's true. (!!)* *Maybe you're right. (!)*	*No way! (!!!)* *That's rubbish. (!!!)* *You're wrong. (!!)* *I don't agree. (!)* *I'm not so sure about that. (.)*

2 **ROLE-PLAY** **Should young people visit other countries?**

Wortschatz | °divide up

Erarbeitung | **a) SB geöffnet.** ▸ Klären der Aufgabenstellung. L teilt die Klasse in zwei Gruppen ein (▸ Gruppenbildung). Die S bereiten sich mithilfe der jeweiligen Rollenkarte auf das dialogische Sprechen vor. L gibt ggf. den Tipp, das stärkste Argument für das Ende des Gesprächs aufzuheben. Die S machen sich stichwortartige Notizen zu den Argumenten, um ein möglichst freies Sprechen zu ermöglichen.

Des Weiteren schreiben sie die Redemittel aus **1** auf farbige Karten (z. B. blau für Zustimmung, rot für Ablehnung) – jede Karte darf im Gespräch nur einmal verwendet werden.

Erarbeitung | **b)** 👥 💬 Die Paare üben den Dialog mithilfe der vorbereiteten Karten ein und orientieren sich dabei an dem *flow chart* im SB.

Tipp zur Paarfindung in **b)** und **c)**: L verteilt in beiden Gruppen (Position 1 und Position 2) Spielkarten, sodass in jeder Gruppe zwei gleiche Karten (z. B. zwei Damen) vorhanden sind.

Erarbeitung | **c)** 👥 💬 Abschließend wird der Dialog mit einem neuen Partner ohne Hilfen geübt.

Auswertung | Freiwillige Präsentation im Plenum.

Lösung | Individuelle Lösungen.   ▸ WB 15, p. 72 ▸ DFF 5.2 ▸ Folie 20

SKILLS TRAINING Viewing

Inhalt   Die S folgen einer Stadtführung durch Dublin, die im *Stephen's Green*, einem Park, der von Dublinern gerne zu einer kurzen Pause genutzt wird, beginnt. Von dort geht es weiter in die lebhafte *Grafton Street*, eine Fußgängerzone, in der man viele Straßenmusikanten und andere Kleinkünstler antrifft. Fehlen darf hier natürlich auch nicht die Statue der legendären Fischhändlerin *Molly Malone*.

Von ihrem Denkmal geht es in den Bezirk *Temple Bar* mit seinen zahlreichen Cafés, Geschäften und Kneipen. Anschließend verlassen wir *Temple Bar* in Richtung *River Liffey* und *Ha'penny Bridge*. Auf dem Markt in der *Moore Street* gibt es dann Gelegenheit zum Einkauf von Obst und Gemüse aus aller Welt.

Die geschichtsträchtige *O'Connell Street* mit der nadelförmigen Säule *The Spire* und dem *General Post Office* ist ein weiterer Höhepunkt beim Spaziergang durch Dublin, der uns entlang des *Liffey* zum *Famine Memorial*, das an die große Hungersnot im 19. Jahrhundert erinnert, und zum Auswandererschiff *Jeanie Johnston* führt. Die Tour endet in der *Dublin Bay* mit einem schönen Blick auf die *Irish Sea*.

Zur Sicherung des Hör-/Sehverstehens bringen die S Bilder der Sehenswürdigkeiten in die richtige Reihenfolge und ordnen ihnen passende Aussagen der Stadtführerin zu. Sie verständigen sich mit einem Partner auf Orte, die sie gerne besichtigen würden (dialogisch), recherchieren im Internet weitere Informationen und halten einen Kurzvortrag über Dublin (monologisch).

S. 103

1   PEOPLE AND PLACES Welcome to Dublin

Wortschatz   **foot,** *pl* **feet · on foot ·** it **was built**

Einstieg   **SB geschlossen.** L knüpft an die *storyline* an.

L: *What did Maike see and do in Dublin? What did she like best? Why?*
S: *Maike and Dara went to Temple Bar. She liked the food there and the buskers and street artists in Grafton Street.*
L: *If you go to Dublin there's a lot to see and to do. Let's go on a tour and find out more about Dublin.*

Erarbeitung   **a)** 📖 **SB geöffnet.** Die S betrachten das Flugblatt über Dublin, beschreiben die Fotos und nennen jene, die sie besonders interessant finden.

Erarbeitung   **b)** 📢 **1. Hören** (Globalverstehen) gemäß SB. L spielt den Clip mit ausgeschaltetem Monitor vor.
▶ 🎥

INFO-BOX   Dublin sights

Dublin ist die 527.000 Einwohner große Hauptstadt der Republik Irland und liegt an der östlichen Küste der Insel, wo der Fluss Liffey in die *Irish Sea* mündet. Als zentrale Ereignisse der irischen Geschichte haben die große Hungersnot *(Great Famine)* von 1848-1849, der Osteraufstand *(Easter Rising)* gegen die britischen Besatzer 1916 und die Erreichung der Unabhängigkeit infolge des Anglo-Irischen Krieges 1922 die Bevölkerung und das Bild der Stadt geprägt.

Der Liffey teilt Dublin in den wohlhabenden Süden *(Southside)* und den weniger wohlhabenden Norden *(Northside)*, wobei die Grenzen zwischen Arm und Reich in der Gegenwart weniger deutlich zutage treten als in der Vergangenheit.

Zu den Haupteinkaufsstraßen der Stadt zählen die **O'Connell Street** und die **Grafton Street**. Die 420 Meter lange O'Connell Street ist seit den 1920er Jahren nach dem Nationalhelden David O'Connell benannt. In ihr befinden sich das Hauptpostamt *(General Post Office)* sowie das 2003 errichtete Wahrzeichen der Stadt: die 123 Meter hohe, nadelförmige Säule **The Spire**, deren Spitze in der Nacht beleuchtet wird. Die Grafton Street liegt zwischen dem innerstädtischen Park **Stephen's Green**, wo einst öffentliche Auspeitschungen, Verbrennungen und Hinrichtungen stattfanden, und Irlands prestigeträchtigster Universität, dem **Trinity College**.

Am Ende der Grafton Street befindet sich auch die bekannte Statue der **Molly Malone**, einer jung gestorbenen Fischhändlerin, die in einem berühmten irischen Volkslied besungen wird. Von hier aus ist es nicht weit bis zum kopfsteingepflasterten Stadtviertel **Temple Bar**, das am südlichen Ufer des Liffey liegt und für seine zahlreichen Cafés und Pubs beliebt ist, in denen nachts Live-Musik gespielt wird. Von diesem lebendigen Kulturviertel aus gelangt man über die **Ha'penny Bridge**, eine Fußgängerbrücke, deren Benutzung zu früheren Zeiten einen halben Penny kostete, auf die nördliche Seite des Liffey.

Lösung	*Stephen's Green • Grafton Street • Molly Malone • Temple Bar • The Ha'penny Bridge • Moore Street • O'Connell Street • The Jeanie Johnston • Dublin Bay*
Auswertung	**c)** 👁 **1. Sehen** zur Überprüfung von **b)** gemäß SB.
Zusatz	Zur weiteren Verständnissicherung arbeiten die S mit der Methode ▸ Question pot: Die Aufgaben sollten sich nicht nur auf das Gesagte, sondern besonders auch auf Gesehenes beziehen. Mögliche Fragen (Antworten in Klammern):

- *Why do people go to Stephen's Green? (to have a break)*
- *Are there dogs in the park? (Yes, there was a dog on the grass.)*
- *What did you see on the lake? (birds: ducks, °swans)*
- *What music do the buskers play on Grafton Street? (Irish folk music)*
- *What can you get from leprechauns? (a pot of gold)*
- *What does the leprechaun look like? (green clothes, green hat, long red °beard)*
- *What did Molly Malone sell? (fish, °mussels)*
- *What can you find in Temple Bar? (shops, cafes, music clubs)*
- *What is the Liffey? (a river)*
- *What is special about Ha'penny Bridge? (quite narrow, no cars allowed)*
- *Why is it called Ha'penny Bridge? (because people had to pay half a penny to get across the bridge)*
- *Name three kinds of fruit you saw on the market. (oranges, apples, bananas, mangos, tomatoes)*
- *How tall is the Spire on O'Connell Street? (120 metres)*
- *What is the GPO and what does it look like? (the general post office, a big grey building)*
- *What are the colours of the Irish flag? (orange, white, green)*
- *How long did a trip to America take on ships like the Jeanie Johnston? (eight weeks)*
- *Can you describe the Jeanie Johnston? (a °sailing ship, black, quite small)*
- *How many people died during the Great Famine? (1,000,000 people)*

Erarbeitung	**d)** 👁 **2. Sehen** (Detailverstehen) gemäß SB.
Lösung	**A** *Stephen's Green* • **B** *O'Connell Street* • **C** *The Ha'penny Bridge* • **D** *Temple Bar* • **E** *The Jeanie Johnston* • **F** *Grafton Street*
Zusatz	👥 / 👥👥 Vertiefung durch die Methode ▸ Film dice, auch zur Vorbereitung von **3**. Mögliche Satzanfänge:

1 *I liked …*
2 *I didn't like …*
3 *I would like to go to … because …*
4 *I wouldn't like to go to … because …*
5 *It surprised me that …*
6 *For me, the strangest thing in Dublin is/was …*

Erarbeitung	**e)** 👥 💬 Die S wählen zunächst in EA drei Orte aus, die sie in Dublin sehen möchten, und überlegen sich Argumente dafür. Anschließend einigen sie sich mit einem Partner auf drei gemeinsame Orte. Hierbei können sie auf die Redemittel-Karten aus dem *role-play* auf SB-Seite 102 zurückgreifen.
Lösungsbeispiel	*S1: I'd like to go to Stephen's Green first. I'd love to watch the birds on the lake.*
	S2: Oh, I think that's a bit too boring for me in the morning. Let's go shopping in Grafton Street first. It's fun and I need a souvenir for my parents.
	S1: Maybe you're right, I need some souvenirs too. Then I want to go to Ha'penny Bridge and take some photos.
	S2: Good idea. After that we can buy some sandwiches and eat them in Stephen's Green.
	S1: That sounds great. And after the break …

More challenge 2 p.139 **Your opinion is welcome**

Wortschatz °seem

Erarbeitung 📝 **SB geöffnet.** Lernstärkere S schreiben unter Verwendung der Redemittel einen Kommentar zur Tour in Form eines Blogs. Die fertigen Blogs können in der Klasse ausgehängt und gewürdigt werden, z. B. in Form eines ▸ Gallery walk oder als ▸ Reading circle, bei dem die Mit-S Gelegenheit haben, einen Kurzkommentar oder Symbole für *like/dislike* zu ergänzen.

Lösung Individuelle Lösungen.

---

2 🔘 Find out more

Erarbeitung 🔧 💬 **SB geöffnet.** Gemäß SB. Die S recherchieren mithilfe der angegebenen Website Informationen über ausgewählte Sehenswürdigkeiten in Dublin, fertigen auf einer Karteikarte Notizen dazu an und stellen ihre Sehenswürdigkeiten im Plenum oder in der

Kleingruppe vor. Bei Bedarf wiederholt L mit den S vorab die wichtigsten Punkte aus *SF 14: Giving a short talk* (SB-Seite 177). Die Mit-S geben anhand der aus Unit 2 bekannten Kriterien ein Feedback zu Inhalt und Präsentation.

Alternative Die Info-Texte der Website finden sich auch auf ▸ KV 39 A/B: Favourite places in Dublin – Websites. Darüber hinaus bietet die KV eine Checkliste bzw. ein Bewertungsschema für die Kurzvorträge.

⊡ Differenzierung Lernschwächere S können einen Fließtext vorbereiten, den sie mithilfe der ▸ Read-and-look up technique präsentieren.

Lösung Individuelle Lösungen. ▸ INKL p. 97

More challenge 3 p.139 **A tour of your home town**

Erarbeitung **SB geöffnet.** Lernstärkere S erstellen einen Videoclip über interessante Orte in ihrer Stadt. Dazu bearbeiten sie die vier Schritte gemäß SB. Zunächst legen sie fest, was sie filmen möchten, und anschließend tauschen sie sich mit einem Partner dazu aus, wobei sie ihre Wahl begründen. Dann erstellen sie ein Skript mit Einführung, wesentlichen Informationen und Abschluss der jeweiligen Szene. Hierzu können sie auf die Redemittel von ▸ KV 12: A script for a cycle tour film zurückgreifen. Abschließend erfolgt das Drehen der Szene. Die Mitschnitte werden in der Klasse präsentiert und eventuell prämiert.

Zusatz Falls die Aufgabe als größere Lernaufgabe für die gesamte Klasse durchgeführt wird, empfiehlt es sich, gemeinsam im Unterricht Rollenkarten (*director, script supervisor, camera operator, location scout,* etc.) und detaillierte Schritte für das Vorgehen bei der Produktion (*before you start filming, filming, post production*) zu erarbeiten. Die S haben ggf. aus anderen Fächern bereits Vorwissen, auf das zurückgegriffen werden kann.

MORE CHALLENGE

Inhalt   Anhand eines Dialogs zwischen Dara und Maike auf dem Flohmarkt von Dublin wird der Gebrauch der beiden Vergangenheitszeitformen *present perfect* und *simple past* kontrastiert. Die S arbeiten aus dem Text die Regeln heraus, üben sie in einer Einsetzübung ein und wenden sie in eigenen Sätzen über Tätigkeiten in der Vergangenheit an.

S. 104

Something new

1   At the flea market

Erarbeitung   ▦ **SB geöffnet.** Zunächst wird der Dialog zwischen Maike und Dara inhaltlich erarbeitet. Nach dem **1. Lesen** (Globalverstehen) beantworten die S die Zielfrage aus dem SB.

Lösung   *Maike wants to buy a fun hat.*

Zusatz   Weitere Fragen zum Textverständnis:

- *What did Dara's mum buy last month? (some cool second-hand clothes)*
- *Why was Maike jealous last Christmas? (Her sister got a fun hat.)*
- *What do Dara and Maike want to try? (cupcakes)*

2   Present perfect or simple past?

Erarbeitung   **a)** **SB geöffnet.** Gemäß SB.

Auswertung   Die Sätze werden im Plenum gesammelt (Tafel/Folie). Die S unterstreichen die Verbformen.

Lösung

present perfect	simple past
Have you ever been to a market like this?	I was at a flea market in Berlin last summer. I came last month with my mum and she bought some cool second-hand clothes.
Have you ever seen so many great hats? I've always wanted a fun hat like this.	These weren't here last time. My stepsister got one for Christmas last year. I was really jealous.
Have you ever eaten cupcakes? But I bet you've never had big fresh chocolate cupcakes like these before.	We ate some a few weeks ago at a friend's birthday party.
useful time phrases:	useful time phrases:
ever/never always …	last summer/month/time/year/… a few weeks/days/years/ … ago …

Erarbeitung   **b)** 🔧 Die S vervollständigen den Regelkasten.

Auswertung   Abgleich im Plenum und gemeinsames Lesen von *LF 7: Present perfect or simple past?* (SB-Seite 186). L: *Sometimes there are useful time phrases that show you which tense you need. Find them in the dialogue.* Die Zeitadverbien aus dem Dialog (sowie ggf. weitere) werden im Tafelbild ergänzt.

Zusatz Frage-Antwort-Spiel in Form einer ▸ Meldekette zum Einschleifen der Unterschiede. L: *What about you, S1 – have you ever been to a flea market?* S1: *Yes, I have. I went to a flea market in Spain last summer. – Have you ever bought a fun hat, S2?* etc. L greift korrigierend ein und notiert eventuell benutzte Zeitadverbien im Tafelbild.

3 A fun place

Erarbeitung **SB geöffnet.** Kontrastierende Einsetzübung gemäß SB. Kontrolle im ▸ Lerntempoduett möglich.

Lösung **1** *had – has never had* · **2** *has often eaten – ate* · **3** *hasn't visited – wanted* · **4** *has always been – started* · **5** *sold – has sold* · **6** *has played – didn't play*

4 I've done that – I did it last summer

Erarbeitung **SB geöffnet.** Gemäß SB.

Zusatz Die S erhalten ▸ KV 40: Find someone who … . Die KV enthält eine Tabelle zur Vertiefung der Kontrastierung im Rahmen der Aktivität *Find someone who …* Durch Nachfragen im *simple past* erfahren die S weitere Details *(when/where)* von ihren Mit-S. Hierfür gibt L ein Fragemuster vor:

S1: *Have you ever tried fish and chips?* S2: *Yes, I have.* S1: *When did you try it?* S2: *I tried it last summer.*

Abschließend berichten die S über ihre Mit-S: *Pascal has tried fish and chips. He tried it last summer.*

Lösung Individuelle Lösungen. ▸ WB Fast Finishers, p. 73 ▸ DFF 5.7

STOP! CHECK! GO!

Hinweis Übungsaufgaben zu wichtigen Themen und Kompetenzbereichen aus Unit 5. Weitere grundsätzliche Hinweise zur Konzeption und Durchführung von STOP! CHECK! GO! finden sich im Vorwort.

Die Hörtexte zu STOP! CHECK! GO! sind für die S auch auf der Audio-CD im *Workbook* zugänglich.

S. 105

1 LANGUAGE In Dublin and at home

Erarbeitung **a)** **SB geöffnet.** Kontrastierende Übung gemäß SB.

⊙ Differenzierung In lernschwächeren Klassen erstellt L mit den S zunächst eine Tabelle mit den Signalwörtern aus dem grünen Kasten bei **b)**. Dann suchen die S in den Übungssätzen die Signalwörter und setzen die Verben in die entsprechende Zeitform.

simple present	present progressive
always	at the moment
every day	now
every Wednesday	right now
in the morning	this evening
never	today
often	
on Saturdays	
usually	

Lösung **1** take – is raining • **2** find – are playing • **3** are walking – come • **4** happens – are waiting • **5** use – is filming

Erarbeitung **b)** ⦿ Gemäß SB. L sammelt ggf. einige Beispiele ein, liest sie vor und die Mit-S erraten, wer diese Sätze verfasst hat.

Lösung Individuelle Lösungen.

2 WRITING A school discussion

Erarbeitung **a)** 👥 🗒 💬 **SB geöffnet.** Die S lesen die Argumente der fünf irischen S und finden zunächst heraus, wer für oder gegen Hausaufgaben ist (pro: Lucy, Ben; contra: Dara, Alana, Liam). Sie notieren sich die Argumente und tauschen sich mit ihrem Partner darüber aus.

Lösung Individuelle Lösungen.

Erarbeitung **b)** Die S suchen die Redemittel aus dem Dialog heraus, notieren sie gemäß SB in der Tabelle und ergänzen unter Verwendung des *Skills training* (SB-Seite 102) und des *SF 15: Giving opinions* (SB-Seite 178) weitere passende Redemittel.

agree	disagree
Maybe that's true.	Maybe you're right, but …
I agree with …	That's rubbish!
…	…

Erarbeitung **c)** 🗒 Gemäß SB.

Lösung Individuelle Lösungen. ▶ DFF 5.1 ▶ DFF 5.2

Auswertung **d)** Zunächst kann die Präsentation in einer Kleingruppe stattfinden, wobei die S sich Feedback in Form einer ▶ Schreibkonferenz oder mündliches Feedback geben. Folgende Beobachtungsaufgaben können dabei gestellt werden:

- *Did your partner use phrases to agree and disagree?*
- *Did your partner use all the arguments?*
- *Did the discussion end well?*

Die S überarbeiten ggf. ihre Dialoge und präsentieren sie anschließend im Plenum.

3 REVISION: STUDY SKILLS Understanding new words

Erarbeitung

a) 🔧 **SB geöffnet.** Die S schauen sich zunächst noch einmal die Tipps aus dem *SF 2: Understanding new words* (SB-Seite 164) an. Anschließend schreiben sie die Wörter und ihre vermuteten Bedeutungen in ihr Heft.

☐ Differenzierung

In lernschwächeren Klassen kann L den S eine Tabelle mit den Tipps aus dem *Skills file* vorgeben. Die S kreuzen die Strategien an, die ihnen bei der Erschließung der Bedeutung geholfen haben.

English word	German meaning	The picture helped me.	A German word helped me.	The words before and behind the new word helped me.	I know part of the word.
nature-lovers	Natur-liebhaber				✓
...					

Lösung

nature-lovers = Naturliebhaber, *snorkelling* = Schnorcheln • *exotic* = exotisch • *(100) per cent guarantee* = (hundert)-prozentige Garantie • *snorkel* = Schnorchel • *diving goggles* = Taucherbrille • *flippers* = (Taucher-)Flossen • *(are) provided* = (werden) bereitgestellt • *tunnel walkway* = Fußgängertunnel / Tunnelrundgang / unterirdischer Fußweg • *sea horses* = Seepferdchen • *octopuses* = Tintenfische, Kraken • *feeding times* = Fütterungszeiten • *year-round* = ganzjährig • *stormy* = stürmisch

Erarbeitung

b) 🔧 Die S lesen die Personenbeschreibungen auf dem *Wanted*-Poster still und erschließen dabei den neuen Wortschatz mithilfe geeigneter Worterschließungstechniken (▶ Semantisierung). Dann zeichnen sie die Gesichter in EA.

Auswertung

👥 Auswertung durch ▶ Partner check gemäß SB.

Lösung

Individuelle Lösungen.

Zusatz

👥 Die S zeichnen eine weitere Person und beschreiben diese ihrem Partner, der eine Zeichnung dazu erstellt (und umgekehrt). Anschließend vergleichen die S Original und Kopie.

4 👥 REVISION: WORDS and SPEAKING How many differences?

Einstieg

SB geschlossen. L: *How many country words do you remember? Write down as many as you can in one minute.* Nach Ablauf der Zeit wird per Handzeichen der Sieger ermittelt: *Who's got more than five/ten/... words?*

Alternative

L schreibt *country words* an die Tafel. Die S kommen nach vorne und schreiben Wörter aus dem Wortfeld an.

Erarbeitung

a) ☐ 🔧 **SB geöffnet.** Die S füllen die erste Spalte in EA aus (mindestens acht Dinge).

☐ Differenzierung

Lernschwächere S verwenden den Tabellenvordruck auf ▶ KV 41: How many differences can you find? Die Tabelle ist hier so strukturiert, dass sie für Partner A und Partner B identisch ist, was die Auswertung erleichtert. Außerdem enthält sie Hilfen in Form eines Reservoirs mit Ortsangaben sowie eines abknickbaren Kastens mit relevantem Wortschatz.

Erarbeitung

b) 🔧 Die S füllen die zweite Spalte in EA aus.

Erarbeitung **c)** 👥 💬 Die S füllen die dritte Spalte im ▶ Partner talk aus.

Lösungsbeispiel

things in the picture	where? (partner A's picture)	where? (partner B's picture)
a wood	in the background, on the left; near the fields	in the background, on the right; near the fields
a (red) tractor	in the foreground, on the right	in the background, on the right
a church	in the background, in the middle	in the foreground, on the left
four/some sheep	in the foreground, in the middle; near the tractor	in the background, on the left; behind the church
(some) hills	in the background, on the right	in the background, on the left
fence/wall/gate	in the foreground, on the left (OR: in the middle); open	in the foreground, on the right; closed
one/two brown farm house(s)	in the foreground, on the left	**two** brown farm houses: in the background, in the middle; in the background on the right
a white farm house	in the background, on the right	in the background, on the right; next to the brown farm house
a road	from the foreground (on the left) to the background (in the middle)	from the foreground (on the left) to the background (in the middle)
a river	in the foreground/ background, on the left	in the background, on the left / in the middle
two/some bushes	in the foreground, in the middle	in the foreground, in the middle
a (big) green field	in the foreground, in the middle	in the foreground, in the middle
some trees	in the foreground, in the middle / on the right	in the background, in the middle / on the right
a (big) brown field	in the foreground, on the right	in the foreground, on the right
three ponies	–	in the background, on the left

Alternative Statt die dritte Spalte zu befüllen, zeichnen die S das Bild des Partners nach dessen Beschreibung.

S. 107

5   REVISION: LANGUAGE   How long ...?

Einstieg   **SB geschlossen.** L schreibt je einen Beispielsatz für *since* und *for* an die Tafel, die S markieren die Verbform sowie die Präpositionen *since/for* und wiederholen Form und Funktion des *present perfect* mit *since/for*.

I have worked as a teacher for five years.
I have lived here since 2012.

Erarbeitung   **a)** 🔧 **SB geöffnet.** Es handelt sich um die kooperative Lernform ▶ Think–Pair–Share. Gemäß SB füllen die S die *me*-Spalte in EA aus und ergänzen weitere Fragen in der ersten Spalte.

Erarbeitung   **b)** 👥 💬 Die S füllen die dritte Spalte im ▶ Partner talk aus.

Auswertung   **c)** 👥 💬 Die S tauschen sich mit einem weiteren Mit-S im ▶ Partner talk über ihre Ergebnisse der Befragung des Mit-S aus **b)** aus.

Lösung   Individuelle Lösungen.

6   REVISION: READING and WRITING   Healthy eating

Erarbeitung   **a)** ▦ ▤ **SB geöffnet.** Die S erfassen beim **1. Lesen**, welchen Argumenten sie zustimmen bzw. nicht zustimmen. Sie schreiben ihre Ergebnisse in Form einer Tabelle in ihr Heft.

arguments I agree with	arguments I disagree with
food has to look good, ...	vegetables aren't very exciting
...	...

Lösung   Individuelle Lösungen.

Erarbeitung   **b)** 🔧 Die S gliedern den Kommentar in Anfang, Mittelteil und Ende. Anschließend notieren sie in einer Tabelle (s. u.) die Redemittel und *linking words*.

Zusatz   Lernstärkere S ergänzen in den Spalten weitere Redemittel (s. blaue Lösungsbeispiele).

Lösung

	parts of the text	phrases for giving your opinion	linking words
beginning	I'm fed up with all the talk about kids and healthy eating.	I'm fed up with ...	and
middle	Firstly, ... – I can decide what's good for me.	I like being ... I think ... (But) in my opinion ... I don't think ... I don't like it when ...	Firstly and but so Secondly
end	So to sum up ... – what they eat.	I don't think that ...	So (to sum up) ... And
		On the one hand ... But on the other hand ... If you ask me ... I really believe	Finally because ...

Erarbeitung **c)** ⬤ 📝 Die S schauen sich zunächst noch einmal die Tipps aus dem *SF 11: Writing a comment* (SB-Seite 174) an. Mithilfe der Argumente aus **a)** und der Redemittel und *linking words* aus **b)** schreiben die S ihren Kommentar.

More help p.139 S, die Formulierungshilfen brauchen, verwenden die vorgegebenen Satzanfänge.

Lösung Individuelle Lösungen.

7 REVISION: MEDIATION and LISTENING What's for breakfast?

Wortschatz °home-made • °porridge • °bacon • °black pudding • °kipper • °mushroom • °oatcake

Einstieg **SB geschlossen.** L: *Imagine you're in a Scottish B&B. What could you have for breakfast?* Die S äußern Vermutungen zum Frühstücksangebot. L notiert die Vermutungen an der Tafel.

Erarbeitung **a) SB geöffnet. 1. Lesen** (Globalverstehen): Die S lesen die Frühstückskarte und vergleichen sie mit ihren Vermutungen aus dem Einstieg. Anschließend lesen sie die Fragen der Mutter.

Erarbeitung **b)** 💬 🔊 Gemäß SB notieren die S die Fragen der Mutter auf Englisch (▸ Mediation). Beim
▸ 🔊 3.11 **1. Hören** überprüfen sie ihre Fragen.

Lösung *1 Do you make porridge with milk and sugar? • 2 Are potato scones the little cakes that you eat with jam and cream? • 3 What is black pudding? Is it sweet? • 4 What are kippers?*

Erarbeitung **c)** 💬 ▸ Klären der Arbeitsanweisung: Die S sollen die Antworten des Kellners auf Deutsch
▸ 🔊 3.12 wiedergeben (▸ Mediation). Dazu machen sie sich während des **2. Hörens** Notizen in ihrem Heft. L stoppt die Aufnahme nach jeder Antwort.

▢ Differenzierung 👥 Zur Unterstützung lernschwächerer S kann L nach dem **2. Hören** eine kurze Phase in PA durchführen lassen, in der die S ihre Notizen vergleichen.

Lösungsbeispiel **1** Haferbrei wird mit Wasser und Salz gemacht, aber sie können für uns auch Milch und Zucker hineintun.
2 *Potato scones* werden aus Kartoffeln, Butter, Salz und Mehl gemacht. Man isst sie warm mit Käse oder Schinken und Eiern oder Würstchen.
3 *Black pudding* ist nicht süß. Es ist eine Art Blutwurst.
4 *Kippers* sind geräucherte Heringe.

INFO-BOX Scottish food

Potato scones, auch *Tattie* (schottische Umgangssprache für Kartoffeln) *scones* genannt, bestehen aus Kartoffeln, Mehl, Butter und Salz. Der Teig wird dünn ausgerollt, in Viertel geschnitten und in einer gusseisernen Pfanne gebraten. Noch warm werden sie mit Butter bestrichen. Sie sind Teil des traditionellen *full Scottish breakfast*.
Black pudding ist eine Art Blutwurst, die aus Schweineblut, Hafergrütze, Mehl, Zwiebeln, Schweinefett und Gewürzen gemacht wird. Traditionell wurde die Masse in einer Form gebacken, daher auch der Name Pudding. Zum Frühstück wird der *black pudding* in Scheiben geschnitten und angebraten.
Kippers sind geräucherte Heringe. Der ganze Hering wird von Kopf bis Schwanz aufgeschnitten, ausgenommen, gesalzen und anschließend geräuchert – dieser Prozess heißt *kippering*. Zum Verzehr werden die *kippers* gebacken oder gebraten.
Oatcakes sind Haferkekse, die aus einem Teig aus Haferflocken, Wasser, Salz und Butter im Ofen gebacken werden. Sie werden anstelle von Toast zum Frühstück gereicht.
Porridge (gälisch: *brochan*) ist ein Haferbrei, der im Original aus Haferflocken, Wasser und Salz zubereitet wird.

Text file

TF 1 London facts

Inhalt Das *Text file 1* ist unmittelbar an das *Lead-in* von Unit 1 (SB-Seiten 8/9) gekoppelt und vermittelt nähere Informationen zu den Londoner Sehenswürdigkeiten, die im Quiz erwähnt werden. Ein Auszug aus dem Londoner U-Bahn-Plan dient zur Orientierung und Verortung der Touristenattraktionen. Die einzelnen Informationstexte sind gut zum Training des extensiven Lesens und des selektiven Leseverstehens und als Materialfundus für eigene Quizfragen geeignet. Sie können aber auch im Rahmen der Recherche für die Erarbeitung der Poster (YOUR TASK, SB-Seite 13) eingesetzt und dafür intensiver ausgewertet werden (siehe Erarbeitung auf HRU-Seiten 28/29).

S. 144–146

Einstieg **SB geschlossen.** Gelenktes Unterrichtsgespräch zu den wichtigsten Sehenswürdigkeiten und Verkehrsmitteln in London. L: *Can you name some London sights or places that tourists can visit? (Buckingham Palace / Big Ben / the London Eye / …) How can people get from one place to another in Central London? (on foot, by bus, by Tube, by taxi) Let's find out more about the Tube.*

Erarbeitung ▤▤ **SB geöffnet. 1. Lesen** des Abschnitts zur Londoner U-Bahn. Zur Sicherung ausgewählter Angaben (selektives Leseverstehen) kann L das Gerüst eines *fact file* (siehe linke Spalte im Lösungsbeispiel oder ▶ KV 42: Getting around London) oder eine entsprechend vorstrukturierte Mindmap vorgeben. **2. Lesen** zur Überprüfung der Fakten.

Lösungsbeispiel

The Tube:

year of opening:	*1863*
number of stations:	*270*
number of lines:	*11*
length of lines:	*402 kilometres*
number of travellers every day:	*more than 3 million*
what's special:	*the oldest underground train system in the world; the quickest way to get around in London*

Zusatz Die S bearbeiten unterschiedliche Aufgaben zur Orientierung im Londoner U-Bahn-Netz auf ▶ KV 42: Getting around London. Die KV enthält auch einen Musterdialog zum Vervollständigen.

Überleitung L: *Let's read some texts to get some more information about famous London sights.*

Task

Erarbeitung **SB geöffnet.** Nach dem **1. Lesen** aller Texte im Zusammenhang in EA formulieren die S in EA oder PA analog zu den Quizfragen im *Lead-in* (SB-Seiten 8/9) mindestens drei weitere Multiple-choice-Aufgaben zu ausgewählten Sehenswürdigkeiten.

Alternative Die einzelnen Texte können auch arbeitsteilig gelesen und Aufgaben zu den jeweiligen Texten formuliert werden.

Auswertung Die S stellen ihre Fragen einem Partner oder im Plenum bzw. stellen ihre Aufgaben in einer Gruppe zu einem weiteren *London Quiz* zusammen, das sie mit passenden Bildern ausgestalten können.

Lösung Individuelle Lösungen.

Alternative
Die S erarbeiten das *Text file* im Rahmen der *YOUR TASK* (SB-Seite 13), ggf. unter Verwendung der vorstrukturierten Tabelle ▸ KV 3: London sights – Find out more (siehe Erarbeitung auf HRU-Seiten 28/29). Sie nutzen den U-Bahn-Plan, um herauszufinden, wie man zu den Sehenswürdigkeiten kommt.

Lösungsbeispiel

Our sights:	Hyde Park	Buckingham Palace	Wembley Stadium
When can you go there? (When does it open / start?)	– every day from 5am till midnight	– inside of palace: Aug–Sep – see guards change in front of palace: nearly every day – check website for exact times	– tours every day (not at Christmas, on New Year's day or when there are games or concerts) – check website for exact times
How much are the tickets?	– free	– palace: £11 (under 17) – Changing of the Guard: free	– £9 (under 16) for a 75-minute tour
Where is it?	– in Central London	– 15 minutes on foot from Big Ben	– 12 km from the centre
How can you get there?	– Tube stations around the park: Lancaster Gate, Marble Arch, Hyde Park Corner, Knightsbridge	– walk or take the Tube to St. James's Park or a bus to Buckingham Palace Road	– by Tube or bus (to Wembley Park)
What can you see or do there?	– play games – go inline skating or walking – have picnic or relax – go boating or swimming in the lake – listen to a concert – listen to a speech at Speaker's Corner	– visit the inside of the palace – have a cup of tea in the cafe – see the Queen's Foot Guards and the Changing of the Guard	– watch football games and other sports like rugby, athletics, … – famous place for rock concerts
What's special about it?	– largest park in Central London (142 hectares = 199 football fields) – one of London's eight Royal parks	– 775 rooms (!), 240 bedrooms, 78 bathrooms – 800 people work there – flags on top show you if the Queen is at home or not	– home of the English national football team (who won the World Cup there against Germany in 1966) – 90,000 seats and 310 wheelchair places – 688 places for food – 2,618 toilets

Lösungsbeispiel

Our sights:	Big Ben	The London Eye	Notting Hill Carnival	Sherlock Holmes
When ...?	you can't go inside but you can hear it every hour, every day	every day except Christmas Day	on the first Monday in August and the weekend before	every day
How much ...?	free	£11 (under 16)	free to watch	– free to look at his statue – museum: ??
Where ...?	in the centre, next to the Houses of Parliament	on the river Thames; across the bridge from Big Ben	in Notting Hill, an area in Central London	– museum = 221B Baker Street – statue = outside Baker Street Station
How ...?	nearest Tube station: Westminster	– walk from Houses of Parliament across Westminster Bridge – nearest Tube station: Waterloo	check carnival website for list of Tube stations	nearest Tube station: Baker Street
What ...?	listen to the most famous sound of London	– go on a 30-minute ride – have a great view of London	– listen to street music – see colourful costumes – see multicultural London at its best	find out about Sherlock Holmes' life and adventures in the museum
What's special ...?	Big Ben = the name of the large bell inside the clock tower	– 135m tall – moves so slowly that it doesn't stop when people get on or off	– biggest street festival in Europe, a lot like Caribbean carnival – celebrates many different cultures	– 221B Baker Street is not a real address – Sherlock Holmes wasn't a real person but a book character

TF 2 London through different eyes

Inhalt Die S lernen zwei Gedichte über London kennen. Paul Curtis beschreibt in seinem Gedicht *The London Eye* das Riesenrad am Themseufer und den fantastischen Ausblick. Ralph Williams und Christine Finke beschreiben in *Oh London, I hate you* die zwiespältigen Gefühle, die eine Fahrt mit dem Bus vom Trafalgar Square bei ihnen auslöst, wobei am Ende die Liebe zu London gewinnt.

Die S entscheiden nach dem ersten Lesen begründet, welches Gedicht sie besser finden, und äußern ausgehend von einzelnen Versen Vermutungen, was das lyrische Ich des zweiten Gedichtes empfindet. Sie finden Reimwörter und üben anhand der Hörtexte, ein Gedicht lesend vorzutragen.

S. 147

Einstieg **SB geschlossen.** Da den S bereits seit der Grundschulzeit kurze, einfache Gedichtformen wie ▸ Akrostichon (Beispiel links) oder Elfchen (Beispiel rechts) bekannt sein dürften, fordert L die S dazu auf, eines der beiden zu London zu schreiben (Zeitvorgabe ca. fünf bis zehn Minuten). L kann ggf. Beispiele für beide Formen vorgeben.

Lovely	*London*
Open(-minded)	*Great sights*
Noisy	*Exciting for tourists*
Discover	*I want to go*
Opposites	*Holidays*
Northbound	

Anschließend stellen die S ihre Produkte einem Partner und anschließend einer Vierergruppe vor. Die Vierergruppe wählt ein Gedicht aus, das anschließend in der Klasse vorgetragen wird.

Überleitung L: *Now we're going to read two longer poems about London.*

1 The poems

Erarbeitung **a)** ▦ **SB geöffnet. 1. Lesen** beider Gedichte still in EA. Anschließend begründen die S ihre Entscheidung für eines der Gedichte unter Verwendung der Anregungen und Redemittel im SB.

Lösungsbeispiel *My favourite poem is 'Oh London, I hate you'. I think it's more honest and more critical. It shows two sides of London, the loud, busy and noisy city but also the beauty of London. And I think the rhyme form makes it easier to understand.*

Erarbeitung **b)** ◉ Gemäß SB, ggf. unter Einbeziehung von Zitaten aus dem Gedicht.

Lösungsbeispiel *I like the last four lines of poem B because it clearly shows that the speaker loves and also hates the city. On the one hand he wants to 'get out of this place' but on the other hand he loves 'the beauty of London'.*

2 London aloud

Erarbeitung **a)** ⚒ **SB geöffnet.** Die S legen eine dreispaltige Tabelle (siehe Lösungsbeispiel) an und übertragen die Reimwörter.

⛛⛛ Anschließend ergänzen sie in PA weitere mögliche Reimwörter aus dem SB-*Dictionary* in der dritten Spalte.

Hinweis: Bei einigen Reimwörtern handelt es sich um unreine Reime (im Lösungsbeispiel eingeklammerte Wörter).

◉ Differenzierung *Fast finishers* versuchen unter Verwendung der gefundenen weiteren Reimwörter eine eigene Strophe zu schreiben.

Auswertung Sammeln der Reimwörter im Plenum, z. B. in Form einer ▸ Meldekette.

Lösungsbeispiel

Poem A: The London Eye

rhyming words (from the poem)		more rhyming words
wheel	steel	deal, feel, meal, ...
round	ground	hound, pound, sound, ...
dramatic	(panoramic)	(fantastic, plastic, ...)
sentiment	(wonderment)	(appointment, argument, moment, statement, ...)
agree	fee, see	free, tea, tree, ...

Poem B: Oh London, I hate you

rhyming words (from the poem)		more rhyming words
square	air	chair, hair, pair, ...
stand	Strand	hand, land, sand, ...
beep	leap	keep, sheep, sleep, ...
move	(shoe)	(improve)
face	place	space, ...
sight	night	fight, flight, light, ...

Erarbeitung
▶ 🎧 3.14

b) 🔊 💬 Die S hören zunächst das Gedicht ihrer Wahl (Tipp: Klasse in mindestens zwei Gruppen aufteilen) und versuchen in PA, das Gedicht vorzutragen. Der Zuhörer gibt Tipps: *That was already quite good, but you should speak more loudly. Don't speak too fast. Look at the audience ...*

Erarbeitung

c) Gemäß SB. Tipp: Nur S auswählen, die sich freiwillig melden.

Alternative

Die folgenden Aufgaben können als Zusatz zur Erarbeitung der Aufgabe **1** oder als Wahldifferenzierung vor der ersten Aufgabe eingesetzt werden. Die Kontrolle erfolgt anschließend mit den Originaltexten des SB.

- *prose and poem*: Die S erhalten *The London Eye* als fortlaufenden Fließtext und formen ihn um. L: *This poem is called 'The London Eye'. Rearrange the text and make 20 lines to get the original poem.*
- *jumbled lines*: Die S erhalten eine Kopie von *Oh London, I hate you*, zerschneiden den Text in einzelne Zeilen, mischen diese und rekonstruieren anschließend das Gedicht.
- *two poems in one*: Die S erhalten größere oder kleinere Teile beider Gedichte vermischt vorgegeben (je nach Lernstärke der S ganze Strophen bis einzelne Zeilen, aber jeweils in chronologischer Reihenfolge) und sortieren sie zu zwei Gedichten auseinander. L: *There are two poems in one. Can you find the lines that belong to 'The London Eye' and 'Oh London, I hate you'?*
- *gapped poem*: Die S erhalten das Gedicht *Oh London, I hate you* auf einem Arbeitsbogen, wobei jeweils das Reimwort fehlt. Diese erhalten sie ungeordnet (Tafel/Arbeitsbogen) und müssen sie an die richtige Stelle setzen. L: *Complete the poem with the suitable rhyme word.*

TF 3 A Christmas pantomime

Inhalt In dieser typisch englischen *Christmas pantomime* wird ein bekanntes Volksmärchen erzählt. Es rankt sich um den historisch bezeugten Richard („Dick") Whittington, einen jungen Mann aus den Cotswolds, der sein Glück in London gesucht hatte und nun – nach erfolgloser Arbeitssuche – in seine Heimat zurückkehren will. Doch er hört Kirchenglocken zu sich sprechen und ihn als „Bürgermeister von London" anreden und beschließt, mit seiner sprechenden Katze Tommy in London zu bleiben.

Auf dem Markt lernt er Alice Fitzwarren kennen, die Tochter eines Ladenbesitzers. Da sich Tommy als hervorragender Rattenfänger erweist, stellt Vater Fitzwarren die beiden ein und Tommy und Dick führen eine Zeitlang ein glückliches Leben bei den Fitzwarrens. Doch der Rattenkönig, der obligatorische *bad guy* dieser *panto*, lässt sich einen Racheplan einfallen, so dass Dick wegen eines angeblichen Diebstahls die Fitzwarrens verlassen muss. Dick flieht aus England und kehrt erst nach London zurück, nachdem er mit Tommys Hilfe durch Mäuse- und Rattenvertreiben zu Reichtum gekommen ist. Am Ende wird er Oberbürgermeister von London und heiratet Alice.

S. 148–151

What is a pantomime?

Einstieg **SB geöffnet.** L: *What can you see in the photos?* S: *I can see a play in a theatre / some actors in funny costumes / an audience: children and adults. They are laughing.* L: *The actors are showing a Christmas pantomime. In a pantomime the audience is very important. Let's find out more.*

Task 1

Erarbeitung ▤▤ **1. Lesen**/Hören des Einleitungstextes im Plenum und Bearbeitung von *Task 1*. Bei Bedarf weist L auf den Unterschied zum Gebrauch des Begriffes „Pantomime" im Deutschen hin (Stichwort: *false friend*).

◉ Differenzierung Lernstärkere S erläutern die beiden korrekten Antworten näher (siehe Lösung in blauen Klammern).

Lösungsbeispiel **1** *Wrong. A pantomime is a funny Christmas show with lots of jokes and silly songs.*
2 *Wrong. They aren't just for kids. Everybody loves a panto.*
3 *Right. (The audience has to shout out things like 'boo' or 'Oh yes, he can!' in the right places.)*
4 *Right. (There's always a bad guy who tries to make trouble, but in the end everything is OK.)*

> **INFO-BOX** Christmas pantomimes in Britain
>
> *Pantomimes* (oder kurz *pantos*) sind – anders als die klassische Pantomime, die ohne Worte auskommt – eine Art Mischung aus Musical und Comedy-Show und werden in Großbritannien vor allem in der Weihnachts- und Neujahrszeit aufgeführt. Mit Weihnachten haben sie trotzdem nichts zu tun: *Pantos* vereinen Songs, Slapstick, Tanz, Travestie und Humor auf der Grundlage von bekannten Märchen oder Kindergeschichten (wie z. B. *Cinderella* oder *Aladdin*), sind aber auch für Erwachsene ein großes Vergnügen. Das Publikum ist dabei zum Mitmachen aufgefordert und wird durch Mitsingen und Zurufe in die Show miteingebunden. So wird der Bösewicht üblicherweise ausgebuht und den Darstellern werden Dinge wie *„He's behind you!"* zugerufen. Die Hauptfiguren sind typischerweise Männer in Frauenkleidern oder umgekehrt und auch Menschen in Tierkostümen sind häufiger Bestandteil der Shows.
> *Christmas pantomimes* blicken auf eine lange Tradition zurück und werden heutzutage überall in Großbritannien sowie in vielen anderen englischsprachigen Ländern aufgeführt.

Dick Whittington

Erarbeitung ▶ 🎧 3.15–3.21	📖 **SB geöffnet. 1. Lesen**/Hören der Szenen 1 bis 7 (ohne den Kasten *What happens next in the story?*) im ▶ <u>Mitleseverfahren</u>.
⊙ / ⦿ Differenzierung	Je nach Lernstärke bzw. Aufnahmebereitschaft der S kann die Präsentation der Szenen entweder im Zusammenhang (zwecks besserer Wirkung und Übung des extensiven Verstehens) oder einzeln nacheinander (mit intensiverer Verständnissicherung nach jeder Szene, z. B. anhand der Multiple-choice-Fragen aus dem Zusatz) erfolgen.
Zusatz	Bei Bedarf **2. Lesen**/Hören und Sicherung des Globalverstehens anhand folgender Multiple-choice-Aufgaben (Arbeitsblatt, Folie):

▶ 🎧 3.15	*Scene 1:* *Dick came to London …*	a) to find his cat, Tommy. b) to become Lord Mayor of London. c) to find a job. (✓)
	Dick decides to stay in London because …	a) he hopes that he will be Lord Mayor of London one day. (✓) b) Tommy the cat tells him to stay. c) he likes the sound of the church bells.
▶ 🎧 3.16	*Scene 2:* *Alice and Dick start talking because …*	a) Dick thinks that Alice is beautiful. b) Alice thinks that Dick is beautiful. c) Alice thinks that Tommy is beautiful. (✓)
	Alice asks Dick to come with her because …	a) she thinks that Tommy can talk. b) her father has a job for Dick. (✓) c) she thinks that Dick is very clever.
▶ 🎧 3.17	*Scene 3:* *Mr Fitzwarren gives Dick a job because he hopes that …*	a) Tommy will keep the rats away from his shop. (✓) b) Dick will marry his daughter. c) Dick will become Lord Mayor of London.
▶ 🎧 3.18	*Scene 4:* *King Rat is bad because he wants to …*	a) kill Tommy the cat. b) become Lord Mayor of London himself. c) make Dick look like a thief. (✓)
▶ 🎧 3.19	*Scene 5:* *Mr Fitzwarren thinks that Dick is a thief because …*	a) the police are looking for him. b) Alice said that Dick had been in her room. c) he found Alice's necklace in Dick's room. (✓)
▶ 🎧 3.20	*Scene 6:* *King Rat gets on a ship because he …*	a) needs a holiday. b) wants to sell Alice's necklace somewhere far away. (✓) c) must find the ship's cook.
	Dick and Tommy get on the ship because they …	a) don't like Alice. b) want to sell Alice's necklace somewhere far away. c) want to get away from London and see the world. (✓)
▶ 🎧 3.21	*Scene 7:* *Big Sam, the ship's cook, tells Dick that he …*	a) should get another job. (✓) b) cooks very well. c) should put lots of salt into the captain's soup.

What happens next in the story?

Erarbeitung | **SB geschlossen.** Die S spekulieren über den Fortgang der Geschichte. L hält die Vermutungen der S an der Tafel fest.

SB geöffnet. Anschließend lesen die S den Text im Kasten *What happens next in the story?* und gleichen ihre Vermutungen ab.

More challenge p. 151 **Write the next scene**

Erarbeitung | **SB geöffnet.** Kreative Schreibaufgabe gemäß SB. In EA oder GA möglich.

Auswertung | Freiwillige S bzw. Gruppen lesen ihre Szene – wenn möglich mit verteilten Rollen – im Plenum vor.

Lösungsbeispiel | **Scene 8: The new job**
(Characters: narrator, Dick, Tommy, King Rat, Rat 2, Big Sam, the captain)

Narrator:	*Oh dear, I guess Dick and Tommy need to find a new job now. And what will happen if they meet King Rat and his friend? Let's find out ...*
Tommy:	*Look, Dick! There are rats on this ship!*
Dick:	*Rats? Are you sure? I can't see any rats.*
	(Narrator holds up sign for the audience: "They're behind you!")
Audience:	*They're behind you!*
Dick:	(Dick turns around. The rats jump to the other side.)
	Where are they?
Audience/Tommy:	*They're behind you!*
Dick:	(Turns around more quickly.)
	Oh yes, you're right, I see them now.
Tommy:	*And I'm sure we've seen them before ... where was that again?*
Dick:	*I think it was at Mr Fitzwarren's shop ... Yes, it was! And look: they have Alice's necklace!*
Tommy:	*Wait, I'll catch them!*
King Rat/Rat 2:	*No, you won't!*
	(Narrator holds up sign for the audience: "Yes, he will!")
Audience/Dick:	*Yes, he will!*
	(Big Sam and the ship's captain arrive. In the background, Tommy chases and finally catches the rats.)
The captain:	*What's the matter?*
Dick:	*My cat caught two rats.*
The captain:	*Rats?! On my ship?! Yuck!*
Tommy:	*Yes, just look! And they are thieves too: They stole a necklace from Dick's girlfriend back in London.*
Big Sam:	*That's amazing. That cat can talk!*
King Rat:	*No, it can't.*
	(Narrator holds up sign for the audience: 'Yes, it can!')
Audience/Dick:	*Yes it can!*
The captain:	*... and it can catch rats too! Would you like to be a rat catcher on my ship?*
Tommy:	*Yes, of course! My name's Tommy – Tommy the rat catcher.*
Dick:	*Can I help Tommy with the rats? I promise I won't mess up this job!*
The captain/ Big Sam:	*OK, but don't go near the kitchen ...*

Erarbeitung ▶ 🎧 3.22	▤▤ Abschließend gemeinsames Lesen (ggf. im ▶ Mitleseverfahren) der letzten Szene *(Scene 9)* im Plenum. Die Verständnissicherung kann anknüpfend an die Abschlussfrage des Erzählers erfolgen. L: *Why does the narrator call it a happy ending? (because Alice gets back her necklace / Dick marries Alice / Dick becomes Lord Mayor of London / ...)*
Zusatz	L: *What about you: Do you like happy endings? Why (not)?*

Task 2

Erarbeitung 👥👥 **SB geöffnet.** Die S bearbeiten *Task 2* arbeitsteilig in GA. Hierfür sollten möglichst leistungsheterogene Gruppen zusammengestellt werden (▶ Gruppenbildung). Die acht (oder – falls einige S *More challenge* bearbeitet haben – neun) Szenen werden entweder durch L verteilt, damit das ganze Stück dargestellt werden kann und keine Szene fehlt, oder die S wählen selbst eine Szene für ihre Gruppe aus. Wenn es die Zeit zulässt, können die Gruppen auch einfache Requisiten herstellen oder von zuhause mitbringen (z.B. Marktartikel, Halskette, Suppentopf, Gewürze, ...).

Hinweis: Um den S die Angst vor dem eigenen Spiel zu nehmen, könnte L eine gefilmte Szene aus einer *pantomime show* vorführen (z.B. einen auf *YouTube* angebotenen Ausschnitt; auch viele britische Fernsehsender zeigen in der Weihnachtszeit *pantomimes*). So bekommen die S ein Gefühl für das bei *pantomimes* übliche übertriebene Spiel der Schauspieler, was den S leichter fallen sollte als subtiles Spiel.

INFO-BOX **Dick Whittington and His Cat**

Eine beliebte *pantomime* rankt sich um die englische Volkssage *Dick Whittington and His Cat*. Der Geschichte nach entkommt der Waisenjunge Dick Whittington einer Kindheit in Armut und wird durch die Hilfe seines gewitzten Katers reich. Die Hauptfigur basiert auf Richard Whittington, einem reichen Kaufmann und dreimaligen Oberbürgermeister von London, der im 14. Jahrhundert wirklich dort lebte. Jedoch war seine Familie weder arm, noch gibt es einen Beweis dafür, dass er je eine Katze besessen hätte.

Die Legende von Dick Whittington diente als Grundlage für viele kreative Umsetzungen, die ab dem 17. Jahrhundert erschienen: 1604 kam sie als Drama auf die Bühne, wenige Jahre später wurde sie in einer Ballade aufgegriffen und 1656 erschien sie erstmalig als prosaische Erzählung in einem Volksbuch. Auch vor dem Marionettentheater machte *Whittington and His Cat* nicht halt und 1814 kam dann die erste *panto* auf die Bühne. Die Geschichte wurde leicht abgeändert und unter anderem um einen Bösewicht (den *King Rat* oder manchmal auch eine *Queen Rat*) ergänzt. Diese Version der Geschichte wird bis heute aufgeführt.

TF 4 The *Titanic* (Bilingual module HISTORY)

Inhalt   In diesem bilingualen Modul aus dem Geschichtsunterricht verwenden die S die englische Sprache als Arbeitssprache: Sie entnehmen historischen Sachtexten Informationen über Emigration und Reisen zu Beginn des 20. Jahrhunderts, verstehen und versprachlichen Infografiken, Karten und Zahlentabellen zum Untergang der *Titanic* 1912 und erklären schließlich, warum unter den Opfern so viele Passagiere der dritten Klasse waren.

S. 152

A   Crossing the Atlantic

Einstieg   **SB geschlossen.** Unterrichtsgespräch zum Thema Reisen in der Gegenwart und der Vergangenheit. L: *How do people get from Europe to America today? (by plane) How long does it take? (about ten to fifteen hours) How did people travel to America a hundred years ago? (by ship) How long did it take? (many days or weeks)* L notiert die Vermutungen der S zur späteren Überprüfung an der Tafel.

Erarbeitung   **SB geöffnet. 1. Lesen:** Die S entnehmen Text A einschließlich der beiden kleinen Grafiken Informationen und beantworten Fragen **1** und **2** mithilfe der Fachbegriffe im Kasten *Key terms*. Dabei überprüfen sie ihre Vermutungen aus dem Einstieg.

Auswertung   Die Ergebnisse werden im Plenum verglichen und die Vermutungen aus dem Einstieg verifiziert bzw. ergänzt.

Lösungsbeispiel   *1 Travelling across the Atlantic has changed a lot since the early 1900s. Back then there were no planes, so people had to go by ship. It took about a week to cross the Atlantic. Today the journey is much shorter. The journey by plane takes about six to nine hours.*
2 In 1912 White Star Line built a steamer that was bigger and more comfortable than any other ship in the world.

B   A big ship

Einstieg   **SB geschlossen.** L schreibt als stummen Impuls *The Titanic* an und fordert die S auf, ihre Vorkenntnisse in Form einer Mindmap an der Tafel zu visualisieren, z. B. mithilfe der *wh-*Fragen *When? Where? What? Why?* sowie *How?*.

Erarbeitung   **SB geöffnet.** Nach dem **1. Lesen** des Abschnitts beantworten die S zur Sicherung des Textverständnisses zunächst Frage **3**.

Lösungsbeispiel   *3 They named the ship Titanic because they wanted people to believe that it was the strongest and safest ship in the world / that it was 'unsinkable'.*

Zusatz   L kann weitere inhaltliche Details anhand folgender Fragen sichern:

- *How was the Titanic like a hotel? (It had restaurants, a swimming pool and comfortable rooms.)*
- *Who travelled on the Titanic and why? (People with lots of money – as first- and second-class passengers, but also poorer people – as third-class passengers. Many of them were emigrants. They were hoping for a better life in America.)*

Erarbeitung   Anschließend bearbeiten die S Aufgabe **4** mithilfe der Grafik, der Tabelle sowie der Redemittel im Kasten *Activate your English (1)* und der Fachbegriffe im Kasten *Key terms* (▶ Partner talk).

Lösungsbeispiel   *4 The diagram gives information about the Titanic. The ship was about as big as three planes: It was 269 metres long, 28 metres wide and 53 metres high. It had about 2200 passengers and 885 crew members on board.*

Zusatz   Die S erstellen in PA ein Plakat über die *Titanic*, auf dem sie relevante Informationen und Eckdaten darstellen. Die Plakate werden bei einem ▸ Gallery walk präsentiert und gewürdigt und können nach der Bearbeitung der Texte **C** und **D** erweitert werden.

● Differenzierung   Lernstärkere S präsentieren ihre Plakate im Plenum.

S. 153

C   The *Titanic's* first and last journey

Erarbeitung   ⊞ ⊞ **SB geöffnet. 1. Lesen**: Die S entnehmen dem Text und der Grafik Informationen und bearbeiten Aufgabe **5** schriftlich gemäß SB. 👥 Anschließend ▸ Partner check.

Alternative   Die S verfassen einen Zeitungsartikel oder eine Zeitleiste über den Untergang der *Titanic*.

Lösungsbeispiel   *5 On 10 April 1912 the Titanic began its journey from England to New York. Four days later the ship hit an iceberg in the middle of the Atlantic Ocean. Water filled the ship's bow through holes in the hull and the ship began to sink. There weren't enough lifeboats for everyone so when the Titanic sank two and a half hours after the collision there were still lots of people on board. About 1500 people died.*

D   Passengers

Erarbeitung   ⊞ 💬 **SB geöffnet. 1. Lesen** des Textes, der Grafik und der Zahlentabelle und Bearbeitung von Aufgabe **6** gemäß SB mithilfe der Redemittel im Kasten *Activate your English (2)* und der Fachbegriffe im Kasten *Key terms*.

Hinweis: Die Differenz zwischen der in Text **C** angegebenen Gesamtopferzahl von ca. 1500 Toten und den Zahlen im grünen Kasten zu **D** (in der Summe 826 tote Passagiere) erklärt sich durch die hohe Zahl an Opfern unter den Mitgliedern der Crew, die den Passagieren in den Rettungsbooten meist den Vortritt gelassen haben (von knapp 900 Crewmitgliedern starben fast 700).

Auswertung   Die S stellen ihre Ergebnisse im Plenum vor.

Lösungsbeispiel   *6 The red parts of the ship were for passengers in third-class. They were at the stern and at the bow of the ship and far away from the lifeboats at the top. And third-class passengers weren't even allowed to go through the parts that were for first-class or second-class passengers – the parts closer to the lifeboats. This is why 75 per cent of the third-class passengers died.*

Second-class passengers had their rooms in the blue parts of the ship. They were closer to the lifeboats, so 41 per cent of the second-class passengers were saved and 59 per cent died.

The green parts of the ship – for first-class passengers – were closest to the lifeboats, so only 38 per cent of the first-class passengers died.

● Differenzierung   Lernstärkere S sammeln Ideen, wie das Unglück hätte verhindert werden können *(take warnings seriously, more lifeboats, lifeboats at the stern and bow of the ship, put more passengers into the lifeboats until they are full, …)*.

TF 5 Scotland facts

Inhalt

Das *Text file* 5 ist unmittelbar an das *Lead-in* von Unit 4 (SB-Seiten 70/71) gekoppelt. Die S entnehmen unterschiedlichen Textsorten Informationen zur Geschichte, Geografie und Kultur Schottlands. Sie machen sich dazu Notizen und beantworten auf dieser Grundlage Fragen.

S. 154/155

Erarbeitung
▶ 🎧 3.23–3.24

Hinweis: Die Erarbeitung des *Text files* 5 erfolgt meistens im Kontext mit den Aufgaben **1** und **2** auf SB-Seite 71 (siehe Erarbeitung auf HRU-Seiten 130/131). *Text file* 5 stellt die notwendigen Informationen dafür bereit.

Mithilfe der Tabelle auf ▶ KV 29: YOUR TASK Find out about Scotland kann es aber auch unabhängig vom *Lead-in* bearbeitet werden.

Lösung

A: *Scottish geography*	B: *Scottish history*	C: *Scottish life*
1 *What's the capital of Scotland?* **Edinburgh**	1 *Who is Scotland's `old enemy'?* **England**	1 *What languages do people speak in Scotland?* **English, Gaelic, Scots**
2 *What's the biggest city in Scotland?* **Glasgow**	2 *Is Scotland part of the United Kingdom or is it an independent country?* **part of the UK**	2 *What sports are special to Scotland?* **golf, shinty, tossing the caber (Highland Games)**
3 *How many people live in Scotland?* **about 5 million**	3 *What are the colours of the Scottish flag?* **blue and white**	3 *What's special about the Scots' national dress?* **The kilt is from Ireland.**
4 *Which Scottish lake has its own monster?* **Loch Ness**	4 *What's the symbol of Scotland?* **the thistle**	4 *What's the most famous Scottish instrument?* **the bagpipes**

TF 6 Scottish music – old and new (Bilingual module MUSIC)

Inhalt In diesem bilingualen *Text file* verwenden die S die englische Sprache als Arbeitssprache: Sie erweitern ihren Wortschatz, um über Musik zu sprechen. Sie verstehen am Beispiel des bekannten schottischen Liedes *Auld lang syne* traditionelles Liedgut und analysieren unter Rückgriff auf die entsprechenden Fachbegriffe die musikalischen Elemente. Weiterhin lernen sie kontrastiv moderne schottische Musik, die häufig Elemente der *folk music* integriert, kennen. In einem modernen Stück der Band *Capercaillie* identifizieren sie die eingesetzten Instrumente und bewerten die Mischung aus Tradition und Moderne.

S. 156

Einstieg **SB geschlossen.** Reaktivierung von Vorwissen zum Thema Musik. L gibt in zwei Spalten folgende Wörter und Definitionen vor (Tafel/Folie). L: *Here are some words that have to do with Scottish music. Work with a partner and match the words (1-6) with the correct definitions (A-H). There are two more definitions than you need.*

(1) the bagpipes	(A) a famous Scottish band that plays modern (folk rock) music
(2) lyrics	(B) a rock singer from Edinburgh (x)
(3) Runrig	(C) a traditional instrument that is very typical of Scotland
(4) Auld lang syne	(D) the song text
(5) Amy Macdonald	(E) a modern Scottish song (x)
(6) a tin whistle	(F) a famous female Scottish musician
	(G) a thin long instrument made of metal
	(H) a traditional Scottish song that people often sing on New Year's Eve (31st December)

👥 Die S bearbeiten die Aufgabe mündlich im ▶ Partner talk. Anschließend Auswertung im Plenum.

Lösung *1 C · 2 D · 3 A · 4 H · 5 F · 6 G*

Überleitung L: *Let's find out more about traditional and modern Scottish music.*

A living tradition

Erarbeitung ▦ **SB geöffnet.** Die S lesen den Einleitungstext still in EA.

👥 Anschließend bearbeiten sie in PA folgende Verständnisfragen:

- *Which instrument is a symbol of the Scottish nation? (the bagpipes)*
- *Why do so many people enjoy Scottish country dance? (because of the quick and lively music)*
- *What can you say about traditional Scottish music? (it's still popular today)*
- *What's special about traditional songs? (even pop and rock bands sing and play them)*
- *Name some famous traditional Scottish songs. (Amazing Grace, Loch Lomond, Auld Lang Syne)*

Auswertung Vergleich im Plenum in Form einer ▶ Meldekette.

Überleitung L: *'Auld lang syne' is a song that people know all around the world. Do you know the song?* (ggf. den Song von der CD kurz anspielen) *Is there a German version of it?* (Nehmt Abschied, Brüder; evtl. kennen die S aber auch aktuellere Fassungen wie z. B. die (englische) Punkversion der Toten Hosen) *Let's listen to this famous song. It's Scotland's 'biggest hit'.*

1 Scotland's biggest hit

Erarbeitung
▶ 🎧 3.25

a) ≽🔊 **SB geöffnet.** Die S lesen den einleitenden Satz und den Hörauftrag. Nach dem **1. Hören** des Liedes, das von der Schottin Susan Boyle gesungen wird, äußern sich die S zur Stimmung des Liedes. Bearbeitung im ▶ Partner talk möglich, anschließend Auswertung im Plenum.

Als Hilfestellung zur Formulierung der Begründung verweist L auf Fachbegriffe im Kasten *Key terms* und sichert die Aussprache der Begriffe z. B. durch ▶ Lautschulung im Plenum.

Lösungsbeispiel

It's a sad song. The music/tempo is slow and the melody is sad. Maybe someone has died.

Erarbeitung

b) 🔳 L: *Let's have a look at the lyrics – the 'song text' – to see what the song is about.*

Die S lesen die erste Strophe und den Refrain. Beim **1. Lesen** erschließen sie sich den unbekannten Wortschatz anhand der Annotationen am Ende der Seite und überprüfen ihren Eindruck aus **a)**. Anschließend Bearbeitung der SB-Fragestellung (ggf. nach **2. Lesen**), z. B. als ▶ Think – Pair – Share:

Die S fertigen zunächst Notizen zur Beantwortung an. Dazu greifen sie auf die Redemittel im Kasten *Activate your English* zurück. Danach tauschen sie sich anhand ihrer Notizen zunächst in PA, im nächsten Schritt in GA aus. Abschließend Vergleich und Diskussion im Plenum.

Lösungsbeispiel

I think this song is popular on New Year's Eve because it makes people feel nostalgic and it's the time of year when people usually look back on what happened in the past (year). The music is soft and has a slow tempo. It also has a clear melody that people can remember easily. The song sounds melancholy and sad, but also peaceful. I think it makes people feel hopeful and romantic. Some parts of the lyrics (especially the chorus) are even cheerful because they give people the idea of sitting and drinking / having fun together.

INFO-BOX Auld lang syne

Der Titel dieses Songs, der zu den bekanntesten Liedern im englischsprachigen Raum zählt, lautet frei übersetzt „Auf die gute alte Zeit". Er wird in Großbritannien und in den USA traditionell am Jahreswechsel zum Gedenken an verstorbene Freunde gesungen. Der Text stammt von Robert Burns, dem schottischen Nationaldichter (1759–1796), und geht zurück auf eine Ballade von James Watson (1711).

Da es sich um eine Art Abschiedslied handelt, wird es heute oft auch gern am Ende von Veranstaltungen gesungen, so z. B. nach dem letzten Konzert der *Last Night of the Proms* in der Londoner *Royal Albert Hall* – meist a capella vom Publikum. Auch bei Abschlusstreffen der weltweiten Pfadfinderbewegung erfreute (und erfreut) sich *Auld lang syne* großer Beliebtheit, weshalb der Text in diverse Sprachen übersetzt wurde. Die deutsche Übersetzung „Nehmt Abschied Brüder" von Claus Ludwig Laue stammt aus dem Jahr 1951.

Auld lang syne wurde auch von zahlreichen modernen Musikern und Bands unterschiedlichster Stilrichtungen interpretiert, so z. B. von Rod Steward, Cliff Richard, Jimi Hendrix, Billy Idol und den Toten Hosen.

Erarbeitung

c) Beim **2./3. Hören** lädt L die S zum Mitsingen ein. Dies sollte jedoch als Angebot, nicht als Verpflichtung verstanden werden, um die Freude an der Musik und am Singen zu fördern. Den Text der zweiten Strophe kann L dazu als Folie zur Verfügung stellen.

Folk and modern music in Scotland

Einstieg	**SB geöffnet.** L: *There's not only traditional music in Scotland, but also modern music. Read the text and find out what is special about modern Scottish music.*
Erarbeitung	Die S lesen den Text still und beantworten den Leseauftrag aus dem Einstieg.
Lösungsbeispiel	*Modern Scottish music often uses traditional instruments along with other instruments like the bagpipes, the accordion or the tin whistle together with the electric guitar. Lots of modern Scottish bands like to play folk music in new ways and to mix it with modern sounds.*

2 Gaelic instruments

Erarbeitung	**a) SB geöffnet.** Gemeinsames Lesen der Aufgabenstellung und ▶ Lautschulung der Fachbegriffe im Plenum. Gemäß SB ordnen die S die Instrumente aus dem Kasten *Key terms* den Abbildungen zu und notieren die Zuordnungen untereinander im Heft.
Auswertung	Vergleich der Lösungen im Plenum.
Lösung	*1* bagpipes (sound bite 2) • *2* Gaelic harp (sound bite 6) • *3* tin whistle (sound bite 5) • *4* accordion (sound bite 1) • *5* flute (sound bite 4) • *6* fiddle (sound bite 3)
Erarbeitung ▶ 🔊 3.26	**b)** ▷🔊 Lesen der Aufgabenstellung. Gemäß SB hören die S die *sound bites* und notieren die entsprechende Nummer hinter den Instrumenten aus **a)** im Heft.
Auswertung	Vergleich mündlich im ▶ Partner check, anschließend im Plenum. Als Hilfe kann L folgende Satzanfänge an der Tafel vorgeben:
	• *In sound bite number ... you can hear ...*
	• *Sound bite number ... shows an example of ...*
Lösung	Siehe Lösung zu **a)**.
Überleitung	L: *Now let's listen to some music from a famous Scottish band.*

3 A new sound

Erarbeitung ▶ 🔊 3.27	**a)** ▷🔊 **SB geöffnet.** Lesen der Aufgabenstellung und der Redemittel im Kasten *Activate your English* und ggf. Klärung unbekannten Wortschatzes mithilfe geeigneter ▶ Semantisierungstechniken (z. B. *foot-tapping*: Semantisierung durch Demonstrieren). Danach **1. Hören** des Liedes. Dabei machen sich die S Notizen zu den Instrumenten, die sie hören, bzw. markieren die Instrumente aus der Lösung von Aufgabe **2**.
🔲 Differenzierung	Als Hilfestellung für lernschwächere S stellt L auf Folie/Arbeitsblatt eine Liste mit Begriffen und Abbildungen weiterer Instrumente zur Verfügung, z. B.: *keyboard • the drums • electric guitar • acoustic guitar • the trumpet • bass guitar • saxophone.*
Auswertung	Zunächst Vergleich der Lösungen im ▶ Partner check anhand der Redemittel im Kasten *Activate your English*. Anschließend Auswertung im Plenum.
Lösungsbeispiel	• *folk instruments: flute, fiddle (lyrics in Gaelic)*
	• *other instruments: drums, guitar, bass guitar, keyboard*
Erarbeitung	**b)** 💬 Gemäß SB äußern die S ihre Meinung zum gehörten Lied der Band Capercaillie. Dazu greifen sie auf die Wendungen im Kasten *Activate your English* zurück.
Auswertung	Vergleich und Begründung der Meinungen im Plenum.

Lösungsbeispiel	*I like it because it makes you want to dance. The traditional instruments (fiddle, flute) are playing together really fast and I think it's a happy, foot-tapping melody.*
Erarbeitung	**c)** Gemäß SB finden die S schriftlich eine mögliche Begründung für die Popularität traditioneller Musikelemente in zeitgenössischer schottischer Musik.
Auswertung	Vergleich im ▶ Partner check, danach im Plenum.
Lösungsbeispiel	*I think folk music is popular in modern Scottish music because it makes you feel happy and light. The traditional instruments are still popular with lots of (Scottish) people because folk music is part of the Scottish culture. So modern bands try to use these instruments in their music.*
Erarbeitung	**d)** ◉ Lesen und ▶ Klären der Aufgabenstellung. Gemäß SB recherchieren die S Informationen zu einer schottischen Musikgruppe, die wie die Band Capercaillie traditionelle mit modernen Elementen kombiniert, und bereiten eine Präsentation dazu vor. Anregungen für mögliche Bands finden sich im Ausgangstext *Folk and modern music in Scotland*, SB-Seite 157 oben. Die Präsentation sollte durch geeignete Medien unterstützt werden (siehe ggf. *SF 4: Making a poster*, SB-Seite 166) und auch Hörbeispiele der jeweiligen Musik enthalten. Recherche und Vorbereitung der Präsentation erfolgen als Hausaufgabe. Als Hilfe können die S auf *SF 14: Giving a short talk* (SB-Seite 177) zurückgreifen.
⊡ Differenzierung	Lernschwächere S arbeiten in Vorbereitung und Durchführung im Tandem mit einem lernstärkeren S.
Auswertung	Die S präsentieren der Klasse ihre Ergebnisse. Mit-S und L geben den Vortragenden anhand von vorab bekannten Kriterien Feedback zu ihrer Präsentation. L: *Comment on your partner's talk. Make notes in the table while listening.* Dazu kann L mit den S gemeinsam ein Muster für eine Auswertungstabelle (Tafel/Folie) erarbeiten, z. B. angelehnt an das Raster auf ▶ KV 22: Natasha Jonas (Teil c).

Partner's name:	good	OK	do better next time
1 spoke clearly			
2 had a good plan / structure			
3 used good phrases			
4 talked about important points like the history of the band / their instruments / concerts / …			
5 showed pictures			
6 included examples of the group's music …			
…			

Lösung	Individuelle Lösungen.

TF 7 Cal's Test

Inhalt Die S lesen einen Auszug aus dem Roman *The Chain* von Keith Gray und beantworten Fragen zu jedem Kapitel. Cal muss einen Test schreiben, ist aber darauf nicht vorbereitet. Er schreibt deshalb bei seinem Freund Luke ab. Im Nachhinein stellt sich heraus, dass Cal den Abend zuvor mit Tully Harper und dessen gewaltbereiter Gang verbracht hat. Cal will Mitglied in dieser Gang werden, damit er nicht mehr von ihr schikaniert wird. Um in die Gang aufgenommen zu werden, soll Cal seinen Lieblingslehrer Mr Webster bestehlen. Nachdem er dies widerwillig getan und ein Buch von ihm entwendet hat, wird er von seinem schlechten Gewissen geplagt und sieht überall Mr Webster. Am Ende verliert er in seiner Panik das Buch und geht statt zu Tully und seiner Gang zu seinem besten Freund Luke.

Die S erschließen einen längeren literarischen Text mithilfe gezielter Fragen im SB.

S. 158-162

Einstieg **SB geschlossen.** L verteilt zwei Karten (A und B) mit Denkimpulsen an die S:

A: *Imagine you have to take a test at school and you haven't prepared for it. What can you do?*
B: *Imagine members of a gang are mobbing you at school. The mobbing will stop if you pass a test and become a member of the gang. What will you do?*

Zunächst tauschen sich die S mit der gleichen Aufgabe in PA oder GA aus. Anschließend stellen je ein S mit Karte A und ein S mit Karte B einander ihre Antworten in PA abwechselnd vor.

Überleitung L schreibt den Titel der Geschichte *Cal's Test* an und lässt die S Vermutungen anstellen, wer Cal ist und was in der Geschichte passieren könnte.

SB geöffnet. L: *Now let's find out what happened to Cal. Have a look at the pictures first. They will help you to understand the text. What can you see in the first picture?* S: *Students are writing a test. I think one student has some problems because he isn't writing. Maybe it's Cal.*

Cal's Test

ONE

Erarbeitung
▶ 🎧 3.28
🖹🖹 **SB geöffnet. 1. Lesen**/Hören des ersten Kapitels. Die S überprüfen ihre Vermutungen aus der Überleitung (Globalverstehen) und beantworten die Fragen **a)–c)** zum Detailverstehen.

Auswertung Kontrolle im ▶ Lerntempoduett. Die S vergleichen ihre Antworten und kontrollieren ggf. mit vorbereiteten Antwortbögen. Diese Kontrollbögen werden von L entsprechend der Anzahl der Kapitel an fünf Orten im Klassenraum ausgelegt.

Lösungsbeispiel *a) Cal has to take a test. He doesn't know what to write, so he starts to panic.*
b) Luke is surprised because Cal wants to copy his test and he has never done this before.
c) Cal wants to get out quickly because he feels bad (about not doing his homework / copying the test) and doesn't want to talk to his teacher, Mr Webster.

Überleitung Die S betrachten das Bild zu Abschnitt TWO auf SB-Seite 159 an und spekulieren darüber, was in diesem Kapitel passieren könnte. S: *I think Cal is talking to a big boy in front of the canteen. The boy doesn't look nice. Cal looks scared.*

TWO

Erarbeitung ▶ 🎧 3.29	📖 **SB geöffnet. 1. Lesen** des zweiten Kapitels. Die S überprüfen ihre Vermutung aus der Überleitung (Globalverstehen) und beantworten die Fragen **d)–f)** zum Detailverstehen.
Auswertung	Kontrolle im ▶ Lerntempoduett. Die S vergleichen ihre Antworten und kontrollieren ggf. mit vorbereiteten Antwortbögen. Diese Kontrollbögen werden von L entsprechend der Anzahl der Kapitel an fünf Orten im Klassenraum ausgelegt.
Lösungsbeispiel	**d)** *Cal didn't have time to do his homework because he was out with Tully Harper and his gang.* **e)** *I don't think he likes Tully because Tully is a bully and Cal seems to be nice. / I think Cal is afraid of Tully because in the story it says that he hoped that Tully would stop bullying him if he was in his gang.* **f)** *Cal must pass a test. He has to steal something from Mr Webster, who is his favourite teacher.*
Überleitung	Die S betrachten das Bild zum dritten Kapitel und spekulieren darüber, was in diesem Kapitel passieren könnte. S: *Someone is taking a book from a desk. I think it's Mr Webster's desk and the person who is stealing the book is Cal.*

THREE

Erarbeitung ▶ 🎧 3.30	📖 **SB geöffnet. 1. Lesen** des dritten Kapitels. Die S überprüfen ihre Vermutung aus der Überleitung (Globalverstehen) und beantworten Frage **g)** zum Detailverstehen.
Auswertung	Kontrolle im ▶ Lerntempoduett. Die S vergleichen ihre Antworten und kontrollieren ggf. mit vorbereiteten Antwortbögen. Diese Kontrollbögen werden von L entsprechend der Anzahl der Kapitel an fünf Orten im Klassenraum ausgelegt.
Lösungsbeispiel	**g)** *I think Cal feels bad and he's very nervous because he has probably never stolen anything before. Mr Webster is his favourite teacher, so he doesn't want to do the test and hopes that the room is locked.*
Überleitung	Die S betrachten das Bild zum vierten Kapitel und spekulieren darüber, was in diesem Kapitel passieren könnte. S: *The man in the car looks angry. Maybe Cal ran in front of his car with the book.*

FOUR

Erarbeitung ▶ 🎧 3.31	📖 **SB geöffnet. 1. Lesen** des vierten Kapitels. Die S überprüfen ihre Vermutung aus der Überleitung (Globalverstehen) und beantworten Frage **h)** zum Detailverstehen.
Auswertung	Kontrolle im ▶ Lerntempoduett. Die S vergleichen ihre Antworten und kontrollieren ggf. mit vorbereiteten Antwortbögen. Diese Kontrollbögen werden von L entsprechend der Anzahl der Kapitel an fünf Orten im Klassenraum ausgelegt.
Lösung	**h)** *Cal thinks that Mr Webster is the driver of the car. He also thinks that Mr Webster is the man with the blue jacket at his house.*
Überleitung	Die S betrachten die beiden Bilder zum fünften Kapitel und spekulieren darüber, was in diesem Kapitel passieren könnte. S: *In the picture on the left Cal is talking on the phone with a friend / Luke. He looks a bit angry and nervous. The friend is laughing. In the picture on the right Cal is on the bus. He looks shocked – maybe because of the man he sees outside. He looks a bit like Mr Webster.*

FIVE

Erarbeitung
▶ 🎧 3.32

📖 **SB geöffnet. 1. Lesen** des fünften Kapitels. Die S überprüfen ihre Vermutung aus der Überleitung (Globalverstehen) und beantworten die Fragen **i)–j)** zum Detailverstehen.

Auswertung

Kontrolle im ▶ Lerntempoduett. Die S vergleichen ihre Antworten und kontrollieren ggf. mit vorbereiteten Antwortbögen. Diese Kontrollbögen werden von L entsprechend der Anzahl der Kapitel an fünf Orten im Klassenraum ausgelegt.

Lösungsbeispiel

i) *He feels nervous and uncomfortable because he is sure that everybody is looking at him. He feels bad.*

j) *In my opinion Cal feels happier now because he can't take the book to Tully so he won't pass the test. He is free and he can decide what to do next. He knows that he has done something wrong and that he has a real friend, Luke. Together they are strong and he hopes that with Luke's help they can stop the bullies.*

Alternative

Die verschiedenen Kapitel der Geschichte können auch nach der aus Unit 4 bekannten Methode *Reading club* erarbeitet werden (siehe HRU-Seiten 144/145).

Tipp: Falls diese Methode häufiger angewendet wird, können die Leseaufgaben im Sinne eines guten *classroom management* in der Klasse ausgehängt sein, sodass die S für die aktuelle Arbeitsphase nur noch Karten mit Buchstaben ziehen müssen.

Zusatz

Lernstärkere S oder *fast finishers* formulieren einen persönlichen Kommentar zu dem Text, wobei sie folgende Informationen geben:

- *title*
- *author*
- *kind of story: horror/love/comic/adventure/teenage/detective/fantasy/...*
- *plot (what the story is about)*
- *I (don't) like this story because ...*

S.162

Hinweis: Die vier *More challenge*-Aufgaben können im Anschluss an die Erarbeitung des Textes von (lernstärkeren) S erarbeitet werden. Dazu bieten sich mehrere Möglichkeiten an:

- *Jigsaw*-Methode (ganze Klasse)
- *'As many as you can'* (quantitative Differenzierung)
- *'Choose a task'* (Angebotsdifferenzierung; L markiert ggf. Aufgaben **1** und **2** *easy*, Aufgaben **3** und **4** h*ard*)
- L gibt einzelnen S Aufgaben vor, die sie bearbeiten sollen.

Die Auswertung kann durch ▶ Correcting circle, ▶ Partner check oder Zufallskontrolle durch L erfolgen.

More challenge 1 p.162 **The characters**

Erarbeitung

a) SB geöffnet. Die S legen eine Tabelle bzw. Mindmap zu den Hauptpersonen an.

Erarbeitung

b) Die S wählen zwei Hauptcharaktere aus und sammeln über sie Informationen aus der Geschichte. Damit erstellen sie einen kurzen Text zu diesen Personen gemäß SB.

Lösungsbeispiel

Luke is Cal's friend. When Cal had problems during the test in class Luke helped him. After the test he talked to Cal about this. He learned that Cal met Tully Harper. Luke was shocked and surprised. He didn't want Cal to be in Tully's gang / to have anything to do with this bad guy. In the evening he invited Cal to his house. I think Luke is a real friend and he wants to help Cal to stay away from Tully and his gang.

More challenge 2 p. 162 **Luke's point of view**

Erarbeitung **SB geöffnet.** Die S machen sich Notizen zu den Textstellen, in denen Luke eine Rolle spielt. L kann die folgenden Kategorien vorgeben: *during the test / after the test / in the evening.* Zu diesen Kategorien beantworten die S die *wh*-Fragen stichwortartig. Unter Verwendung dieser Stichwörter bzw. ihrer Notizen schreiben die S anschließend Cals Geschichte aus der Sicht Lukes.

Lösungsbeispiel *Cal copied my answers in Mr Webster's English class. I was surprised because he always writes his own test. After the test I waited for him and we went to the canteen together. He told me that he was out with Tully and his gang. He had no time to prepare for the test. I was shocked: Tully, the awful bully. Cal wants to join the gang. That's crazy. When we left the canteen Tully came. Cal went with him. In the evening I phoned Cal. I made a joke. I said I was Mr Webster. He was really nervous. I invited him to come to our house but he didn't want to. I really want to help him. Maybe he'll come and he'll give up the idea of being in Tully's gang.*

More challenge 3 p. 162 **Don't let the bullies win!**

Erarbeitung **SB geöffnet.** Gemäß SB formulieren die S ihre Meinung zur Botschaft *Don't let the bullies win.*

Lösungsbeispiel *I think Luke means that you have to do something against bullies. If you join them, it'll never stop. At the beginning of the story Cal is sure that being part of the gang will make life easier for him. But soon he finds out that this is wrong. He gets nervous and feels bad. At the end of the story he knows that he has a real friend in Luke and that he doesn't need to be in Tully's gang.*

More challenge 4 p. 162 **What happens next?**

Erarbeitung **a) SB geöffnet.** Die S schreiben eine Fortsetzung der Geschichte in Form eines Dialogs zwischen Cal und Luke. In PA möglich.

Erarbeitung **b)** Die S schreiben eine Fortsetzung der Geschichte in Form eines Dialogs zwischen Cal und Tully. In PA möglich.

Lösung Individuelle Lösungen.

Glossar

Didaktisch-methodisches Glossar

Akrostichon
(Acrostic)

Das Akrostichon (griechisch *akros:* Spitze, *stichos:* Vers) ist eine Versform, bei der die Zeilenanfänge hintereinander gelesen einen Sinn, z. B. einen Namen oder einen Satz, ergeben. Dies können Buchstaben bei reinen Wortfolgen oder Worte bei Versfolgen sein.

Im Unterricht wird meist folgende vereinfachte Form eingesetzt: Die Buchstaben eines Wortes werden senkrecht untereinander geschrieben. Jeder Buchstabe kommt auch in einem anderen Wort vor (häufig als Anfangsbuchstabe), diese Wörter werden waagerecht um das senkrechte Startwort angeordnet.

Antwortkärtchen

▶ Right/wrong cards

Appointments

Die kooperative Lernform *Appointments* ist eine gesteuerte Form von wechselnder PA in vier Phasen:

1. Die S schreiben drei vorgegebene Uhrzeiten in eine Tabelle. Dann gehen sie zu drei Mit-S, bitten jeweils um ein *appointment* zu den drei notierten Zeiten *(Can we meet at 1/2/3 o'clock?)* und tragen die Namen der Mit-S bei der entsprechenden Uhrzeit in ihrer Tabelle ein.
2. Im zweiten Schritt bearbeiten die S die Aufgabenstellung zunächst für sich und halten ihre Antwort in der Tabelle fest.
3. Auf das Signal von L *(It's 1/2/3 o'clock.)* gehen die S zum jeweiligen *appointment* mit ihrem Mit-S, befragen ihn und notieren die Antwort in der Tabelle.
4. In der letzten Phase berichten die S im Plenum über ihre Umfrageergebnisse.

Thema	Me:	1 o'clock Name:	2 o'clock Name:	3 o'clock Name:
Frage 1				
Frage 2				
Frage 3				

Bewegtes Lernen

Insbesondere die Ausweitung von Ganztagsschulen führt dazu, dass S länger im Unterricht sitzen und sich weniger bewegen. Neben gesundheitlichen Auswirkungen ist dies auch aus lernpsychologischer Sicht nicht förderlich für den Lernprozess. Der Faktor Bewegung verhilft S u. a. durch die Verknüpfung beider Hirnhälften miteinander, ihre Aufnahme- und Konzentrationsfähigkeit zu erhalten bzw. wiederherzustellen.
Im Sinne eines effektiven Fremdsprachenlernens sollten Bewegungselemente daher ein integrativer Bestandteil des Unterrichts sein. Dazu zählen neben dem Prinzip der ▶ Total Physical Response, bei dem Formulierungen in der Zielsprache mit „passenden" Bewegungen assoziiert werden, auch kooperative Lernformen (z. B. ▶ Bus stop), bei denen dem Aspekt Bewegung in einem inhaltlichen Kontext Rechnung getragen wird.

Binnendifferenziertes Arbeiten

Heterogene Lerngruppen erfordern einen individualisierten Unterricht, in dem differenziert auf lernstarke sowie lernschwache S eingegangen wird.
Zum einen kann hier das Potential lernstärkerer S genutzt werden, indem sie aufstehen, sobald sie eine Aufgabe fertig bearbeitet haben. S, die sich mit der Aufgabe schwertun, können sich melden und von einem der stehenden S Unterstützung holen (**Schüler als Experten**). Dieses Vorgehen gewährleistet einen weitestgehend ruhigen Arbeitsablauf.
Da es in vielen Situationen nicht nötig ist, allen S der Lerngruppe Differenzierungshilfen zu geben, bietet es sich zum anderen an, diese verdeckt zu geben (▶ Optional help). Von den Gegebenheiten im Unterrichtsraum abhängig können Hilfen z. B. hinter die Tafel oder auf

ein verdecktes Flipchart geschrieben werden. Sie können auch kopiert in Briefumschläge gelegt werden, die sich die S an ihren Tisch holen und nach Gebrauch wieder zurücklegen.

Blitzlichtrunde

Die Methode der Blitzlichtrunde ermöglicht es allen S, eine kurze, persönliche Stellungnahme zu einem bestimmten Impuls (z. B. Fragen, Themen, Zitate etc.) mündlich abzugeben. Dabei strukturieren die S ihre Gedanken in jeweils nur einem Satz und äußern diesen einer nach dem anderen (meist im Sitzkreis). Die Beiträge der S werden nicht gewertet oder kommentiert. Die Einsatzmöglichkeiten der Methode umfassen den Einstieg in ein neues Thema, als Ritual für die Stundeneröffnung (z. B. Rückmeldungen oder Austausch zum letzten Lernstoff) oder für Evaluationen (z. B. als Reflexion für Gruppenarbeiten oder zu Aufgabenstellungen).

Bus stop (Lerntempoduett)

Die Methode des Lerntempoduetts *(Bus stop)* ermöglicht es den S, gemäß ihrer individuellen Arbeitsgeschwindigkeit zu arbeiten und ihre Arbeitsergebnisse eigenverantwortlich in PA zu kontrollieren, z. B. in gestuften Übungsarrangements. Dabei ist es nicht das Ziel, alle Aufgaben zeitlich zu schaffen, sondern je nach individuellem Lernstand das eigene Pensum zu erledigen (Ermöglichen zieldifferenten Arbeitens).

Um jederzeit auf diese kooperative Lernform zurückgreifen zu können, empfiehlt es sich, dass L im Klassenraum – z. B. in den vier Raumecken – Schilder mit dem Symbol einer Bushaltestelle anbringt, die entsprechend durchnummeriert sind (A–D oder 1–4). Diese Schilder können von den S selbst erstellt und für alle Fächer genutzt werden.

Ablauf:

1. Die S bearbeiten die erste Aufgabe ihrer Wahl in EA.

2. Wenn ein S fertig ist, begibt er sich zum jeweiligen *Bus stop* im Klassenraum und wartet auf einen Mit-S, der die gleiche Aufgabe bearbeitet hat. Um evtl. Wartezeiten zu überbrücken, kann L dort kleinere (spielerische) Aufgaben mit hohem Aufforderungscharakter bereitlegen. Die S besprechen ihre Ergebnisse in PA. Um zu gewährleisten, dass der Austausch auf Englisch stattfindet, kann L im Vorfeld Redemittel zur Verfügung stellen.

   Alternativ (z. B. wenn keine Schilder zur Verfügung stehen) kann die Methode auch durchgeführt werden, indem S, die fertig sind, aufstehen und durch vorher vereinbarte Handzeichen, z. B. das Hochhalten von Fingern (1 Finger: Aufgabe 1 usw.) einen entsprechenden Partner finden, der die gleiche Aufgabe bearbeitet hat und für die PA bereit ist.

3. Nach erfolgtem Lösungsvergleich begeben sich die S wieder an ihre Plätze und arbeiten an der nächsten Aufgabe weiter. Die Kontrolle erfolgt am nächsten *Bus stop*, i. d. R. mit einem anderen Mit-S, der ebenfalls die Aufgabe schon bearbeitet hat.

   Eine abschließende Kontrolle aller Aufgaben im Zusammenhang kann schließlich im Plenum oder mithilfe eines Lösungsblattes erfolgen und durch eine Reflexion der Methode ergänzt werden.

Buzz reading (Lesegemurmel)

Das *Buzz reading* dient dazu, den Redeanteil aller S zu erhöhen und Sprachhemmungen abzubauen. Alle S lesen einen bekannten Text gleichzeitig und leise murmelnd vor sich hin. Die Methode kann flexibel im Unterricht eingesetzt werden. Es empfiehlt sich, diese Phase kurz zu halten und sie z. B. zur Vorbereitung auf einen Lesevortrag einzusetzen. In Kombination mit dem ▸ Mitleseverfahren trägt diese Methode besonders zur Festigung von Aussprache und Intonation bei.

Correcting circle (Schreibkonferenz)

Bei der Methode *Correcting circle* (auch *Peer correction*) handelt es sich um die gegenseitige Textkorrektur und Hilfe der S untereinander. Diese Form des Feedbacks ist für manche S weniger einschüchternd als die Fehlerkorrektur durch L. Die Methode eignet sich besonders für die Arbeit in Kleingruppen. Es sollte ein Kriterienkatalog für die Textkorrektur vorliegen, der vorher gemeinsam erarbeitet werden kann. **Ablauf:**

1. Jedem S wird ein spezielles Gebiet zugeteilt (z. B. *content, structure, spelling, tenses, word order*).
2. Die S geben ihre Texte reihum weiter und nehmen Korrekturen zu ihrem Gebiet vor, bis der Text wieder bei seinem Verfasser angekommen ist.
3. Zum Abschluss fertigt jeder S eine Reinschrift seines Textes an.

L sammelt nach dem Zufallsprinzip einige Ergebnisse zur Bewertung ein. Im Sinne des selbstständigen Lernens kann vereinbart werden, dass S eine *DOs-and-DON'Ts*-Liste anlegen, die in der Klassenarbeit verwendet werden darf. Dies hilft S bei der Selbstkorrektur und motiviert, an den eigenen Fehlern zu arbeiten.

Democratic vote

Davon ausgehend, dass bei Gruppenarbeiten häufig die Frage aufkommt, welches Gruppenmitglied das Ergebnis präsentiert, stellt die *Democratic vote* ein Zufallsprinzip zur Auswahl eines S aus einer Gruppe dar. Um möglichst alle S in den Arbeitsprozess einzubinden, sollte erst am Ende der Arbeitsphase ein S bestimmt werden, der das Ergebnis vorstellt. Zur Auswahl dieses S stellen sich alle Gruppenmitglieder in einem Kreis auf und zeigen auf ein Signal hin auf einen S der Gruppe. Der S, auf den die meisten oder die wenigsten Finger zeigen, trägt das Ergebnis vor. Damit sich jedoch die S nicht schon vorher einen Mit-S „aussuchen", sollte regelmäßig zwischen beiden Varianten gewechselt werden.

Didaktische Folge

Für den effektiven Spracherwerb ist es bei der Einführung von neuem Wortschatz wichtig, die didaktische Folge zu beachten. Dabei ist die Reihenfolge der Fertigkeiten, die im Zusammenhang mit einem neuen Lexem gefordert sind, genau festgelegt:

1. Hören: Die S hören ein neues Wort mehrfach (Sprachvorbild L oder CD).
2. Sprechen: Die S sprechen das neue Wort mehrfach nach (▸ Lautschulung).
3. Lesen: Die S sehen das Schriftbild und lesen das neue Lexem.
4. Schreiben: Erst in diesem Schritt produzieren die S das neue Wort schriftlich.

Mit zunehmendem Lernstand können S in verstärktem Maße, vor allem in der Textarbeit, auf erworbene Erschließungstechniken zurückgreifen.

Double circle (Doppelter Stuhlkreis, Kugellager)

Die kooperative Lernform *Double circle* ist eine Form von wechselnder PA, die sich zum Üben von Diskussionsstrategien eignet. Sie ermöglicht einen hohen Sprachumsatz bei niedriger Hemmschwelle zur aktiven Teilnahme. **Ablauf:**

1. Die S sitzen (oder stehen) sich in einem Innen- und einem Außenkreis gegenüber. Sie diskutieren ein vorgegebenes Thema oder eine Fragestellung mit ihrem Gegenüber und machen sich ggf. Notizen.
2. Auf ein (akustisches) Signal von L hin bewegen sich entweder die S im Innen- oder im Außenkreis um einige Plätze weiter, damit neue Paarungen entstehen. L bestimmt sowohl die Länge der Gesprächszeit als auch die Anzahl der weiterzurückenden Plätze.
3. In einem zweiten Durchgang berichten sich die S über das Gehörte, wobei die Partner jeweils korrigieren und ergänzen. So sind die S zum aktiven Zuhören gezwungen.

Als Variante bietet es sich an, Innen- und Außenkreis verschiedene Themen oder Fragestellungen zu geben, die sich die S gegenseitig erklären oder beantworten.

English corner   Die *English corner* ist eine Pinnwand bzw. ein Teil einer Pinnwand im Klassenzimmer, die ganz dem Fach Englisch vorbehalten ist. In der *English corner* werden z. B. Unterrichtsergebnisse (Texte, Poster etc.) ausgestellt. Der Bereich wird von den S grafisch-visuell gestaltet, sodass er leicht erkennbar ist. Zum einen ergibt sich hierdurch die Möglichkeit, z. B. an Elternabenden oder sonstigen Schulveranstaltungen die Unterrichtsprodukte zu veröffentlichen. Zum anderen können in der *English corner* weitere Lernangebote für *fast finishers* dargeboten werden.

Im Sinne des ▶ <u>Binnendifferenzierten Arbeitens</u> können zudem lernstärkere S die ausgestellten Produkte korrigieren bzw. den Mit-S nach vorgegebenen Kriterien Feedback geben.

English-only-Karte   Die *English-only*-Karte ist ein nützliches Hilfsmittel um den S einen Anreiz zu geben, Hemmungen zu überwinden und auch in GA mit den Mit-S Englisch zu sprechen. Sie wird als Hinweis für die S zu Beginn einer einsprachigen Arbeitsphase an die Tafel geheftet und fungiert dann wie ein „Schwarzer Peter": Wer Deutsch spricht, erhält die Karte und darf sie erst abgeben, wenn ein anderer S Deutsch spricht. Wer bei Beendigung der Arbeitsphase die Karte besitzt, muss eine kleine Pflicht erfüllen, wie z. B. einen Zungenbrecher oder Limerick vortragen oder einen spontanen Kurzvortrag (z. B. *My life as a chair*) halten.

Film dice   Den Zahlen 1–6 eines Würfels werden Satzanfänge zugeordnet, mit deren Hilfe die S den Film oder Filmausschnitt kommentieren. Alternativ basteln die S einen Würfel, auf dem die Satzanfänge stehen. Die Methode ist in PA oder in Vierergruppen möglich. Falls ein S einen Satzanfang ein zweites Mal würfelt, muss er den Wurf wiederholen.

Five-finger brainstorming   Das *Five-finger brainstorming* intendiert eine begrenzte Sammlung von Informationen zu einem Thema bzw. Sachverhalt. Die S zeichnen dazu ihre eigene Hand auf ein Blatt Papier und notieren in jedem Finger einen Aspekt zur vorgegebenen Frage- oder Themenstellung. Einsatzort ist insbesondere die Einstiegsphase zur Reaktivierung oder zur Sammlung des Wortschatzes als Grundlage für den weiteren Ablauf der Unterrichtsstunde (z. B. die Sammlung von Vor- und Nachteilen für eine sich anschließende Diskussion; die Sammlung von eigenen Interessen für eine folgende kurze Mini-Präsentation etc.).

Flashcards   *Flashcards* sind Bildkarten, die den S helfen, das Laut- bzw. Schriftbild eines Wortes nachhaltig mit seiner Bedeutung zu verknüpfen. Sie nutzen den auditiven und visuellen Lernkanal parallel *(Dual Code Theory)*, wenn ihnen ein Wort mit dem entsprechenden Bild präsentiert wird und damit im Gehirn verknüpft werden kann. Als Applikationen an der Tafel eignen sich *Flashcards* auch besonders zur schüleraktivierenden Wortschatzarbeit, z. B. indem in einer Reorganisationsphase die Bilder den entsprechenden Wörtern zugeordnet werden.

Gallery walk (Galeriespaziergang)   Die kooperative Lernform *Gallery walk* bietet eine gute Möglichkeit, Arbeitsergebnisse zu präsentieren und zu diskutieren. **Ablauf:**

1. Die S sind in EA oder GA zu einem Arbeitsergebnis gelangt (z. B. Text, Bild, Poster), das im Raum ausgestellt wird.
2. Die S gehen einzeln oder in Gruppen im Uhrzeigersinn von Station zu Station und schauen sich die Ergebnisse der anderen an.
3. Wenn alle S alle Arbeitsergebnisse gesehen haben, präsentieren sie entweder nacheinander ihre Eindrücke oder besprechen sie gemeinsam in der Klasse.

Als Variante der GA bietet es sich an, die S neu aufzuteilen. In jeder neuen Gruppe sollte jeweils ein S aus den ursprünglichen Gruppen sein. Derjenige aus der neuen Gruppe, der an dem ausliegenden Produkt mitgewirkt hat, präsentiert es den anderen. Die Gruppen wechseln im Uhrzeigersinn so lange die Tische, bis jeder S jedes Gruppenergebnis einmal erklärt bekommen hat und sein eigenes Gruppenprodukt einmal erklären musste.

Gruppenbildung   Eine Einteilung der S in Gruppen kann mithilfe folgender Methoden erfolgen:

1. Methoden mit gelenktem Zufall: L bereitet Elemente vor, die zusammen ein Ganzes ergeben. Dies können z. B. Puzzleteile sein, die ein Bild ergeben, oder Wortkarten, die einem Oberbegriff zugeordnet werden können. Die S ziehen ein solches Element und finden sich in den jeweils entsprechenden Gruppen zusammen.
2. Gruppen können durch Auszählen, Würfeln oder nach dem *Line-up*-Verfahren gebildet werden. Bei diesem stellen sich S in der aufsteigenden Reihenfolge ihrer Geburtstage oder Hausnummern auf. L zählt dann die benötigten Gruppen ab, z. B. die ersten drei S, die gemeinsam eine Gruppe bilden, usw.
3. L teilt Gruppen ein und gibt die Namen der Gruppenmitglieder bekannt. Dabei sollten Leistungsniveau, Arbeitstempo und Sozialverhalten der S berücksichtigt werden.

Herringbone technique   Diese Technik fungiert als *graphic organizer* und ermöglicht es den S, Informationen aus einem Text (in der Regel den fünf *wh*-Fragen und *how*) in übersichtlicher Form zusammenzufassen. Zu diesem Zweck zeichnen die S eine schematische Fischgräte mit sechs Abzweigungen in ihr Heft und notieren dazu das jeweilige Fragewort und die entsprechenden Informationen.

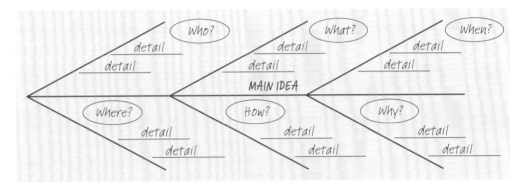

Info-gap activity   Bei der *Info-gap activity* handelt es sich um eine kooperative Lernform, die den aktiven Umsatz der Fremdsprache erfordert und schult. Den S fehlen Informationen zum Lösen einer Aufgabe, die ihrem Partner vorliegen und die sie durch gegenseitiges Befragen herausfinden. Es empfiehlt sich PA in einem festem Team (Partner A, Partner B).

Für die Durchführung müssen den S die Informationen und die zu füllenden Lücken vorliegen (Kopiervorlage, Arbeitsblatt, Tabelle im SB etc.). Es ist sinnvoll, den S eine Zeitvorgabe für die Bearbeitung zu machen. Eine Auswertung der Ergebnisse kann zunächst mit einem anderen S-Paar und anschließend im Plenum geschehen.

Jigsaw (Gruppenpuzzle)   Als *Jigsaw* wird eine arbeitsteilige Gruppenarbeit in zwei Phasen bezeichnet.

1. Phase: Die S bilden Expertengruppen (Gruppe A, B, C etc.), innerhalb derer jedem Gruppenmitglied eine Nummer zugeteilt wird (1, 2, 3 etc.). Alle S einer Expertengruppe (A1, A2, A3 etc.) bearbeiten innerhalb einer vorgegebenen Zeitspanne die gleiche Aufgabe in EA. Anschließend diskutieren die S ihre Arbeitsergebnisse und halten die wichtigsten Informationen fest. Bei Abschluss der 1. Phase verfügen somit alle Mitglieder der Expertengruppe über die gleichen Informationen.

2. Phase: Es werden nun Querschnittsgruppen gebildet, in denen alle S mit der gleichen Nummer zu einer neuen Gruppe zusammenkommen (A1, B1, C1 etc.). Die S berichten den neuen Gruppenmitgliedern über die Ergebnisse ihrer Expertenrunde und beantworten Fragen. Alle S machen sich hierbei Notizen, sodass sie abschließend in der Lage sind, die Ergebnisse sowohl in ihrer Stammgruppe als auch ggf. im Plenum zu präsentieren.

Klären der Arbeitsanweisung
Für das Klären von Arbeitsanweisungen gibt es unterschiedliche Möglichkeiten. Im Hinblick auf selbstständiges Arbeiten sollten S möglichst früh dazu befähigt werden, Arbeitsanweisungen ohne Hilfe von L zu erschließen. Damit S sich aktiv mit der Arbeitsanweisung auseinandersetzen, empfiehlt sich folgendes Vorgehen:

1. Stilles Lesen der Arbeitsanweisung
2. Verständnisklärung mit einem Partner
3. Erklärung der Arbeitsanweisung durch einen S im Klassenverband
4. Bestätigung oder Korrektur durch L

Andere Möglichkeiten sind:
1. L demonstriert die Vorgehensweise (ggf. mit einem S) anhand von Gesten, einem Produkt oder Beispielen.
2. Die Arbeitsanweisung wird gemeinsam im Plenum gelesen und erläutert.

Kugellager
▶ Double circle

Lautschulung
Für die Lautschulung bieten sich verschiedene Techniken an:

1. Chorsprechen: Es bietet besonders zurückhaltenden S eine gute Übungsmöglichkeit. Hoher Sprachumsatz, da alle S gleichzeitig sprechen. L spricht jeweils vor und gibt dann ein Zeichen (z. B. Gestik: Hand ans Ohr halten), auf das hin die S nachsprechen.
2. Nachsprechen im Teilchor: L teilt Gruppen ein (z. B. Tischgruppen, Sitzreihen, Jungen/Mädchen), die auf das Signal hin nachsprechen. Diese Methode dient dazu, Fehler genauer zu lokalisieren.
3. Einzelsprechen: Dies bietet die Möglichkeit, eine individuelle Korrektur durchführen zu können.

Nachsprechen sollte generell abwechslungsreich gestaltet werden – durch Lautstärke, Geschwindigkeit, verstellte Stimme *(like a parrot, like a computer)*. Neben der Lautschulung von einzelnen Wörtern können auch ganze Sätze nachgesprochen werden, um das Intonationsmuster der Fremdsprache zu üben.

Lerntempoduett
▶ Bus stop

Leseacht
Die Methode Leseacht ermöglicht den S ein kooperatives Erschließen eines Sachtextes, indem sie sich den Text absatzweise abwechselnd vorlesen und sich beim Erfassen des Textinhaltes gegenseitig unterstützen können. Dabei werden zwei Stühle so aufgestellt, dass die S in entgegengesetzte Richtungen blicken. Mit der „20-cm-Stimme" klappt der verbale Austausch untereinander ohne Mit-S zu stören.

Lesegemurmel
▶ Buzz reading

Lesetechniken
Die Leseintention legt fest, wie tief die S in einen Text eindringen müssen, um die gewünschten Informationen zu erhalten. Die S müssen lernen, dass die Tiefe des Textverständnisses eng an die gestellten Aufgaben gebunden ist, und abhängig davon eine passende Lesetechnik auswählen und anwenden. Für L bedeutet dies sorgfältig zu prüfen, welche Intention die Aufgaben zum Leseverstehen haben und welche Leseleistungen die S zur Lösung jeweils erbringen müssen.
Die folgenden Lesetechniken eignen sich für unterschiedliche Aufgabenstellungen. Als überfliegende Lesetechniken stehen sie dem vollständigen Lesen eines Textes, dem *Reading for detail*, gegenüber:

Skimming: Das *Skimming* stellt eine erste, oberflächliche Beschäftigung mit dem Text dar. S überfliegen Überschriften, Fotos/Zeichnungen oder die Aufmachung des Textes. Dies gibt ihnen z. B. Aufschluss über das Thema oder den möglichen Inhalt und zeigt, ob der Text für sie interessant ist oder ihnen zum Lösen einer Aufgabe nützt.

Speed reading: Beim *Speed reading* geht es darum, einen Text zu überfliegen, einen groben Eindruck zu gewinnen und nach *key words* zu suchen. *Speed reading* bedeutet, mit einem Blick mehr Wörter zu erfassen als gewöhnlich, um eine höhere Lesegeschwindigkeit zu erreichen.

Scanning: Das *Scanning* ist eine suchende Lesetechnik, die auf Schlüsselwörter und -gedanken ausgerichtet ist. Dabei gehen die S von einer Frage oder Aufgabe aus und überfliegen den Text, bis sie die gesuchte Information gefunden haben. Auch hier ist es nicht das Ziel, den Inhalt des gesamten Textes oder jedes unbekannte Wort zu verstehen.

Line-up-Verfahren ▸ Gruppenbildung

Market-place activity (Marktplatz)

Bei der kooperativen Lernform *Market-place activity* sprechen die S mit verschiedenen Partnern über ein vorgegebenes Thema. **Ablauf:**

1. Die S bewegen sich frei im Klassenraum. L stellt eine Aufgabe, die S in einem vorgegebenen Zeitrahmen bearbeiten. Dieser kann durch ein akustisches Signal wie z.B. das Abspielen und Anhalten von Musik begrenzt werden.
2. Auf das vereinbarte Signal hin bleiben die S stehen und tun sich mit dem S zusammen, der vor ihnen steht. Die Partner tauschen sich über das Thema bzw. die Aufgabe aus. Je nach Aufgabenart machen sich die S Notizen.
3. Auf das erneute Signal durch L wechseln die S ihren Partner, sodass sie in einem begrenzten Zeitraum mit möglichst vielen S sprechen.
4. Die Ergebnisse können in einem anschließenden Unterrichtsgespräch ausgewertet werden.

Die *Market-place activity* ist eine Form der ▸ Milling-around activity.

Mediation (Sprachmittlung)

Vermittlungsstrategie zwischen Gesprächspartnern, die sich nicht direkt sprachlich verständigen können. Im Englischunterricht bedeutet dies die zusammenfassende, paraphrasierende Wiedergabe eines Hör- oder Lesetextes in der jeweils anderen Sprache. Bei der *Mediation* werden vom Sprachmittler sowohl rezeptive Kompetenzen (einen Ausgangstext zu verstehen) als auch produktive Kompetenzen (einen Ausgangstext in der anderen Sprache wiederzugeben) und häufig auch interkulturelle Kenntnisse verlangt.

L kann den S zur Unterstützung folgende Leitregeln geben:
- Keine Wort-für-Wort-Übersetzung!
- Freie Wiedergabe der wichtigsten Informationen!
- Nicht alle Details wiedergeben!

Meldekette

Die Meldekette dient der Förderung der Schüler-Interaktion. Sie ist in Plenumsphasen universell einsetzbar, z.B. zur Auswertung von Ergebnissen oder zur Besprechung von Aufgaben. Die S rufen sich gegenseitig auf, wobei jeder S einen Satz oder eine Antwort nennt. L greift nur bei Bedarf korrigierend ein.

Metakognition

Metakognition bedeutet, dass S über ihr Lernen nachdenken, Strategien und Methoden reflektieren und daraus die für sie geeigneten Lernstrategien ableiten. Bereits zu Beginn des Sprachenlernens ist es wichtig, dass S hinterfragen, warum sie in einer Lernsituation so vorgehen, wie sie es tun. Die Erkenntnis dieses Prozesses soll den S helfen, das Sprachenlernen bewusst zu erlernen.

Milling-around activity

Bei dieser Methode bewegen die S sich innerhalb einer vorgegebenen Zeitspanne frei im Klassenraum und begeben sich wieder auf ihren Platz, sobald sie die relevanten Informationen erfragt haben. Auswertung im Plenum. ▸ Market-place activity

Mindmap	Eine Mindmap dient den S als „Gedankenkarte". Sie ordnen darin ihre Ideen übersichtlich an, wobei Zusammengehöriges beieinander steht, alle Ideen vernetzt werden können und Farben sowie Zeichnungen Wichtiges hervorheben. Mindmaps können individuell und in der Gruppe erstellt werden und eignen sich als Anregung für mündliche und schriftliche Äußerungen. Mögliches Vorgehen:

1. Die Ideen werden zuerst ungeordnet gesammelt (z. B. auf Kärtchen).
2. Im zweiten Schritt werden Oberbegriffe für die Ideen gefunden (z. B. auf farbigen Kärtchen).
3. Im letzten Schritt visualisieren die S diese Grundlagen systematisch in einer Mindmap.

Mitleseverfahren	Beim Mitleseverfahren hören die S während des Lesens eines neuen Textes diesen zugleich. Die Aktivierung des visuellen und des auditiven Kanals (Mehrkanallernen) ermöglicht eine enge Verknüpfung von Laut- und Schriftbild, sodass unbekannte Lexeme nachhaltiger verarbeitet werden können. Das Mitleseverfahren ist didaktisch dem Leseverstehen zugeordnet, da die primäre Sprachaufnahme über die Textvorlage erfolgt.

Das laute Lesen dient der Ausspracheschulung und nicht dem Leseverstehen, da durch die Konzentration auf die phonologische Oberfläche das Erfassen des Textinhalts erschwert wird. Als Faustregel gilt: Das laute Lesen sollte immer erst eingesetzt werden, nachdem ein Text bereits inhaltlich erarbeitet worden und unbekannter Wortschatz erschlossen worden ist.

Mnemotechniken	Unter dem Begriff Mnemotechniken werden verschiedene Methoden des Gedächtnistrainings zusammengefasst. Im Fremdsprachenunterricht eingesetzt, helfen sie S, sich Worte und Informationen über die Schritte des Rekodierens, Assoziierens und schließlich des Abrufens besser einprägen zu können. Häufig verwendete Mnemotechniken sind das ▸ Akrostichon, das Finden von Ersatzwörtern, das Einprägen von Merkversen, die Assoziation von Begriffen/Schriftbild und Bildkarten (▸ Flashcards) und das Memo-Spiel.
Mothering	*Mothering* beschreibt ein Korrekturverhalten der Lehrkraft, das mit dem Korrekturverhalten der Mutter bzw. der Eltern beim Mutterspracherwerb vergleichbar ist. Fehlerhafte Aussagen der S werden dabei z.B. durch Wiederholung, übertriebene Intonation oder übertrieben langsames Sprechtempo korrigiert.
Note-making	Das Anfertigen von Notizen ist eine Methodenkompetenz, die auch im Alltag bedeutsam ist. Das *Note-making* ist für die S eine wichtige Fertigkeit zum Generieren und Organisieren von Informationen und Ideen. Die dazu notwendigen Arbeitsschritte reichen vom Sammeln, Sichten und Ordnen der Notizen bis zum Überarbeiten und Anwenden von Stichwörtern, Themen etc. Für das Ordnen von Notizen eignet sich auch eine ▸ Mindmap.
Note-taking	Das *Note-taking* ist eine Strategie des Hörverstehens. Wenn möglich, versuchen die S zunächst aus Titel oder Überschrift und ggf. aus Fotos, Bildern oder Grafiken erste Informationen über den Hörtext abzuleiten. Sie stellen sich darauf ein und bauen inhaltliche Erwartungen auf. Während des Hörens machen sie sich Notizen. Diese dienen ihnen dazu, wichtige *key words* oder Ideen aus dem Hörtext festzuhalten. Grundlegendes in Form von Stichpunkten aufzuschreiben, ermöglicht nicht nur einen besseren Zugang zu einem Text, sondern den Zugriff auf das Notierte an späterer Stelle. Insgesamt wird dadurch das Lernen effektiver.

L kann folgende Tipps geben:
- Höre auf das, was gesagt wird und wie es gesagt wird.
- Halte einen Stift bereit und schreibe mit. Nicht jedes Wort ist wichtig.
- Nutze Abkürzungen und Symbole beim Notieren (z. B. Sternchen, Ausrufezeichen, Fragezeichen).
- Achte auf Schlüsselwörter und -sätze, besonders solche, die wiederholt werden.

Numbered heads together	Diese kooperative Lernform ermöglicht eine hohe Schüleraktivierung, da die S, die das Gruppenergebnis präsentieren, per Zufallsprinzip ausgewählt werden und somit jeder S Verantwortung für das Gruppenergebnis übernehmen muss. Zunächst bildet L Gruppen (▶ Gruppenbildung). Innerhalb dieser Gruppen erhält nun jeder S eine Zahl (abhängig von der Gruppengröße). L (oder auch eine der Gruppen) stellt nun eine Aufgabe, die die Gruppen gemeinsam bewältigen. Das Startsignal für die Beratungsphase ist *Numbered heads together!* Nach Ablauf einer zuvor festgelegten Zeit beendet L die Beratung und wählt durch Nennung einer Zahl die Person aus, die aufsteht und für die Gruppe antwortet. Pro richtige Antwort erhält die Gruppe einen Punkt.

Die einzelnen Gruppen können unterschiedliche, aber auch gleiche Aufgaben bearbeiten. Um bei gleichen Aufgaben zu verhindern, dass die ausgewählten S mit der gleichen Zahl die Antworten der anderen Gruppe mithören, verlassen sie zunächst den Klassenraum.

Optional help	Bei der *Optional help* handelt es sich um eine Form der Differenzierung (▶ Binnendifferenziertes Arbeiten), bei der die S individuell bei Bedarf eine zusätzliche Lernhilfe verwenden können. Dies kann z. B. ein Hilfsblatt sein, das auf dem Pult bereitliegt und dort eingesehen oder mitgenommen werden kann. Es kann zudem eine zusätzliche Hilfe auf den Arbeitsmaterialien sein. Ideal ist es, wenn die *Optional help* zunächst nicht für S sichtbar ist (z. B. als umgeknickter Wort-/Lösungspool am unteren Blattrand) und sie nur dann darauf zurückgreifen, wenn sie Hilfe benötigen.
Partner check	Die Methode des *Partner check* ist eine Form der ▶ Peer correction. Sie fördert einerseits die Eigenverantwortung der S für ihre Lernergebnisse und ermöglicht andererseits eine breite Aktivierung der S und einen hohen Sprachumsatz. Auch kann damit in gestuften Aufgabenstellungen den unterschiedlichen Lerntempi der S Rechnung getragen werden, z. B. mithilfe der Methode ▶ Bus stop. Beim *Partner check* tauschen sich die S nach Bearbeitung einer Aufgabe bzw. eines Aufgabenteils mündlich zu den Ergebnissen aus und korrigieren mögliche Fehler. Dieses Vorgehen gibt besonders lernschwächeren S zusätzliche Sicherheit für die anschließende Auswertung im Plenum und ist schnell und flexibel einsetzbar.
Partner talk	Die Methode des *Partner talk* ist eine einfache Methode, die sich an vielen Stellen des Lernprozesses einsetzen lässt und die dazu dient, Schüleraktivität und Sprechzeit der Lernenden zu erhöhen. S tauschen sich dabei kurz (oft sind ein bis zwei Minuten ausreichend) mit einem Partner über einen vorgegebenen Sprechanlass (bestimmte Fragestellung, Vorerfahrungen etc.) aus. Die Fragestellungen sollten – wenn nicht im SB enthalten – an der Tafel oder auf Folie festgehalten werden, damit S darauf zurückgreifen können. In lernschwächeren Gruppen sollte L zusätzlich einige situationsbezogene Redemittel anbieten.
Peer correction	▶ Correcting circle
Phasen des Schreibprozesses	Zur nachhaltigen Schreibförderung sollten S bei der Textproduktion grundsätzlich folgende drei Phasen durchlaufen:

1. Entwerfen *(Brainstorming)*: Die S sammeln Ideen, z. B. in einer Mindmap oder bei einem stummen Schreibgespräch *(Round robin)*.
2. Schreiben: Die S verfassen auf dieser Grundlage einen ersten Entwurf. Dieser sollte entweder von L oder in höheren Klassenstufen durch Mit-S, z. B. in Form eines *Correcting circle*, korrigiert werden.
3. Überarbeiten: Auf der Grundlage der Korrekturanmerkungen fertigen die S eine Reinschrift an.

Im Sinne einer Differenzierung (▶ Binnendifferenziertes Arbeiten) ist es oftmals hilfreich oder gar notwendig, entsprechende Schreibhilfen oder Sprachmuster bereitzustellen.

Placemat Bei einer *Placemat activity* sitzen vier oder fünf S um ein Blatt Papier (DIN A3 oder DIN A4), welches in einen Schreibbereich pro S sowie einen zusätzlichen Bereich für die Gruppe in der Blattmitte eingeteilt ist.

1. *Placemat* in Gruppen à vier S:

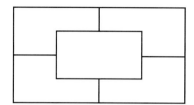

2. *Placemat* in Gruppen à fünf S:

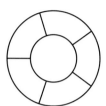

Zu Beginn der Gruppenarbeit schreibt jeder S zunächst seine Ideen in den eigenen Schreibbereich. Anschließend wird die *placemat* so lange gedreht, bis jedes Gruppenmitglied die Ideen der anderen S kommentieren und zudem die Kommentare der anderen zu den eigenen Ideen lesen konnte. Um zu verdeutlichen, wer welche Kommentare verfasst hat, sollten die S verschiedenfarbige Stifte verwenden. Im nächsten Schritt diskutiert die Gruppe die notierten Gedanken und schreibt die wichtigsten Punkte oder Argumente in die Mitte der *placemat*. Auch kontroverse Positionen sollten dabei aufgenommen werden. Abschließend werden die Ergebnisse im Plenum ausgewertet.

Der Zeitbedarf variiert je nach Komplexität des Themas von zehn bis 30 Minuten. Die Vorgabe eines Zeitlimits für die einzelnen Phasen kann sinnvoll sein.

Question pot Die Methode des *Question pot* eignet sich besonders gut zur Sicherung des Hör-/Sehverstehens von Filmen oder des Leseverstehens von längeren (fiktionalen) Texten. In einem Gefäß auf dem Lehrertisch werden Fragen oder (*True-False-*)Aussagen zu einem gezeigten Film oder einem Lesetext auf Papierstreifen gesammelt. Anschließend ziehen die S einen Streifen, beantworten die Frage oder sagen, ob die Aussage richtig oder falsch ist. Wird die Methode zur Sicherung des Hör-/Sehverstehens eingesetzt, so sollten sich die Aufgaben nicht nur auf das Gesagte, sondern besonders auch auf Gesehenes beziehen. Die Fragen und Aussagen können je nach Leistungsstand der Klasse entweder von L vorgegeben oder von (lernstärkeren) S formuliert werden.

Read-and-look-up technique Diese Lesetechnik dient der Förderung des freien Sprechens und bildet für die S einen behutsamen Übergang zwischen dem Ablesen und Vortragen von Texten, Informationen und Inhalten. Der präsentierende S hält die Vorlage in den Händen und liest sich einen (Teil-)Satz still durch, bevor er die Klasse oder seinen Partner anschaut und den Satz aus dem Gedächtnis wiedergibt. Dabei ist es wichtig, dass S erst dann spricht, wenn er Blickkontakt hergestellt hat. Diese Technik bereitet den freien Vortrag bzw. die Präsentation (auch mithilfe von Stichwortzetteln) vor und hilft unsicheren S, Inhalte vor dem Plenum darzustellen.

L kann die *Read-and-look-up technique* zunächst anhand eines beliebigen Textes demonstrieren. Die S üben danach mit geeigneten kurzen Texten, wobei der zuhörende Partner darauf achtet, dass nicht abgelesen, sondern vor dem Sprechen Blickkontakt hergestellt wird.

Reading circle Beim *Reading circle* lesen alle S den gleichen Text oder die gleichen Texte (z. B. S-Produkte), wobei jeder S eine andere Rolle übernehmen oder sich auf einen bestimmten Aspekt des Textes konzentrieren kann. Die S schreiben dazu jeweils Informationen, Aussagen oder Assoziationen auf ein Blatt, das anschließend ausgelegt oder bei dem Text (oder S-Produkt) aufgehängt wird. Sie gehen herum, lesen die Beiträge der anderen S und tragen ihre Kommentare dazu ein. Die Eindrücke der S werden anschließend im Plenum diskutiert.

Right/wrong cards (Antwortkärtchen) Der Einsatz von *Right/wrong cards* eignet sich besonders zur Überprüfung von Aussagen zum Textverständnis. Die Karten können sowohl zur Lese- als auch Hörverstehenskontrolle eingesetzt werden. Ihr Einsatz ermöglicht eine valide Erfassung des Detailverständnisses und erfordert dabei keine eigene Sprachproduktion der S.

L stellt den S Karten aus farbigem Karton zur Verfügung (alternativ auch farbige Gegenstände, z. B. Stifte). Es wird vereinbart, dass grün für *right* und rot für *wrong* sowie ggf. blau für *not in the text* steht. Nachdem L eine Aussage zum Text vorgelesen hat, halten die S auf Kommando eine Karte in die Höhe. L erhält auf diese Weise auf einen Blick eine breite Rückmeldung darüber, ob der jeweilige Textinhalt von den S verstanden wurde. Wenn sich hier größere Abweichungen zeigen, sollte L dies zum Anlass nehmen, einen erneuten Lese-/Hörauftrag zu stellen, um das gesuchte Detail zu erfassen (selektives Lese-/Hörverstehen). Das synchrone Ausführen auf Kommando ist wichtig, damit sich unsichere S nicht an ihren Mit-S orientieren. Wenn die Methode mehrfach eingesetzt wurde, können lernstärkere S die L-Rolle übernehmen.

Role-play

Role-plays dienen der Förderung des freien Sprechens und Reagierens in klar umrissenen Gesprächssituationen. Die S schlüpfen in die Rolle einer anderen Person und orientieren sich bei der Ausgestaltung an den Rollenvorgaben bzw. füllen ein vorgegebenes Dialoggerüst mit eigenen Ideen. Dürfen leistungsschwächere bzw. unsichere S Notizen zu Hilfe nehmen, sollte L die ▸ Read-and-look-up technique einsetzen und darauf achten, dass S nicht „am Blatt kleben", um das freie Sprechen zu schulen.

Für die Präsentation ist es vorteilhaft, einen Tisch zwischen die Klasse und die Präsentierenden zu stellen, um somit v. a. für verunsicherte S einen „geschützten Raum" zu schaffen. Bei relativ frei zu gestaltenden *Role-plays* sollte vor der Einübung auf jeden Fall eine Kontrolle und Korrektur stattfinden, um ein Einschleifen von fehlerhaften Sprachmustern zu verhindern.

Running competition

Die Methode *Running competition* ist eine Form der *whole-class activity* mit Wettbewerbscharakter. Sie vereint das Festigen von Vokabeln oder Strukturen mit Bewegung und kommt daher insbesondere jüngeren S sehr entgegen. **Ablauf:**

L platziert eine Liste (z. B. mit unregelmäßigen Verben, wobei die Anzahl der Hälfte der Klassengröße entspricht) auf dem Lehrerpult, ohne dass diese für die S von ihrem Platz aus einzusehen ist. Die Klasse wird in zwei Gruppen eingeteilt und jeder Gruppe wird eine Tafelseite zugeteilt.

Die Teams legen fest, in welcher Reihenfolge die S „aktiv" werden (am besten von vorne nach hinten). Pro Gruppe geht ein S zum Pult und schaut nach, welches Verb dort steht. Er oder sie bildet die entsprechende unregelmäßige Form des *simple past* und schreibt diese an die Tafelseite seines Teams. Ähnlich wie bei einem Staffellauf, kehrt S möglichst schnell zu seiner Gruppe zurück und übergibt die Kreide an den Nächsten in der Reihe. Dabei darf weder gerannt, noch dürfen Hinweise von den nicht agierenden S gegeben werden. Die Gruppe, die als erste die Liste abgearbeitet hat, bekommt einen Punkt.
Im Anschluss erhält jede Gruppe die Möglichkeit ihre Ergebnisse zu verbessern. Dabei sollte L die Zahl der S, die verbessernd eingreifen dürfen, sowie die zur Verfügung stehende Zeit begrenzen (z. B. zwei Minuten). Die festgelegten S kommen an die Tafel und greifen korrigierend in das Ergebnis ein. Es folgt eine Auswertung im Plenum, bei der pro richtige Form ein Punkt vergeben wird. Die Gruppe mit den meisten Punkten hat gewonnen.
Diese Form der Wiederholung und Festigung von sprachlichen Mitteln ist auf zahlreiche Inhalte, wie z. B. Vokabeln, Adjektive, Steigerungsformen und Wortfelder, übertragbar.

Scenic play
(Szenisches Spielen)

Durch die Methode des *Scenic play* werden kognitive Fähigkeiten, emotionale und körperliche Ausdruckskräfte sowie manuelle und künstlerische Fertigkeiten der S entwickelt und geschult. Das szenische Spielen von Geschichten bettet die Fremdsprache in einen Kontext ein, an dem die S selbst mit allen Sinnen beteiligt sind. L sollte vorher mit den S besprechen, was für das Nachspielen benötigt wird, und dann die Rollen verteilen. Benötigte Requisiten können oft als Zeichnungen an der Tafel dargestellt werden oder es finden Gegenstände aus dem Klassenraum Verwendung.

Schreibgespräch	Ein Schreibgespräch ist eine schriftliche Form der Kommunikation, bei der zwei Partner in Stillarbeit auf einem Blatt und mit nur einem Stift einen Dialog führen. Jeder Partner schreibt abwechselnd und in Reaktion auf den vorherigen Beitrag seine Gedanken auf, wobei ihn der andere nicht beobachten darf. Es entsteht somit ein Text, in dem sich beide Partner intensiv und konzentriert mit den Gedanken des Gegenübers auseinandersetzen und welcher im Anschluss mündlich diskutiert und kommentiert werden kann.
Schreibkonferenz	▶ Correcting circle
Schüler als Experten	▶ Binnendifferenziertes Arbeiten
Semantisierungstechniken	Neuer Wortschatz sollte grundsätzlich nicht isoliert, sondern stets im Zusammenhang eingeführt werden. Hierbei bieten sich verschiedene Verfahrensweisen an:

1. **Deiktische Semantisierungstechniken:**
   Hierunter versteht man bildhafte, nonverbale Verfahren, die sich besonders in der Orientierungsstufe eignen. Zum Einsatz kommen:

   Realia: Realgegenstände eignen sich vorrangig zur anschaulichen Vermittlung konkreter Begriffe. Geht es z. B. um das Wort *pencil case*, so hält L ein Federmäppchen hoch und sagt: *This is a pencil case*. Wort und Bedeutung können so nachhaltig miteinander verknüpft werden.

   Flashcards: ▶ Flashcards

   Mimik, Gestik, Demonstration: Lebendiges Lehrerhandeln kann den S die Bedeutung entsprechender Lexeme nachhaltig vermitteln. Dies kann geschehen durch:
   a) **Mimik:** L demonstriert ein Wort mithilfe des entsprechenden Gesichtsausdrucks, z. B. *angry*, *happy*, *sad*. Dies kann auch verbal unterstützt werden, z. B. *angry: Hey, stop that!*
   b) **Gestik:** Wenn es um das Wort *first* geht, streckt L den Daumen nach oben und sagt: *It's the first morning in London.*
   c) **Demonstration:** Das Verb *open* wird eindeutig demonstriert, indem L das Fenster öffnet und dabei sagt: *Let's open the window*. Noch lernwirksamer ist es, wenn dazu das gegenteilige Lexem *close* demonstriert und eingeführt wird: *Now let's close the window.*

2. **Verbal-definitorische Semantisierungstechniken:** Mit zunehmendem Lernstand spielen verbal-definitorische Semantisierungstechniken in der Zielsprache eine stärkere Rolle. Dabei sollten den S alle zur Semantisierung herangezogenen Wortschatzelemente bekannt sein. Zum Einsatz kommen:

   Ganzheitliche Verfahren: Verwendung des Wortes in einem typischen Kontext: *We wash our hands with soap and water.*

   Logische Bezüge: Einführung eines Lexems durch:
   a) Definition: *A dog is an animal with four legs and a tail. It barks.*
   b) *Rule of three* (Dreisatz): *A man has a mouth, a bird has a beak, …*
   c) *Part – whole* (Rückschluss vom Ganzen aufs Einzelne): *a week = seven days*

   Lexikalische Bezüge: Einführung eines Lexems mithilfe von:
   a) Synonymen: *shop – store*
   b) Antonymen: *young ≠ old*
   c) Über-/Unterordnung: *Dogs, cats and rabbits are pets.*
   d) Herleitung: *happy – happiness*

Der Rückgriff auf die Muttersprache sollte nur sehr selten erfolgen. In einigen Ausnahmefällen kann dieser allerdings hilfreich sein:

- um auf orthografische Ähnlichkeiten aufmerksam zu machen: *theatre* – Theater
- um phonetische Ähnlichkeiten hervorzuheben: *shoe* – Schuh
- wenn die fremdsprachliche Erklärung sehr umständlich wäre (z. B. *although*)

3. Erschließungstechniken:

Mit zunehmendem Lernstand sollten wichtige Erschließungstechniken (Kontext, Vorwissen aus der Fremdsprache, Ähnlichkeiten im Schrift- oder Lautbild zur Muttersprache etc.) trainiert werden. Ein neues Wort sollte v. a. dann semantisiert werden, wenn:

a) es sich um ein Schlüsselwort für das Textverständnis handelt,

b) eine hohe Diskrepanz zwischen Laut- und Schriftbild besteht, die Aussprachefehler bewirken kann,

c) es nicht aus dem Kontext oder auf andere Weise erschließbar ist.

Situativer Wortschatz, der keine zentrale Bedeutung für das Textverständnis hat, muss nicht semantisiert werden. Den S wird auf diese Weise verdeutlicht, dass sie einen Text auch dann verstehen können, wenn sie nicht jedes einzelne Wort kennen (= Training der Toleranz im Umgang mit „Verständnislücken").

Sprachmittlung	▶ Mediation
Stimmungsbarometer	Diese Methode wird i. d. R. zu Beginn oder zum Abschluss einer Gruppenarbeit angewandt, um die anfängliche bzw. abschließende Stimmungslage der Mitglieder zu erfassen und zu veranschaulichen. Die moderierende Person stellt hierzu ein Plakat bereit, auf welchem z. B. eine Sonne, Nebel und Gewitterwolken abgebildet sind. Die Gruppenmitglieder erhalten die Gelegenheit, je einen Punkt neben diejenige Abbildung zu kleben bzw. zeichnen, die ihrer Stimmung am ehesten entspricht. Das entstandene Stimmungsbild dient der Gruppe als Diskussionsgrundlage und sofern die Methode regelmäßig durchgeführt wird, kann eine langfristige Entwicklung der Gruppenstimmung protokolliert werden.
Szenisches Spielen	▶ Scenic play
Think – Pair – Share	Diese kooperative Lernform dient den S dazu, von einer individuellen zu einer gemeinsamen Lösung zu gelangen. **Ablauf:**

1. EA: S denken allein über die Aufgabenstellung nach und machen sich ggf. Notizen.
2. PA: Zwei S besprechen ihre Notizen und kommen zu einer gemeinsamen Lösung.
3. GA: Zwei Paare bilden eine Vierergruppe, die gemeinsam ihre Lösungen bespricht. Eine andere Möglichkeit ist, dass die Paare ihre Lösungen im Plenum vorstellen.

L sollte für jeden Arbeitsschritt ein Zeitlimit setzen.

Total Physical Response (TPR)	Das Konzept der *Total Physical Response (TPR)* beruht auf der Einbeziehung von Körpersprache und Bewegung, um das Hörverstehen der S zu fördern. *TPR* spricht in besonderem Maße S mit Sprechhemmungen oder geringem Sprachinventar an, die mithilfe der Methode die Fremdsprache handelnd umsetzen und so Erfolgserlebnisse erzielen. S reagieren auf eine Anweisung von L oder einem anderen S nonverbal, indem sie diese in Bewegung umsetzen. Die Anweisungen sollten z. B. durch Gestik oder den Einsatz von Realgegenständen verständlich gemacht werden. Durch mehrfache Wiederholung kann die Behaltensleistung gesteigert werden, indem Handlung und Sprache nachhaltig miteinander verknüpft werden.
Voting finger	▶ Democratic vote
Wortschatzsemantisierung	▶ Semantisierungstechniken

a) *Watch the film and enjoy the tour.*

b) *Which places do we see on the tour? Mark them on the map below. Then watch again and check. Number the places in the correct order of the tour.*

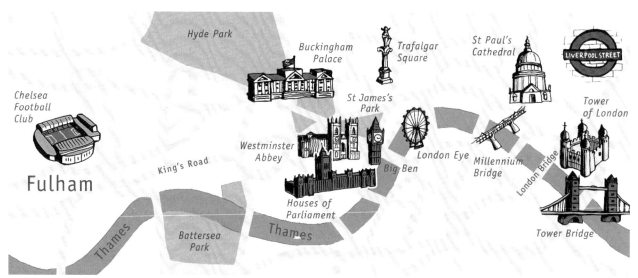

c) *Describe the London tour in your own words. The sentence beginnings below can help you.*

The tour starts at *Liverpool Street Station* _____. At the next stop you get

off and walk to the River Thames. From there you can see [1] _____ and

the [2] _____.

Then you go back to the bus stop and get on the next bus. You go past [3] _____

_____ and [4] _____. The next stop is at the Horse Guards.

From there you can walk through [5] _____

to [6] _____.

After that, you can take a ride on the [7] _____. Then you go to

the [8] _____, [9] _____ and

[10] _____.

The tour ends at [11] _____.

I think the tour is _____.

London looks _____.

My favourite sight is _____ because _____.

More challenge Describe a tour of your hometown or area. You can use the ideas in the text above for help. Draw a map for your tour.

My tour starts at ... First you ... Then ...

© Dorina Tessmann, Berlin

Read these texts from a website about London sights.
Underline important information. Pick two or more places that you want to go to.

Are you planning a day in London?

Here are six fun and exciting things for you to do:
* *See a musical!* <u>Billy Elliot</u> *is on at the* Victoria Palace Theatre.
* *Go on a tour of* <u>Chelsea stadium</u>!
* *Go shopping at* <u>Camden Market</u> *or on* <u>Oxford Street</u>
* *Visit the* <u>Queen Elizabeth Olympic Park</u>
* *Dance the night away at* <u>The O2</u>

Don't forget to buy a one-day Travelcard!
Need more ideas? Why not visit Hyde Park or the London Eye?

> **London Travelcard**
> The best way to get around London is with public transport. If you want to use London's buses, trains and Tubes, it's a good idea to buy a Travelcard so that you don't have to buy extra tickets every time you make a journey.
> You can buy tickets for different 'zones' or areas in London.
> A child's Travelcard for Zones 1–2 (just the centre of London) costs £ 4.20. For Zones 1–4, it costs £ 5.30.

Billy Elliot – The Musical

If you want to see something really special in London, you should go to a show in London's famous West End or 'Theatreland'. One of the most exciting shows at the moment is *Billy Elliot – The Musical* which you can see at the Victoria Palace Theatre. The show lasts three hours and is on at 7.30 pm Monday to Friday, and 2.30 pm on Thursdays and Saturdays.

Billy Elliot – The Musical has won lots of awards and has been a hit all across the world. It's about a boy from a poor family in the north of England in the 1980's. His love for ballet dancing changes his life. And as well as the great story, there is also great music by Elton John.

Of course, you can't see wonderful shows like this for free. The cheapest tickets are £ 20.50, and the most expensive tickets are £ 86.00. It's really easy to find the theatre, just take the train or Tube to Victoria Station.

Chelsea stadium tours

Are you a big football fan? If yes, a tour of Stamford Bridge is the perfect activity for you. Stamford Bridge is the home of Chelsea Football Club and it's in Fulham. The nearest Tube station is Fulham Broadway.

The stadium tour isn't cheap – tickets are £ 20 (or £ 13 for children), but you get to see lots of exciting things which are normally only for the players. For example, you can see the dressing rooms, the Press Room, and you can even walk through the Player's Tunnel. Pretty cool, right?

There is also a museum where you can find out all about the history of Chelsea Football Club.

The tour lasts about one hour. You can go on a tour from Monday to Sunday at 10:00, 10:30, 11:00, 11:30, 12:00, 12:30, 13:00, 13:30, 14:00, 14:30, and 15:00. There are no tours on match days. It's a good idea to book the tour before you get to the stadium.

Camden Market

If you want to buy something special and you don't have a lot of money, Camden Market is the place for you. It's a short walk from Camden Town and Chalk Farm Road Tube stations, and it's open every day from 10 am until 6 pm.

The great thing about Camden Market is that it's not just one market, it's actually lots of markets. In fact, it's the biggest street market in the UK. It's a great place to find cool and interesting things.

It's free to get into the market, but it's difficult to visit Camden Market without spending some money on clothes, music, jewellery, food, drinks, …

Oxford Street

Londoners really know how to shop. One of the most popular places for shopping is Oxford Street. There you'll find all of your favourite shops and many, many more!

You can get there on the Tube and it's close to Bond Street, Oxford Circus and Tottenham Court Road stations. On Mondays, Tuesdays, Wednesdays and Fridays, the shops are open from 9.30 am until 8 pm. On Thursdays, they are open 9 am until 10 pm. On Saturdays, they are open 9 am until 9 pm. And the really special thing is that they are even open on Sundays! From 12 pm until 6 pm. It's free to look around the shops, but of course you have to pay if you want to buy something!

The Queen Elizabeth Olympic Park

The Queen Elizabeth Olympic Park is one of London's newest attractions. It was built in 2012 for the Summer Olympics. And it's huge – it covers 560 acres! The park is so big that they needed 80,000 people to build it.

There is lots to do at the Olympic Park. You can just walk around the grounds and have a drink at the cafe, or you can go and see a basketball match or another sports event, or you can do one of the many sports activities.

The park opens early, at 6 am, and it closes at 10 pm in the summer or 7 pm in the winter. Entrance to the park is free, but you might have to pay for the events. The best thing to do is to check on the website before you get there. The Olympic Park is in East London. To get there, take the Tube or the train to Stratford Station.

The O2

One really exciting place to visit is London's O2 arena. It's a huge venue where you can see lots of great concerts and sports events. But it's not just that! In the O2 there is also an exhibition centre and lots of restaurants and bars. So you'll need to have a lot of energy for this place!

It opens at 9 am and stays open until late. The price is different for each event, so you should check online before you go. To get there, take the Tube to North Greenwich.

Hyde Park

There are some great places in London which you don't have to pay to visit, and Hyde Park is one of them. Millions of people visit Hyde Park every year, and it's popular with both tourists and Londoners.

What's so special about a park, you might think? Well, it's not just nice trees and grass that you'll find at Hyde Park. There's also lots of interesting things to see, like the Serpentine Lake, Speakers' Corner and the Diana, Princess of Wales Memorial Fountain. You can also do lots of fun activities there – like swimming, cycling, tennis and even horse riding.

The park is open every day from 5 am until midnight, so there is definitely enough time to see everything! To get there, take the Tube to Knightsbridge, Lancaster Gate or Marble Arch. It's a short walk to the park from these stations.

The London Eye

London can be a really busy city, so why not get away from all of the people and traffic, and take a trip on The London Eye?

The London Eye is a huge ferris wheel which gives you a fantastic view of the city. And when we say 'huge', we mean it: The London Eye is 135 metres tall, and the tallest ferris wheel in the whole of Europe! Pretty special, right? If the weather is clear, you can see for miles in all directions. We can't promise you great weather, but we can promise you a really exciting ride.

The London Eye opens at 10 am and stays open until 8.30 pm (or later in summer months). It's cheaper and much easier if you buy your tickets online before you get there. Children's tickets cost £ 12.60. The London Eye is on the South Bank of the Thames. To get there, just take the Tube to Waterloo, Embankment, Charing Cross or Westminster.

© 2014 Cornelsen Schulverlage GmbH, Berlin. Alle Rechte vorbehalten.

Look at pages 8/9 (+ Text file 1, pp. 144–146) and page 12 (+ KV 2A/B or webcode Head-3-13). Pick two or more places that you want to go to. Read the texts and find out more about "your" London sights. Make notes in the table below.

Then talk to your partner and agree on three places – or more. Complete your notes together

Our sights	1.	2.	3.	4.
When can you go there? (When does it open/start?)				
How much are the tickets?				
Where is it?				
How can you get there?				
What can you see or do there?				
What's special about it?				

TIP *You can use your notes to make a poster about your London plans. Add pictures and write (short) captions*

a) *Look at the checklist and check if your poster is OK or what you can do better. Then present your poster.*

b) *Look at your partners' posters and complete the checklist. Fill in ☺ (= very good), ☺ (= OK) or ☹ (= not so good) and make notes.*

	our poster	our partners' poster
The heading is big and easy to read (e.g. in **CAPITAL LETTERS**).		
Pictures, photos or maps make the poster more interesting.		
There are captions for each picture.		
The texts are short and give only the most important information.		
You used your own words.		
The pictures fit the topic and the texts.		
You marked important information with a marker or different colours.		
You used symbols to save space.		
You didn't put too much on your poster.		
Your poster has an interesting layout.		

More practice **Present your poster to the class**

The phrases in the speech bubbles can help you.

Shutterstock.com: presenting a poster © Denis Cristo

English G HEADLIGHT 3 | Handreichungen für den Unterricht

Part 1: How strict are your parents?

a) *Write down three things you're allowed to do and three things you aren't allowed to do.*

	I'm allowed to …	I'm not allowed to …
1		
2		
3		

b) *Talk to a partner and fill in the table.*

	I'm allowed to:	I'm not allowed to:
My partner is allowed to:	＋＋	－＋
My partner isn't allowed to:	＋－	－－

Talk like this:

I'm allowed to go to a youth club. What about you?

Yes, me too. And I'm allowed to listen to loud music. And you?

No, I'm not allowed to do that.

c) *Tell the class about you and your partner.*

My partner and I are both allowed to … I'm allowed to …, but my partner …

- -

Part 2: School rules

a) *Listen. Which school is stricter – Alfie's old school or his new school in London?*

b) *Listen again and take notes.*

	Alfie's old school	Alfie's new school	More practice **Our school**
wear a tie			
wear a blazer			
wear trainers			
leave school at lunchtime			
wear caps or hats			
have piercings or tattoos			

More practice *What about your school? Complete the last column of the table. Then talk about your school rules in class like this:*

At our school, students (don't) have to …

Yes, and we're (we aren't) allowed to …

English G HEADLIGHT 3 | Handreichungen für den Unterricht

Look at the signs and complete the sentences with the correct modal verbs:

can/can't • should/shouldn't • must/mustn't • (not) have to • (not) be allowed to

If you want to cross the road, you

_____ push the button[1]
and wait for the green light.

If you need help, for example
with a wheelchair, you

_____ use this phone.

At the airport you _____

_____ leave your luggage[2]
and go away.

When you get on the tube, you

_____ be
careful and mind the gap[3]
between train and platform.

When you want to cross the
road in Britain, you

_____ look right
first.

You _____

play ball games or cycle[4] in this

park. You _____

_____ bring dogs either.

You _____ stand
on the right on the escalators[5].

You _____
smoke.

Pedestrians[6] _____

be careful here because they

_____ use the pavement[7].

You _____ drive

slowly. You _____ be
careful because young students

_____ cross the road here.

[1] push the button: *den Knopf drücken,* [2] luggage: *Gepäck,* [3] mind the gap: *auf die Lücke achten,* [4] cycle: *Rad fahren,*
[5] escalators: *Rolltreppe,* [6] pedestrians: *Fußgänger,* [7] pavement: *Gehweg*

Write Ruby's answers into the dialogue. Then practice the dialogue with your partner and act it out for the class. More help

Mum: Did you have a nice day?
Ruby: Yes and no!
Mum: Oh dear! What happened?
Ruby: Well first we went to a cafe.
Mum: I know. I phoned you. What happened next?

Ruby: _____

Mum: What did you do there? Did you buy anything?

Ruby: _____

Mum: Sounds great. And then? What happened?

Ruby: _____

Mum: That's why I told you to watch your bags in the market, remember? – So what did you do next?

Ruby: _____

Mum: My 'terrible' ringtone! ... And you always make fun of it ...

Ruby: _____

Mum: That's great! You're lucky to have your things back! And you have really nice friends.

Ruby: _____

▼ -
▲ *fold here*

More help *Cut out the sentences and glue them into the right places in the dialogue.*

Yes, they're very good friends.	Then we took the Tube to Camden Market.
Well, Sherlock was really clever. He phoned my mobile number – err, I mean your mobile number – and then we could hear your ringtone.	
No I didn't. We just tried on different clothes. It was a lot of fun.	
We sat down for something to drink and when I looked for my bag it wasn't there.	
Yes, I'm sorry, it was a really great ringtone today ... So we followed the ringtone together and we found my bag in a shop, on the ground. The money and the phone were still in it!	

Ruby and her mum © David Norman, Meerbusch

1 REVISION My class trip ▶ Unit 1, p. 25

(1) arrived, (2) was, (3) had, (4) talked, (5) didn't understand, (6) went,
(7) played, (8) was, (9) didn't talk, (10) took, (11) met, (12) didn't see (12 points)

☺	☺	☹
12–10	9–6	5–0

2 WORDS Travel in London ▶ Unit 1, p. 25

a)

travel by land	travel by air	travel by water
(car) • bike • **bridge** • bus • bus stop • car park • **escalator** • **passenger** • platform • road • street • taxi • **ticket** • traffic lights • train • train station • **travelcard** • **timetable** • Tube	airport • **escalator** • flight • gate • **passenger** • plane • ticket • timetable	**bridge** • ferry • **harbour** • **passenger** • river • sea • ship • ticket • timetable

(Pro Wort ein halber Punkt, insgesamt 14 Punkte möglich. Eventuelle Doppel-oder Dreifachnennungen werden nicht mehrfach gezählt. Den halben Punkt gibt es, wenn das Wort mindestens einer der möglichen Kategorien zugeordnet wurde.)

(14 points)

b)

1	cross the **street**	walk along the **street**	go to the end of the **street**
2	go by **train** to town	wait for the **train** on the platform	get off the **train** at the station
3	buy a **ticket** from the bus driver	A **ticket** to London, please.	You must have a **ticket** before you get on the train.
4	The cars must stop at the **traffic lights**.	Turn left at the **traffic lights**.	The **traffic lights** are red.
5	You can sit on the **bus**.	Tourists can take the number 11 **bus**.	I missed the **bus**.

(5 points)

☺	☺	☹
19–16	15–10	9–0

3 LANGUAGE Talking about the bike tour ▶ Unit 1, p. 26

(1) **were** you **able to**, (2) **had to**, (3) **had to**, (4) **were able to**, (5) **Was** he **able to**,
(6) **had to**, (7) **Did** everybody **have to**, (8) **were able to** (8 points)

☺	☺	☹
8–7	6–4	3–0

4 LANGUAGE Safety in London ▶ Unit 1, p. 26

a) (2) have to, (3) be allowed to, (4) have to, (5) I'm not allowed to,
(6) don't have to, (7) I'm allowed to, (8) have to, (9) don't have to (8 points)

☺	☺	☹
8–7	6–4	3–0

6 LISTENING Trains, buses and planes ▶ Unit 1, p. 27

a) Photo 1 – **Scene C**; Photo 2 – **Scenes B** and **E**;
Photo 3 – **Scenes A** and **D** (5 points)

b) 1 (They should go to) **gate B 12.**
   2 (It leaves) **at 11.40.**
   3 (They leave) **every 6 or 7 minutes.**
   4 (It leaves) **at 12.55 today.**
   5 (It leaves) **at a quarter to eleven / 10.45.** (5 points)

☺	☺	☹
10–8	7–5	4–0

Cut out the cards and match the English and German telephone phrases. Then glue them together (back to back).

Can I take a message?	*Who's speaking?*
I'm afraid ... (name) can't come to the phone right now.	Kann ich bitte mit ... (Name) sprechen?
This is ... (name).	*Can I speak to ... (name), please?*
... (Name) kann leider gerade nicht ans Telefon kommen.	Gern geschehen. Auf Wiederhören.
Soll ich ihm / ihr etwas ausrichten?	Wer ist am Apparat?
Ich werde es ihm / ihr ausrichten. Ich werde die Nachricht weitergeben.	*I'll tell him / her. I'll give him / her your message.*
Ich wollte fragen, ob ...	Spreche ich mit ... (Name)?
Is that ... (name)?	*I wanted to ask if ...*
You're welcome. Goodbye.	Hier ist ... (Name).

1 *Add your own questions to the table. Then answer the questions for yourself. Don't forget to write how many times you've done it:*
- never
- once / twice
- three / four / … / many times

> No, never. / No, I haven't.

> Yes, I have –
> once / twice / three /
> four / … / many times.

2 *Walk around and talk to different partners. Ask and answer the questions. Take notes.*

Have you ever …	Me	Partner 1	Partner 2	Partner 3
been to a farm?				
ridden a donkey?				
been on a plane?				
moved house?				

3 *Write about the results. What interesting things have you found?*

I			
Two / three / … people	have ('ve)	been	to a farm / on a plane
		ridden	a donkey
	(never)	moved	house
Ben / Lea / Nobody / One person	has ('s)	lived	in the country / in the city
		driven	a tractor
		…	

once
twice
three / four / five / … times
many times / lots of times

a) *Look at the pictures and read the captions. Then watch the film. Tick the things you saw.*

a crossroads

a church

an old market

a high street

a wood

Dovers Hill

a pub

a track

a farm

a block of flats

b) *Look at the map of Chipping Campden. Which route did Becky take? Draw it into the map.*

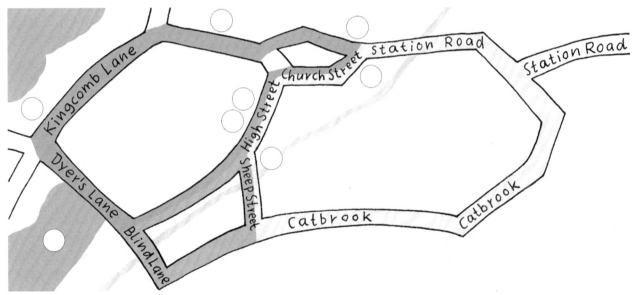

c) *Mark the places on the map that Becky saw.*

▼ -

▲ fold here

More help *Cut out the labels and match them to the places (◯) on the map. Check with a partner. Then glue the labels onto the map.*

Market Hall	Campden Wood	St. James' church	pub: Red Lion
Kings Hotel	Chipping Campden School	Dovers Hill	sheep farm

1   *Cut out the parts of Becky's cycle tour and put them into a logical order.*
2   *Now write your own film script. Becky's phrases can help you. Fill in your own information for the words in grey.*

Now we can leave the town here on Dyers Lane.

Look over there on the left. That's Campden Wood.

OK, at this crossroads we go right. OK, let's look right, left, and right again. And this is Kingcomb Lane.

W

Now we're coming back into Chipping Campden again. Station Road's on the left. Chipping Campden School is up there.

That's Church Street. And guess what's up there … yes a church – St James' Church. It's over 600 years old.

D

OK, let's go along the High Street. It's beautiful, isn't it? There are lots of shops and cafes, and, of course, pubs too.

That's the Kings Hotel. You can get a good lunch there …

T

We're starting our tour here. It's the Market Hall. It's over 400 years old. In the old days, farmers sold cheese, butter, sheep and chickens here.

O

That's Sheep Street over there. Sheep were very important here! But we're not going down Sheep Street – we're going straight on.

S

Look over there. That's Dovers Hill. It's nice up there – you can see all over the country. This is a famous hill because 400 years ago – in 1612 – the Cotswolds Olimpicks started here. Every year the Cotswolds Olimpicks take place here in May or June. They're great fun!

O

Hi, I'm Becky and I work for Cotswolds Country Cycles. Today I'm going to take you on a bike tour of the Cotswolds, near my home town of Chipping Campden. Chipping Campden is a small, beautiful town.

We're here in the High Street and you can see it's very old.

C

Now we're back in the High Street again – hope you enjoyed your tour … bye bye!

S

We go right here. Look over there. It's a sheep farm – on the left.

L

1 *Complete this tip:*

Every text needs three main parts:

- a <u>b</u> _ _ _ _ _ _ _ _ _ . Here you say _ _ _ _ _ it is _ _ _ _ _ _ .

- a _ _ _ _ _ _ _ . This is the most _ _ _ _ _ _ _ _ _ _ _ part.

  Start a new _ _ _ _ _ _ _ _ _ _ for each new _ _ _ _ _.

  Sometimes you can also give an example or explain your idea.

- an _ _ _ _. This can be a summary, a personal thought or a general <u>s</u> _ _ _ _ _ _ _ _ _ _ .

2 *Now mark the beginning of Alfie's blog green, the middle yellow and the end red.*

I've lived in London for two years now. At first I didn't really like it. But now I think it's a brilliant place for lots of reasons.

Firstly, you can go everywhere on public transport, for example on the Tube or on the bus. That's cool because you can be independent.

Secondly, it's a big place, but everything I need is near. When I want to meet my friends, I can walk to their houses. So we usually meet every evening.

Thirdly, London is an amazing city for sport and I always go to football games at the weekend.

Finally, most Londoners are very nice and that's very important.

So London is my ideal place to live.

3 *Find the time phrases, linking words and adjectives in Alfie's blog and fill in the table.*

time phrases	linking words	adjectives
for two years	But	brilliant

4 *Which words does Alfie use to start new ideas in the middle part of his blog?*

_____

1 *Mark the beginning of Rob's blog green, the middle yellow and the end red.*

2 *Where should Rob start new paragraphs? Mark the beginning of new paragraphs like this:*

I moved to Mickleton in the Cotswolds in August. I didn't like it here. Now I think it's OK. The people are OK. The neighbours help you if you have a problem. The towns in the Cotswolds are OK. Stratford is big. There are shops there. There's a bus every hour. I go to Stratford with my friends. The countryside is OK. There are trees, fields and hills. My dog Wally likes the countryside. He loves rabbits. Mickleton is my ideal place to live.

3 *Take a closer look at the middle part and complete the table:*

beginning	I moved to Mickleton in the Cotswolds in August. I didn't like it here. Now I think it's OK.	
middle part	**new idea**	**give an example or explain your idea**
	The people are OK.	The neighbours help you if you have a problem.
	The towns ...	
	The ...	
end	Mickleton is my ideal place to live.	

4 *Now rewrite Rob's blog. Have you remembered everything? Tick* ✔ *the boxes.*

• paragraphs to start new parts and new ideas ☐

• time phrases and linking words ☐

• interesting adjectives ☐

What's your favourite place for a class trip?
Find a picture and write down why you would like to go there.

I'd like to go to _____

because _____ .

((put a picture of your "place to go" here))

1 LISTENING A class trip
a) – c) *Listen to Molly and Rob and complete the information in the table.*

Who?	place	activities	advantages	disadvantages
	Sneaton Castle			
	Loch Eil			

*Add more information about **your favourite place for a class trip** here:*

Me				

d) *Cut out the phrases below and put them into the table. Some phrases can go into two columns.*

ask for an opinion	agree	disagree	not sure

2 SPEAKING Discussing a class trip
Find some advantages and disadvantages in each advert for class trips. Think of:

location • food • accommodation • transport • prices • activities • length of time • …

place	activities	advantages	disadvantages
Crannock Wood			
London			

1 What do you think?	**2** I'm not so sure.	**3** I guess you're right.	**4** You must be joking!
5 I suppose that's true.	**6** What about …?	**7** That's an interesting idea.	**8** You say … – I say …!
			13 Maybe you're right.
9 No way!	**10** That sounds OK.	**11** Are you serious?	**12** You have a point.

English G HEADLIGHT 3 | Handreichungen für den Unterricht

a) *Listen to the radio programme and tick where the callers live (city ✔ or country ✔) and if they like (☺) or don't like (☹) living there.*

b) *Listen again and write down reasons for their opinion – one for each person.*

	city	country	☺	☹	reasons
Anna					
Thomas					
Nina					
Karan					
Joe					

c) *Do steps 1 and 2. Then make a phone-in programme in class. Swap roles.*

Step 1: *Listen again and complete these useful phrases for a presenter.*

Hello! My _____ is Brian Jones.

Welcome to our _____.

Today we're going to discuss the _____ …

As always the _____ to ring is …

I'm looking forward to your _____.

And here is our first/another _____ on

the line.

Hello, who is _____?

Hi ((name)). Where are you _____?

Oh dear. You don't sound very _____.

Thank you for _____.

And we already have the _____ caller.

Thanks for your _____, ((name)).

And who's our next _____?

That was ((name)) from ((place)).

A clear _____ for the city.

Step 2: *What would you tell the presenter? Write down your ideas. You can use these phrases:*

Say who you are	Hi, this is … • Hello, my name is …
Say where you live	I'm from a small/… place east/west/… of …
	I live in a small/… place called …
	We're not far from …
	I'm from … It's the biggest/second biggest/… city in …
	We moved here … months/years/… ago.
Say what you think	Well, it's terrible/great/nice/boring/… here because …
	Oh, I hate it. I'd really like to live in … because …
	I would/wouldn't like to live in the country/a city because …
	I love/hate living in … because …
	You can … here. • You have to … here.
	For a music/sports/animals/… fan like me it's a good/bad place to live.

a) *Fill in the correct form of the verbs to make questions.*
Think of three more questions. They can be funny.
Add them to the chart.

meet a famous footballer • eat sushi • be on TV • sleep in a tent • …

Have you ever …	me	partner 1	partner 2	partner 3
(visit) another country?				
→ Have you ever _____ another country?				
(be) in hospital?				
→ Have you ever _____ in hospital?				
(talk) to a famous person?				
→ _____ ?				

b) 👥 *Answer the questions for yourself. Then make appointments with three partners.*
- *Answer your partners' questions.*
- *Ask them your questions. Note their answers:*
  yes = ✓   no = ✗

Yes, I have.
No, I haven't.

c) 👥 *Tell another partner or the class what you have found out:*
Malte has (never) visited another country.

a) 👥 *Work in groups of three. Cut out the pictures below and put them in the right order. Talk about the pictures like this:*

> I think picture F is number 1.

> I agree. And I think picture D is number 2.

> I'm not sure. I think picture A is number 2.

b) *Write the story. The words and phrases under the pictures can help you.*

C	I	G
at six o'clock – kitchen – tell family about – have an idea – a brochure	Mrs Johnson – call the police	the next day – install CCTV cameras – on the farm – in the fields

A	F	H
Mr Johnson's dog – find lots of rubbish – in bushes – on the field – be angry	one day – feed sheep – find a sheep – on the ground – be hurt	Mr Johnson – park tractor – end of the lane – dumpers – not get away

  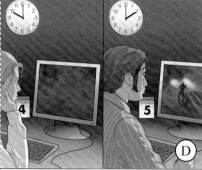

E	B	D
police arrive – take dumpers to the police station – Mr Johnson: happy	in the morning – Mr Johnson – call Mr Blake – CCTV services – offer good deal	at night – check monitors – in the farm office – Mr Johnson: see car lights, dumpers

1 REVISION At the farm park ▶ Unit 2, p. 47

1 mustn't / aren't allowed to **2** have to **3** can / have to **4** be able to
5 can / are allowed to **6** mustn't **7** can **8** can / are allowed to   (8 points)

☺	☺	☹
8–7	6–4	3–0

2 LANGUAGE The Blakes meet Adam ▶ Unit 2, p. 47

The Blake family is at *Cotswold Farm Park*. They **have been** there **for** (1) more
than four hours and they **have** already **done** (2) lots of things. Rob's sisters are
excited because Adam **has** just **come** (3) into the farm park!

Jodie	Oh, hello Adam. We always watch you on TV!
Adam	Hi, guys! I hope you're having fun. How long **have** you **been** (4) here?
Evie	We got here when the park opened, so we **have been** here **since** (5) 10.30. We're having a great time.
Adam	Great! Is this your brother? **Have** you **had** (6) a nice day so far?
Rob	Yes, but I miss my dog. He **has been** alone at home **for** (7) a long time.
Evie	Oh Rob, don't worry about Wally. Adam, how long **have** you **lived** (8) on the farm?
Adam	I**'ve lived** here **since** (9) I was a boy. And the farm **has been** a park **for** about 15 years. (10)

(one point for every correct present perfect form and
every correct since/for = 15 points)

☺	☺	☹
15–12	11–8	7–0

More challenge 6 More about the farm park ▶ Unit 2, p. 122

1 haven't been – visited **2** started – has been **3** watched – have been
4 saw – haven't looked at **5** left – haven't left   (10 points)

☺	☺	☹
10–8	7–5	4–0

3 LISTENING Is it better to live in the country or the city? ▶ Unit 2, p. 48

a) (10 points) **b)** (2 points per reason = 10 points)

	city	country	☺	☹	reasons ((es genügt die Nennung von je einem Grund))
Anna		✓		✓	bus to school – an hour ((vorgegeben, daher nur 1 Punkt)); has to get up early; nothing to do for teenagers
Thomas	✓		✓		easy to meet people; you can do lots of things at weekends (cinema, concerts)
Nina		✓	✓		long walks with dog; horse riding; away from everything
Karan	✓		✓		easy to get around by bus / train / underground; easier to find job
Joe		✓	✓		has lots of animals (chickens, ducks, cats, dog, sheep); great fun

(20 points)

☺	☺	☹
20–16	15–10	9–0

1 👥 *Write a dialogue: One of you is Ben, the other is Ben's dad. Take turns writing. Don't talk. If you need help you can use ideas from* **More help** *at the bottom.*

> Ben, we have to talk.

> Well, OK, Dad. What's the matter?

More help *Cut out the sentences below and put them in the right order. Glue them into the speech bubbles. Read the dialogue with your partner. Then write your own dialogue.*

… and secondly, you should spend more time on your school lessons. **A**	Oh please, Dad, do I really have to? I already said sorry … **G**
That's not the point. You know that your school has a healthy eating policy, don't you? **B**	Yes, I know. But our school policy doesn't mean that we have to eat rabbit food all the time. **H**
Well, the principal will suspend you for a week if you sell junk food again! And now I have to go and talk to him – do you think I like that? **C**	No, Dad. I'm sorry. I won't sell junk food at school again, I promise. But I'd like to make some money outside of school … **I**
I just got this letter from your principal. It says that you sold junk food at school. Is that true? **D**	But lessons are often boring. I prefer to sell things – and I need the money too, because … **J**
Be careful, Ben, you're making me really angry! Firstly, junk food is unhealthy and it's against the school rules … **E**	OK, sorry Dad, but if I don't sell junk food, the other students will buy crisps and sugary drinks somewhere else. **K**
No, Ben. You really should work harder at school. You need good results to get a good job <u>later</u>. And <u>now</u> I want you to come with me to pick up the food and say sorry to the principal! **F**	Well, yeah, Dad, but what's wrong with selling food? **L**

Are you for or against a healthy eating policy at school?

a) *Write your name and your reasons why under the correct heading in the table.*

b) *Walk around: Talk to at least four other students. Find out what they think and why and make notes in your table.*

FOR		AGAINST	
name	**arguments**	**name**	**arguments**

c) *Tell the class.*

> I talked to four/six/… people.

> Most people are for/against a healthy eating policy because …

> Two/four/… students (don't) really like the idea because …

> One student isn't really sure because …

More practice 1 **Healthy food and junk food**

Write the words for the food on the back of the cards. Then collect more food words on the empty cards and add pictures. Cut out the food cards and sort them in a table: junk food – healthy food.

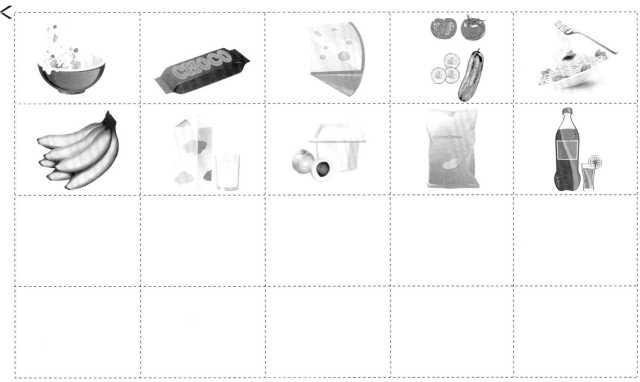

Shutterstock.com: muesli © VitaliY_Kharin_and_Maya; chocolate, crisps, bananas © The Turtle Factory; cheese, milk, yogurt © Media Guru; tomatoes, cucumbers © oxanaart; pasta © LoopAll; cola © stkob

Step 1: Ideas

More help

👥👥👥 *Make teams of four. In your team, think of a good business idea and present it on a poster like this:*

What can we make or sell?

Our business idea is: _____

What name can we give our business?

Our name is: _____

Where can we sell?

We can sell in/on/at: _____

Who can we sell it to?

We can sell to: _____

> Put a picture of your business idea here

Step 2: Money

we need:	cost?	sell for … (price)?	we can sell:	profit?	charity?

Step 3: Presentation

TIP *You can use this copymaster and/or the ideas on page 126 in your textbook to structure the information about your business idea and present it to the class. Don't forget to add pictures!*

✂---

More help *Each of you write your **business ideas** on one of the cards below. Then cut out the cards and put them in the middle of the group table. Discuss your ideas and vote for the best idea.*
*Then do the same for the **name of your business**, the **place where you want to sell** and your **possible customers**.*

Student 1	Student 2	Student 3	Student 4
my business idea	my business idea	my business idea	my business idea
my idea for a name	my idea for a name	my idea for a name	my idea for a name
where we can sell	where we can sell	where we can sell	where we can sell
possible customers	possible customers	possible customers	possible customers

Liverpool girls want to be like Tasha

Natasha Jonas is from <u>Toxteth in Liverpool</u> and she's a <u>top British sportswoman</u>. She started as a footballer, but then she changed to ... boxing.

Female boxers weren't allowed to fight in the Olympics until London 2012, so Tasha was very proud to be in Team GB in London. In the end Tasha didn't win a medal – but she did very well.

Natasha has become a great role model for young people in Liverpool. Her motto is: 'Respect your talent.' In other words, find what you're good at and be the best you can. For her it was boxing.

Why do some people think that women shouldn't box? People say that it is too dangerous for women. But Natasha Jonas doesn't agree. Of course all boxers can get hurt – men and women. But boxing isn't more dangerous for women than for men.

Lots of girls watched Natasha and the other female boxers at the Olympics and they saw that boxing makes you fit and strong. And now the boxing gyms of Liverpool are full of girls. They want to be like Tasha!

Prepare notes for a talk

a) *You have to give a short talk on Natasha Jonas about these points:*

– where she's from *(colour: ...)*
– what her sport is *(colour: ...)*
– why she's special *(colour: ...)*
– her motto *(colour: ...)*
– what's good/bad about boxing *(colour: ...)*

First mark the important information in the text on the left (e. g. underline or highlight it). You can use different colours for the five different points.

Tip: *Mark only the words and short phrases that are important for the task. Keep your notes short too. Look at the examples in the first sentence for help.*

b) *Now make notes in a mind map (see textbook, p. 62, ex. 2 b) or in a table like this:*

Natasha Jonas – a profile	
from:	
her sport:	
why she's special:	
her motto:	
what's good about boxing:	
what's bad about boxing:	

More practice *Find out more about Natasha (from the internet, ...). Complete the table.*

born (date):	
height (... metres tall):	
family:	
competitions/successes:	

c) *Comment on your partner's talk. You can make notes in the table below while listening.*

Partner's name:	good	OK	do better next time
1 spoke clearly/loudly			
2 had a good plan/structure			
3 used good phrases			
4 showed pictures			
5 included the important points			

English G HEADLIGHT 3 | Handreichungen für den Unterricht

Cut out the arguments below. Match them to the speakers in the correct column (for/against) of the table. Then decide: Do you agree (☺) or disagree (☹) with them? Can you think of more arguments?

name	arguments for	☺	☹	arguments against	☺	☹
Hannah						
Sam						
Jason						

✂

Young people shouldn't fight!	I really don't like boxing.	Natasha chose the wrong sport.
Her motto "Respect your talent" is great too.	Girls can get hurt more easily than boys.	Boxing is a great sport, but it's not for girls.
She's a good role model for young people because she's hard-working.	Natasha looks good. She's fit and strong - not skinny and weak. That's an important message.	In boxing you have to have a strong body. Girls don't have the right bodies.
Boxing is dangerous.	Boxing is violent.	Natasha is a great role model.
Boxing isn't a sport, and I definitely don't think that it should be an Olympic sport.	Natasha is a great sportswoman and she's very hard-working.	Tasha is an amazing sportswoman and a really cool person.

Now you're on the ferry. You're sitting near some English teenagers.
Listen to this dialogue and help – in English and in German.
More help *The sentences at the bottom can help you.*

German girl:	Oh, ist es hier voll!
German boy:	Ja ... vielleicht ist da Platz für uns, neben den beiden Mädchen. Frag sie, ob wir bei ihnen sitzen können.

German girl: **(1)** _____

English girl: Oh, yes, of course. One moment, please. I'll move my bag. We can make space.
German boy: Was hat sie gesagt?

German girl: **(2)** _____

English girl: Where are you from? Are you from Holland?
German boy: Was war das?

German girl: **(3)** _____. We're from Germany.

English girl: Oh, I see. Germany – wow! We were in Germany last summer – in Leipzig.

German girl: **(4)** _____
German boy: Oh! Sag ihnen, dass ich aus Leipzig komme.

German girl: **(5)** _____
English girl: Oh, really! We loved it there. It's a great city. We loved the food too.

German girl: **(6)** _____
German boy: Frag sie, ob sie aus Liverpool kommen.

German girl: **(7)** _____
English girl: Yes and no. My friend comes from Liverpool. But not me. I'm visiting her for the weekend.

German girl: **(8)** _____
German boy: Frag sie, wo sie herkommt.

German girl: **(9)** _____
English girl: I'm from Stratford-upon-Avon. It's a small town, about 130 miles from here, to the south.

German girl: **(10)** _____
... It's nice to meet you. I'm Lena and this is my friend Thomas ...

More challenge ♟/♟♟♟ *Think of two more questions and answers for the dialogue.*

✂ -

More help *Cut out the sentences below and match them to the numbers (1)–(10).*

Sie sagen, die Stadt ist großartig. Das Essen hat ihnen geschmeckt.	
Sie kommt aus Stratford-upon-Avon, etwa 130 Meilen von hier entfernt.	
Das eine Mädchen kommt aus Liverpool, das andere Mädchen ist hier zu Besuch.	
Sie will wissen, wo wir herkommen.	My friend comes from Leipzig.
Where are you from?	Sie machen Platz für uns.
Sie waren letzten Sommer in Leipzig.	Do you come from Liverpool?
Excuse me, please. Can we sit here?	

1 a) *Before you watch:*
Look at the four photos. Who is who?
What do you think they're doing?

boxing • climbing trees • cycling • dancing • doing pilates • flying • jogging • jumping • playing football • playing basketball • skateboarding • skating • skipping • …

Alfie is _____   _____

_____   _____

b) *Write your ideas below the pictures. Then watch the film and check.*

2 👥/👥👥 *Complete the dialogue for Scene A. Act it out.* `More help`

SHERLOCK: _____, Ruby! You're the jogging champion.

RUBY: _____!

ALFIE: Wow, _____! And _____ again. _____!

SHERLOCK: _____, Alfie. But _____ too, wasn't it?

ALFIE: It was fun for you, _____!

RUBY: _____, Alfie. _____!

ALFIE: Yeah, _____. But _____

_____ next time. And _____!

3 A summary – with mistakes.

a) *Underline the mistakes in this summary and correct them like in the example below.*

         four   Bishop's Park
The ~~three~~ friends meet in ~~North Park~~. It's a terrible day. Alfie is playing basketball. Sherlock wants to have

a competition. The next week they meet again in the street. They play three games – skipping, pilates and

cycling. Tally is very good at jogging. Sam is very good at pilates. And Ruby is good at skipping.

Alfie is good at all of these sports. In the end they all play tennis together.

b) *Check with a partner. Then rewrite the correct summary in your exercise book.*

▼ -

▲ *fold here*

`More help` but not for me • Hard luck • I'm tired • I guess you're right • I lost • I'm going to beat you • it was fun • let's have a football match • Oh come on • You can't always win • Thanks Sherlock • That's not fair • Well done

English G HEADLIGHT 3 | Handreichungen für den Unterricht

a) *Complete the questions in the table.*

More practice *Think of two more questions for your partner. Write them in the last lines of the table.*

What will you do …	Me	Partner 1
… if your friend buys a T-shirt like yours?		
… if you _____ (get) some money for your next birthday?		
… if the weather _____ (be) nice at the weekend?		
… if your parents _____ (forget) your next birthday?		
… if there _____ (be) no interesting films this evening?		
… if your friend _____ (not like) your new mobile?		
… if you _____ (meet) your teacher at the cinema?		
More practice		

b) 👥 *Answer the questions for yourself. Then talk to a partner. Ask and answer the questions.*

c) *Write about your partner. What are the most interesting things that you have found out?*

👥 *You're in Liverpool with a friend. You want to spend the day together, but you have different ideas about what to do.*

Partner A: *Look at the adverts on page 68 and make notes about your ideas in the grey columns of the table. The questions on the left can help you.*
a) *Tell your partner about your places. You can use the notes in your table for help.*
b) *Listen to your partner's ideas and take notes in the white columns of the table.*

Partner B: *Look at the adverts on page 108 and make notes about your ideas in the white columns of the table. The questions on the left can help you.*
a) *Listen to your partner's ideas and take notes in the grey columns of the table.*
b) *Tell your partner about your places. You can use the notes in your table for help.*

LIVERPOOL
ENGLAND

	Partner A:		Partner B:	
– Where do you want to go?				
– Where are the places?				
– What do they cost?				
– When can you go there?				
– One reason why you'd like to go there:				

c) *Talk to your partner and agree on two things you want to visit together.*

I want to go to the Beatles Story/on a trip on the river because …

Oh no! The … is too expensive/boring/ … for me. I'd prefer to go to Liverpool One/to the Merseyside Maritime Museum because …

OK. Let's go to … But I don't like the … because … And I'd really like to … What do you think about that?

OK, let's go … and …

1 REVISION An interview with a footballer ▶ Unit 3, p. 67

a) *Reporter* Tarik, you**'ve** just **arrived** from Germany. Welcome to Liverpool! I**'ve read** lots about you. Your parents are from Turkey. **Have** you ever **lived** in Turkey?

Tarik No, but I**'ve visited** my cousins in Turkey a lot. I want to see them again this year.

Reporter But you were born in Germany. **Have** you ever **played** for the German national team?

Tarik No, but it is my dream to play for Turkey or for Germany.

Reporter **Have** you ever **met** Mesut Özil or Samed Yeşil?

Tarik Yes, I have. They're both great footballers.

Reporter How long **have** you **been** here in Liverpool?

Tarik I arrived last month, so I**'ve been** here for four weeks.

Reporter You**'ve** already **made** Liverpool fans happy with your goals. Do you like it here?

Tarik It's great. Lots of Liverpool fans **have written** nice comments on my website. My brother and I like the centre *Liverpool One* and we**'ve visited** other places like the Albert Docks.

(11 points)

b) 1 Tarik **has been** in Liverpool **since** September.
2 He **has made** Liverpool fans happy with his goals **since** he came to the club.
3 The reporter **has worked** for the football magazine **for** two years.
4 He **has read** lots of articles about Tarik **since** Tarik joined the club.
5 Tarik **has played** in Liverpool **for** four weeks.
6 He **hasn't visited** his cousins **for** a long time.

(6 points)

☺	☻	☹
17–14	13–9	8–0

2 WORDS Business words ▶ Unit 3, p. 67

a) 1 the opposite of 'buy': **sell**
2 another expression for 'make money': **make a profit**
3 someone who sells things: **salesperson**
4 tell people about your product, e.g. on TV: **advertise**
5 school subject that teaches you about business: **business studies**
6 how much something costs: **price**
7 the opposite of 'cheap': **expensive**

(7 points)

b)

take part in	**a competition**
advertise	**a product in a newspaper**
cost	**a lot of money**
sell	**your bike to a friend**
lose	**money in a bad business**
spend	**money on silly things**

(6 points)

☺	☻	☹
13–11	10–7	6–0

3 LANGUAGE What will you do if ...? ▶ Unit 3, p. 68

a) (What will you do if your friend **buys** a T-shirt like yours?)
What will you do **if you get some money for your next birthday?**
What will you do **if the weather is nice at the weekend?**
What will you do **if your parents forget your next birthday?**
What will you do **if there are no interesting films this evening?**
What will you do **if your friend doesn't like your new mobile?**
What will you do **if you meet your teacher at the cinema?**

(6 points)

☺	☻	☹
6–5	4–3	2–0

English G HEADLIGHT 3 | Handreichungen für den Unterricht

a) 👥👥👥 *Work in groups of three students. Read through all the question cards (A–C) on page 71 and look at the pictures. Note down any answers that you can find together.*

b) *Each student in the group takes one question card (A–C). Go to Text file 5, pp.154–155. Find the answers to your questions and write them down on your question card.*

c) 👥👥👥 *Make a new group with three students who worked on the same questions (As, Bs and Cs together). Agree on the answers.*

d) 👥👥👥 *Go back to your first group. Tell your group the answers to your questions and complete the other question cards.*

A Scottish geography	B Scottish history	C Scottish life
1 capital of Scotland:	1 Scotland's 'old enemy':	1 languages in Scotland:
2 biggest city in Scotland:	2 Scotland: part of the UK or independent?	2 special sports in Scotland:
3 number of people in Scotland:	3 colours of the Scottish flag:	3 the Scots' national dress:
4 Scottish lake with a monster:	4 symbol of Scotland:	4 the most famous Scottish instrument:

e) *Now make your own questions about Scotland.*

1 The new website
Listen to the dialogue and tick the right answers. More than one answer can be correct.

The Grants like the website because …

| ☐ there are many pictures. | ☐ the house looks nice. |
| ☐ the rooms are cheap. | ☐ it's near Loch Ness. |

… doesn't want to …

| ☐ Abi … | ☐ sleep in the same room as the parents. |
| ☐ Duncan … | ☐ book a room at Lochside B&B. |

Listen to the dialogue again and complete the email.

From:	Abigail Grant		To:	Lochside B & B

Hi!

We are a family of _____ people (2 adults and _____ teenage kids, ages _____ and _____).

We'd like to book your _____ room for at least _____ nights from _____

_____. Will the room be free? Thanks a lot.

The Grant family

2 Our first quests
a) *Read the dialogue. Try to complete it. Then listen and check.*
b) *Look at Jamie's telephone message below. Find the mistakes and correct them.*

Jamie: Hello.
Mrs Grant: Oh hello, _____ (1) Lochside B & B?
Jamie: Yes, that's right. This is Jamie MacDonald.

Mrs Grant: Hi Jamie. _____ (2) Michelle Grant.

I'm calling to _____ (3) our reservation for tomorrow.

Jamie: Oh right, great. _____ (4) was that again, please?

Mrs Grant: The _____ (5), please.

Jamie: _____(6) nights are you planning to stay?

Mrs Grant: Two, please.

Jamie: OK. And _____ (7) will you arrive?
Mrs Grant: I'm not sure. Maybe at seven o'clock.

Jamie: _____(8) directions?
Mrs Grant: I think we'll be fine. We have a GPS.
Jamie: OK, well just follow the road to Loch Ness and Dores. Ring us

if _____ (9).

Mrs Grant: Great. See you _____ (10) then.
Jamie: We're looking forward to it. You're our first guests!
Mrs Grant: Really? That's great! OK, bye.

> **Telephone messages**
>
> Who rang? *Grants*
>
> Confirm? *Yes*
>
> Room? *Twin room*
>
> Nights? *One*
>
> Day of arrival?
>
> *Today*
>
> Time of arrival:
>
> *5 o'clock*

More help confirm • Do you need • family room • How many • is that • This is • today • tomorrow evening • twin room • Which room • you have a problem • when

English G HEADLIGHT 3 | Handreichungen für den Unterricht

Part A: *Role cards*

Partner A: *You start!*	**Partner B (guest):** *Your partner starts!*
You work at a B & B. You have to take a phone message from a guest. Read the role card and complete the questions that you could ask the guest. Then talk to your partner and note down the message (see below). Then swap roles.	You want to ring a B & B. Read the role card and think about what you want to say. Then phone the B & B. Your partner will ask you some questions. Answer them and think about other questions you might have. Then swap roles.

– Hello, … B & B, … speaking. How can I help you?
  – Lochside   ((say your name))
  – …
	– Hi, this is … I'm calling to …
	  ((say your name)) – confirm our / my reservation
	    – book a room for me and …

– Oh right, great. …
  – Which room was that again, please?
  – What kind of room would you like?
	– …, please.
	  – The family room
	  – A twin room / single room

– And …
  – how many nights / weeks?
  – how long are you planning to stay?
	– …, please.
	  – One night / week
	  – Two / three / … nights / weeks

– OK. … will you arrive?
  – When
  – What day / What time
	– I think we'll arrive on … – Monday morning / …
	– I'm not sure about the time. Maybe about …
	  – 9 o'clock / 10.30 / …

– Do you need …?
  – directions
  – anything else
	– …
	  – No thanks, I think we'll be fine. We have a GPS.
	  – Yes please. …

– Well …
  – just follow the road to …
  – turn right / left at the …
	– Great. See you on … then. Thank you very much.

– You're welcome. We're looking forward to seeing you.	

Part B: *Telephone messages – Complete the notes.*

Who rang? _____ Confirm? _____ Room? _____ Nights? _____ Day of arrival? _____ Time of arrival? _____	Who rang? _____ Confirm? _____ Room? _____ Nights? _____ Day of arrival? _____ Time of arrival? _____

English G HEADLIGHT 3 | Handreichungen für den Unterricht

A Guess or look up new words.

1 *Read the text carefully.*
2 *Mark new words and phrases.*
3 *Try to guess what they mean or check them in a dictionary. Write the meaning in the text.*
4 *Share with your partners.*

Part 1 The Grant family will never forget their first night in Scotland. Everything went wrong! First their plane from London was very late. When they landed at Inverness airport, it was 10 o'clock, so it was getting dark. Then one of their bags wasn't there. And finally, when they wanted to hire a car, Mrs Grant couldn't find her driving licence. "It's OK,"

5 Mr Grant said. "I have mine."
"I don't think that anything else can go wrong tonight,"
Mrs Grant said when they left the airport in the car.
But she was wrong.
Mr Grant drove onto the road and other cars started to hoot.

10 "Dad, you have to drive on the left!" the kids shouted from the back. Mr Grant stopped quickly, and luckily nothing happened. They all felt a bit stressed.
The Grants drove to Inverness and they looked for the road to Dores, the village where their B&B was. But this wasn't so

15 easy because it was dark. Mrs Grant looked for the map of Scotland, but they remembered that it was in the missing bag – with the GPS.
"Dores is near Loch Ness, so let's find the road that goes to the lake," Duncan suggested. And that's what they did.

20 They soon saw a sign to Loch Ness.
"Things are looking better," Mr Grant thought to himself.

First student: When you've finished doing part 1, give this sheet to the next student.

Part 2 Then the rain started. It was Highland rain – very, very heavy. The night was dark now and the road was narrow and winding – with lots of bends. So it was very difficult for Mr Grant to drive. After 20 minutes the Grants began to worry. Dores is only about 10 miles from Inverness. But they

25 couldn't find a village – only the dark road, woods and fields.
"Things can't get worse than this," Mrs Grant told herself.
But they could! What happened next? The windscreen wipers on the car stopped working.
"I have to stop," Mr Grant said. "We have to find someone who

30 can help us."
Luckily there was a car park beside the road.
"Let's ring the MacDonalds. Maybe they can help us,"
Mrs Grant said.
But guess what – Mrs Grant's mobile phone didn't work

35 because there was no signal in the mountains.
"Let's try yours, Abi. It's a better phone," her mum said.
But it didn't work either.
"What'll we do now?" Abi asked herself in the back of the car.
It was after 11 o'clock and everybody was tired.

40 "Maybe we can stop a car," Duncan said. But there were no cars.
Then Mrs Grant saw something that looked like a light.
"Look. I think there's a building over there," she said and she jumped out of the car.
Mr Grant went too. They ran in the heavy rain to the end of the car park

45 and came to an open door. An old man in a kilt was standing at the door.
The Grants told him about their problems.
"Och, come in. You can stay here for the night," he said in a strong Scottish accent.

Second student: When you've finished doing part 2, give this sheet to the next student.

 English G HEADLIGHT 3 | Handreichungen für den Unterricht

Part 3 The Grant family came into the big old house.
The old man took them up the big stairs and showed
them a room with four beds.
"Make yourselves comfortable," he said. "And when
you're ready, come downstairs and join our little party."
Duncan and Abi were very excited.
"This is a real Scottish castle," Duncan said.
"I wonder if it's haunted!" Abi said and laughed.
"There's no such thing as ghosts," her mum answered.
The family went downstairs. They heard some Scottish music
and they followed it. They opened a door and saw a great sight –
there was a big kitchen with a warm fire, musicians were
playing music, people were chatting and dancing, and there was
a big table that had lots of food on it.
"Enjoy yourselves," the old man shouted across the room to them.
The Grants joined the party. They talked, enjoyed the food and
danced too.
"Our family left Scotland more than 200 years ago and went to
Canada," Mr Grant told some people.
"Then you're welcome home," the old man said.
The Grants went to bed very late – after midnight. When they woke up the next morning, the sun was
shining. They went downstairs, but the place was empty. In the light of the morning the castle looked
older and lonelier. They called the old man, but there was no answer. When the Grants went outside
to their car, they heard the lonely music of the bagpipes. In the distance they saw a piper. He was
standing on the walls of the castle, near a beautiful lake. He turned and waved to the family. It was
the old man. The Grants waved too and shouted "Thanks!" But the old man just started to play his
pipes again.

Third student: When you've finished doing part 3, give this sheet to the next student.

Part 4 The Grants drove back to Inverness and they found the
right road to Dores. They arrived at Lochside Bed and Breakfast
at about 11 am and the MacDonalds were waiting for them.
They told them the story of the old man and the castle. But the
MacDonalds were puzzled. They didn't know this castle. When
they looked at a map, Mrs Grant put her finger on Urquhart
Castle – on the other side of the lake. "I think that's the place
that we visited last night," she said.
"I don't think so," Mrs MacDonald said. "Urquhart Castle
has been a ruin for more than 300 years!"
"But do you know something interesting?" Mr MacDonald said.
"The last family who lived at Urquhart Castle was the Grant
family!" The Grants from Canada were very excited.
"Let's go and see Urquhart Castle today," Abi said.
In the afternoon they parked their car in the car park of Urquhart
Castle. It looked like the car park that they used the night before,
but they weren't sure. They went to an office and they bought
tickets. They didn't see that the night before. Then they walked around
the ruins. It really was an old castle – about 1 500 years old. It was
beside Loch Ness and it was a very beautiful place.
"So maybe our family came from here a long time ago," Mr Grant said.
"Yes, I can feel the ghosts of the Grants here," Duncan said with a smile.
"There's no such thing as ghosts," the others answered and laughed.

Fourth student: Now you're finished!

English G HEADLIGHT 3 | Handreichungen für den Unterricht

B   Say what it's about.

1   *Read the text carefully.*

2   *Find the most important information (Who? What? When? Where? Why?) to sum up the text. Make notes.*

3   *Share your results. Ask your partners if they want to add something.*

Part 1

Who?	What?	When?	Where?	Why?

First student: When you've finished doing part 1, give this sheet to the next student.

Part 2

Who?	What?	When?	Where?	Why?

Second student: When you've finished doing part 2, give this sheet to the next student.

Part 3

Who?	What?	When?	Where?	Why?

Third student: When you've finished doing part 3, give this sheet to the next student.

Part 4

Who?	What?	When?	Where?	Why?

Fourth student: Now you're finished!

C Ask questions.

1 *Read the text carefully.*
2 *Write down three wh-questions and your answers.*
3 *Ask your partners and check their answers (✓ for "true", ✗ for "false").*
4 *Ask your partners if they have any questions.*

Part 1

question	answer	partner 1	partner 2	partner 3

First student: When you've finished doing part 1, give this sheet to the next student.

Part 2

question	answer	partner 1	partner 2	partner 3

Second student: When you've finished doing part 2, give this sheet to the next student.

Part 3

question	answer	partner 1	partner 2	partner 3

Third student: When you've finished doing part 3, give this sheet to the next student.

Part 4

question	answer	partner 1	partner 2	partner 3

Fourth student: Now you're finished!

D   Say what will happen next.

1   *Read the text carefully.*
2   *What do you think will happen next? Use clues from the text. Make notes.*
3   *Discuss your ideas with your partners.*

Part 1

I think this will happen …	clues in the text:	line:

First student: When you've finished doing part 1, give this sheet to the next student.

Part 2

I think this will happen …	clues in the text:	line:

Second student: When you've finished doing part 2, give this sheet to the next student.

Part 3

I think this will happen …	clues in the text:	line:

Third student: When you've finished doing part 3, give this sheet to the next student.

Part 4

I think this will happen …	clues in the text:	line:

Fourth student: Now you're finished.

1 It's for a good cause

Step 1: *Look at the picture and describe what you can see:*
In the picture I can see …
On the left / right there is / are …
In the foreground / background there is / are …

Step 2: *Then guess:*
– Who are the people in the picture? _____

– Where are they? _____

– What are they doing? _____

Step 3: *Skim the story and check your answers.*

2 People in the story

a) *Choose at least four feelings. Find places in the story when someone feels that way and complete the table.*

feelings	line	who	when	why
disappointed				
enthusiastic				
frustrated				
interested				
puzzled				
sorry				
worried				

b) *Describe Leo or his grandmother. The ideas below can help you.*
*Give reasons for your answer. (**Tip:** You can look at the table from **a)** for ideas.)*

I think Leo / Leo's grandmother is …

busy • easy-going • cool • funny •
geeky • hard-working • impatient •
independent • interesting • lazy •
nice • proud • quiet • unfair • …

because …

He / She seems to be …

1 REVISION What will we do if …? ► Unit 4, p. 89

Kara	That's great! We'**ll help** you if you **need** any information.
Duncan	If we **book** a canoe tour, **will** we **need** any special gear?
Kara	If you **take** suncream and **wear** a hat, you'**ll be** fine.
Abi	Maybe we'**ll see** Nessie if we **go out** early enough!
Mr Grant	But if the weather forecast **isn't** good, we **won't stay**.
Duncan	Yeah, if the weather **is** bad, we'**ll go** to Edinburgh.
Mrs Grant	If we **visit** Edinburgh, we'**ll go** to the castle.
Abi	Yeah. And if we **find** a nice kilt shop, maybe we'**ll look for** a kilt for dad's birthday.
Kara	Are you sure he'**ll wear** a kilt if you **buy** one for him?
Duncan	Kara is right. If we **buy** a kilt for him, he **won't wear** it! (10 points)

☺	☺	☹
10–8	7–5	4–0

2 WORDS and LANGUAGE Who or what is it? ► Unit 4, p. 89

a) **1** receptionist, **2** enemy, **3** castle, **4** mechanic, **5** guest, **6** piper, **7** kettle, **8** blanket (8 points)

b) **1** towel, **2** tour guide, **3** kilt, **4** waitress, **5** coat, **6** dormitory (6 points)

c) **1** the thing that you dry yourself with, **2** someone who shows you a town,
3 the skirt that Scottish men wear, **4** a woman who brings the food in a restaurant,
5 something that you wear outside, **6** a room that many people can sleep in (6 point)

☺	☺	☹
20–16	15–10	9–0

3 LANGUAGE A camping trip ► Unit 4, p. 90

2	Dad	Don't worry, Kate. I'm sure they can look after **themselves**.
3	Jamie	Of course we can look after **ourselves**.
4	Kara	And don't forget Jamie has taught **himself** to cook easy meals.
5	Dad	That's true, you're very good at cooking spaghetti and scrambled eggs for **yourself**, Jamie.
6	Mum	But how will you protect **yourselves** from the cold in the Highlands?
7	Jamie	Oh Mum, my big sister knows how to make a fire without hurting **herself**.
8	Mum	But you can't make a fire in the Highlands! Oh, you'll be OK. Go camping and enjoy **yourselves**! (7 points)

☺	☺	☹
7–6	5–4	3–0

4 WRITING and SPEAKING Booking a B & B ► Unit 4, p. 90

a) Hi!
We're a family of **two** adults and **two** teenage kids, ages **11 and 13**. We'd like to book
the family room for eight nights, from **14 to 22 July. Will the room be** free?
Thanks. The ((your name)) family (7 points)

b)	You	Hi, this is … I'm ringing to **confirm our reservation**. (1)
	B & B	Thanks for ringing. We have a little problem. Our four-bed room isn't free at that time. But we can give you two doubles for the same price.
	You	**That's fine.** (2)
	B & B	Brilliant. So that's two double rooms for eight nights, from 14 July to 22. Would you like to pay in euros or pounds?
	You	**We'd like to pay in euros, please.** (3)
	B & B	Fine. That's € 610.
	You	**(One more question.) Is breakfast included?** (4)
	B & B	Yes, breakfast is included. What time will you arrive?
	You	**We'll arrive in the late afternoon.** (5)
	B & B	Late afternoon is fine. We're looking forward to your visit.
	You	**And I'll give you our mobile number. It's …** (6) (6 points)

☺	☺	☹
13–11	10–7	6–0

5 READING Brochures ► Unit 4, p. 91

a) **1** B, **2** A, **3** C, **4** –, **5** A, **6** C (6 points)

b) **1** C, **2** D, **3** C, **4** B, **5** C (5 points)

☺	☺	☹
11–9	8–6	5–0

Part A: What's positive about language exchanges? What might be negative about language exchanges?

Collect ideas with a partner. You can look at the pictures below for ideas.

Part B: Different experiences

a) *Listen to the audio download of two exchange students. What were their experiences like? Tick the right box.*

Jonas:	mostly positive ☐	partly positive, partly negative ☐	mostly negative ☐
Simone:	mostly positive ☐	partly positive, partly negative ☐	mostly negative ☐

b) *Listen to the audio downloads again and take more detailed notes.* **More challenge** *Give reasons.*

name	from	where in Ireland?	how long?	likes	why?	dislikes	why?
Jonas							
Simone							

Look at the role cards and act a dialogue with your partner.

Partner A: *You start!* You're going to talk to someone for the first time. Greet your partner and ask him/her questions about different things. Answer your partner's questions about yourself.	Partner B: *Your partner starts!* You're meeting someone for the first time. Greet your partner and answer his/her questions about yourself. Ask your partner questions about different things.
– Hello. Nice to meet you. My name is …	– Hi, …, nice to meet you too. My name is …
– That's a nice name. Where are you from?	– I'm from … That's a … near … What about you? – Teltow – … – big/small town/ village/…
– I'm from … – Where do you go to school? – Berlin – …	– I go to … school in … It's … (name of your school) – What about your school? – OK – boring – great – …
– I go to … school in … It's … (name of your school) – What are your hobbies? – OK – boring – great – …	– I like … What are your hobbies? – dancing/riding/… – playing football/computer games/… – …
– I like … What's your favourite …? – dancing/riding/… – playing football /computer games/… – … – sport – music/band – pet – …	– My favourite … is … – Do you have …? – any brothers or sisters – a boyfriend/girlfriend – a pet – … – sport – music/band – pet – …
– … Would you like to …? – Yes, I do. His/her name is … – No, I don't. – go on a tour of the city – have an ice cream – …	– OK, let's go!

▼
- -

▲ *fold here*

More help 👥 *Cut out the sentences below and put them in the right order.* **Tip:** *Partner A starts.*
Read the dialogue with your partner. Then make your own dialogue with the ideas on the role cards.

A: Hi. Nice to meet you. My name is Gamze.	**B:** Hi, Gamze, nice to meet you. My name is Louisa.
A: That's a nice name. Where are you from?	**B:** I'm from Teltow. That's a small town near Berlin. What about you?
A: I'm from Berlin. Where do you go to school?	**B:** I go to Kant school in Teltow. It's OK. What about you?
A: I go to a 'Sekundarschule' in Spandau. Our class is great. What are your hobbies?	**B:** I like playing volleyball and taking photos. What are your hobbies?
A: I like dancing, playing computer games and listening to music. What's your favourite band?	**B:** My favourite band is *Sunrise Avenue*. Do you have any brothers or sisters?
A: Yes, I have a little brother. His name is Cem. He's cute. Would you like to have an ice cream with me?	**B:** OK, let's go!

Read or listen to the parts again (one by one) and do the following tasks.

Part 1: *True or false? Tick the right box and correct the false statements.*

	true	false	
1 The O'Briens have a big house with a huge garden.			
2 Dara has only got one sister.			
3 Maike asks the O'Briens to correct her English.			
4 Maike has presents for Mrs O'Brien and Ciara.			

Part 2: *Tick the correct answer: a, b or c.*

1 School in Ireland starts at **a) 7 o'clock** ☐ • **b) 8 o'clock** ☐ • **c) 9 o'clock** ☐.

2 Maike had a shower at **a) 7 o'clock** ☐ • **b) 8 o'clock** ☐ • **c) 9 o'clock** ☐.

3 Maike said 'Póg mo thóin' to **a) Dara** ☐ • **b) Dara's friends** ☐ • **c) the Irish teacher** ☐.

4 Dara and his friends were **a) very embarrassed** ☐ • **b) laughing** ☐ • **c) a bit cross** ☐ about the joke.

5 The teacher **a) understood the joke** ☐ • **b) didn't understand Maike** ☐ • **c) was a bit cross** ☐.

Part 3+4: *Finish the sentences.*

1 Maike was very tired after her first day at school because (3 things) _____

_____

2 At dinner they all laughed when _____

3 An underage disco is special because (3 things) _____

_____

4 Maike couldn't walk in high heels, so _____

Part 5: *Find the wrong words, underline them and write the correct words or sentences on the right.*

1 Maike bought a silly postcard for her sister. _____

2 There are always lots of cars and buses in Grafton Street. _____

3 Dara took Maike to the best burger restaurant in Dublin. _____

4 Dara likes ketchup on his chips. _____

✂ --

Answer key:
Part 1: 1 false: a small house in a line of other houses • **2** false: two brothers and two sisters • **3** true • **4** false: Mrs O'Brien, Dara and the kids
Part 2: 1 c • **2 b** • **3 c** • **4 b** • **5 a**
Part 3+4: 1 … lessons finished at 4 pm, they got home at 5 pm, they had lots of homework • **2** … Dara and his mum cooked the Black Forest ham • **3** … it's for kids under 18, there's no alcohol, it's over before 12 pm • **4** … she wore her normal shoes
Part 5: 1 ~~postcard~~ = hat • **2** ~~cars and buses~~ = street artists and buskers • **3** ~~burger restaurant~~ = fish and chip shop • **4** ~~ketchup~~ = vinegar

a) *Find and mark the 15 mistakes in Maike's draft.*

More help *The numbers on the right tell you how many mistakes (and what kind of mistake from the checklist below) there are in each line.*

My language exchange

I did last month a four-week exchange in Ireland and it was great. Dublin is   ▶ ◄ More help   1 x ③

a nice City and i really liked my host family, the O'Briens.   2 x ①

The O'Briens thought that my name was Mike. When I arrived, were they   1 x ③

surprised that I was a girl! Dara O'Brien was my exchange partner. He's a

5 boy so I have shared a room with Dara's sister Ciara. Mrs O'Brien and the   1 x ②

kids corected often my English – I liked that. Some things are very different   1 x ①   1 x ③

there. The Irish drink really strong black Tea. And when they say "tea time"   1 x ①

mean they dinner. I brought Mrs O'Brien a Black Forest ham from Germany   1 x ③

and she cooked it! We laughd about that.   1 x ①

10 It was fun at school with Dara. I worn a uniform like the other kids. Lots of   1 x ②

kids talk to me and that was good for my English! The most interesting   1 x ②

lesson was Irish. Everbody has to learn it, but people use it not very much.   1 x ②

Dara invited me to a disco for yung people. The girls got dressed up, but the   1 x ①

boys didn't! I didn't understand that. But I have a lot of fun.   1 x ②

15 My language exchange was a great experience!

(fold here)

b) *Did you find all of the 15 mistakes? Use this checklist.*

More practice *Fill Maike's mistakes into the table.*

① spelling	capital letters	<u>e</u>nglish;
	wrong spelling	swi<u>m</u>ing;
② grammar	verb forms	they <u>going</u>;
	tenses	last week I <u>go</u>;
③ word order	time words	we went <u>usually</u> to;
	verbs	When she saw me, <u>was she</u> surprised;

Read the texts below and find out more about your favourite places in Dublin.
Underline important information and prepare a short talk for the class.

Are you planning to go to Dublin?

Here are some fun things you can do:
- Go shopping in Dublin's <u>Grafton Street</u>!
- Walk along <u>O'Connell Street</u>.
- Learn about Irish history at the <u>Jeanie Johnston</u>.
- Go out at night in <u>Temple Bar</u>.
- <u>Go on the Ha'penny Bridge</u> and cross the River Liffey.
- Take a picture in front of the statue of <u>Molly Malone</u>.
- Find a leprechaun!

Need to relax? Go to <u>St. Stephen's Green</u>, buy some fresh fruit at the market on <u>Moore Street</u> or walk along one of the beautiful beaches in <u>Dublin Bay</u>.

Grafton Street

In 1708, a family named Dawson turned a small country road into a street with a market. They named it after the first Duke of Grafton, a son of Charles II of England. Now, Grafton Street is a lively shopping street in the heart of Dublin. In the old buildings, which are painted in various colours, there are traditional Irish stores such as Brown Thomas and Bewley's Grafton Street Café.

Grafton Street is not open to traffic and although it is short, it is usually crowded with people, including tourists and street musicians.

O'Connell Street

O'Connell Street is not very long, but it is one of the widest streets in Europe. There is also a tall sculpture in the centre of the street! The Spire was built in 2003, is 120 meters high and looks like a needle. People who live in Dublin sometimes call it the "Stiletto in the Ghetto".

O'Connell Street is also home to the huge General Post Office, the popular Irish department store Clery's and a statue of Daniel O'Connell, an Irish political leader who lived at the beginning of the 19th century. O'Connell Street is also the most important street of the Dublin transport system. Almost all cars and buses drive along this street, so there is a lot of traffic. Drivers often complain about other drivers!

Jeanie Johnston

The Jeanie Johnston is a rebuilt version of an original ship that Irish people sailed on to America when they immigrated there during the middle of the 19th century. They sailed from a harbour in the county Kerry, on the south-west coast of Ireland, to North America. About 2,500 people travelled on the original Jeanie Johnston.

You can see the Jeanie Johnston at Custom House Quay in Dublin every day from March to November. In December it is open Friday-Monday and in January and February it is open from Thursday-Monday. An adult ticket is €8.50, students and pensioners pay €7.50 and children can enter for €4.50.

Moore Street

From Monday to Saturday Irish and international shops and stalls sell a variety of different foods on the market at Moore Street.

The market is popular with tourists because fresh fruit, vegetables and flowers are often brought by horse carts. Visitors should watch their bags! There are many people here and it is easy for pickpockets to take money, cameras or mobile phones.

Temple Bar

Temple Bar is an interesting place to visit during the day and night. The area is probably named after Sir William Temple, who was director of Dublin's Trinity College at the beginning of the 17th century and had a house here. At the heart of Temple Bar there is a pub with that exact name: the "Temple Bar".

There are lots of cafés, pubs, restaurants, hostels and hotels here and the area is the centre of nightlife in Dublin. Visitors who prefer cultural activities go to the Irish Photography Centre, the Irish Film Centre and Irish Film Archive, the Project Arts Centre or the DESIGNyard in Temple Bar. Book lovers will also enjoy walking through the *Temple Bar Book Market* at weekends.

 English G HEADLIGHT 3 | Handreichungen für den Unterricht

Ha'penny Bridge

There are lots of bridges that connect the south of Dublin with the part north of the River Liffey. One of them is a popular tourist sight and can be seen on many postcards of Dublin.

When it was built in 1816, it cost half a penny to walk over the bridge. That is why it is called the Ha'penny Bridge, although its official name is the Liffey Bridge. Today you can cross it for free but the bridge can only be crossed on foot – it is not wide enough for cars.

Stephen's Green

You have spent enough time and money shopping in Grafton Street and are looking for a place to rest after spending the day in the centre of the city? Then step into St. Stephen's Green and enjoy the small lake, beautiful lawns and quiet atmosphere.

The small park in the centre of the city is open until sundown and there is a lot to see here. Visitors can relax or play on the lawns, cross the stone bridge over the lake, feed the ducks or check out the art in the park! There are also statues to remember Irish poets (James Joyce and William Butler Yeats) and Irish history (the Great Potato Famine).

Molly Malone

The Irish song "Molly Malone" is known all over the world. Its text tells the story of a young woman who sold fish on the streets of Dublin until she died of a fever at a young age. It has been sung by many Irish musicians and there is a statue that stands at the end of Grafton Street honouring Molly.

The funny thing is that nobody knows if Molly Malone really existed! "Molly" is a nickname for the English names "Mary" or "Margaret" which were very popular in the past. Also, "Malone" is a common last name in Ireland. It is possible that a lot of Molly Malones lived in Dublin in the past.

Dublin Bay

The part of the east coast of Ireland that stretches from Howth in the north to Dalkey in the south is called the Dublin Bay. The River Liffey, that divides Dublin, flows into the Irish Sea at this bay. If tourists get on one of the ships that travel from Howth to Dun Laoghaire, they can see a number of interesting sights along the way.

Boat trips along the Dublin Bay usually last about ninety minutes and pass by the James Joyce Tower at Sandycove, the place where Joyce's famous novel "Ulysses" starts, and the romantic looking Dalkey Island. Visitors interested in walking along the sea or going for a swim will also find many beautiful beaches there.

1   *Listen to the talks of your classmates and complete the table.*

	Student 1			Student 2			Student 3		
	good	OK	not great	good	OK	not great	good	OK	not great
1 spoke clearly/loudly									
2 had a good plan/structure									
3 used good phrases									
4 showed pictures									
5 talked about interesting things									
6 used notes but didn't read out the whole text									

1   *Make questions. Then walk around and find someone who has done it. Take notes.*

Find someone who ...	Name/Answer:
... has read a Harry Potter book. Find out which book it was and if he/she liked it. Have you ever _____ ? Which _____ ? Did you _____ ?	
... has had a job. Find out what the job was and how much money he/she got. Have you ever _____ ? What _____ ? How much _____ ?	
... has been scared by a film. Find out what it was called and why he/she was scared. Have you ever _____ ? What _____ ? Why _____ ?	
... has sold something on the internet. Find out what it was and how much money he/she got for it. Have _____ ? What _____ ? How _____ ?	
... has slept in a tent. Find out where that was and if he/she liked it. _____ ? _____ ? _____ ?	
... has been to a pop or rock concert. Find out when that was and what the band was called. _____ ? _____ ? _____ ?	
... has lived in another country. Find out which country it was and if he/she liked it. _____ ? _____ ? _____ ?	

2   *Talk to the class about your results like this:*   Julia has read a Harry Potter book. She read the first three books and liked them very much.

English G HEADLIGHT 3 | Handreichungen für den Unterricht

a) ◯ *Fill in the first column of the table with a list of things in your picture – at least eight.*

things in the picture ①	where? (partner A's picture, p. 106) ②	where? (partner B's picture, p. 110) ③
a wood		

b) *Where are the things in your picture? Make notes in the second (partner A) or third (partner B) column.*

c) 👥 *Talk to your partner about your pictures. Find at least five differences. Take notes in your table.*

> in the background / foreground / middle •
> at the top / bottom • on the left / right •
> in front of … • next to … • behind … •
> near … • on … • in …

> There's a … in the background on the left.

> In my picture it's on the right.

▼
- -

▲ *fold here*

More help *The words in the box can help you.*

> wood • tractor • church • sheep • hills • fence • wall • gate • farm •
> house • road • river • bushes • field • trees • rocks

Fact file: The Tube

Read the text on page 144 in your textbook and fill in the fact file.

– year of opening:	
– number of stations:	
– number of lines:	
– length of lines:	
– number of travellers every day:	
– what's special?	

On the Tube

Step 1: *Look at the Tube map and the list of sights on page 144 and answer the questions:*

1. Which Tube station is near Buckingham Palace? _____

2. Which Tube station is near Wembley Stadium? _____

3. You're at Tottenham Court Road and you want to go to the London Zoo. Which line do you take – the
   red one or the black one? _____

4. You're at Baker Street and you want to go to the London Eye. Which line do you take – the purple
   one, the yellow one or the grey one? _____

5. Which Tube lines go to King's Cross? _____

6. Which Tube lines go to Big Ben (Westminster)? _____

7. Where do you have to change trains if you want to go from Big Ben to Camden Town?

   _____

8. Where do you have to change trains if you want to go from Piccadilly Circus to Leadenhall Market?

   _____

9. You get on the train at Covent Garden and go three stops to the north-east. Which station are you at?

   _____

10. You get on the yellow line at Victoria and travel nine stops eastbound. Which station are you at?

   _____

More practice *Make at least three more questions like the ones above for your partner.*

Step 2: *Choose the correct words to complete the dialogue below. You can look at the Tube map for help.*

Tourist: Excuse me please, how can I get from London Zoo to Buckingham Palace?
Londoner: That's easy. Get on the Tube at **Camden Town / Piccadilly Circus** station.
Take the **brown / black** line and go **two / eight** stops to the **south / north**.
Change at **Embankment / Waterloo**.
Then take the **green or yellow / brown or grey** line **westbound / eastbound**.
Get off at **St. James's Park / Temple**. – It's the **first / second** stop.
Tourist: Thank you very much.

More practice *Act out the dialogue with a partner. Then ask for directions to another sight. Swap roles.*

English G HEADLIGHT 3 | Handreichungen für den Unterricht